普通高等学校军事理论课程“十三五”规划教材

大学军事教程

（第 2 版）

主　编　李有祥　杨　新
副主编　吴　桑　苏　苏　高军笑
　　　　程彤彤
参　编　马梓翔　杜　超　时　慧
　　　　沈荣桂　张　森　葛俊如
　　　　魏　鹤　魏代强

东南大学出版社
·南京·

图书在版编目(CIP)数据

大学军事教程/李有祥，杨新主编. —2版. —南京：东南大学出版社，2016.6(2025.8重印)
ISBN 978-7-5641-6512-3

Ⅰ.①大…　Ⅱ.①李…　②杨…　Ⅲ.①军事科学—高等学校—教材　Ⅳ.①E0

中国版本图书馆CIP数据核字(2016)第102473号

大学军事教程(第2版)

出版发行	东南大学出版社
社　　址	南京市四牌楼2号
邮　　编	210096
出 版 人	江建中
网　　址	http://www.seupress.com
电子邮箱	press@seupress.com
经　　销	全国各地新华书店
印　　刷	南京工大印务有限公司
开　　本	787 mm×1092 mm　1/16
印　　张	15
字　　数	418千
版　　次	2016年6月第2版
印　　次	2025年8月第15次印刷
书　　号	ISBN 978-7-5641-6512-3
定　　价	42.00元

本社图书若有印装质量问题，请直接与营销部联系。电话(传真)：025-83791830。

前　言

“国无防不立，民无兵不安”。一个国家如果没有强大的国防，就无法维护国家安全。一个国家如果没有长期不懈的国防教育，也不可能有强大的国防。学校国防教育是全民国防教育的基础，是增强民族凝聚力、提高全民国防素质、培养国防后备力量的重要途径。高等学校对大学生进行国防教育，开设军事课，是国家行为，贯彻的是国家意志。军事课教学是适应国家人才培养战略和加强国防后备力量建设的需要，对于造就有理想、有道德、有文化、有纪律的社会主义新人，培养具有军事知识和技能的高素质后备兵员具有重要意义。

东南大学是中央直管、教育部直属的全国重点大学，是“985”工程和“211”工程重点建设院校之一，1985 年被国家六部委确定为首批学生军训试点单位。在上级主管部门的领导下，学校领导高度重视大学生的国防教育，经过 30 余年的探索和实践，军事课已成为东南大学素质教育的重要组成部分，在军事课程建设方面取得了丰硕成果，积累了丰富的经验，形成了完善的军事课程体系，2008 年被评为校级精品课程。2019 年起，我们根据教育部、中央军委国防动员部颁发的《普通高等学校军事课教学大纲》（以下简称《新大纲》）编写了本教材。

2019 年版依据《新大纲》编写的《大学军事教程》由具有 30 多年教学经验和 20 多年军龄的东南大学军事教研室李有祥副教授和南京大学军事教研室杨新副教授联合主编。本教材具有以下特点：

一是规范性。本教材以《新大纲》为依据，严格按照《新大纲》规定的教学内容、教学目标进行教材框架结构和内容设计，涵盖了《新大纲》规定的全部军事理论课内容。本教材以2011年版《中国人民解放军军语》为依据，对涉及的军事概念及解释，力求规范和准确。

二是权威性。本教材主编和主要作者为军队院校从事军事理论研究与教学20年左右的专家和高校从事大学生军事理论课教学30年以上的资深教师，既有军校科研与教学经历，同时又长期从事大学生军事理论课程教学，而且作者队伍中有多位国防教育硕士研究生导师和军事学硕士研究生导师。作者队伍的上述特点，使得本教材对教学内容、教学特点与规律都把握得极其准确。因而，本教材既反映了军事科学理论的最新发展，也融入了作者的研究成果。

三是时代性。作者队伍密切跟踪世界新军事变革的发展动态，关注国际形势的发展变化，研究军事科技、军事理论、国家安全理论的重大理论与现实问题，出版了十余部军事学术著作，发表了百余篇学术文章，把最新的理论研究成果运用于本教材之中，并且超越《新大纲》，使教材内容既全面反映了军事理论、军事科技和国家安全理论的创新成果，又回答了大学生关心的国家安全方面的现实问题。

四是拓展性。为了配合本教材的教学与使用，本教材主要作者还到许多高校举办了《孙子兵法》、海洋安全、信息化战争、国际热点问题研究等方面学术讲座百余场，为高校教师学好教材、用好教材奠定了坚实基础。同时，主编及主要作者为全国高校军事教师举办过多场教学实战型的免费公益培训，并将继续为全国广大高校军事教师开展这种公益培训。

五是适用性。本教材以国防知识和国家安全为主线，把相关的军事思想、军事科技、国防教育及国防法规、国防技能等知识有机融合，符合大学生阅读心理和认知心理，针对性强、图文并茂、通俗易懂。同时本教材还提供了思考题、深度阅读和拓展阅读的书目，为大学生的研究性学习提供了有益的帮助。本教材还把作者近20多年的军事地形学及野外生存等通识类课程的精华教学内容引入教材，增加了本教材的趣味性、实用性和操作性。

六是与慕课相配合。教材主编根据30余年军事理论教学实践，精心制作了军事理论慕课，受到使用高校的普遍好评。同时，为了满足慕课教学要求和学生拓展知识，教材拟增加二维码，方便教师和学生获取更多的教学内容，为教师实施翻转课堂教学提供了方便。

教材分工：第一章：魏代强，魏鹤，苏苏，李有祥，吴桑；第二章：杨新，魏鹤，高军笑，葛俊如，吴桑；第三章：杜超，李有祥，马梓翔，时慧，程彤彤；第四章：李有祥，魏代强，张淼；第五章：李有祥，杜超，吴桑；附录：沈荣桂，杨新，魏鹤，马梓翔，李有祥。李有祥、杨新负责全书总体设计和统稿工作。

在本教材编写过程中，参考吸收了一些专家的研究成果和其他精品教材，在此一并表示感谢。陆军指挥学院多位专家和教授参与本书的指导和审定工作，在此也表示衷心的感谢。由于我们的学术水平有限，加之时间仓促，编写过程中难免存在错误和不尽如人意之处。我们将继续努力，同时也恳请读者提出宝贵意见，以便修改完善。

编　者

二〇二四年七月修订于南京

目　录

中国必须建立强大的国防军，必须建立强大的经济力量，这是两件大事。

——毛泽东

没有一支强大的军队，没有一个巩固的国防，强国梦就难以真正实现。

——习近平

第一章　中国国防

学习目标：

1. 了解国防的科学含义、构成要素与基本类型；
2. 了解我国国防的发展历史、主要成就与国防思想；
3. 了解公民的国防权利与义务，公民的国防教育权利与义务；
4. 科学把握中国国防的历史借鉴与启示。

国防是国家生存和发展的安全保障，关系到国家的生死存亡，民族的荣辱兴衰。建立强大的国防，是我国现代化建设的重要战略任务。关注国防、建设国防、保卫国防、培养国防精神和意识，是当代大学生义不容辞的责任。

第一节　国防概述

国防随着国家的产生而产生，随着国家的发展而发展。在人类社会不同的发展阶段中，在不同国体的国家中，国防具有不同的目的、功能和特征。

一、国防的含义、要素与类型

（一）国防的含义

根据《中华人民共和国国防法》（以下简称《国防法》）第 2 条规定，国防是指“国家为防备和抵抗侵略，制止武装颠覆，保卫国家的主权、统一、领土完整和安全所进行的军事活动，以及与军事有关的政治、经济、外交、科技和教育等方面的活动”。

国防服务于国家利益，有什么样的国家利益就需要有什么性质的国防与之相适应。国防的军事活动与非军事活动相互配合，相得益彰。

(二) 国防的要素

国防的要素,指构成国防必不可少的因素,包括国防的主体、目的、对象和手段。

1. 国防的主体

国防的主体,是国防活动的实行者,通常为国家。国防是国家固有的职能,任何国家,从其诞生之日起就要固国强边,防备和抵御各种外来侵略,以保障国家安全,维系国家生存,谋求国家发展。从国家的本质上看,国家是阶级专政的工具,是统治阶级利益与意志的体现,实现这种利益与意志,必须通过国家权力。国防就是要维护国家的这种权力,同时,也只有依靠国家的这种权力才能使国防得以运转。从国防的本义看,国防是国家的防务,是全民族的防务,与国家的各个部门、各种组织以及全体公民都息息相关。加强国防建设,进行国防斗争,必须依靠国家各个方面的综合力量。

2. 国防的目的

国防的目的是保卫国家的主权、统一、领土完整和安全。它包含三方面的内容。

一是捍卫国家的主权。主权是一个国家存在的根本标志。根据国际法的表述,主权是一国不受外来控制的自由,即一个主权国家按照自己的意愿组织政府,选择适合自身发展的社会制度、国家制度,独立自主地处理其国内事务和国际事务而不受他国干预或限制的最高权利和尊严。它是完整无缺、不可分割而独立行使的,如若主权被剥夺,其他一切包括国家独立、领土完整、政治制度、社会准则、传统生活方式等都毫无意义。因此,捍卫国家主权,是国防的首要目的和任务。

二是保卫国家的统一、领土完整。国家的统一是指国家由一个中央政府对领土内一切居民和事务行使完整的管辖权,不允许另立政府或分割国家的管辖权。从国际法角度说,保卫国家的统一,反对分裂,历来是国家的内部事务,不允许外国干涉。领土完整是指凡属本国领土,决不能丢失,决不允许被分裂、肢解和侵占。领土既是国家行使主权的空间,又是国家主权行使的对象。

三是维护国家的安全和稳定。国家要正常地生存和发展,必须有一个和平安全的外部环境和稳定的内部环境。

3. 国防的对象

国防的对象,就是指国防所要防备、抵抗和制止的行为,即“侵略”和“武装颠覆”。侵略,包括武装侵略和非武装侵略,武装侵略是指战争状态的侵略行为,对付武装侵略,国防行为使用战争手段进行制止;非武装侵略,是指运用各种经济、外交等手段进行的侵略行为,对付非武装侵略,国防行为则相应使用非战争手段。武装颠覆,是指颠覆国家政权、推翻社会主义制度的武装叛乱或者武装暴乱,这些武装叛乱、武装暴乱,对国家主权、统一、领土完整和安全,对我们的社会主义制度都构成严重威胁,必须运用国防力量加以制止。

4. 国防的手段

国防的手段,是为达到国防目的而采取的方法和措施。面对对国家利益的各种形式的侵犯,威胁和危害最大的是武装侵犯,因此军事手段始终是国防的主要手段,但又不是国防的唯一手段,军事活动以及与军事有关的政治、经济、外交、科技、教育等方面的活动共同构成国防的整体,战时以军事手段为主,和平时期以威慑为主,使平时的国防建设能量有节制地释放,达到“不战而屈人之兵”的最佳战略效果。

军事手段是国防的主要手段,是斗争的最高形式。对付武装入侵和武装暴乱最根本和最有效的是军事手段，军事手段的威慑作用和即时打击能力，能有效地遏制或中止侵略行动，迫使其放弃侵略意图。军事手段是解决国家之间矛盾冲突的最后手段，在穷尽了非军事手段而无果的情况下，必须用军事打击的方式彻底解决。

（三）国防的基本类型

按照不同的标准，国防可分为若干类型：按社会形态，可分为奴隶制、封建制、资本主义和社会主义国防；按军事战略和国防建设的目标，可分为防御型国防和扩张型国防；按国防力量的构成方式，可分为扩张型国防、联盟型国防、中立型国防和自卫型国防。

1. 扩张型国防

扩张型国防奉行霸权主义侵略扩张政策，为了维护本国在世界许多地区的利益，以他们所谓的国家安全和防备需要做幌子，打着“防卫”“人道主义”“维护人权”的旗号，将其疆域以外的国家和地区也纳入其势力范围，对别国进行侵略、颠覆和渗透，把国防作为侵犯别国主权和领土、干涉他国内政的代名词。

2. 联盟型国防

联盟型国防以结盟形式联合一部分国家进行防卫，以弥补自身国防力量的不足。在联盟型国防中，又可分为扩张型和自卫型两种。在联盟型国防中，从联盟国家之间的关系看，还可以分为一元化联盟和多元化联盟。一元化联盟就是有一个大国处于盟主的地位，其他国家处于从属地位；多元化联盟就是联盟各国基本是伙伴关系，共同协商确定防卫大事。

3. 中立型国防

中立型国防是指中小发达国家，为了保障本国的发展和安全，严守和平中立的国防政策。实行中立型国防的国家，有的实行全民防卫式的武装中立，制定总体防御战略和寓兵于民的防御体系，如瑞士、瑞典，是全民皆兵的国防，目的是使潜在的侵略者不敢轻易发动侵略战争；也有采取完全不设防方式的国家，如圣马力诺，是一个无军队的国家，也不实行义务兵役制，只有少数宪兵、警察和民兵用于国内安全、治安和执法。

4. 自卫型国防

自卫型国防以防止外敌侵略为目的，在国防建设上依靠本国力量，广泛争取国际同情和支持，以达到维护本国安全、维护周边地区和世界和平稳定的目的。

我国是社会主义国家，国家利益是阶级利益、民族利益与全世界人民根本利益的高度统一。我国政府坚定不移地奉行防御性的国防政策，国家独立自主、自力更生地建设和巩固国防，实行积极防御战略，坚持全民自卫原则，主张国防建设与国家经济建设协调发展，一贯奉行并坚持和平外交政策和原则，与各国友好合作，不首先使用核武器或以核武器相威胁，不对无核国家和地区使用核武器，不做超级大国，永远不称霸，不搞侵略扩张，也不依附于任何大国，不同别国结盟。因此，我国国防属于自卫型国防，而且是全民式、积极防御的自卫型国防。

二、国防的地位和作用

国防在国家职能中的地位和作用十分重要，它与国家利益息息相关，关系到国家的安危、荣辱和兴衰，同时，也为我国的和平崛起保驾护航。

(一) 强大的国防是维系国家安危、保障国家安全的重要手段

没有强大的国防，就没有国家的主权和独立，人民的幸福和民族的兴旺也就没有保障。世界各国的发展历史尤其是屈辱的中国近代历史充分地说明了国防强则国强民安、国防弱则国弱民哀。为了保障国家安全，促进国家发展，世界各国都从本国的实际出发，努力加强国防建设，使国防的发展水平与国家的发展需求相适应，强化全民国防教育，树立国民的国防精神，营造全民热心国防、关注国家安危的爱国氛围。当今的中国，经过新中国建立以来的自力更生、艰苦奋斗的建设，取得了巨大的国防建设成就，能够强有力地维护国家的和平发展，使中华民族终于屹立于世界民族之林。

(二) 强大的国防是国家建设与发展的重要条件

加强国防建设，不仅是捍卫国家主权和领土完整的需要，同时也是国家经济建设与发展的需要。我国要进行现代化建设，实现中华民族的伟大复兴，需要一个安定的和平环境，而和平环境的赢得，主要靠建设一个强大的国防。强大的国防不仅可以赢得战争的胜利，而且可以遏制战争，使帝国主义和霸权主义者不敢轻举妄动，从而为经济建设提供和平的环境。同时，中国要和平崛起，不仅需要和平安全的外部环境，而且需要安定团结的内部环境，只有人民团结、社会稳定，才能有国家的经济繁荣，才能使国家在处理外部事务中具有坚强的实力和后盾。

(三) 强大的国防是巩固我国国际地位、维护世界和平的重要力量

决定一个国家在国际上地位的高低，经济实力和国防实力同等重要，如果仅有强大的经济实力而国防力量不强，就无法对付霸权主义和强权政治，就得被动挨打，失去国家利益；如果仅有强大的国防实力，而经济实力较弱，那么除了军事威慑之外，在国际政治、经济、外交领域就没有话语权。现在，作为第二大经济体的中国，国防实力的“井喷式”发展，使中国在履行联合国常任理事国的职责时更有底气，更能担当，以一个负责任的大国的姿态在国际事务中掌握主动权，表达国家意志，对世界局势发挥应有的影响与作用。

三、国防的历史与启示

中国国防先后经历了奴隶社会、封建社会、半殖民地半封建社会和社会主义社会等发展阶段，有着强盛与荣耀、衰败与屈辱、觉醒与复兴的伟大历程。它既记载了中华民族存亡之际的成功经验，也记录了沉痛的教训，更镌刻着中国人民勇敢、智慧的国防思想和精神，给今人留下了宝贵的遗产和深刻的启迪。

(一) 中国古代国防

中国古代国防始于公元前 21 世纪夏朝的建立，止于 1840 年的鸦片战争，历经约 4 000 年 20 多个朝代的兴衰更迭。在漫长的历史演变中，中国古代国防创立了诸多历史性的世界成就，形成了至今仍闪耀着无尽智慧光辉的国防思想。从中国整个古代历史来看，前期(从春秋战国到秦汉和盛唐)国防持续发展，不断强盛。后期(从中唐到两宋、晚清)国防的基本趋势是由强盛走向衰落。虽然中唐以后有明清中前期的振作，但是整个古代社会由盛及衰的基本趋势和规律没有改变。

1. 中国古代国防简史

夏朝的建立，标志着中国最初国防的产生，筑城防御，建有车兵，以律治军。西周时制定兵制，置燧报警，制造青铜兵器。春秋战国时期，各诸侯国重视武备、变法图强、富国强兵，运用合纵连横、远交近攻的战略，铁制兵器广泛使用，骑兵成为重要兵种，战略战术创新层出不穷，极大地丰富了国防的内容。秦始皇统一中国后，为巩固国防，广修驰道、驿道，扩建长城，实行征兵制，建立了完善的武装力量体制。汉代优先发展经济，实行兵垦戍边、鼓励养马等战略措施，增强了国防实力，至武帝适时反击匈奴，对中国乃至亚洲的发展都起到了积极的推动作用。唐代革除弊政，发展经济，改革府兵制，设立马政，集中兵权，取"内重外轻"的军事布局，实施军事打击与册封招抚相结合的策略，使疆域西至咸海，东到大海，北达外兴安岭、库页岛，南及南海，成为当时世界头等强大国家。宋奉行"守内虚外"、以文制武、议和苟安的政策，最终对金称臣，被元灭亡。元代实行全民皆兵体制，运用骑兵，实施积极进攻、远程奔袭战略，取得横跨欧亚的疆土。明代军队实行卫所制，"屯田自食"，再修长城，建有炮兵、战车和水师部队，消灭了来犯倭寇，创造了舰队七下西洋的壮举。清朝实行八旗兵制和绿营兵制，康乾年间先后平定了"三藩"割据，统一了台湾，收复雅克萨并签订了《中俄尼布楚条约》，征服准噶尔部叛乱，建立了西到今巴尔喀什湖、塔拉斯河流域，东到大海，北到戈尔诺阿尔泰、外兴安岭一线，南到南海诸岛的大帝国，国防巩固完善。

2. 中国古代国防成就

中国古代国防有着多方面的成就，主要表现在军制、军事工程、军事技术和边海防措施等方面。

一是具有完善的军制。军制是军事制度的简称，包括武装力量体制、军事领导体制、兵役制度和军队编制等。在武装力量体制上，一般区分为京师兵、郡县兵和戍边兵。在军事领导体制上，兵权归于皇权，并设有主管军事的部门——兵部。在兵役制度上，各朝代依据政治、经济、人口状况和军事需要而发展变化，曾实行过民军制、征兵制、世兵制和募兵制。唐朝的府兵制和明朝的卫所制都是颇具成效的寓兵于农的世兵制。

二是修筑城防特征的军事工程体系。据险隘设立边塞、边关和海防要塞，修筑高墙将各边塞连成一线，形成气势宏伟的万里长城。修大道、凿运河均为调动军队驰援边海防需要而建的巨大军事工程。

三是发明了多项军事技术。春秋发明了弩，西汉发明马鞍，唐发明了火药，元发明了钢火枪，明发明了炮舰和战车。

四是形成了较系统的边海防战略。对于边防实行"以险制塞""以墙制骑""以骑制骑""以夷制夷"以及屯兵实边、军垦固边等方针，采取点与线、机动与城守相结合的作战形式；对于海防则实行"御海洋""固海岸""严城守"的海陆结合、多层设防的战略。

3. 中国古代国防思想

中国古代在长期的国防实践发展中形成了丰富完善的国防思想，其中有很多思想在今天仍具有强大的生命力。

一是国防建设的目的是"安国保民""长治久安"。《孙子兵法》指出，"兵者，国之大事也，死生之地，存亡之道，不可不察也"，《淮南子》也指出，"古之用兵者，非利土壤之广而贪金玉之略，将以存亡继绝，平天下之乱，而除万民之害也"，指明了国防建设的目的是"安国保民"。"居安思危，思则有备，有备无患"（《左传·鲁哀公十一年》）则指出了和平时期不可忘记祸患骤起，必须建设国泰民安的战略保障——国防军备。西汉政治家认为"文武并用"方能长治久安，唐太宗也持相似观点，成就了享誉世代的"贞观之治"。

二是国防建设的路径是“富国强兵”“寓兵于民”。春秋齐相管仲主张“甲兵之本，必先于田宅”(《管子·奢靡》)，“凡治国之首，必先富民”“国富者兵强，兵强者战胜，战胜者地广”(《管子·治国》)，指明了强大国防的基础是富国，并辅佐齐桓公实现了霸业。“寓兵于民”是依据中国农耕立国的特点而采取的强兵之路，与“富国强兵”相辅相成，中国历史上盛世王朝都实施这种大政方针。

三是国防建设的措施是“武植文种”“教戒为先”。中国古代“国防”的涵义是指维护国体、严明礼义而采取的防禁措施。这是一种综合的国防观念，即把政治理念、礼义秩序、国家安全都归入国防的范畴。因而，对军队教育训练，不仅教练武艺，也灌输王朝理念。孔子说：“有文事者，必有武备；有武事者，必有文备。”(《孔子家语·相鲁》)，《尉缭子》指出：“兵者，以武为植，以文为种”，都是说明国防要从文武两方面建设。吴起则提出更明确的措施：“明法审令”“教戒为先”，以达到“以治为胜”的国防标准。

四是国防斗争的策略是“实边固防”“德威并重”。古代君主大多重视稳固边防，多采取屯兵边境防守，“以险制塞”“重门击柝，以待暴客”(《周易·系辞下》)等措施。此外，贤明的君主还非常重视“不战而胜”，实施“德威并重”的斗争策略，“远人不服，则修文德以来之”(《资治通鉴》卷 197，《唐纪十三》)，即以强大的军力为后盾，以先进的生产力和文化吸引少数民族政权，最终实现“天下一家”的宏愿。

(二) 中国近代国防

中国近代国防自 1840 年鸦片战争到 1949 年新中国成立前，经历了清朝后期、北洋军阀统治和国民党政府统治时期。在这 110 年间，腐败的统治阶级面对外国的入侵，奉行消极防御的国防政策，顽固守旧，软弱无力，致使有国无防。中国近代国防史是一部中华民族惨遭欺凌的历史，也是中国人民反抗列强侵略、寻求民族独立与解放道路的历史。

1. 中国近代国防简史

清朝后期正值资本主义国家完成工业革命、向全球扩张之时，清政府抗击外国较大的侵华战争共有 5 次，均以失败告终，被迫与外国列强签订了上百个不平等条约，割让领土近 160 万平方千米。

1840 年英国以清朝政府禁烟为由对中国发动了鸦片战争，清军因装备落后、战法陈旧和指挥不当战败。1842 年清政府被迫签订第一个不平等条约中英《南京条约》，割让香港岛。从此，中国的主权、领土遭到破坏，陷入半殖民地半封建社会。1856 年至 1860 年，英国不满足已获得的利益，联合法国，分别以“亚罗号事件”和“马神甫事件”为借口，对中国发动第二次鸦片战争。战败的清廷被迫与英法两国签订了中英、中法《天津条约》和《北京条约》，与趁火打劫的沙俄签订了《瑷珲条约》。19 世纪 80 年代初，法国殖民主义者在完成了对越南的占领后，入侵中国西南地区。1884 年至 1885 年中法开战。冯子材率领的清军在刘永福黑旗军配合下，痛击法军，取得了镇南关大捷，导致了茹费里内阁的倒台。但是在战场取胜的情况下，腐败的清政府却与法国签订了《中法新约》，将广西和云南两省的部分权益出卖给法国，使中国不败而败，法国不胜而胜。1894 年蓄谋已久的日本以清政府出兵朝鲜为由发动了甲午战争，北洋水师在丰岛海战和黄海海战失败后，于基地威海卫全军覆没；清军在朝鲜和辽东的陆地作战也一败涂地。李鸿章代表清政府被迫与日本签订了《马关条约》，割让台湾及其附属岛屿，赔款白银 2 亿 3 千万两。甲午战争的失败彻底暴露了清政府的腐败无能，极大地激发了列强瓜分中国的欲望，使中国从此陷入空前绝后的民族灾难之中。1900

年，英、美、德、法、俄、日、意、奥8国以保护在华侨民“利益”为借口，组成联军发动侵华战争。战败的清政府被迫与上述国家及比利时、荷兰和西班牙11国签订了《辛丑条约》。这个条约全面地扩大和加深了帝国主义国家对中国的统治，清政府完全沦为帝国主义统治的傀儡。绝大部分中国领土成了帝国主义的势力范围：俄国在长城以北，英国在长江流域，日本在台湾、福建，德国在山东，法国在云南，中华民族美丽富饶的国土被蹂躏得支离破碎。

然而，与政府主导的萎靡不振的国防形成鲜明对比的是，人民群众自发组织的反帝斗争给予了侵略者以沉重的打击，如广州三元里人民抗击英军的胜利，甲午战争末台湾军民抵抗日军占领、击毙近卫师团长能久亲王，义和团反帝爱国运动等。这些斗争表现了人民群众抗御外侮的深厚力量。

1911年辛亥革命推翻了清朝的统治，彻底废除了封建专制制度，建立了中华民国。列强为维护其在华利益，纷纷扶植各派军阀为自己的代理人，加紧对华控制掠夺。先有袁世凯称帝，后有张勋复辟，各派军阀以帝国主义为靠山，割据称雄，混战不休。直、皖、奉三大派系军阀先后窃取中央政权，贿选国会议员和总统，出卖国家和民族利益，民主革命力量没有掌握到政权。“二十一条”的签订和“巴黎和会”中国外交的失败，证明了北洋政府与清廷同样腐败无能，激起了中国先进分子联合大众同仇敌忾、共御外侮、探索救国新路的决心和勇气。

以“五四运动”为标志，中国反帝反封建的资产阶级民主革命发展到了新阶段。1921年7月中国共产党成立，中国崭新的政治力量——工人阶级登上了历史舞台，中国革命和救亡图存斗争开始进入新的阶段。孙中山先生确立的“联俄联共扶助工农”的政策使中国民主革命出现了曙光，讨伐北洋军阀统治的北伐战争取得一个又一个胜利。可是，蒋介石发动的“四一二政变”斩断了国共合作，使中国民主革命的政治力量再次夭折。1931年日本发动“九一八事变”，开始入侵中国。蒋介石政府却奉行“攘外必先安内”的不抵抗政策，导致东北大片国土迅速沦陷，从而使日本获得了丰富的战争资源，助长了它的侵略野心。1937年日军又制造“卢沟桥事变”，实施对华全面侵略，中华民族到了生死存亡的关头。中国共产党高举团结抗日的旗帜，主动与国民党再度合作，组成广泛的抗日民族统一战线，积极配合政府军正面战场的作战，在敌后战场实行独立自主的游击战争，历经14年艰苦卓绝的浴血奋战，终于赢得了中国近代史上第一次抗击侵略者的完全胜利。然而，蒋介石背信弃义，不顾人民盼和平、求安宁的政治愿望，发动了消灭共产党及其领导的人民军队的内战，妄图实施独裁统治，中国建立联合政府、实现民主政治的努力又一次失败。中国共产党被迫进行自卫战争，经过近4年的解放战争，人民军队越战越强，终于推翻了国民党的反动统治，于1949年10月成立了中华人民共和国，从此终结了长达110年的中华民族有国无防的屈辱历史。

2. 中国近代国防成就

中国在近代被列强轰开了国门，虽然守旧势力顽固，但是内外形势的压力和有识之士的努力还是推动了中国社会的一些变革，在国防上也取得了一些成就，主要表现在以下几个方面。

(1) 募兵制取代了世兵制

两次鸦片战争和中法战争的失败，使清朝统治集团看到了自身武器装备的落后和八旗、绿营兵战斗力的日下。1851年后为镇压太平天国运动，咸丰皇帝下令各地编练乡勇。曾国藩在湖南从团练中以三倍绿营兵的军饷招募、编练湘军，李鸿章在安徽从团练中招募淮军。湘军还实行淘汰制，选择智勇、品行兼优者为统兵将领。湘军、淮军逐渐成为清军的主力。

这样,募兵制实际取代了八旗、绿营兵的世兵制。此后直到国民政府时期仍主要是募兵制。募兵制为训练近代军事技术的军队、保障军事人才来源提供了保证。

(2) 初步建立了近代军事工业

曾国藩、左宗棠、李鸿章等人主张"中学为体、西学为用",掀起洋务运动,引进西方技术、设备建立近代军工企业,如安庆修械所、江南制造总局、福州船政局等。国民政府时期,民间资本的投入,使全国的民族资本主义工业(主要是纺织和印刷业)具备了一定的规模。蒋介石打内战的需求和美国的军事援助,客观上使国民党军工企业的规模和分布有所扩大,尤其是装备维修企业的数量和种类有所增加,并培养了相应的技术人才,如南京的汽车维修企业和无线电企业。

(3) 建立了近代陆、海、空军队和近代国防体制

购买西方枪炮编练自强军,使清军有了近代陆军;引进西方军舰编练"三洋"水师,清军建设了近代海军。中日甲午战争中海陆军战败,清政府始知军制落后,遂撤兵部,成立陆军部,并"仿用西法,编练新军",对兵员年龄、体格、文化提出了严格要求。民国时期,国民党成立军事委员会和国防部,颁布《兵役法》,按照近代编制组建军、师、旅、团等陆军建制部队和集团军等野战机动兵团,建设炮兵、工兵、通信兵和少量海、空军的多军兵种合成军队。仿照西方建立黄埔军校等各级各类军校,培养军事指挥人才和技术人才,使中国国防实现了近代体制的转变。

(4) 初步掌握了近代战争的战术

清朝后期陆军虽然使用来复枪和野战火炮,但是仍然受到古代操法阵形的影响,甲午战争后编练新军才开始学习运用散兵战术。蒋介石统治时期,国民政府通过美国军事顾问指导和派遣军官留学等方式,学习西方资产阶级战争理论,逐步掌握了使用机械化兵器的技能,初步掌握了近代战争的战术。

3. 中国近代国防思想

中国近代国防历史虽然是中华民族的屈辱史,但是国防思想在吸取西方先进理论和改革图新中也取得了一定的成就,主要体现在以下方面:

(1) 提出了"师夷长技以制夷"建设国防的思想

魏源在对西方的坚船利炮优势进行深入研究后,他在林则徐主持编译的《四洲志》的基础上编著了《海国图志》,在书中他首次提出了"师敌之长技以制夷"的国防建设新观点,进一步又指出:"善师四夷者,能制四夷,不善师外夷者,外夷制之",倡导学习西方制造战船、兵器的先进技术和养兵练兵之法,"尽得西洋之长技为中国之长技",并提出了中国的海权思想。李鸿章提出发展近代工商业为军队建设提供财力,"欲自强,必先裕饷;欲浚饷源,莫如振兴商务"。

(2) 实行海防塞防并重的防卫思想

鸦片战争后局势的发展改变了晚清政府固有的重北轻南、重陆轻海的防务思想,林则徐、魏源等人强调海防的重要。1866 年,清廷采纳了左宗棠提出的"欲防海之害而收其利,非整理水师不可;欲整理水师,非设局监造轮船不可"的建议,设福州船政局,后兴建马尾船厂,开始中国近代海军建设。19 世纪 70 年代,边疆危机四起,尤其是新疆阿古柏受英殖民者怂恿叛乱,形势紧急。清政府内部出现海防塞防大讨论。左宗棠认为新疆为边陲重地,西北屏障,"重新疆者,所以保蒙古;保蒙古者,所以卫京师。西北臂指相联,形势完整,自无隙

可乘”。清政府终于采纳了他提出的海防塞防并重、海军陆军同时发展的思想，从而在中国历史上第一次把海防提到与塞防同等重要的地位。

(3) 产生了综合国防的思想

民国时期著名军事理论家蒋百里认为，国防的基本力量由兵力、武力、国力三个层次构成。从根本上说，兵力之源在武力，武力之源在国力。国力是人力、地理、物质生产力、机械运动力和政治力五者的综合体。在国力综合体之中，政体和制度堪称“原动力”。蒋介石也认为国防既包括军事国防，也包括经济国防和精神国防。杨杰则认为“国防是政治、经济、文化、社会、军事等各种力量的结晶”，政治建设是国防建设的重要因素，文化建设既是实现国防现代化的必备条件，也是加强国家战斗力的手段。国防是整体的、不可分的，国防建设必须同国家其他方面的建设同时并举，始终寓于国家建设之中。

(三) 中国现代国防

中国现代国防从1949年10月中华人民共和国成立至现在。在中国共产党的领导下，中国国防从现代战争中认识现代国防建设规律，吸收外国国防建设的经验，依据中国实际探索中国国防现代化建设的道路，取得了世界瞩目的国防成就，形成了具有中国特色的国防思想与理论。

1. 中国现代国防简史

从新中国建立以来，中国现代国防建设大体经历了四个发展阶段。

第一阶段：初创时期(1949年底—1953年)。这一时期中国国防的主要任务是解放沿海岛屿和西藏，稳定边防，加强海防，肃清大陆国民党残余势力和土匪武装，为医治战争创伤、恢复国民经济奠定国内和平安宁局面。1950年6月朝鲜战争爆发后，由于美国等插手并对我国构成直接威胁，我国被迫于当年10月参加了朝鲜战争(即抗美援朝战争)。经过2年10个月的艰苦奋战，迫使美国为首的联合国军接受停战，稳定了朝鲜半岛的格局。在这个时期，新中国统一了军队体制编制，建立了各级军事领导机构，组建了人民空军，创建了100余所军事院校，使人民军队由单一的步兵为主的陆军开始向诸军兵种合成化军队转变。

第二阶段：构建现代国防体系时期(1953—1978年)。1953年全国军事系统党的高级干部会议确定了中国国防的主要任务是防御帝国主义的侵略，保卫社会主义建设，保卫亚洲与世界和平。中央制定了“积极防御”战略方针和“两弹一星”的国防科技发展战略，全面构建中国国防现代化体系，建立了各级国防动员机构。军队精简规模，展开正规化、现代化建设，合同作战能力基本形成。建立国防科技工业体系，常规武器基本实现国产化，某些领域接近当时世界先进水平，并成功爆炸了第一颗原子弹、氢弹，进行了地对地导弹试验。取得解放“一江山岛”、西藏平叛、中印边界自卫反击战、珍宝岛反击战和西沙群岛海战的胜利。“文化大革命”运动期间，国防建设虽然受到了严重干扰，军队正常的教育训练也遭受了严重冲击。但国防军队系统基本保持稳定，顶住了国际霸权主义的压力。国防尖端技术在困难中取得了长足发展，跻身航天国家行列，建立了“三位一体”的核威慑力量，极大地增强了国防实力和威慑能力。

第三阶段：现代化国防建设新时期(1978—2004年)。党的十一届三中全会以后，党的中心工作转向经济建设，国防建设从立足于“早打、大打、打核战争”的临战状态转变到和平时期正常建设的轨道上来。确立建设强大的现代化正规化革命军队的总目标，裁军100万，人民解放军朝着精兵、合成、高效的方向迈出重要步伐。取得了中越边境自卫反击战和

“3.14”海战的胜利，有效维护了国家领土的完整。1993年中央军委制定了新时期军事战略方针，推进国防建设与经济建设协调发展，军事斗争准备的基点由打赢一般条件下的局部战争向打赢高技术条件下的局部战争转变，军队建设实现由数量规模型向质量效能型转变，由人力密集型向科技密集型的战略转变。以对台军事斗争准备为龙头，坚持质量建军，实施科技强军战略。

第四阶段：新形势下国防建设时期（2004年至今）。2004年6月军委扩大会议提出新世纪新阶段国防和军队战略目标和任务，在新的历史起点上实施国防和军队现代化“三步走”的发展战略，科学统筹经济建设和国防建设、中国特色军事变革与军事斗争准备、机械化建设与信息化建设，完成机械化、信息化双重发展的历史任务。依靠科技进步加快战斗力生成模式转变，不断提高打赢信息化条件下局部战争的核心军事能力和实施完成多样化非战争军事任务的能力。2012年党的十八大报告提出“建设与我国国际地位相称、与国家安全和发展利益相适应的巩固国防和强大军队”的战略任务。2015年11月军委召开军队改革工作会议，对军队和国防体制实施全面改革，坚持以国家核心安全需求和21世纪军队发展方向为导向，走军民融合式发展道路，为实现中华民族伟大复兴的中国梦建设强大的国防力量。近年来，中国不断加强军事领域的国际交流与合作，在联合军演、国际军事竞技、维和与远海护航等方面取得了可喜成绩，全面提升了我国国防实力和军队作战能力。

2. 中国现代国防成就

伴随着共和国的发展壮大的脚步，中国国防建设取得了举世瞩目的巨大成就。

（1）建设了一支有世界影响力的强大军队

新中国成立后，中国人民解放军在继续加强革命化建设的同时，尤其注重现代化和正规化的建设，人民解放军建成了主要由陆、海、空三军和第二炮兵组成的强大的合成军队。

近年来，人民解放军按照履行使命任务和信息化建设发展要求，积极稳妥推进军队改革，强化军委总部战略管理功能，组建人民解放军战略规划部，将总参通信部改编为信息化部，将总参军训和兵种部改编为军训部；推进新型作战力量建设，调整优化各军兵种规模结构，改革部队编组模式，推动作战力量编成向精干、联合、多能、高效方向发展；完善新型军队人才培养体系，深化军事人力资源和后勤政策制度调整改革，加强高新技术武器装备建设，努力构建中国特色现代军事力量体系。

（2）建立了门类齐全、军民融合的国防科技工业体系

新中国成立以来，通过引进消化苏联的工业设备和科技成果，依靠我国科研技术力量的自力更生，建成了包括兵器、船舶、航空、信息、航天和核能等门类齐全、系统配套的科研实验生产体系；进入新时期后，通过改革发展，积极转变军工经济发展方式，推进结构调整、产业优化升级，规范和引导军工企事业单位利用民用工业能力和社会资本，我国已建成具有核心竞争力的、军民融合的、可持续发展的国防科技工业体系。

建成一批高水平的科研平台和新型装备生产线，形成先进的军工核心能力；鼓励军工企事业单位、基础性科研机构和高等院校开展国防科研创新活动，增强自主创新武器装备的能力；强化国防科技基础平台、运行和管理，发挥国防科技实验室和先进技术研究应用中心的重要作用，提高武器装备科研生产基础能力；和平利用军工技术，培育新的经济增长点，促进国家产业振兴和高新技术产业结构调整；按照平等、互利、共赢的原则，遵照国际通行准则，严格履行国际责任和义务，积极参与国际国防技术交流与合作。

兵器科技和工业方面，研制生产了一大批具有世界先进水平的坦克、装甲车辆、火炮、弹药、轻武器等新型武器装备，为我军现代化提供了有力支撑。船舶科技和工业方面，自行研制了新一代核动力潜艇、常规潜艇和隐身驱逐舰、护卫舰、两栖登陆舰、导弹快艇等作战舰艇，以及各种辅助船舶和新型鱼雷、水雷、反水雷等新装备。

航空科技和工业方面，已能够研制出歼-10、歼-11、歼-20、歼-31 等三代半和第四代制空战机，以及轰炸机、直升机、运输机、预警机、反潜机、教练机等各种类型军用飞机，基本上满足了空军、海军作战和飞行训练的需要。

信息科技和产业方面，在指挥自动化、情报侦察、预警探测、电子对抗和通信、导航等方面，为我军提供了新一代装备，进一步增强了部队侦察、通信、指挥和作战能力。

航天科技和工业方面，已拥有研发先进地地、地空、海空和空空导弹武器系统的能力，运载火箭、应用卫星的研制发射和载人航天和月球探测实验的进行，已在世界航天技术领域占有重要的地位。

核工业方面，我国不仅掌握了制造原子弹、氢弹技术，还掌握了新一代核潜艇技术，有效地增强了二次核打击能力，在和平利用核能方面也取得了突破性发展。

(3) 构建了中国特色国防动员与国防后备力量体系

建国后经过不断探索，逐步建立起了中国特色国防动员与国防后备力量体系。2010 年 2 月 26 日颁布并于当年 7 月 1 日施行的《中华人民共和国国防动员法》，进一步健全了适应经济社会发展的国防动员体制机制，科学规范了各级政府、机构和公民在国防动员活动中的责任、权利和义务，使国防动员与国防后备力量建设进入法治轨道。

一是确立民兵与预备相结合的制度，初步形成了具有中国特色国防后备力量体系。二是注重宏观指导，合理布局，加强边海防、大中城市和重点地区的民兵工作。三是发挥民兵、预备役部队在参战支前、守卫边疆、发展生产、抢险救灾、维护社会治安等方面的重要作用，为国家的改革、发展和稳定做出了巨大的贡献。四是健全了国防动员机构。1994 年成立了国家国防动员委员会，负责指导、协调全国的后备力量建设和动员工作。五是加强了国防教育，恢复并加强了对大学、高中(含相当于高中)在校学生的军训工作，使国防教育正逐步纳入到整个国民教育体系之中，走上了法制化、规范化的轨道。

(4) 有效维护了国家统一和安全

新中国成立之初，以美国为首的帝国主义国家妄图把新生的共和国扼杀在摇篮之中。1950 年 10 月至 1953 年 7 月，中国人民志愿军出兵朝鲜迫使美国在停战协议上签字，奠定了新中国半个多世纪以来的和平与安全环境的基础。20 世纪 60 年代，在美国的封锁和苏联的压力下，取得了 1962 年中印边界自卫反击作战和 1969 年珍宝岛反击作战的胜利，进一步稳定了我国周边安全环境。随着中美关系的改善，我国东南沿海地区的安全环境得到缓和，并且在 1979 年取得了中越边境自卫反击作战的胜利。1997 年 7 月 1 日香港回归以及 1999 年 12 月 20 日澳门回归以后，我军派出驻港部队和驻澳部队，恢复在港澳行使主权和国土防卫。2008 年 12 月 26 日，根据联合国安理会有关决议，我海军舰艇编队赴亚丁湾、索马里海域实施护航，截至 2022 年 8 月，中国海军先后派出 41 批次护航编队，并在亚丁湾海域累计完成了 1 500 多批次 7 000 余艘中外船舶护航任务。2015 年 3 月，沙特政府军对也门叛军进行空袭，造成也门局势的动荡，中国政府率先决定从也门撤侨。正在亚丁湾海域执行护航任务的我海军第十九批护航编队接到上级命令后，立即组织护卫舰临沂舰、潍坊舰和综合保障舰微山湖舰，前往也门撤出了571名中国侨胞，并帮助巴基斯坦等国撤出了200多名侨民。近一二十年来，中国海军多次成功地从世界各地撤出我侨胞。中国海军的撤侨行动证明，中国海军已经进入世界强大海军之列。我军在反对和遏制“台独”分裂势力，打击“东突”为代表的恐怖主义、分裂主义、宗教极端主义“三股恶势力”，维护国家主权和领土完整，维护社会政治稳定和民族宗教团结等方面也做出了十分突出的贡献。与此同时，我军积极参加社会主义建设，并且在抗洪抢险、抗震救灾、抗雪救灾以及应对重大突发性事件等方面都发挥了重要作用。

3. 中国现代国防思想

中国在现代国防建设实践中，初步形成了具有中国特色的现代国防思想。其主要内容是：国防不可没有；国防必须适应国家利益的需要；国防建设必须与经济建设协调发展；国防建设应坚持以现代化为中心；遵循独立自主和改革创新的方针以及全国军民团结一致共建国防等。

（四）中国国防历史的启示

我国4 000多年的国防历史，有过声威远播、天下归附的武功，有过引而不发、强虏驻足的宁静，有过遍体创伤、不堪回首的屈辱，也有过抗敌卫国、强边固防的巨大胜利。在建设具有中国特色社会主义的伟大征程中，重温这一漫长的国防历史也可以从中得到有益的启示。

1. 经济发展是国防强大的基础

经济是国防的物质基础，国防强大依赖于经济的持续发展，这是我国国防历史给予我们的深刻启示。早在春秋时期，齐国的政治家管仲就实行“富国强兵”的政策，成就了齐桓公的霸业。以后凡有建树的王朝政治家、军事家无不强调富国强兵，把发展经济作为建设强大国防的先决条件。秦国重用商鞅实施变法，推行“开阡陌”“废井田”等一系列土地改革措施，解放了生产力，促进了经济发展，对南征百越、北逐匈奴，最终吞并六国完成统一大业发挥了重要作用。汉唐明清各代前期也都安集流亡，发展农桑，与民休养生息，从而奠定了国防强大的基础，成就了国防史上消除外患、开疆拓土的伟业。与此相反，各朝代后期的衰败灭亡，遭受外敌的入侵而不能自保，几乎毫无例外是政治腐败，经济落后，动摇了国防的根基。由此可见，只有经济的强盛，才能有强大的国防，才能有政权的稳固和国家的安全。

2. 政治昌明是国防巩固的根本

政治与国防紧密相关，国家的政治是否开明，制度是否进步，政策是否正确，直接关系到国防的兴衰。只有政治的昌明，才能有巩固的国防。这是国防历史给我们提供的又一深刻启示。战国时期，各诸侯国就十分注意修明政治，变法图强，持续创业，把尊贤厚士、举贤任能治理国家作为强国的根本大计。汉高祖实行“文武”政策，建立法制，轻徭薄赋，修明政治。此后，文帝、景帝至武帝，都实行比较开明的治国之策，为西汉长达200多年的基本安定奠定了基础。唐前期革新政治、改革兵制、发展经济、鼓励发明、抚内睦邻的国策，使唐朝成为当时世界的一流强国。相反的，秦朝实行暴政，激起农民起义，终至推翻秦始皇梦想千秋万年、子孙相继的基业；宋朝政治腐败无能，外交屈辱求和，官员偏安思奢，陷害忠良，大片河山丢失，终为元兵所灭。明末由于皇帝昏庸、宦官专政、结党营私，终被起义军所败，又为清兵所亡。特别是近代中国，由于清政府政治日趋腐朽，国防日益虚弱，面对列强入侵屡战屡败，乞降求和，割地赔款，使国家遭受了前所未有的奇耻大辱，将中国人民带进了苦难的深渊。总之，国防的兴衰、王朝的更替、近代中国的百年国耻，都深刻地告诉我们，政治的昌明是国防巩固的基础，是国家得以长治久安的根本保证。

3. 建设能打胜仗的军队是国防强大的关键

我国国防历史给予我们的另一重要启示，就是拥有一支能打胜仗的军队，才是国防建设的根本。我国历史上国防强大、国力强盛的王朝无不拥有能打胜仗的军队。公元前597年晋楚会战于邲（今河南郑州市东），晋军大败，楚庄王饮马黄河，雄踞北方，楚国一举成为中原盟主。汉武帝时，名将卫青、霍去病奉令反击匈奴，反击河南、突袭河西、决战漠北三役大获全胜，共歼敌13万余人，虏获近12万人，彻底消除了北方边境外患。唐朝李靖大败东突厥，擒获颉利可汗；李勣灭漠北薛延陀部；苏定方平沙钵罗，扫除西突厥，由此疆域扩至巴尔喀什湖和贝加尔湖一带。新中国建立之初，中国人民志愿军在战略反攻阶段将联合国军从鸭绿江边打退至"三八线"，在战略防御阶段顶住了联合国军的疯狂进攻，稳定了朝鲜半岛局势，共歼敌71万人。抗美援朝战争的伟大胜利，让美军领教了中国军队的威力，承认"打了一场错误的战争"，保证了新中国和平稳定的战略环境。相反的，中日甲午战争，一场西方都不看好岛国的战争竟然以大清帝国的一败再败而告终，貌似强大的北洋海军全军覆没，被掳走军舰10艘。正是清军战败让全世界都看到了当时中国国防孱弱已到了极点，以至后来诸国群起而分割中国这块大肥肉。所以，能打胜仗的军队才是国防真正的威力，建设能打胜仗的军队是国防建设的关键所在。

4. 国家统一、军民团结是国防强大的源泉

我国国防历史给予我们的再一个重要启示，就是在面临外敌入侵、国家危亡的关头，只有国家统一、军民团结、一致对外，才能筑起一道坚不可摧的国防长城，取得反侵略战争的胜利。近代中国山河破碎，有国无防，一个重要原因就是清朝统治者在侵略者面前，不仅不发动和依靠广大人民进行反侵略的正义战争，反而认为"患不在外而在内"，采取与人民对立的立场。尽管广大人民群众奋起反抗侵略者，但都处于自发、分散状态，缺乏统一指挥，没有形成一致对外的合力，无法改变战争局面。抗日战争时期，中国共产党主张全国军民团结，建立广泛的抗日民族统一战线，共同抵抗日寇侵略。同时，放手发动、武装人民群众，以游击战袭击敌人。我党领导的八路军、新四军挺进敌后，开辟了广大的敌后抗日根据地，运用人民战争的战略战术，同全国军民一道有力地打击了日本侵略者，并最终取得了抗日战争的全面胜利。历史证明，国家的统一、民族的团结、全国军民共同一致抵抗侵略的精神和意志，才是国家真正的钢铁长城，这是淹没一切侵略者的人民战争汪洋大海的基础，是让一切侵略者都望而生畏的真正铜墙铁壁，是民族自强的根本和国防力量的不竭源泉。

四、中国现代国防观

中国现代国防从1949年10月中华人民共和国成立开始建立，到目前的新时代和平建设时期，经历了70年的发展。在中国共产党的领导下，中国走出了近代以来有国无防的屈辱历史，实现了从"站起来"到"强起来"的涅槃重生，中华民族从救国安邦走向复兴之路、从独善其身走向兼济天下，以最大的发展中国家身份屹立于世界民族之林，见证了自强不息的民族进取精神，塑造出特有的现代国防观念。

(一) 国防不可没有

国防不可没有，是毛泽东军事思想关于国防建设思想的一个重要内容，只有拥有了强大的国防，国家的安全与发展才能拥有可靠的保障。首先，强大的国防是捍卫国家主权和领土完整的根本保证。一个主权国家，必须要能够保证本国主权独立、领土完整、社会制度不受损害。没有一个强大的国防力量，一切都无从保障。其次，强大的国防是现代化建设的客观

需要。新时代中国特色社会主义建设需要一个和平稳定的发展环境，离不开强大的国防。再次，强大的国防对于提高我国国际地位，维护世界和平、地区稳定和经济繁荣具有重要作用。建国以来，中国的内外部安全环境、发展形势和经济状况逐步向好，国际地位和威望在不断提高，一定程度上得益于不断提升的国防实力。

（二）国防的使命就是维护国家总体安全

有史以来，国防的使命就是维护国家总体安全与发展。维护国家总体安全是中国国防的最高准则。基于对不断延伸的国家安全边界的观察和把握，中国共产党正式确立了总体国家安全观，强调以人民安全为宗旨，以政治安全为根本，以经济安全为基础，以军事、文化、社会安全为保障，以促进国际安全为依托，走出一条中国特色国家安全道路。总体国家安全观，既重视发展问题，又重视安全问题，包括了传统安全和非传统安全，集政治、国土、军事、经济、文化、社会、科技、信息、生态、资源、核 11 大领域的安全于一体，构成了新型国家安全体系，为新时代国防建设和国防斗争指明了发展方向。

（三）国防必须与经济建设协调发展

国防建设与经济建设协调发展，是新中国成立以来在实践中得出的一条重要经验。新中国成立之初，面对一穷二白、百废待兴的建设起点和新的战争威胁，毛泽东提出了“两手抓”的思想：一手抓国防建设，建立强大的国防军；一手抓经济建设，争取国家财政经济状况的基本好转。20 世纪 60 年代初，我国经济发展和军事安全形势都相当严峻，党中央一面加大了国防投入，调整工业布局，一面加强了国家战略后方建设，有效慑止了帝国主义战争风险。这一时期，我国陆续研制出原子弹、氢弹和人造卫星。邓小平说：“如果六十年代以来中国没有原子弹、氢弹，没有发射卫星，中国就不能叫有影响的大国，就没有现在这样的国际地位。”党的十一届三中全会以后，党中央基于当时的国际战略环境和我国安全形势，及时作出以经济建设为中心、国防建设服从和服务于经济建设大局的决定，为正确处理国防建设和经济建设的关系指明了方向。党的十六大之后，党中央正式提出了“必须坚持国防建设与经济建设协调发展的方针”。

国防建设与经济建设是国家建设和发展的两大战略任务，在发展进程中必须协调一致。为了与我国现代化建设“三步走”战略相一致，党中央和中央军委制定了国防和军队建设“三步走”发展战略，规定了每一个阶段的发展目标、任务和要求，确保国防建设能够跟上国家现代化发展步伐，与经济建设协调发展、平衡发展、兼容发展。

（四）国防必须有能力维护总体国家安全

随着国际社会竞争加剧，国家利益和安全的边疆在不断地扩大。新时代总体国家安全观为国防建设和国防斗争指明了发展方向，中国国防能力必须能够适应国家利益拓展的新要求，能够维护好新型国家安全体系。要维护好这个新型国家安全体系，必须树立“大国防观”，针对不同安全领域多样化安全诉求，积极开展国防调研、需求论证、总体设计、战略布局等，全面推进以现实需求为牵引、以战斗力建设为中心的现代国防建设，切实使中国国防能力与维护总体国家安全的新使命新要求相称。

（五）依靠全民办国防

中国的国防是全民国防。全民国防，就是全民参与的国防。一个国家在遇到危难之时，如果能做到全民皆兵，势必能焕发出强大的国防力量。

实行全民国防，前提是把国防教育纳入各级政府的议事日程，纳入国家教育的重点建设体系，纳入党政干部学习培训范畴，纳入大中小学的课堂教学，着力强化全民的国防意识和忧患意识，培育全国公民特别是广大青少年学生的国防意识、责任担当和爱国主义精神，让每个公民都能认清和牢记自己的国防责任，形成全社会关心国防、建设国防的生动格局。中共中央作出明确指示：地方各级各部门要强化国防观念和军事战略意识，积极支持军队建设、改革和军事斗争准备，齐心协力把军事战略方针要求落到实处。要尽最大可能运用经济社会建设成果来支持人民军队现代化建设，与全军官兵一起巩固祖国的钢铁长城。

第二节 国防法规

国防法规是调整国防和各种社会关系的法律法规的总和，是国家法律体系的重要组成部分，是规范和引导国防和武装力量建设的基本依据。在依法治国的大环境中，国防法规对加强国防和武装力量建设，做好军事斗争准备，具有重大意义。

一、国防法规的特性

国防法规是国家法律的组成部分，是由国家制定或认可并强制实施的行为规范，具有法律的一般特性，即鲜明的阶级性、高度的权威性、严格的强制性、普遍的适用性和相对的稳定性。同时，国防法规还有其特殊性，主要表现在以下三个方面。

（一）调整对象的军事性

国防法规所调整的是国防和武装力量建设领域的各种社会关系，包括军队内部的社会关系、武装力量内部的社会关系、武装力量与外部的社会关系等。这些带有军事性的社会关系是国防法规特有的调整对象，是其他任何法律规范所不能代替的，这是国防法规特殊性的基本表现。国防和武装力量建设领域的社会关系是军事性的，但这些社会关系所涉及的行为主体并不都是军队和军人，也包括公民和组织。

（二）司法适用的优先性

国防法规属于特别法。特别法是对特定人、特定领域、特定事项在特定时间内有效的法律。“特别法优先于普通法”是国际公认的法律适用原则。国防法规优先适用，是指在解决与国防利益、军事利益有关的法律问题时，如果国防法规和普通法都有相关的规定，要以国防法规的规定作为评判是非的标准和采取行动的准则。优先适用不是指先后顺序，而是一种排他性的单项选择，也就是说，在涉及国防利益、军事利益的案件中，只适用国防法规，不适用普通法。

（三）处罚措施的严厉性

国防法规所保护的国防利益，是关系国家兴衰存亡的最根本的国家利益，因而对危害国防利益的犯罪实行比较严厉的处罚。比如，对同一类型的犯罪，危害国防利益的从重处罚。如《中华人民共和国刑法》（以下简称《刑法》）规定，抢劫罪通常处3年以上10年以下有期徒刑；而冒充军警人员抢劫的，抢劫军用物资的，处10年以上有期徒刑、无期徒刑或者死刑。再如战时从重处罚的规定，《中华人民共和国兵役法》（以下简称《兵役法》）、《刑法》的许多条款都有战时从重处罚的规定。

二、国防法规体系

国防法规体系是指由各个层次、不同门类的国防法律规范构成的相互联系、相互制约和协调的有机整体。各个层次体现了国防法律规范之间的纵向关系，不同门类体现了国防法律规范之间的横向关系。

在纵向关系上，依据宪法规定、立法权力和立法原则，我国现行国防法规体系可区分为4个层次：一是法律，由全国人民代表大会及其常务委员会制定的关于国防和武装力量建设的法律，包括《中华人民共和国宪法》(以下简称《宪法》)及基本的法律，如《国防法》《兵役法》《刑法》《中华人民共和国国防教育法》(以下简称《国防教育法》)等。还有一些关于法律问题的决定，如修改兵役法的决定，设立全民国防教育日的决定等，与法律具有同等效力。二是中央法规，由中央军事委员会制定的为军事法规，由国务院制定或国务院与中央军事委员会联合制定的为军事行政法规，有关国防建设的行政法规可以由国务院总理、中央军事委员会主席共同签署国务院令、中央军事委员会令公布，如《军人优恤优抚条例》《征兵工作条例》等。三是规章，由军委各机关部门、战区、军兵种、武警部队制定的为军事规章，由国务院有关部委与军委有关机关部门联合制定的为军事行政规章，如《伤病残军人退役安置规定》《军队保障社会化"十二五"规划》。四是地方性法规，由省、自治区、直辖市人民代表大会及其常务委员会制定的贯彻执行国家国防法规的实施办法、实施细则、补充规定等。截至2018年4月，我国已制定军事法律19件，军事法规340多件，军事规章3 700多件，基本形成了中国特色军事法规体系。

在横向关系上，依据国防活动的种类，国防法规划分为16个门类，分别是：1. 国防基本法类；2. 国防组织法类；3. 兵役法类；4. 军事管理法类；5. 军事刑法类；6. 军事诉讼法类；7. 国防经济法类；8. 国防科技工业法类；9. 国防动员法类；10. 国防教育法类；11. 军人权益保护法类；12. 军事设施保护法类；13. 特区驻军法类；14. 紧急状态法类；15. 战争法类；16. 对外军事关系法类。不同种类的国防法规调整规范不同领域的国防和军事活动。

(一)《宪法》及《国防法》

《宪法》是中国的最高根本大法，一切法律都是在此基础上设立的，其中包含有与国防有关的相关内容。

《国防法》是1997年3月经由第八届全国人民代表大会第五次会议通过并施行。

《国防法》是一部综合性的调整国防领域中各种社会关系的基本法律，共12章70条，主要内容包括：贯彻国防活动的基本原则，国家机构的国防职权，武装力量的构成、任务和建设，边防、海防和空防，大力加强国防教育，全面做好国防动员，公民、组织的国防义务和权利，军人的义务和权益，对外军事关系等。《国防法》的制定与颁布，是我国国防建设史和法制史上的一件大事，对于加强国防建设和完善军事法规具有十分重要的现实意义和深远的历史意义。

(二)《兵役法》

《兵役法》是在1955年7月30日经由第一届全国人民代表大会第二次会议通过并施行，2011年10月29日由第十一届全国人大常委会第二十三次会议对《兵役法》作出第三次修订。

《兵役法》是规范我国公民履行兵役义务的基本法律。新修订的《兵役法》共12章74

条,基本内容包括:总则,平时征集,士兵的现役和预备役,军官的现役和预备役,军队院校从青年学生中招收的学员,民兵,预备役人员的军事训练,普通高等学校和普通高中学生的军事训练,战时兵员动员,现役军人的待遇和退出现役的安置,法律责任及附则。

(三)《中华人民共和国国防动员法》

《中国人民共和国国防动员法》(以下简称《国防动员法》)是2010年2月26日经由第十一届全国人大常委会第十三次会议通过,自2010年7月1日起正式施行。

《国防动员法》是国家为组织实施国防动员而制定的法律,共14章72条,主要内容包括:总则,组织领导机构及其职权,国防动员计划、实施预案与潜力统计调查,与国防密切相关的建设项目和重要产品,预备役人员的储备与征召,战略物资储备与调用,军品科研、生产和维修保障,战争灾害的预防与救助,国防勤务,民用资源征用与补偿,宣传教育,特别措施,法律责任及附则。

《国防动员法》的施行,是保证新形势下国防动员建设健康发展、提高国家平战转换能力、维护国家安全的需要;填补了我国国防立法的一项空白,完善了中国特色社会主义法律体系,是我国国防动员建设史上具有里程碑意义的大事,标志着我国国防动员建设进入法制化规范化发展的新阶段。

(四)《国防教育法》

《国防教育法》是2001年4月28日经由第九届全国人民代表大会常务委员会第二十一次会议通过并施行。2018年4月27日,第十三届全国人民代表大会常务委员会第二次会议对《国防教育法》作出修订。

《国防教育法》是国家为了普及和加强国防教育,弘扬爱国主义精神,促进国防建设和社会主义精神文明建设,根据国防法和教育法而制定的法律,共6章38条,主要内容包括:总则,学校国防教育,社会国防教育,国防教育的保障,法律责任及附则。

《国防教育法》的实行,是当今中国普通高校大学生接受国防教育,开展以"军事技能训练(军训)"和"军事理论"课程教学的最基本的依据,自这部法律施行后的第二年,也就是2002年起,全国高校全面开展学生军训,开设"军事理论"课程。

2001年8月31日,第九届全国人民代表大会常务委员会第二十三次会议决定设立全民国防教育日,确定每年9月的第三个星期六为全民国防教育日。这是中国第一个以法律形式明确规定国防教育的主题节日。根据这一决定,2001年9月15日被确立为第一个全民国防教育日。

(五)《中华人民共和国反间谍法》

《中华人民共和国反间谍法》(以下简称《反间谍法》)是2014年11月1日经由第十二届全国人民代表大会常务委员会第十一次会议通过,自公布之日起施行。1993年2月22日通过的《中华人民共和国国家安全法》同时废止。

《反间谍法》是国家为组织实施反间谍、保密等隐蔽战线斗争而制定的法律,共5章40条,主要内容包括:总则,国家安全机关在反间谍工作中的职权,公民和组织的义务和权利,法律责任及附则。

《反间谍法》对现行国家安全法作出了全面修订,突出了反间谍工作的特点,将间谍组织招募人员等六类行为确定为间谍行为,首次对具体间谍行为进行法律认定。作为中国反间谍工作领域的一部重要法律,《反间谍法》对防范、制止和惩治间谍行为,维护国家安全,起到了基础性法律保障作用。

为配合《反间谍法》的具体实施,2017 年 11 月 22 日国务院专门颁布了《中华人民共和国反间谍法实施细则》,共 5 章 26 条,明确了《反间谍法》的适用范围、对象和相关行为,进一步细化了国家安全机关在反间谍工作中的职权,公民和组织维护国家安全的义务和权利,及相关法律责任等。

三、公民的国防权利与义务

公民的国防义务是指由宪法和法律规定的公民在国防活动中必须履行的责任,由国家强制力保证其落实。公民的国防权利是指宪法和法律赋予公民在国防活动中享有的权利和利益,国家从法律和物质上保障公民享有这种权利的可能性。每一个公民都必须担负法定的国防义务,同时享有相应的国防权利。

(一) 公民的国防权利

根据《宪法》《国防法》《兵役法》《国防教育法》《中华人民共和国军事设施保护法》(以下简称《军事设施保护法》)、《中华人民共和国保守国家秘密法》(以下简称《保守国家秘密法》)等法律规定,公民和组织享有以下三方面的国防权利。

1. 提出建议权

公民和组织有对国防建设提出建议的权利。公民依法对国防建设的指导思想、方针、原则、规章制度和实施方法等提出建议,是公民依照宪法享有的对国家事务建议权在国防建设方面的体现。

2. 制止和检举权

公民和组织有对危害国防的行为进行制止或者检举的权利。制止危害国防利益的行为,是指公民依法采取一定的方式、方法使危害国防的行为停止下来,从而维护国防利益;检举危害国防利益的行为,是指危害国防的行为发生后,公民对违法行为进行揭发。《国防法》规定公民享有制止和检举权,对及时发现和即时制止、打击侵害国防利益的违法犯罪行为,维护国防利益,加强国防建设有着重要作用。

3. 获得补偿权

国家进行国防建设,武装力量开展军事活动,在某些情况下可能对公民的合法权益产生一定的影响甚至造成经济损失,公民享有取得补偿的权利,公民可以按国家有关规定请求政府或军事机关予以补偿。关于这个法定的补偿,需要作如下的理解:一是不应把预先得到补偿作为接受征用的条件,在战时和其他紧急状态下,有些补偿措施是在事后才落实的;二是补偿的范围仅限于直接的经济损失,而不包括间接的经济损失和非经济损失;三是补偿不同于民事活动中的损害赔偿,公民的损失是由国家机关工作人员或军事人员的合法行为引起的,补偿是国家对公民因国防活动受到损失所采取的补救措施,对于直接经济损失的偿付,视情况可以是全部的也可以是部分的。

(二) 公民的国防义务

根据《宪法》《国防法》《兵役法》《国防教育法》《军事设施保护法》《保守国家秘密法》等法律规定,公民负有以下五方面的国防义务。

1. 兵役义务

兵役义务是公民在参加国家武装力量和以其他形式接受军事训练方面应当履行的责任。《兵役法》第3条规定："中华人民共和国公民，不分民族、种族、职业、家庭出身、宗教信仰和教育程度，都有义务依照本法的规定服兵役。"公民履行兵役义务的主要形式有三种：服现役、服预备役和参加军事训练。

2. 接受国防教育的义务

国防教育是国家为防备和抵抗侵略，制止武装颠覆，保卫国家的主权统一、领土完整和安全，对全体公民所进行的一种具有特定目的和内容的教育，是国家整体教育事业的组成部分，国家通过立法把接受国防教育作为公民的法律义务规定下来。《国防教育法》是针对全民国防教育的专门立法，明确规定全体公民都是国防教育的对象，都有接受国防教育的权利和义务，对不履行受教育义务的主体，要进行批评教育，批评教育不改的，要强制其接受教育，或给予行政处分。

3. 保护国防设施的义务

国防设施是指国家直接用于国防目的的建筑、场地和设备，包括军事设施、人民防空设施、国防交通设施和其他用于国防目的的设施。国防设施是国防建设的成果，是国防活动的依托，是抵抗侵略、保卫祖国的物质条件，在巩固国防、维护国家安全利益方面具有重要作用，国家采取一切必要措施保护国防设施。《军事设施保护法》将军事设施的保护分为三类：一是划定军事禁区予以保护；二是划定军事管理区予以保护；三是没有划入军事禁区、军事管理区的军事设施，如通信线路、铁路和公路线，导航和助航标志等，采取有效措施予以保护。公民和组织对这三类国防设施要履行不同的保护义务。对于破坏、危害国防设施的行为，应当检举、控告或制止。破坏、危害国防设施的要承担相应的法律责任。

4. 保守国防秘密的义务

根据《保守国家秘密法》第2条、第9条第2款，国防秘密是指关系国家安全利益，依照法定程序确定，在一定时间内或只限一定范围人员知悉的军事或与军事有关的政治、经济、外交、科技和教育等方面的事项。国防秘密的主要表现形式是国防秘密信息和国防秘密载体，保守国防秘密事关国家的安危，公民应当严格保守国防方面的国家秘密，发现国防方面的国家秘密已经泄露或者可能泄露时，应当立即采取补救措施并及时报告；泄露国防秘密，危害国防安全与利益，将受到法律的追究。

5. 协助国防活动的义务

我国的国防是全民国防，公民应当积极参与和支持国防建设。《国防法》规定："公民和组织应当支持国防建设，为武装力量的军事训练、战备勤务、防卫作战等活动提供便利条件或其他协助。"根据这一规定，我国公民和组织协助国防活动的主要义务有三种：一是开展经常性的拥军优属工作；二是为武装力量的活动提供便利条件；三是支前参战。

第三节　国防建设

国防建设，是指国家为构建和完善国防体系，提高国防能力而进行的一系列活动的统称，内容包括武装力量建设，边防、海防、空防、人防及战场建设，国防科技与国防工业建设，国防动员建设，国防法规建设，国防教育，与国防相关的交通运输、信息通信、医疗卫生、能源、水利、气象、航天等方面建设。

一、中国国防领导体制

国防体制，是国家防务的组织形式、机构设置、领导隶属关系和管理权限划分等方面的制度的总称，是国家体制的重要组成部分，主要包括国防领导体制、国防动员体制、国防科技工业体制等方面。

国防领导体制，是国家领导国防活动的组织体系及相应制度，包括国防领导机构的设置、职能划分和相互关系等。它是国家政权组织形式和机构的重要组成部分，一般设有最高统帅、最高国防决策机构、国家行政机关中管理国防事务的部门、武装力量领导指挥系统。根据《宪法》和《国防法》，中华人民共和国的国防领导职权由中国共产党中央委员会、全国人民代表大会及常务委员会、国家主席、国务院、中央军事委员会、国家安全委员会行使。

中国共产党中央委员会是领导中国社会主义事业的核心力量。根据《国防法》规定，中国的武装力量受中国共产党领导。党的中央军事委员会（简称“中央军委”）和国家中央军事委员会的组成人员，对军队的领导职能完全一致。中央军委实行主席负责制，中央军委主席为全国武装力量的统帅。

全国人民代表大会的国防职权主要有 3 项：

第一，制定有关国防建设和国家武装力量的基本法律。

第二，选举中华人民共和国中央军事委员会主席，根据军委主席的提名，决定中央军事委员会其他组成人员。

第三，依据《宪法》规定，决定战争与和平问题。

全国人民代表大会常务委员会的国防职权主要有 4 项：

第一，制定有关国防建设和国家武装力量的法律。

第二，在全国人民代表大会闭会期间，根据军委主席的提名，决定中央军事委员会其他组成人员。

第三，任免军事法院院长和军事检察院检察长。

第四，决定战争状态的宣布，决定全国总动员或者局部动员。

国家主席的国防职权主要有 2 项：

第一，根据全国人民代表大会及其常委会的决定，宣布战争状态，发布动员令。

第二，行使《宪法》规定的国防方面的其他职权。

国务院下设国防部和退役军人事务部，前者履行国防建设的管理职能，后者履行退役军人的集中管理和服务保障等职能。国务院的国防职权主要有 9 项：

（1）制定国防建设发展规划和计划。

（2）制定国防建设方面的方针、政策和行政法规。

（3）领导和管理国防科研生产。

（4）管理国防经费和国防资产。

（5）领导和管理国民经济动员工作和人民武装动员工作，领导和组织人民防空与国防交通工作。

（6）领导和管理拥军优属工作和退出现役军人的安置工作。

（7）领导国防教育工作。

(8) 与中央军委共同领导武装警察部队和民兵建设工作、征兵工作和预备役工作。

(9) 与中央军委共同领导边防、海防和空防的管理工作。

中央军事委员会的国防职权主要有10项:

(1) 统一指挥全国武装力量。

(2) 决定军事战略和武装力量的作战方针。

(3) 领导和管理军队的建设。

(4) 向全国人民代表大会或者全国人民代表大会常务委员会提出国防和武装力量建设的议案。

(5) 根据宪法和法律,制定军事法规,发布决定和命令。

(6) 决定军队的体制和编制,规定军委机关、战区、军兵种和各级各部门的任务和职责。

(7) 依照法律法规任免、培训、考核和奖惩武装力量成员。

(8) 批准武装力量的武器装备体制和武器装备发展规划,协同国务院领导和管理国防科研生产。

(9) 会同国务院管理国防经费和国防资产。

(10) 行使法律规定的其他职权。

国家安全委员会,全称"中国共产党中央国家安全委员会",简称"国安委",是中国共产党中央委员会下属机构。作为中共中央关于国家安全工作的决策和议事协调机构,国家安全委员会的国防职权主要是:统筹协调涉及国家安全的重大事项和重要工作。它既有对内职能,也有对外职能,具有统筹国内和国际两个大局、整合对内对外事务的内外兼顾特点。

二、中国国防动员体制

2016年,中央军委组建国防动员部,履行组织指导国防动员职能,领导管理省军区,实现了我国国防动员的体系重塑。依据国际标准,国防动员体制通常由决策体制、协调体制和执行体制三个部分构成。

(一) 国防动员决策体制

国防动员决策体制,是国家为了应对战争和其他安全威胁的需要,有效履行领导决策国防动员活动而建立的组织机构和制度体制的总称。它是国防动员体制的指挥中枢。根据《宪法》《国防法》《国防动员法》有关规定,全国人大及其常委会和国家主席是我国国防动员的最高决策机构,国务院和中央军委是我国国防动员的最高领导机构。

(二) 国防动员协调体制

国防动员协调体制,是国防动员决策机构的办事咨询机构,是实现国家最高决策机构关于动员准备与实施意图、组织协调国家各种力量落实与执行动员任务的机构。1994年成立的国家国防动员委员会,是在国务院、中央军委领导下主管全国国防动员工作的议事协调机构,下设国防动员委员会综合办公室、人民武装动员办公室、经济动员办公室、人民防空办公室、交通战备办公室、国防教育办公室等办事机构。其主要职责是协调国家国防动员工作中军事与经济、军队与政府、人力与物力等方面的关系,并在国务院、中央军委的领导下组织协调国防动员准备、国防动员实施和复员工作。

（三）国防动员执行体制

国防动员执行体制，是政府和军队各有关部门、系统、行业和地方各级人民政府，负责执行和落实国防动员决策机构赋予的各种国防动员任务的组织机构和制度体系。从世界范围看，国防动员执行体制一般分为政府系统、军队系统和社会系统三个组成部分。

政府系统的国防动员执行机构，是在国防动员决策机构领导下的具体负责执行和落实政府系统国防动员任务的工作部门及其相应的工作制度，包括国家有关部门和各级地方政府建立的国防动员执行机构。军队系统的国防动员执行体制，是具体负责执行和落实军队系统国防动员任务的工作部门及其相应的工作制度。社会系统的国防动员执行体制，是具体执行和落实社会系统国防动员任务的工作机构及其相应的工作制度。它处于整个国防动员体制的末端，与动员对象直接接触，决定着动员的效果，主要包括三个部分：第一是党政机关、社会团体和民间组织建立的国防动员执行体制；第二是企事业单位建立的国防动员执行体制；第三是基层组织建立的国防动员执行体制。

三、国防科技工业体制

建国以来，我国在长期实践中建立了完善的国防科技工业体制，初步形成了军民结合、寓军于民、良性互动、协调发展的融合式发展格局，国防工业逐步融入到国民经济和社会发展中，取得比较显著的国防和经济效益。

（一）国家对国防科研生产实行统一领导和计划调控

国务院负责领导和管理国防科研生产，管理国防经费和国防资产。中央军委批准武装力量的武器装备体制和武器装备发展规划、计划，协同国务院领导和管理国防科研生产、国防经费和国防资产。国家实行军事订货制度，保障武器装备和其他军用物资的采购供应。国家对国防经费实行财政拨款制度，根据国防建设和经济建设需要，确定国防资产的规模、结构和布局，调整和处理国防资产。

（二）国家国防科技工业局

国家国防科技工业局（简称“国家国防科工局”），隶属于国家工业和信息化部，前身是1998年成立的国防科学技术工业委员会（原国防科工委，后为解放军总装备部）。该局内设17个职能机构（司、局），主要负责组织管理国防科技工业计划、政策、标准，以及法规制定和执行情况监督。

国家国防科工局的主要职能是：研究拟定国防科技工业和军转民发展的方针、政策和法律、法规；制定国防科技工业及行业管理规章；组织国防科技工业的结构、布局、能力的优化调整工作；组织军工企事业单位实施战略性重组；研究制定国防科技工业的研发、生产、固定资产投资及外资利用的年度计划；组织协调国防科技工业的研发、生产与建设，以确保军备供应的需求；拟订核、航天、航空、船舶、兵器工业生产和技术政策、发展规划、实施行业管理；负责组织管理国防科技工业的对外交流与国际合作；以中国国家原子能机构（CAEA）及中国国家航天局（CNSA）的名义组织协调政府和国际组织间原子能及航天活动方面的交流与合作。

新时代，国防科技工业系统围绕建设中国特色先进国防科技工业体系目标，认真履行“支持国防军队建设、推动科学技术进步、服务经济社会发展”职责，不断开拓创新，取得一系列建设成果，为实现中国梦强军梦作出重大贡献。

四、中国国防政策

中国的社会主义国家性质，走和平发展道路的战略抉择，独立自主的和平外交政策，“和为贵”的中华文化传统，决定了中国无论是过去，还是进入新时代，都始终不渝奉行防御性国防政策。

（一）坚决捍卫国家主权、安全、发展利益

这是新时代中国国防的根本目标。

慑止和抵抗侵略，保卫国家政治安全、人民安全和社会稳定，反对和遏制“台独”，打击“藏独”“东突”等分裂势力，保卫国家主权、统一、领土完整和安全。维护国家海洋权益，维护国家在太空、电磁、网络空间等安全利益，维护国家海外利益，支撑国家可持续发展。

中国坚定维护国家主权和领土完整。南海诸岛、钓鱼岛及其附属岛屿是中国固有领土。中国在南海岛礁进行基础设施建设，部署必要的防御性力量，在东海钓鱼岛海域进行巡航，是依法行使国家主权。中国致力于同直接有关的当事国在尊重历史事实和国际法的基础上，通过谈判协商解决有关争议。中国坚持同地区国家一道维护和平稳定，坚定维护各国依据国际法所享有的航行和飞越自由，维护海上通道安全。

解决台湾问题，实现国家完全统一，是中华民族的根本利益，是实现中华民族伟大复兴的必然要求。中国坚持“和平统一、一国两制”方针，推动两岸关系和平发展，推进中国和平统一进程，坚决反对一切分裂中国的图谋和行径，坚决反对任何外国势力干涉。中国必须统一，也必然统一。中国有坚定决心和强大能力维护国家主权和领土完整，决不允许任何人、任何组织、任何政党、在任何时候、以任何形式、把任何一块中国领土从中国分裂出去。我们不承诺放弃使用武力，保留采取一切必要措施的选项，针对的是外部势力干涉和极少数“台独”分裂分子及其分裂活动，绝非针对台湾同胞。如果有人要把台湾从中国分裂出去，中国军队将不惜一切代价，坚决予以挫败，捍卫国家统一。

（二）坚持永不称霸、永不扩张、永不谋求势力范围

这是新时代中国国防的鲜明特征。

国虽大，好战必亡。中华民族历来爱好和平。近代以来，中国人民饱受侵略和战乱之苦，深感和平之珍贵、发展之迫切，决不会把自己经受过的悲惨遭遇强加于人。新中国成立70年来，中国没有主动挑起过任何一场战争和冲突。改革开放以来，中国致力于促进世界和平，主动裁减军队员额400余万。中国由积贫积弱发展成为世界第二大经济体，靠的不是别人的施舍，更不是军事扩张和殖民掠夺，而是人民勤劳、维护和平。中国既通过维护世界和平为自身发展创造有利条件，又通过自身发展促进世界和平，真诚希望所有国家都选择和平发展道路，共同防范冲突和战争。

中国坚持在和平共处五项原则基础上发展同各国的友好合作，尊重各国人民自主选择发展道路的权利，主张通过平等对话和谈判协商解决国际争端，反对干涉别国内政，反对恃强凌弱，反对把自己的意志强加于人。中国坚持结伴不结盟，不参加任何军事集团，反对侵略扩张，反对动辄使用武力或以武力相威胁。中国的国防建设和发展，始终着眼于满足自身安全的正当需要，始终是世界和平力量的增长。历史已经并将继续证明，中国决不走追逐霸权、“国强必霸”的老路。无论将来发展到哪一步，中国都不会威胁谁，都不会谋求建立势力范围。

（三）贯彻落实新时代军事战略方针

这是新时代中国国防的战略指导。

新时代军事战略方针，坚持防御、自卫、后发制人原则，实行积极防御，坚持“人不犯我、我不犯人，人若犯我、我必犯人”，强调遏制战争与打赢战争相统一，强调战略上防御与战役战斗上进攻相统一。

贯彻落实新时代军事战略方针，服从服务党和国家战略全局，落实总体国家安全观，强化忧患意识、危机意识、打仗意识，积极适应战略竞争新格局、国家安全新需求、现代战争新形态，有效履行新时代军队使命任务。根据国家面临的安全威胁，扎实做好军事斗争准备，全面提高新时代备战打仗能力，构建立足防御、多域统筹、均衡稳定的新时代军事战略布局。坚持全民国防，创新人民战争的战略战术和内容方法，充分发挥人民战争整体威力。

中国始终奉行在任何时候和任何情况下都不首先使用核武器、无条件不对无核武器国家和无核武器区使用或威胁使用核武器的核政策，主张最终全面禁止和彻底销毁核武器，不会与任何国家进行核军备竞赛，始终把自身核力量维持在国家安全需要的最低水平。中国坚持自卫防御核战略，目的是遏制他国对中国使用或威胁使用核武器，确保国家战略安全。

（四）坚持走中国特色强军之路

这是新时代中国国防的发展路径。

建设同国际地位相称、同国家安全和发展利益相适应的巩固国防和强大军队，是中国社会主义现代化建设的战略任务，是坚持走和平发展道路的安全保障，是总结历史经验的必然选择。

新时代中国国防和军队建设，深入贯彻习近平强军思想，深入贯彻习近平军事战略思想，坚持政治建军、改革强军、科技兴军、依法治军，聚焦能打仗、打胜仗，推动机械化信息化融合发展，加快军事智能化发展，构建中国特色现代军事力量体系，完善和发展中国特色社会主义军事制度，不断提高履行新时代使命任务的能力。

新时代中国国防和军队建设的战略目标是，到 2020 年基本实现机械化，信息化建设取得重大进展，战略能力有大的提升。同国家现代化进程相一致，全面推进军事理论现代化、军队组织形态现代化、军事人员现代化、武器装备现代化，力争到 2035 年基本实现国防和军队现代化，到本世纪中叶把人民军队全面建成世界一流军队。

（五）服务构建人类命运共同体

这是新时代中国国防的世界意义。

中国人民的梦想与世界人民的梦想息息相通。一个和平稳定繁荣的中国，是世界的机遇和福祉。一支强大的中国军队，是维护世界和平稳定、服务构建人类命运共同体的坚定力量。

中国军队坚持共同、综合、合作、可持续的安全观，秉持正确义利观，积极参与全球安全治理体系改革，深化双边和多边安全合作，促进不同安全机制间协调包容、互补合作，营造平等互信、公平正义、共建共享的安全格局。

中国军队坚持履行国际责任和义务，始终高举合作共赢的旗帜，在力所能及的范围内向国际社会提供更多公共安全产品，积极参加国际维和、海上护航、人道主义救援等行动，加强国际军控和防扩散合作，建设性参与热点问题的政治解决，共同维护国际通道安全，合力应对恐怖主义、网络安全、重大自然灾害等全球性挑战,积极为构建人类命运共同体贡献力量①。

五、新中国国防建设主要成就

与中国现代化建设步伐相同步,新时代中国的国防建设取得了举世瞩目的巨大成就。

(一) 军队建设正迈向世界第一梯队

1949年以来,中国人民解放军在毛泽东军事思想、邓小平新时期军队建设思想、江泽民国防和军队建设思想、胡锦涛国防和军队建设思想、习近平强军思想指引下,不断向现代化、正规化和革命化迈进。改革开放以来,我国国防实力得到快速提升,国防和军队现代化建设取得突破性进展,取得了一系列重大成就,正在逐步迈向世界第一军事强军方阵。在军队建设进程中,紧紧扭住坚持党对军队绝对领导,加强政治建军,从思想上政治上建设和掌握部队,确保全军沿着正确政治方向前进。紧紧扭住能打仗、打胜仗,推进军事斗争准备,遂行一系列重大军事行动,坚决捍卫国家主权、安全、发展利益。紧紧扭住深化国防和军队改革,全面实施强军战略,着力解决体制性障碍、结构性矛盾、政策性问题,不断释放我军生机活力。紧紧扭住党风廉政建设和反腐败斗争,坚定不移正风肃纪,反腐惩恶,推动全党全军政治生态明显好转。紧紧扭住依法治军、从严治军,推进治军方式"三个根本性转变",部队依法运行正在形成。联合作战指挥体制更加顺畅,军兵种建设更趋合理,作战平台和武器装备类型齐全并不断更新换代,信息化水平和战术、技术性能全面接近世界一流水平。随着"辽宁"号航母、国产001A型航母、055型导弹驱逐舰、094型战略导弹核潜艇、"昆仑山"号船坞登陆舰、空警系列预警机、歼-20四代隐形战斗机、歼-15舰载机、运-20大飞机、东风系列近程和中远程以及洲际弹道导弹等一大批新型装备陆续入役,新型军事力量体系建设取得质的飞跃。全军在中国特色强军之路上向全面建成世界一流军队阔步前行,在国际维和、远洋护航、撤侨护侨、国际人道主义救援等方面表现出色,赢得了全世界舆论的高度赞誉。

(二) 建立了门类齐全、军民融合的国防科技工业

新中国成立以来,我国在引进吸收苏联军工设备及科技成果的基础上,依靠本国科技力量,建成了包括兵器、船舶、航空、航天、电子、核等门类齐全、功能配套的科研实验生产体系。国防科技工业经历了从无到有、从小到大、由大到强的历史性跨越。进入新时代以来,我国国防科技领域实现了一系列重大突破,国防科技工业在军民融合的发展道路上取得令人鼓舞的成就。悟空、墨子、慧眼、碳卫星等系列科学实验卫星成功发射,载人航天和探月工程取得"天宫""神舟""嫦娥""长征"系列等重要成果,北斗导航进入全球组网新时代,量子信息、太赫兹、激光等前沿技术研究取得重要进展,研制出一批世界一流的重型武器装备,国产的航母、预警机、大飞机、隐形战机、水陆两栖飞机、万吨驱逐舰、核动力潜艇等纷纷跻身世界先进行列。

(三) 国防后备力量建设取得巨大进步

经过数十年的奋斗,中国的后备力量已经形成了相对完备的制度和优良的作风,建设成效十分明显。一是实现了指导思想战略性转变,走上了相对和平时期的健康发展轨道。二

---

① 《新时代的中国国防》白皮书,国务院新闻办公室,2019年7月24日发表。

是实行民兵与预备役相结合的制度，形成了具有中国特色的国防后备力量体系。三是宏观指导，合理布局，边海防，大中城市和重点地区的民兵工作得到加强。四是民兵、预备役部队在参战支前、保卫边疆、发展生产、扶贫帮困、抢险救灾、维护社会治安等方面发挥了重要作用，为国家改革、发展和稳定作出了巨大贡献。五是健全了国防动员机制，使国家能够在战争危机的情况下，很快由平时状态转入战时状态，调集足够的人、财、物，满足战争急需。六是加强了国防教育，把国防教育纳入整个国民教育体系之中，着力推动教育对象、地域、时间、内容、手段"五个覆盖"，不断强化全民国防观念。

（四）加快建设并重塑中国特色国防动员体系

为了塑造中国特色国防动员体系，着力解决"统"得不够的问题，我国国防动员体制经历了多次调整。《国防动员法》明确了国防动员委员会（简称"国动委"）的组织、指导、协调职能，比"议事协调机构"的定位更进了一步；国动委设立秘书长、成立综合办公室并专门落实军地人员编制，建立了常态抓总的中枢；各级增补国动委成员单位，一些战略方向和省市创设政治、科技、信息动员办公室，在政府机构改革中保持动员机构稳定，在规模型经济开发区建立基层武装机构，增强了执行落实力量，使国动委有了更高权威、更严密组织、更强执行力，从体制上保证了国防动员工作能够落地生根。中央设立了军民融合发展委员会，对军民融合的发展实行集中统一领导，构建了统一领导、军地协调、高效畅通的组织管理体系，以更高标准更大力度强化国防动员职能，做到党政军民齐发力、全国全军一盘棋。

（五）维护了国家主权和领土完整

新中国成立以来，面对国际社会敌对势力的战争威胁和霸凌行径，中国武装力量在中国共产党的领导下，依靠全国人民支持，积极投身保家卫国的反侵略斗争，先后经历抗美援朝战争、对印边境反击作战、对苏边境反击作战、对越边境还击作战，以及保卫南海岛礁主权的武装冲突，一次次出色完成了党和人民赋予的伟大而艰险的任务，以血肉之躯铸造起共和国的脊梁和钢铁长城，有效维护了国家主权、安全和领土完整，忠诚捍卫了国家尊严和全国人民的利益。

六、军民融合

军民融合发展是兴国之举，强军之策。把军民融合发展上升为国家战略，是中国共产党长期探索中国经济建设和国防建设协调发展规律的重大成果，是国家治理现代化进程中的一个重大举措，旨在把这一战略转化为推动国家事业发展的实践动力。为此，必须准确把握军民融合的基本内涵、主要内容和重要意义。

（一）军民融合基本内涵

1. 军民融合的概念

军民融合，就是把国防和军队现代化建设融入经济发展体系中，在基础设施、人才培养、武器装备和物资储备等方面，进行总体设计、统筹规划，实质是通过对社会资源重新优化组合，使有限的资源发挥出最大功效，避免重复建设和重复投入，使国防建设和经济建设形成相互促进的良性循环。具体而言，军民融合包含两方面内涵：一是"军转民"，即在军用技术开发之初就要考虑其民用前景；二是"民转军"，在民用设施和民用技术建设开发中同时融入国防和军事需求。军民融合是实现国防建设与经济建设协调发展的必由之路，是为了满足军用和民用两种需要，使军队和地方逐步采用同类技术、工艺、人才、设备、材料的过程。以毛泽东同志为核心的党的第一代领导集体创造的“三结合”的武装力量体制，以及国防工业军民两种的发展模式，实则就是军民融合的典范。

2. 军民融合的特征

(1) 协调性。军民融合的根本目标在于促进国防建设与经济建设协调发展，使有限的资源在国防建设与经济建设领域进行优化配置。

(2) 交融性。军民融合强调军与民互融，核心是相互交融，军与民之间不是简单的外在结合，必须通过相互交融、相互转化，才能促进共同发展，如民兵预备役与军队相互结合相互转化的体系就是典型的军民融合。

(3) 延伸性。军民融合范围已经从国防科技领域延伸到整个国防建设乃至国民经济社会各个领域。当今时代，新的产业革命、科技革命、军事革命不可阻挡，国防与经济社会结合面越来越宽，军地人才、技术、资源兼容性越来越强，国防和军队建设对经济、科技、社会的依赖性空前增大。军民融合范围开始由以往的国防工业与民用工业、国防动员、军队社会化保障等有限领域初步融合，加速向政治、经济、科技、社会等各领域全要素高效益的深度融合转变。

3. 军民融合的功能

(1) 对国防建设和经济建设的协调发展具有调节功能。国防建设与经济建设协调发展是富国强军的基础，军民融合正是二者协调发展的“调节器”。

(2) 为提高军队履职能力提供强有力的支撑。新时代，人民军队肩负的职责重大，任务艰巨，使命非凡。实行军民融合发展战略，能有效提高军队打赢信息化局部战争、完成多样化军事任务的能力，为维护国家安全和发展利益提供有力的战略支撑。

(3) 为实行快速高效的国防动员提供有效的实现途径。军民融合在全国各条战线各个领域的广泛实施，在平时为“平转战”做好各项准备，能够提高国防动员的速度和效益，面对瞬息万变的安全形势和多样化的安全威胁，能够快速动员、快速反应、快速应对安全威胁。

(二) 实施军民融合战略的意义与措施

1. 实施军民融合战略的意义

坚定不移地走军民融合发展创新之路，在更广范围、更高层次、更深程度上把军事创新体系纳入国家创新体系之中全面推进，有利于促进经济发展方式转变和经济结构调整，全面提升国家实力。

2. 实施军民融合的措施

新时代，我们党坚持问题牵引，实行创新驱动，从国家、军队和地方三个层面筹划军民融合发展的新思路新举措。

首先，在国家层面要建立深化军民融合的统一领导、军地协调、需求对接、资源共享的机制，加强政策法规建设，完善军民通用标准体系，强化国家主导，充分发挥市场作用，加强制度机制和发展模式创新，打造军民融合精品工程。

其次，军队要遵循国防经济规律和信息化条件下战斗力建设规律，自觉将国防和军队建设融入经济社会发展体系，自觉强化宗旨意识和群众观念，发扬军政军民团结的政治优势，积极参加和支援地方经济社会建设，以实际行动为人民群众造福兴利。

第三，地方各级党委和政府要注重在经济建设中贯彻国防需求，自觉把经济布局调整同国防布局完善有机结合起来，以积极主动的精神支持军事创新，为推进国防和军队建设改革作出贡献。

全党全军全国各族人民要大力弘扬军爱民、民拥军的光荣传统，自觉维护和巩固坚如磐石的军政军民关系，为实现中国梦强军梦凝聚强大力量。

（三）军民融合发展的主要内容

党的十八大以来，以习近平同志为核心的党中央，把军民融合发展与实现中华民族伟大复兴战略目标紧密联系在一起，提出“要统筹经济建设和国防建设，努力实现富国和强军相统一，进一步做好军民融合式发展这篇大文章。”党的十八届三中全会决定，把推动军民融合深度发展作为深化国防和军队改革的三大任务之一，以强烈的责任担当，在更广范围、更高层次、更深程度上推进军民融合。

当前，我国正处在由大向强发展的关键阶段。推动军民融合深度发展，需要正确把握和处理经济建设和国防建设的关系。国防和军队建设要服从整个国家布局，国家布局要充分考虑国防和军队建设。

完善军地统筹建设运行模式。在国家层面建立军民融合发展的统一领导、军地协调、需求对接、资源共享机制，健全军地有关部门管理职责，完善军民通用标准体系，探索构建政府投入、税收激励、金融支持政策体系，加快推进军地统筹建设立法工作进程，逐步形成军地统筹、协调发展的整体格局。

转变军队建设发展方式，把军队建设更好地融入国家经济社会发展体系。不断完善融合机制、丰富融合形式、拓展融合范围、提升融合层次，努力形成全要素、多领域、高效益的军民融合深度发展格局。加快重点建设领域军民融合发展。加大政策扶持力度，全面推进基础领域、重点技术领域和主要行业标准军民通用，探索完善依托国家教育体系培养军队人才、依托国防工业体系发展武器装备、依托社会保障体系推进后勤社会化保障的方法路子。广泛开展军民合建共用基础设施，推动军地海洋、太空、空域、测绘、导航、气象、频谱等资源合理开发和合作使用，促进军地资源互通互补互用。

健全国防动员体制机制。加强国防教育，增强全民国防观念。加强后备力量建设，优化预备役部队结构，增加军兵种预备役力量和担负支援保障任务力量的比重，创新后备力量编组运用模式。增强国防动员科技含量，搞好信息资源征用保障动员准备，强化专业保障队伍建设，建成与打赢信息化战争相适应、军民一体化的国防动员体系。

第四节　武装力量

武装力量，是国家或政治集团所拥有的各种武装组织的统称。中国武装力量，在国家安全和发展战略全局中具有重要地位和作用，肩负着维护国家主权、安全和发展利益的光荣使命与神圣职责。

一、中国武装力量构成、性质、宗旨和使命

（一）构成

中国的武装力量是由中国人民解放军、武警和民兵三结合的武装力量构成。由中国共产党中央军事委员会、中华人民共和国中央军事委员会领导并统一指挥。

中国人民解放军是武装力量的骨干，主要担负巩固国防、保卫祖国的任务。解放军由陆

军、海军、空军、火箭军及信息支援部队、军事航天部队、网络空间部队、联勤保障部队组成。

中国人民武装警察部队由内卫总队、机动总队、海警总队及院校、科研机构组成。中国人民武装警察部队主要担负国内安全保卫任务。

中国民兵由基层众多民兵组成。民兵在军事机关的指挥下，战时担负配合常备军作战、独立作战、为常备军作战提供战斗勤务保障以及补充兵员等任务，平时担负战备执勤、抢险救灾和维护社会秩序等任务。

(二) 性质

中国武装力量，是中国共产党领导的，以马列主义、毛泽东思想、邓小平理论、“三个代表”重要思想、科学发展观和新时代中国特色社会主义思想为指导的先进武装力量，是中华人民共和国的钢铁长城，是人民民主专政的坚强柱石。《宪法》规定：“中华人民共和国的武装力量属于人民。”这个规定揭示了我军同一切剥削阶级军队和旧式军队的本质区别，阐明了中国人民解放军是人民军队的根本性质，体现了我军全心全意为人民服务的唯一宗旨和同人民群众血肉相联的关系。

(三) 宗旨

“紧紧地和人民站在一起，全心全意地为人民服务”，是中国人民解放军的唯一宗旨。中国武装力量的宗旨是由自身阶级性质决定的，是为维护本阶级利益、实现本阶级政治目的服务的。

(四) 使命任务

进入新时代，中国军队依据国家安全和发展战略要求，坚决履行党和人民赋予的使命任务，为巩固中国共产党领导和社会主义制度提供战略支撑，为捍卫国家主权、统一、领土完整提供战略支撑，为维护国家海外利益提供战略支撑，为促进世界和平与发展提供战略支撑。我军“四个战略支撑”使命，具体体现为以下任务。

维护国家领土主权和海洋权益。中国拥有 2.2 万多千米陆地边界、1.8 万多千米大陆海岸线，是世界上邻国最多、陆地边界最长、海上安全环境十分复杂的国家之一，维护领土主权、海洋权益和国家统一的任务艰巨繁重。中国军队严密防范各类蚕食、渗透、破坏和袭扰活动，维护边防安全稳定。组织东海、南海、黄海等重要海区和岛礁警戒防卫，掌握周边海上态势，组织海上联合维权执法，妥善处置海空情况，坚决应对海上安全威胁和侵权挑衅行为。组织空防和对空侦察预警，监视国家领空及周边地区空中动态，组织空中警巡、战斗起飞，有效处置各种空中安全威胁和突发情况，维护空中秩序，维护空防安全。着眼捍卫国家统一，加强以海上方向为重点的军事斗争准备，组织舰机“绕岛巡航”，对“台独”分裂势力发出严正警告。

保持常备不懈的战备状态。军队保持战备状态，是有效应对安全威胁、履行使命任务的重要保证。中央军委和战区联合作战指挥机构严格落实战备值班制度，常态组织战备检查、战备拉动，保持随时能战状态，不断提高联合作战指挥能力，稳妥高效指挥处置各类突发情况，有效遂行各种急难险重任务。解放军和武警部队强化战备观念，严格战备制度，加强战备值班执勤，扎实开展战备演练，建立正规战备秩序，保持良好战备状态，有效遂行战备(战斗)值班、巡逻执勤等任务。

开展实战化军事训练。军事训练是和平时期军队的基本实践活动。中国军队坚持把军事训练摆在重要位置，牢固树立战斗力这个唯一的根本的标准，完善军事训练法规和标准体系，建立健全训练监察体系，组织全军应急应战军事训练监察，落实练兵备战工作责任制，开展群众性练兵比武活动，全军兴起大抓实战化军事训练的热潮，不断提高实战化训练水平。各战区强化联合训练主体责任，扎实开展联合训练，结合各战略方向使命任务，组织"东部""南部""西部""北部""中部"系列联合实兵演习，努力提高联合作战能力。陆军广泛开展军事训练大比武，实施"跨越""火力"等实兵实装实弹演习。海军拓展远海训练，航母编队首次在西太平洋海域开展远海作战演练，在南海海域和青岛附近海空域举行海上阅兵，组织"机动"系列实兵对抗演习和成体系全要素演习。空军加强体系化实案化全疆域训练，组织南海战巡、东海警巡、前出西太，常态化开展"红剑"等系列体系对抗演习。火箭军组织对抗性检验性训练、整旅整团实案化训练，强化联合火力打击训练，常态化开展"天剑"系列演习。战略支援部队积极融入联合作战体系，扎实开展新型领域对抗演练和应急应战训练。联勤保障部队推进融入联合作战体系，组织"联勤使命-2018"等系列演习演练。武警部队按照覆盖全国、高效联动、全域响应、多能一体的要求，实施"卫士"等系列演习。

维护重大安全领域利益。核力量是维护国家主权和安全的战略基石。中国军队严格核武器及相关设施安全管理，保持适度戒备状态，提高战略威慑能力，确保国家战略安全，维护国际战略稳定。太空是国际战略竞争制高点，太空安全是国家建设和社会发展的战略保障。着眼和平利用太空，中国积极参与国际太空合作，加快发展相应的技术和力量，统筹管理天基信息资源，跟踪掌握太空态势，保卫太空资产安全，提高安全进出、开放利用太空能力。网络空间是国家安全和经济社会发展的关键领域。网络安全是全球性挑战，也是中国面临的严峻安全威胁。中国军队加快网络空间力量建设，大力发展网络安全防御手段，建设与中国国际地位相称、与网络强国相适应的网络空间防护力量，筑牢国家网络边防，及时发现和抵御网络入侵，保障信息网络安全，坚决捍卫国家网络主权、信息安全和社会稳定。

遂行反恐维稳。中国坚决反对一切形式的恐怖主义、极端主义。中国武装力量依法参加维护社会秩序行动，防范和打击暴力恐怖活动，维护国家政治安全和社会大局稳定，保障人民群众安居乐业。武警部队执行重要目标守卫警戒、现场警卫、要道设卡和城市武装巡逻等任务，协同国家机关依法参加执法行动，打击违法犯罪团伙和恐怖主义活动，积极参与社会面防控，着力防范和处置各类危害国家政治安全、社会秩序的隐患，为"平安中国"建设作出重要贡献。解放军依法协助地方政府维护社会稳定，参加重大安保行动及处置其他各类突发事件，主要承担防范恐怖活动、核生化检测、医疗救援、运输保障、排除水域安全隐患、保卫重大活动举办地和周边地区空中安全等任务。

维护海外利益。海外利益是中国国家利益的重要组成部分。有效维护海外中国公民、组织和机构的安全和正当权益，是中国军队担负的任务。中国军队积极推动国际安全和军事合作，完善海外利益保护机制。着眼弥补海外行动和保障能力差距，发展远洋力量，建设海外补给点，增强遂行多样化军事任务能力。实施海上护航，维护海上战略通道安全，遂行海外撤侨、海上维权等行动。

参加抢险救灾。参加国家建设事业、保卫人民和平劳动，是宪法赋予中国武装力量的使命任务。依据《军队参加抢险救灾条例》，中国武装力量主要担负解救、转移或者疏散受困人员，保护重要目标安全，抢救、运送重要物资，参加道路（桥梁、隧道）抢修、海上搜救、核生化救援、疫情控制、医疗救护等专业抢险，排除或者控制其他危重险情、灾情，协助地方人民政府开展灾后重建工作等任务。

二、人民军队的发展历程

中国人民解放军自1927年8月1日南昌起义诞生以来，走过了艰难曲折的发展历程。这一历程，是这支军队全心全意为全民族和人民利益进行艰苦卓绝斗争的历程，是战胜千难万险不断发展壮大的历程，是为保卫祖国、巩固国防、维护世界和平作出巨大牺牲并建立丰功伟绩的历程。这一历程，可以划分为新民主主义革命、社会主义革命和建设两个历史时期。

在新民主主义革命时期，中国共产党运用马列主义、毛泽东思想，把一支以农民为主要成分的军队，建设成为具有无产阶级性质、高度严明纪律、同人民群众保持血肉联系的人民军队。这支军队在长达22年的革命战争中，从小到大，由弱到强，历经了土地革命战争、抗日战争和解放战争的洗礼，不断成长壮大。

土地革命战争中，人民军队的主要称谓是中国工农红军。这一时期，中国共产党领导的南昌起义打响了武装反抗国民党的第一枪，开创了中国共产党独立创建人民军队、独立领导武装斗争的新阶段。中国工农红军确立了人民军队的建军路线、方针和原则，制定了相应的制度，组建了红一、红二、红四方面军。当时红军的编制装备十分简陋，红军编制主要是步兵，后期逐步组建了少量骑兵、炮兵、工兵、通信兵分队，使用大刀、长矛和缴获的步枪、机枪、轻型火炮作战，依托农村革命根据地，开展游击战争和以运动战为主的反对国民党军大规模“围剿”的战争。第五次反“围剿”失败后，举行了举世闻名的二万五千里长征，开创了陕甘宁革命根据地，推动了抗日民族统一战线的形成，为取得抗日民族战争的胜利奠定了基础。

抗日战争全面爆发后，中国工农红军改编为国民革命军第八路军和新编第四军，深入敌后，坚持独立自主的抗日游击战争。在八年全面抗战中，这支军队英勇作战12.5万余次，抗击了58%～69%的侵华日军和几乎全部伪军，以伤亡60余万人的重大代价，歼灭日伪军171.4万余人，收复国土104.8万余平方公里，解放人口1.255亿，为中国抗日战争和世界反法西斯战争的胜利作出了不可磨灭的历史贡献。与此同时，人民军队自身取得了快速发展，正规军由全面抗战初期的5万余人发展到抗战结束时的127万余人，民兵达268万余人。这支精锐的力量成为中国共产党夺取全国解放战争胜利的坚实基础。

解放战争中，人民军队正式改称为中国人民解放军，数量规模不断扩大。部队区分为野战部队、地方部队和游击部队。解放战争后期，人民解放军发展为四大野战军和五大军区，即第一、第二、第三、第四野战军以及西北、东北、华北、华东和中原(华中)军区。在党的领导和全国人民大力支持下，人民解放军共歼灭国民党军807万，解放了除台湾等少数岛屿以外的广大国土，总兵力发展到550万余。为了全国解放事业，全军有26万余官兵献出了宝贵生命，104万负伤。

新中国成立后，人民解放军开始了由单一军种向多军兵种合成的转变历程。截至1956年，人民解放军在完成统一祖国大陆、抵御帝国主义侵略和自身建设等方面取得辉煌胜利，建有陆、海、空三大军种，陆军除步兵外，还有炮兵、工程兵、装甲兵、通信兵、铁道兵、防空部队等技术兵种，相继成立了各类院校和军事研究机构，公安部队也组建和发展起来，成为一支军兵种比较齐全的合成军队。1956年后，人民解放军在发展中虽然遭受了一定挫折，但在军事、政治、后勤建设等方面，仍在不断进步，适时组建了战略导弹部队——第二炮兵(火箭军前身)，发展了“两弹一星”等先进武器装备。在“文化大革命”期间，人民解放军建设受到严重挫折，但仍在动乱和困难的条件下，提高警惕，加强战备，英勇地保卫着祖国安全。

中国共产党第十一届三中全会以后，人民解放军进入了新的历史时期。邓小平继承和发展了毛泽东军事思想，提出了新时期军队建设理论及一系列改革政策。这一时期，军队建设指导思想实行了战略性转变，明确了新时期军队建设的总目标；走有中国特色的精兵之路，全军多次进行精简整编，改革体制，在精兵合成、提高效能的道路上不断前进；把教育训练提高到战略地位，确立了以军事训练为中心、以提高战斗力为标准的方针，军队驾驭现代战争的能力得到明显提高，各项工作在制度化、规范化轨道上不断前进。在江泽民担任军委主席期间，制定了新时期军事战略方针，调整了军事斗争准备基点，开启了中国特色军事变革的历程，在科技强军战略驱动下，军队全面建设取得较快发展。在胡锦涛担任军委主席期间，按照"建设信息化军队，打赢信息化战争"的战略目标，推动军队建设由机械化半机械化向着机械化信息化复合式发展方向转型，信息化建设水平得到进一步提高。党的十八大以来，全军按照习近平主席提出的强军目标，围绕建设一支听党指挥、能打胜仗、作风优良的人民军队，坚定不移地走中国特色强军之路，向全面建成世界一流军队的宏伟目标加速前进。

纵览建军以来的峥嵘岁月，人民军队在中国共产党的英明领导下一次又一次出色地完成党和人民赋予的艰巨任务和崇高使命，为捍卫国家的主权和安全、促进地区稳定、维护世界和平作出了不可磨灭的贡献。

三、中国武装力量的现代化

中华人民共和国的武装力量，由中国人民解放军现役部队和预备役部队、中国人民武装警察部队、民兵组成，构成了维护国家安全与稳定的坚强柱石和钢铁长城。这一钢铁长城现正在进入现代化强军建设征途之中。

（一）中国人民解放军

中国人民解放军是中华人民共和国武装力量的骨干，是抵抗侵略、保卫祖国、维护国家主权和安全的中坚力量，由现役部队和预备役部队组成。

解放军由中央军委直接领导。中央军委设置有十五个部委局，承担日常指挥和管理事务。

1. 现役部队

现役部队是国家的常备军，由陆军、海军、空军、火箭军和战略支援部队五大军种组成。目前解放军现役部队分设东部、西部、中部、南部、北部五大战区。各战区的任务区分是：东部战区防务方向是东海、台湾地区；西部战区防务方向是中印边境等南亚、中亚国家方向；南部战区主要扼守祖国南大门，维护南海权益是最重要的使命；北部战区防务范围是朝鲜半岛、俄罗斯、蒙古国方向；中部战区驻地为北京，职责使命是保卫首都北京的安全。

(1) 陆军

中国人民解放军陆军，始建于 1927 年 8 月 1 日，是人民解放军的基础。在强军改革中，中央军委新建陆军总部，在各大战区设立陆军机关，加强了对陆军建设的顶层设计和战略管理。

新中国成立后，陆军先后经历过两次重大调整，一次是 1985 年陆军集团军的组建，使陆军成为一支真正的合成军；第二次是 2015 年 12 月 31 日，陆军领导机构正式成立。

目前，陆军下辖 13 个集团军。每个集团军下辖 6 个联合兵种旅（机动部队）及 6 个负责战斗和战斗支援职能的旅：炮兵旅、防空旅、陆军航空（或空袭）旅、特种作战部队（SOF）旅、工程和化学防御旅以及服务支援旅。

陆军主要由步兵（摩托化步兵、机械化步兵）、炮兵（地面炮兵、高射炮兵）、装甲兵、工程兵、通信兵、防化兵和侦察兵、电子对抗、汽车兵、测绘兵、气象兵等专业部队组成。陆军主要担负陆地作战任务，包括机动作战部队、边海防部队、警卫警备部队等。正按照机动作战、立体攻防的战略要求，加强顶层设计和领导管理，优化力量结构和部队编成，加快实现区域防卫型向全域作战型转变。

陆军的主战武器有：各类枪支、现代化坦克装甲车辆、反坦克装甲类武器、各类防空武器、武装直升机、电子战装备等。

(2) 海军

海军是人民解放军的战略军种，军委设置有海军领导机关。海军是海上作战行动的主体力量，担负着保卫国家海上方向安全、领海主权和维护海洋权益等任务。海军主要由潜艇部队、水面舰艇部队、航空兵、陆战队、岸防部队等兵种组成。自 1949 年 4 月 23 日成立至今，海军经过 70 多年建设，按照近海防御、远海护卫的战略要求，提高了近海综合作战力量现代化水平，大力发展先进潜艇、驱逐舰、护卫舰等装备，完善综合电子信息系统装备体系，提高远海机动作战、远海合作与应对非传统安全威胁能力，已初步发展成为一支多兵种合成、具有核常双重作战手段的现代海上作战力量，增强了战略威慑与反击能力。海军现有 23.5 万人，在北部、中部、东部和南部战区分别设有战区海军领导机关。2012 年 9 月，"辽宁舰"航空母舰交接入列，2019 年 12 月 17 日，"山东号"航母在海南加入海军，标志着中国海军进入双航母时代。2022 年 6 月 17 号，中国完全国产航母"福建"号，舷号"18"下水仪式举行。该舰装有 3 个电磁弹射器，其技术为世界领先水平，可供战时高强度起降战机。2024 年 5 月进行首次海试，中国海军将正式拥有三艘航母，未来中国拥有的航母会更多，对维护中国海洋权益将发挥巨大作用。

海军平时实行作战指挥与建设管理合一的领导体制，由军委海军、舰队、试验基地、院校、装备研究院等构成。舰队下辖舰队航空兵、保障基地、舰艇支队、水警区、航空兵师和陆战旅等部队。海军编有海军指挥学院等 8 所院校。

海军潜艇部队装备战略导弹核潜艇、攻击核潜艇和常规动力潜艇，编有潜艇基地、潜艇支队。水面舰艇部队主要装备航空母舰、驱逐舰、护卫舰、导弹艇、扫雷舰、登陆舰和勤务舰船等，编有驱逐舰、快艇、登陆舰、作战支援舰支队和水警区。航空兵部队主要装备歼击机、歼轰机、轰炸机、侦察机、巡逻机和直升机等，编有航空兵师。陆战队主要由陆战兵、两栖装甲兵、炮兵、工程兵和两栖侦察兵等构成，编有陆战旅。岸防部队主要由岸舰导弹、高射炮兵、海岸炮兵等组成，编有岸导团、岸炮团和高炮团等。

(3) 空军

空军是人民解放军的战略军种，军委设置有空军领导机关。空军是空中作战行动的主体力量，担负着保卫国家领空安全和领土主权、保持全国空防稳定等任务。空军主要由航空兵、地面防空兵、空降兵、通信兵、雷达兵、电子对抗兵、技术侦察兵、防化兵等兵种组成。空军自 1949 年 11 月 11 日成立至今，经过 70 多年建设，按照空天一体、攻防兼备的战略要求，加强了以侦察预警、空中进攻、防空反导、战略投送为重点的作战力量体系建设，列装了新型预警机、地空导弹和雷达等先进武器装备，试飞测试新四代战机，完善预警、指挥和通信网络，提高战略预警、威慑和远程空中打击能力。空军已具备较强的防空和空中进攻作战能力，成为一支具有一定的远程精确打击和战略投送能力的现代空军。

空军平时实行作战指挥与建设管理合一的领导体制，由空军机关、战区空军、军(师)级指挥所、师(旅)、团构成。五大战区分别设置空军领导机关，另有空军领导的各类院校、科研试验机构等。空军主要编成有航空兵师、地空导弹师(旅、团)、高炮旅(团)、雷达旅(团)、电子对抗旅(团、营)以及其他专业勤务部队，在重要方向和重点地区，设有军级或师级指挥所，还编有空军指挥学院、飞行学院等院校。

航空兵师通常按团、大队、中队体制编成，主要机种为歼击、强击、歼击轰炸、轰炸、运输、侦察、作战支援等。航空兵师下辖航空兵团和驻地场站。航空兵团是基本战术单位。地空导弹部队以营为基本火力单位，通常按师、团、营或旅（团）、营体制编成。高射炮兵以连为基本火力单位，通常按旅（团）、营、连体制编成。空降兵按军、师、团、营、连体制编成。

（4）火箭军

火箭军是在原第二炮兵等部队的基础上，于1966年7月1日成立，2015年12月31日重新组建并更名的新军种，是中央军委直接掌握的打击力量，是中国实施战略威慑的核心力量，主要担负遏制他国对中国使用核武器、遂行核反击和常规导弹精确打击任务。军委设置有火箭军领导机关。经过50多年发展，按照精干有效的原则，在信息化转型、武器装备自主改进和创新等方面取得了长足的进步，提高了导弹武器的安全性、可靠性、有效性，完善了核常兼备的力量体系，增强了快速反应、有效突防、精确打击、综合毁伤和生存防护能力，战略威慑与核反击、常规精确打击能力稳步提升。

新成立的火箭军与之前的第二炮兵相比有质的提高。军委主席习近平强调，火箭军是我国战略威慑的核心力量，是我国大国地位的战略支撑，是维护国家安全的重要基石。火箭军全体官兵要把握火箭军的职能定位和使命任务，按照核常兼备、全域慑战的战略要求，增强可信可靠的核威慑和核反击能力，加强中远程精确打击力量建设，增强战略制衡能力，努力建设一支强大的现代化火箭军。中国的核常导弹部队如东风系列、巨浪系列一直以来都扮演着威慑潜在对手的重要角色。新成立的火箭军将有可能统合战略核潜艇以及战略轰炸机部队，甚至空天防御部队，这将有效简化实施立体作战任务的流程，极大提高中国整体战略威慑能力，对于打破潜在敌人对我国的战略封锁圈，具有极大的现实意义。

火箭军所属导弹核武器，平时不瞄准任何国家；在国家受到核威胁时，核导弹部队将提升戒备状态，做好核反击准备，慑止敌人对中国使用核武器；在国家遭受核袭击时，使用导弹核武器，独立或联合其他军种核力量，对敌实施坚决反击。

火箭军作战指挥权高度集中，实行中央军委、火箭军、导弹基地、导弹旅的指挥体制，部队行动必须极端严格、极端准确地按照中央军委的命令执行。

（5）军事航天部队

2024年4月19日，中国人民解放军信息支援部队成立大会在北京八一大楼隆重举行。党、国家和军队最高领导人向信息支援部队授予军旗并致训词。由此，原来的战略支援部队优化为军事航天部队、网络空间部队、信息支援部队，与联勤保障部队共同组成为四支保障部队。

军事航天部队主要负责管理航天员大队，配合航天部门进行太空探索，同时承担负责军用卫星发射等军事航天任务，确保中国航天器安全进出太空，并管控未来可能出现的太空危机。

（6）网络空间部队

即将正式组建的网络空间部队将偏重于国家整体网络安全，提升互联网防御能力，抵御外部势力的网络入侵。说得直白一点，这支部队在和平时期的主要任务，就是应对各方黑客攻击，确保国家信息安全，在战时则有可能进一步承担起瘫痪对手国内网络一类的任务。

（7）信息支援部队

全新成立的信息支援部队，则更加偏重于战场信息支援，其定位就是信息化战争之中的战略性兵种，是解放军构建更加完备的信息化作战体系，在未来可能爆发的军事冲突之中，掌控信息优势，进而争夺战争主动权的关键部门。

这一调整无疑符合国际军事发展的趋势。通过俄乌战争等一系列战争，全球军事界已经达成了一种共识，即现代战争已经不是单纯的兵力、火力对抗，而是体系与体系的对抗，信息体系对抗恰恰又是体系对抗中最为重要的一环。

(8) 联勤保障部队

中国人民解放军联勤保障部队，成立于 2016 年 9 月 13 日，由中央军事委员会直属，总部机关位于武汉，以武汉联勤保障基地为建制领导，下属无锡、桂林、西宁、沈阳、郑州 5 个联勤保障中心。

中国人民解放军联勤保障部队是军队调整改革中新组建的一支部队，直属于中央军委领导，在体制上与四大军种等平行，为副战区级。联勤保障部队是实施联勤保障和战略战役支援保障的主体力量，是中国特色现代军事力量体系的重要组成部分。组建中央军委联勤保障部队，标志着具有中国人民解放军特色的现代联勤保障体制的正式建立。

联勤保障部队是实施联勤保障和战略战役支援保障的主体力量，是中国特色现代军事力量体系的重要组成部分。包括仓储、卫勤、运输投送、输油管线、工程建设管理、储备资产管理、采购等力量。按照联合作战、联合训练、联合保障的要求，加快融入联合作战体系，提高一体化联合保障能力，努力建设一支强大的现代化联勤保障部队。

2. 预备役部队

中国人民解放军预备役部队建立于 1983 年，是以现役军人为骨干、预备役官兵为基础，按照军队统一的体制编制组成的武装力量，自 2020 年 7 月 1 日起，归中央军委统一指挥。

组建预备役部队，便于成建制地快速动员，提高了兵员的储备质量，节约了军费开支，巩固了国防建设，是国防力量的重要组成。其主要任务是：提高后备力量的军政素质，增强现代条件下快速动员和作战能力；做好战时动员的各项准备，随时准备转为现役部队，执行作战任务；积极参加社会主义现代化建设。

预备役部队根据军队建制实行统一的编制，编有预备役师、旅、团，并建有相应的领导机关。主要按地域进行编组，以省建师、以地（州、市）建旅（团）或跨地（州、市）建师（旅）、跨县（市、区）建团。预备役官兵每年一般进行 240 小时的军政训练。预备役部队平时按照规定进行训练，战时根据国家发布的动员令转为现役部队，归指定的现役部队指挥。

(二) 中国人民武装警察部队

中国人民武装警察部队，简称武警部队，是中国武装力量的组成部分，担负国家赋予的国家内部安全保卫任务。

自 2018 年 1 月 1 日零时起，中国人民武装警察部队由党中央、中央军委集中统一领导，实行中央军委—武警部队—部队领导指挥体制，不列入解放军序列。

2018 年 1 月 1 日开始的武警部队改革，按照军是军、警是警、民是民原则，将原列武警部队序列、国务院部门领导管理的现役力量全部退出武警，将国家海洋局领导管理的海警队伍转隶武警部队，将武警部队担负民事属性任务的黄金、森林、水电部队整体移交国家相关职能部门并改编为非现役专业队伍，同时撤收武警部队海关执勤兵力，彻底理顺武警部队领导管理和指挥使用关系。海警队伍于 2018 年 7 月 1 日整体划归武警部队领导指挥，森林、黄金、水电部队于 2018 年底前分别整体移交相关主管部门。

武警部队经过这次改革后的警种有：内卫部队、海警部队、机动部队等。

原国家海洋局（中国海警局）领导管理的海警队伍及相关职能全部划归武警部队。海警队伍转隶武警部队后，将组建中国人民武装警察部队海警总队，称中国海警局。海警队伍整体划归武警部队，调整领导指挥体制，统一履行海上维权执法职责，没有改变海警基本任务的属性，也没有改变中方在相关涉海问题上的原则立场。海警局主要负责近海安全，处理近海治安、刑事等案件的调查处理，打击走私、偷渡、贩毒等海上违法犯罪活动，是公安机关部署在海上的唯一执法力量。

（三）民兵

民兵是不脱离生产的群众武装组织，是中华人民共和国武装力量的组成部分，是中国人民解放军的后备力量。

在国务院、中央军委统一领导下，民兵工作实行地方党委、政府和军事系统的双重领导。全国的民兵工作，由中央军委国防动员部主管。省军区按照上级赋予的任务，负责本区域民兵工作。省军区、军分区和县（市、区）人民武装部是本地区的军事领导指挥机关，负责本区域的民兵工作。乡（镇）、街道和企事业单位设立的基层人民武装部，负责民兵工作的具体组织与实施。地方各级党委和人民政府，对民兵工作实行统一计划和部署。

近年来，民兵建设坚持改革创新，调整规模结构，改善武器装备，突出质量建设。优化组织结构，加强支援保障部队作战力量和应急处突力量建设。调整民兵组织布局，工作重心逐步由农村向城镇、交通沿线和重点地区转移。提高科技含量，注重在新兴企业和高科技行业建立民兵组织。加大武器装备建设投入，按照“成系统配套、成建制配备”的原则，为主要方向和重点地区配发新型高炮和便携式防空导弹等一批新式民兵防空装备，加强应急维稳装备建设，对部分武器进行技术升级改造。

四、人民军队的光荣传统

在长期实践中，我军形成了一整套光荣传统和优良作风，凸显出人民军队的鲜明特色和政治优势。人民军队用鲜血和生命铸就的井冈山精神、长征精神、南泥湾精神、上甘岭精神、雷锋精神、“两不怕”精神等，是我军根基永固、血脉永存的精神基因，是新时代建设强大国防的重要法宝。

听党指挥，永远忠诚。1927 年 8 月 1 日爆发的南昌起义，诞生了中国共产党独立领导的第一支武装力量。三湾改编，古田会议，把党对军队的绝对领导植入人民军队的血脉。战争年代，这支军队在战火纷飞、乱云飞渡的严峻形势下始终信念如磐、一心向党。新中国成立后，人民军队在重大政治风波和各种腐朽文化的冲击下坚决听党指挥，不曾丝毫动摇。在新时代的强军征程上，无论内外环境如何变化，军队始终把听党指挥作为最高政治原则来把握、最高政治纪律来遵守、最高政治要求来落实，坚决听从党中央、中央军委的指挥。

能打胜仗，不畏强敌。人民军队素以“一不怕苦、二不怕死”的精神著称。在敌我力量极度悬殊、物质条件极度匮乏的战争年代，数以百万计的指战员不畏强敌、浴血奋战，用生命和鲜血浇铸成人民军队能打胜仗的精神丰碑。迎着弹雨烈火飞夺泸定桥的 22 勇士、纵横白山黑水抗击日寇的杨靖宇、深入匪穴智取威虎山的杨子荣、夹起炸药包纵身敌群的特级英雄杨根思、舍身炸碉堡的董存瑞、挺胸堵枪眼的黄继光、滚雷英雄罗光燮和安忠文、新时代排雷英雄杜富国等，都是人民军队革命英雄主义的光辉写照和杰出代表。这种压倒一切困难、压倒一切敌人的大无畏精神，是先辈们打出来的“制胜品牌”，更是流淌在官兵血脉中最具生命力的精神因子，是人民军队勇往直前的法宝。和平时期，无论在抢险救灾、反恐维稳等人民需要的紧急关头，还是在支援经济社会建设的滚滚大潮中，人民军队哪里有需要就冲向哪里。

从1998年抗洪，到2003年抗击非典，从汶川抗震救灾，到舟曲抗击特大泥石流灾害，再到藏区、新疆维稳及2020年抗击疫情、抗击洪涝，留下了无数部队官兵服务人民的感人事迹，雷锋、李向群、徐洪刚、李润虎……这些响亮的名字已载入了共和国史册，深深地烙在全国人民的心中。

作风优良，纪律严明。我军是靠革命理想和铁的纪律凝聚起来的人民军队，纪律严明向来是我军的光荣传统。从战争年代党指到哪就打到哪、不拿群众一针一线，到和平时期抢险救灾生死救援、军之所至秋毫无犯，无不体现了广大指战员遵守纪律的坚决性与自觉性。长征途中，红军战士谢益把仅有的一小袋干粮留给了带着两个小孩的妇女，母女三人活了下来，可他却长眠于草地。解放战争的辽沈战役，许多部队住在苹果园，却没有一个战士摘老百姓的苹果吃。毛泽东感慨："我们的纪律就建筑在这个自觉性上边。"上海战役，为最大限度地减少人民群众的生命财产损失，我军毅然放弃使用重武器，7 612名官兵倒在了胜利前夕。抗美援朝战场上，志愿军战士邱少云在烈火烧身时纹丝不动，直至光荣牺牲，为全军树立了"纪律重于生命"的楷模。新时代，中央军委号召全军必须把我军优良传统一代代传下去。全军官兵始终坚持全心全意为人民服务的宗旨，夯实依法治军、从严治军这个强军之基，自觉强化铁律意识，发扬艰苦奋斗精神，纯正部队风气，巩固良好的内外关系，确保在任何时候、任何情况下，都能自觉把纪律视作生命，守纪如铁，执纪如钢，血脉永续，优势永存。

第五节 国防动员

国防动员是指国家为应对紧急突发事件、准备战争和实施战争，在相应的范围内，由平时状态转入战时状态所采取的统一调动人力、物力和财力的紧急措施。

古语有云"兵马未动，粮草先行"，意思就是出兵之前，先准备好粮食和草料。比喻在做某件事情之前，提前做好准备工作。人类从古至今经历过无数次战争，可以说动员与战争相伴相随，当然战争也离不开动员的支持。1941年6月22日凌晨，德国法西斯出动300万装甲部队在苏联西部1 500公里的边境线上，发动了侵略战争。苏联在遭到德军突然入侵之后，立即进行了全国总动员。8天时间就征召了530万士兵，一个月内征召了65万预备役军官，战争第一年征召官兵达1 894万，总计动员征召了2 700多万兵员。持续不断的兵员补充为苏联夺取卫国战争的胜利奠定了扎实的基础。

我国在1950—1953年的三年抗美援朝战争中，动员参加志愿军的有207万人，其中补入志愿军的新战士80万人，征集调用各种作战物资560万吨，筹措战费62亿元，达到了援救友邦和保证国内安全两大目标。

2003年的伊拉克战争，美国为了确保战争的快速胜利，花费了大量的人力、物力和财力。战争期间，美军共征召预备役人员224 528人，征用了国内22家航空公司的47架民航飞机和31架宽体运输机、50艘大型商船和19艘预备役海运船，租用了70多颗商业卫星，和国防部签订的物资供应商就有3.5万家，与之相关的企业高达15万家。由此可见，国防动员对赢得战争是多么的重要。

国防动员的主体是国家，动员的对象是人力、物力、财力，活动过程是社会管理体制的"平战转换"，将战争潜力转化为战争实力，实施手段为战时紧急管理，颁布战时法令和政策，通过管制、征用、征召等手段改变社会资源的使用方向，目的是直接为战争服务，也能增强应对大规模自然灾害能力。国防动员的完善程度是现代国防强弱的标志之一。加强国防动员建设,已成为各国普遍重视的战略问题。

一、国防动员的意义

国防动员作为国防活动的重要内容之一,在保障赢得战争胜利、应对突发事件、增强威慑能力、支援社会发展等方面都具有十分重要的意义。

(一) 国防动员是增强国防实力的重要措施

国防实力是国家防御外来侵略的力量,是国家军事、政治、经济、科学技术等力量的总和。在和平时期,国家把动员准备纳入经济建设和社会发展的总体规划,贯彻军民融合、平战结合的方针,以增强战争潜力。同时通过动员准备,激发人民的爱国主义和国防观念,使国家政局稳定、经济发达、科技进步,迅速增强综合国力。由于平时奠定了良好的基础,一旦战争爆发,通过战时动员,就能迅速地把战争潜力转化为战争实力。

(二) 国防动员是增强国防威慑力的有效手段

一个国家的国防威慑力,不仅取决于常备军的数量和质量,而且还取决于军队后备力量和其他动员潜力,取决于常备军与后备力量动员准备的有机结合,以及动员机制健全完善的程度和运行效率。平时充分做好战时动员的准备工作,建立强大的后备力量和健全的动员体制,可以使敌人望而生畏,不敢轻举妄动和贸然发动进攻。这也是"不战而屈人之兵"军事战略的平时运用。特别是处于防御地位和反对侵略的国家,应该采取积极的对策,以充分有效的动员显示应付战争的能力和拼死抵抗的决心,迫使敌人延缓或放弃侵略战争。

(三) 国防动员是夺取战争主动权的可靠保障

决定战争胜负的因素是多方面的,其中后备力量的强弱、兵员质量的优劣,以及战时动员的准备和实施的好坏,都是重要的因素。第二次世界大战以来,突然袭击、不宣而战已成为首先发动战争一方的惯用手法。进入信息化战争时代后,首战即决战,使得战争准备的地位进一步上升。处于防御地位的国家,如果战时动员工作的准备和实施不当,在战争初期往往处于被动地位,甚至来不及实施动员和实施战略部署,其武装力量和经济命脉就已经陷于瘫痪。历史表明,在现代战争中,谁能保持强大的后备力量,并以最快的速度、最高的质量动员起来并投入战争,谁就能取得战争的主动权。

二、国防动员的功能

国防动员的功能可以用简单的六个字来概括:应战、应急、服务,也就是说战时应战、急时应急、平时服务。

(一) 应战功能

应战功能有两个方面的体现。

1. 动员是打赢战争的基础环节

现代战争以综合国力为基础。但综合国力的优势并不能直接与战争实力画等号。如何把一个国家的综合国力转化为战争的实力呢? 也就是说如何把一个国家的战争潜力最大限度地挖掘出来呢? 就是要通过动员的作用,在其中起到力量凝聚器和力量转换器的作用。例如:1973 年 10 月的第四次中东战争,战争爆发 10 分钟后以色列就发布了全国总动员令,紧急征召预备役人员;20 小时后,被指定在西奈半岛展开的两个预备役师先头部队到达西奈前线;48 小时后,即有 30 万预备役官兵开赴前线,使总兵力由 11.5 万人迅速增加到 40 余万人;7 天后,15 个预备役旅全部成建制投入作战,很快扭转战争初期的不利局面。有军事专家对以色列的动员高度评价:"如果说埃及强渡运河是这次战争的第一大胜利,那么以色列的动员则是第二大胜利!"

2. 动员是遏制危机的有效手段

1962 年,新中国面临了一场前所未有的严重危机,一方面我们经历了三年自然灾害,国民经济遭受很大损失,国内面临一个非常被动的局面;另一方面中苏关系恶化,苏联撤走专家,逼迫我们还债,在北部屯兵百万,重兵压境,对我国构成巨大威胁。此外,盘踞在台湾的蒋介石集团认为反攻大陆的时机终于到来,于是召集高层,共制定 1 000 多套反攻大陆的作战计划,信心满满。为了应对这些危机,我们紧急实施战备动员,在全国广泛进行宣传发动,向东南沿海紧急调兵遣将,军工部门紧急动员扩产,东南沿海加强军民联防,蒋介石集团一看大陆做好了充分的准备,严阵以待,最后不得不放弃了反攻大陆的计划。军事实践表明,动员不仅是把战争潜力向战争实力转化的枢纽,而且是使用武力的一种特殊方式,以其本身强大的战略威慑力,可以收到不战而屈人之兵的效果。

(二) 应急功能

动员是应对紧急突发事件的有效措施。在国家面临比较大的自然灾害时可以通过动员来及时应对处理,尽量减小自然灾害的损失和影响。我国幅员辽阔,也是自然灾害多发的国家,每年自然灾害造成的损失平均 700 亿～800 亿元,例如,1998 年的洪涝灾害,2003 年的"非典",2008 年年初的雨雪冰冻灾害,2008 年 5 月的汶川大地震,2010 年西南五省的旱灾,2011 年春季的河南、安徽、山东的旱灾,2020 年抗击疫情和洪涝,等等。尤其是 2008 年的汶川大地震期间,我们的动员起到了非常重要的作用,动员的领域之广泛,动员的速度之快捷,动员的协调之高效堪称前所未有,军队和武警部队共出动 14.6 万人,动员民兵预备役人员 7.5 万人,动员各型飞机和直升机 4 700 余架次,车辆 53.3 万台次,救出生还者 3 338 人,转移受困群众 140 万人,运输空运空投救灾物资 157.4 万吨,派出 210 支医疗队,巡诊医治群众 136.7 万人。美国陆军第二装甲骑军团华裔士兵陈果在自己的博客中写道:中国政府对大地震的反应速度是空前的,三天内调集 13 万军警及物资设备到灾区。目前世界上能做到这一点的只有三个国家:美国、中国和俄罗斯。

在 2003 年抗击"非典"期间,我们动员了大量的军队医务人员、民兵应急分队,为抗击"非典"作出了重大贡献。在 2020 年抗击"新冠"疫情中,军队动员了 4 000 多名医务工作者支援武汉,全国各省动员了 50 000 余名医务工作者支援湖北,同时还动员了几千万名预备役人员、民兵、党员、志愿者参与抗击疫情,充分体现了应急动员的重要性。

在反恐维稳方面,国防动员也可以起到很重要的作用,例如,2001 年"9.11 事件"期间的边境封控行动,2008 年应对拉萨"3.14 打砸抢烧事件"等。我国每年大约有 20 万～30 万的民兵预备役人员工作在维护社会治安的战线上。

(三) 服务功能

动员是支援经济和社会发展的重要力量,动员是联接军队与地方、军事与经济、平时与战时的桥梁和纽带。加强动员建设可以促进国防建设与经济建设协调发展。

加强动员建设可以节约国防开支。例如,做好了预备役部队的建设就可以实现"平时少养兵,战时多出兵",减少常备军数量,国防经费可以更多投入到武器装备的研发更新,提高部队的人员素质和待遇等,从而提高部队战斗力,以适应未来信息化战争的需要。在开展经济建设的时候，要结合国防建设的需要，做到"平战结合、军民结合、寓军于民"。例如，在建设高速公路的时候，如果按照一定的标准建设，就可以起降飞机，作为飞机的应急跑道之用。

动员建设的成果可以直接为经济建设服务。例如，平时的建筑物下面的人民防空设施，可以用作地下商场、地下停车场或者物资储备仓库。

国防动员是维护国家安全与发展的重要战略举措。无论是应对战争威胁，应对紧急突发事件，还是服务于国家经济建设，促进国家的长远发展，都离不开国防动员。

三、国防动员的内容

现代战争的发展使国防动员涉及政治、经济、科技、文化、教育、外交和军事等广泛的领域，同时，也对现代条件下的国防动员提出了速度要快、数量要足、质量要高、范围要广等方面的要求。

国防动员的主要内容包括：武装力量动员、国民经济动员、人民防空动员、交通战备动员和政治动员。

1. 武装力量动员

武装力量动员，是国家将军队和其他武装组织由平时状态转入战时状态所进行的活动。战争是武装力量的直接对抗，因此，武装力量动员是战争动员的核心。武装力量动员通常包括现役部队动员、后备兵员动员、预备役部队动员和民兵动员。

现役部队动员，是指将中国人民解放军各军兵种部队和武装警察部队从平时编制转为战时编制，按动员计划进行扩编，达到齐装满员。现役部队动员主要包括：一是进入临战状态；二是实行战时编制；三是扩建现役部队；四是组建新的部队。

后备兵员动员，是征召适龄公民到军队服现役的活动，主要是征召预备役军官和士兵补充现役部队。后备兵员动员是直接为现役部队动员服务的，是与现役部队动员同步的活动。

预备役部队动员，是指预备役部队成建制转服现役的活动，是战时快速动员的一种重要方式。《国防法》规定，预备役部队"战时根据国家发布的动员令转为现役部队"。

民兵动员，主要是指组织发动民兵担负参战支前任务。民兵可以配合军队作战和担负支援保障任务，也可以独立担负后方防卫作战与维稳任务。

2. 国民经济动员

国民经济动员，是国家将经济部门、经济活动和相应的体制从平时状态转入战时状态所进行的活动。国民经济动员是战争动员的基础和重要内容，对于充分发挥国家的经济潜力，提高军品生产能力，及时满足战争对各种物资和勤务保障的需求，具有重要的作用。国民经济动员主要包括工业动员、农业动员、贸易动员、财政金融动员、科学技术动员、医疗卫生动员和劳动力动员等。

工业动员，是指国家调整和扩大工业生产能力，增加武器装备及战争需要的其他工业品产量的活动。农业动员，是指国家调整和挖掘农业生产潜力，维护农业设施，增加粮食、棉花、油料、肉类及其他农副产品的产量和国家征购量，满足战争和人民生活对农产品的需求。贸易动员，是指国家在商品流通领域实行战时管理体制和战时商贸政策，控制商品流通秩序和流向，以满足战争和人民生活对各种商品的需求。财政金融动员，是指国家为保障战争需要而采取的筹措和分配资金、维持财政金融秩序的活动。科学技术动员，是指为保障战争对科学技术的需要，国家统一组织和调整科研机构、科研人员、科研设备、资料及成果所进行的活动。医疗卫生动员，是指统一调度和使用医药卫生方面的人力、药品器材、设备和设施，满足战争对于医药卫生的需要所进行的活动。劳动力动员，是指国家统一调配和使用劳动力，开发劳动力资源，以满足武装力量扩编、军工生产及其他领域对人力的需求所进行的活动。

3. 人民防空动员

人民防空动员，是国家发动和组织人民群众防备敌人空袭、消除空袭后果所进行的活动。在现代战争中，远距离精确打击成为重要的作战样式，大、中城市和经济基础设施面临的空袭威胁日益严重。人民防空动员对于减轻空袭危害、减少人民生命财产损失、保持后方稳定、保存战争潜力具有重要的作用。

人民防空动员主要包括人防预警动员、群众防护动员、重要经济目标防护动员、人防专业队伍动员等。

4. 交通战备动员

交通战备动员，包括交通运输动员和通信动员，是国家统一管制各种交通线路、设施、工具和通信系统，组织和调动交通、通信专业力量为战争服务的活动。交通和通信是人员、物资和信息流动的物质载体，交通战备动员对于保障军队的机动和其他人员、物资的前送后运，保障作战指挥和通信联络的畅通，具有重要的作用。

5. 政治动员

政治动员，是国家为进行战争而开展的宣传、教育、组织工作和外交活动。政治动员是国防动员的一项重要内容，并为其他领域的动员活动提供思想和组织保证。政治动员对于充分调动和发挥本国军民的精神力量、尽可能地争取国际社会的同情和支持、瓦解敌方的战斗意志具有重要作用。平时政治动员主要表现为国防教育，战时政治动员主要包括国内政治动员和外交舆论宣传。

思考题

1. 国防的含义是什么？国防有哪些要素？国防的基本类型有哪些？
2. 现代国防的基本特征有哪些？如何认识国防的地位和作用？
3. 我国国防的领导体制和组织形式是怎样的？
4. 中国人民解放军的性质和任务是什么？我国陆军、海军、空军、火箭军、战略支援部队各自的使命是什么？
5. 我国现行的国防政策是什么？
6. 什么是国防法规？国防法规的主要特征是什么？
7. 国防法规体系是由哪些层次和门类构成的？
8. 公民有哪些国防义务和权利？公民有哪些国防教育义务和权利？
9. 中国国防发展历史上有哪些代表性的国防思想？
10. 中国国防发展历史有哪些启示？

深度阅读

1. 徐焰. 中国国防导论. 北京：国防大学出版社，2006.
2. 彭光谦. 中国国防. 北京：五洲传播出版社，2004.

拓展阅读

1. 刘鸿基，罗海曦. 国防理论. 北京：国防大学出版社，1996.
2. 赵彦亮，王云宪. 信息时代国防教育概论. 北京：金盾出版社，2011.

国泰民安是人民群众最基本、最普遍的愿望。实现中华民族伟大复兴的中国梦，保证人民安居乐业，国家安全是头等大事。

——习近平

第二章 国家安全

学习目标：

1. 了解国家安全的基本内涵、维护国家安全的基本原则；了解总体国家安全观的科学内涵及地位作用；

2. 了解我国地缘战略环境基本情况、地缘安全形势、新形势下的国家安全形势、新型领域中的国家安全形势；

3. 了解国际战略形势现状与发展趋势，把握世界主要国家军事力量及战略动向。

21 世纪以来，我国面临越来越复杂多变的国际战略环境和国家安全形势，而国家安全是人民幸福安康的基本要求，是安邦定国的重要基石，维护国家安全是全国各民族人民的根本利益所在，是实现中华民族伟大复兴的中国梦的根本保障。因此，必须坚持总体国家安全观，统揽国家安全全局，切实维护国家安全利益与发展利益。

第一节 国家安全概述

国家安全包含的内容非常丰富，涉及的领域也非常广泛，所以，准确认识国家安全的内涵、基本原则和总体国家安全观理论，是科学认识国家安全形势和维护国家总体安全的重要前提。

一、国家安全的定义与内涵

2015 年 7 月 1 日，新的《中华人民共和国国家安全法》（以下简称《国家安全法》）正式施行，对国家安全从法律层面赋予了统一的定义。《国家安全法》第一章第二条对“国家安全”的定义是：“国家安全是指国家政权、主权、统一和领土完整、人民福祉、经济社会可持续发展和国家其他重大利益相对处于没有危险和不受内外威胁的状态，以及保障持续安全状态的能力。”这个定义，从国家安全法律的视角，科学界定了我国国家安全的内涵和外延，明确了维护国家安全的核心，为构建国家安全体系、建立健全国家安全制度和国家安全保障措施、走出一条中国特色国家安全道路奠定了坚实的法律基础。

从这个定义，我们可以明确国家安全的基本内涵。

首先，国家安全的主体是国家。安全有不同的主体，不同的主体有不同的安全问题。当安全的主体是国家时，便构成了国家安全。

其次，国家安全的客体既包括个人与全体公民、社会组织和国家机构，也包括国家领土、主权、统一和其他各个国家利益领域组成的不同系统。

第三，国家安全是一个国家有没有危险、威胁和侵害的客观状态，包括外部安全和内部安全两个方面。

第四，国家安全的利益构成，涉及国家政权、主权、统一和领土完整、人民福祉、经济社会可持续发展和国家其他重大利益。

第五，国家安全构成要素，既包括传统国家安全利益维护问题，也包括非传统国家安全利益维护问题。

最后，国家安全不仅指没有内外威胁和危害的客观状态和心理感受，也包括保障国家持续安全状态的能力。如果没有保障国家持续安全状态的能力，国家安全必然受到威胁与危害。

二、维护国家安全应把握的基本原则

《国家安全法》以总体国家安全观为指导，规定了维护各个领域国家安全的任务，主要包括政治安全、人民安全、国土安全、军事安全、经济安全、金融安全、资源能源安全、粮食安全、文化安全、科技安全、网络与信息安全、社会安全、生态安全、核安全、外层空间及国际海底区域和极地安全、海外利益安全等18个领域的重点任务，基本覆盖了涉及国家安全的各个领域。同时，《国家安全法》第三十四条规定，“根据经济社会发展和国家发展利益的需要，不断完善维护国家安全的任务”，为将来可能变化的维护国家安全的任务留出了必要空间，体现了动态性、开放性。按照总体国家安全观的要求，根据宪法和有关法律的规定，《国家安全法》强调坚持中国共产党对国家安全工作的领导，建立集中统一、高效权威的国家安全领导体制，并明确了以下维护国家安全工作的基本原则。

（一）坚持依据法律和保障个人基本权利

维护国家安全，核心是“遵守宪法和法律”“尊重和保障人权”。“遵守宪法和法律”，主要是维护宪法体制，加强对国家机构及其工作人员行使公权力的约束。维护国家安全，涉及所有国家机构，特别是在“进入紧急状态”“宣布战争状态”“实施全国总动员或局部动员”的情况下，要采取法律规定或者全国人大常委会规定的特别措施，更要注重对公权力行使的约束，依法保护公民的权利和自由。同时也要防止平常工作中重打击犯罪、轻人权保障的现象，以提高国家安全工作法治化水平。公民和组织，也要履行宪法和法律规定的维护国家安全的义务，接受有关机关必要时依法采取的特别措施。

（二）坚持安全与经济社会发展相协调，统筹维护各领域安全

安全是发展的前提，发展是安全的基础，要统筹安全和发展两件大事，通过发展不断提升国家安全能力，促进国家安全；通过不断提高维护国家安全能力，为发展提供稳定的环境，

实现可持续发展与可持续安全相互支撑、良性互动。《国家安全法》规定“维护国家安全,应当与经济社会发展相协调”,集中体现了坚持发展是解决我国所有问题的关键这一重大战略判断。内部安全和外部安全、国土安全和国民安全、传统安全和非传统安全、自身安全和共同安全,往往相互交织,高度联动,牵一发而动全身,必须统筹应对。一方面要把主权、领土、政治安全作为国家安全的重中之重,牢牢抓住不放;另一方面要统筹兼顾、综合施策,有效应对来自经济、文化、社会、科技、网络、生态、资源领域以及恐怖主义、武器扩散、跨国犯罪、贩毒走私等非传统安全问题。

(三) 坚持促进各国间的共同安全

立足国内,放眼国际,高举和平发展、合作共赢的旗帜,坚持互信、互利、平等、协作,在积极拓展我国利益的同时,加强安全领域国际合作,履行国际安全义务,促进共同安全,维护世界和平。坚决支持国际反恐怖斗争,坚定支持和积极参与联合国维和行动,引导国际社会共同维护国际安全,为全球安全治理不断贡献智慧和力量。

(四) 坚持预防为主、标本兼治、专群结合

坚持把预防和治乱结合起来,既防患于未然,又正本清源。坚持充分发挥专门机关和其他有关机关维护国家安全的职能作用,又要广泛动员公民和组织,防范、制止和依法惩治危害国家安全的行为,建立起维护国家安全的强大防线①。

三、新时代总体国家安全观

习近平总书记在 2014 年 4 月 15 日的中央国家安全委员会第一次会议上首次正式提出了总体国家安全观,《国家安全法》以明确的法律形式确立了总体国家安全观的指导地位。党的十九大将坚持总体国家安全观纳入新时代坚持和发展中国特色社会主义的基本方略并写入党章,成为维护我国国家安全的行动纲领和科学指南。

(一) 总体国家安全观的科学内涵

在中央国家安全委员会第一次会议上,习近平同志在阐述“总体国家安全观”时指出:“必须坚持总体国家安全观,以人民安全为宗旨,以政治安全为根本,以经济安全为基础,以军事、文化、社会安全为保障,以促进国际安全为依托,走出一条中国特色国家安全道路。”“贯彻落实总体国家安全观,必须既重视外部安全,又重视内部安全,对内求发展、求变革、求稳定、建设平安中国,对外求和平、求合作、求共赢、建设和谐世界;既重视国土安全,又重视国民安全,坚持以民为本、以人为本,坚持国家安全一切为了人民、一切依靠人民,真正夯实国家安全的群众基础;既重视传统安全,又重视非传统安全,构建集政治安全、国土安全、军事安全、经济安全、文化安全、社会安全、科技安全、信息安全、生态安全、资源安全、核安全等于一体的国家安全体系;既重视发展问题,又重视安全问题,发展是安全的基础,安全是发展的条件,富国才能强兵,强兵才能卫国;既重视自身安全,又重视共同安全,打造命运共同体,推动各方朝着互利互惠、共同安全的目标相向而行。”

总体国家安全观是高度凝练的概念,内涵和外延都极为丰富,可以概括为“五大要素”和

---

① 《总体国家安全观干部读本》编委会:《总体国家安全观干部读本》.北京:人民出版社 2016 年版,第 215 - 217 页;《〈国家安全法〉百问百答》,http://www.gxcic.net/Subject/gjaqw/wd.html。

"五对关系"。"五大要素",就是以人民安全为宗旨,以政治安全为根本,以经济安全为基础,以军事、文化、社会安全为保障,以促进国际安全为依托。这五大要素,清晰地反映了国家安全的内在逻辑关系。"五对关系",即坚持10个重视:既重视外部安全,又重视内部安全;既重视国土安全,又重视国民安全;既重视传统安全,又重视非传统安全;既重视发展问题,又重视安全问题;既重视自身安全,又重视共同安全。这五对关系,反映了辩证、全面、系统的国家安全理念。

(二) 总体国家安全观的地位作用

与其他各种国家安全观相比较,总体国家安全观具有鲜明的时代性、人民性、系统性、包容性和持续性特点。总体国家安全观的提出,充分体现了我们党对国家安全基本规律的把握,是对国家安全理论的重大创新,是新时代指导国家安全理论创新和国家安全实践的强大思想武器。

1. 总体国家安全观是国家安全的理论指南

总体国家安全观提出了一系列新思想新观点新论断,继承和发展了我们党的国家安全观,开拓了中国化马克思主义安全观的新境界,是马克思主义安全观中国化的最新成果,是系统、开放的中国国家安全理论体系,是为中国和平发展提供最大限度安全支撑的重要战略思想,是国家治理的价值引领,是保障中华民族实现伟大复兴的中国梦的新理念。在新时代维护中国国家安全,必须以总体国家安全观为理论指南。

2. 总体国家安全观是国家安全的行动指南

总体国家安全观科学运筹国家安全的总体布局,蕴含着富有中国特色的国家安全价值理念、工作思路和机制路径,是做好国家安全工作的总纲,对走出一条中国特色的国家安全道路具有重要的指导意义。总体国家安全观不仅对当前中国国家安全具有重要指导意义,而且对未来中国国家安全具有指导意义;不仅对国家安全工作具有指导意义,而且对经济社会发展具有指导意义。在新时代维护中国国家安全,必须以总体国家安全观为行动指南。

第二节 中国国家安全形势

新中国建立以来,我国的国家安全形势曾经十分严峻复杂,目前则处于一个相对和平安定的状况。但是,在新时代,我国的地缘战略环境依然复杂,地缘安全形势、新形势下的国家安全形势处于总体有利,但挑战性与困难度增大、新兴国家安全领域的安全问题日益凸显的情况。

一、我国地缘战略环境简介

所谓地缘,是指人类社会与自然地理的关系。地缘战略环境,是国家安全和地缘战略利益全局的客观情况及条件的总称,是构成一个国家安全环境相对稳定的因素。地缘战略环境是国家判断内外环境、确定威胁来源、制定与实施国家安全战略的重要依据。我国的地缘战略环境主要包括本国与周边国家的地理位置关系、利益关系和实力关系,共同构成了我国独特的地缘战略环境。

(一) 我国的地理位置及周边情况

我国地处亚洲大陆东部、太平洋西岸。北起漠河附近的黑龙江江心,南到南沙群岛的曾母暗沙，西起帕米尔高原，东至黑龙江、乌苏里江汇合处。南北长 5 500 千米，东西宽 5 200 千米，周边长 4 万千米。我国陆地面积 960 多万平方千米，居世界第三位。

我国的海域由近海渤海(内海、内水)和黄海、东海、南海三大边缘海及台湾以东的太平洋组成，另外有渤海海峡、台湾海峡、琼州海峡等三大海峡，内海和边缘海的水域面积约 473 万平方千米(截至 1997 年)，我国管辖海域面积约 300 万平方千米，大陆架面积位居世界第五，200 海里专属经济区面积为世界第十。我国海域分布有大小岛屿 7 600 多个，大陆海岸线北起辽宁鸭绿江口，南达广西的北仑河口，东部和南部大陆海岸线 1.8 万千米，岛屿岸线长度 1.4 万多千米。

我国是全球陆地及海上周边邻国最多的国家。与我国陆海相邻的周边国家有 20 个，其中与我国陆地相邻的国家自东向西再向南主要包括朝鲜、俄罗斯、蒙古、哈萨克斯坦、吉尔吉斯斯坦、塔吉克斯坦、阿富汗、巴基斯坦、印度、尼泊尔、不丹、缅甸、老挝、越南 14 个邻国。海上邻国自北向南有朝鲜、韩国、日本、越南、菲律宾、马来西亚、印度尼西亚、文莱 8 个。其中朝鲜、越南与中国既陆上相邻又海上相邻。另外，乌兹别克斯坦、土库曼斯坦、泰国、柬埔寨、新加坡、孟加拉国、斯里兰卡、马尔代夫 8 个国家与中国虽然没有直接接壤，但地理临近，且在政治、经济、文化等方面与中国交往密切。因此，中国的周边邻国总共有 28 个之多，这些国家分布于东北亚、东南亚、南亚、中亚和海洋方向五大“板块”。同时，我国隔着太平洋还有一个遥远而又很近的邻国，这就是美国。目前我国周边的很多安全问题都与美国有着巨大的关系。

(二) 我国与周边国家的关系

1. 我国与周边国家的利益关系

我国与周边国家的利益关系，是平等、互利与合作的关系。中国主流的儒家传统强调重义轻利，义大于利，而不是西方现实主义传统强调的个人利益优先，利大于义。

总体国家安全观借鉴吸收了这两种价值观，形成了中国特色的“义利观”——义利并举、有所作为，既坚持道义原则，又以国家利益为重。正如习近平总书记在中央政治局第三次集体学习时所强调的:“我们要坚持走和平发展道路，但决不能放弃我们正当的权益，决不能牺牲国家核心利益。任何外国不要指望我们会拿自己的核心利益做交易，不要指望我们会吞下损害我国主权、安全、发展利益的苦果。”中国的崛起给周边国家带来了发展与合作的机遇，中国积极倡导和实践的“一带一路”倡议、亚洲基础设施投资银行等“经济战略”，必将惠及周边国家，促进周边国家综合国力的提升，也有益于改善我国的地缘战略环境。

2. 我国与周边国家的实力关系

改革开放 41 年来，我国已经是世界第二大经济体(GDP 仅次于美国)，发展成为制造业第一大国、农业第一大国、对外贸易第一大国、外汇储备连续多年位居世界第一。我国还是商品消费第二大国、外资流入第二大国。我国主要农产品产量跃居世界前列，建立了全世界最完整的现代工业体系，科技创新和重大工程捷报频传，基础设施建设成就显著。

我国国防和军队现代化建设发展势头迅猛，近年来积极推进人民军队实现革命性重塑，武器装备取得历史性突破，治军方式发生根本性转变，革命化现代化正规化水平显著提高，人民军队维护国家主权、安全、发展利益的能力显著增强，成为保卫人民幸福生活、保卫祖国和世界和平牢不可破的强大力量。

我国积极推动建设开放型世界经济，构建人类命运共同体，促进全球治理体系变革，旗帜鲜明反对霸权主义和强权政治，为世界和平与发展不断贡献中国智慧、中国方案、中国力量。

我国日益走近世界舞台中央，成为国际社会公认的世界和平的建设者、全球发展的贡献者、国际秩序的维护者。中国人民在富起来、强起来的征程上迈出了决定性的步伐①。

有学者选取资源禀赋、经济水平、军力水平和科技水平四类硬实力指标，文化软实力、社会治理效率、社会发展水平和可持续发展能力四类软实力指标，构建了综合国力评价体系，选用中国及周边 25 个国家 2001—2014 年的相关资料，运用熵值法计算得出中国及周边国家综合国力的相对分值，得出的中国与周边国家的实力对比关系结论是：21 世纪以来中国的综合国力增长迅速，周边国家的综合国力整体呈现出东强西弱、南北强中间弱的局面，其中东北亚地区国家综合国力最强，西亚中亚地区国家的综合国力最弱，中国周边国家的综合国力围绕中国形成了一个反“C”字型的态势，而缺口处正好位于中亚。中国周边国家的综合国力呈现出均势化发展态势，东北亚国家综合国力最强但呈现逐年下降趋势，东南亚国家与南亚国家的综合国力整体呈上升趋势，中亚地区国家综合国力略有提升②。

二、当前我国地缘安全形势

地缘安全，是地缘环境要素，也就是本国与周边国家的地理位置关系、利益关系和实力关系等，与国家安全相互作用而形成的一种综合态势。我国地缘安全形势，是我国独特的地缘战略环境、周边地区形势、相关国家的战略选择所构成的相互作用及其体现出来的态势。从总体上看，我国面临的地缘安全形势与风险日趋复杂，维护我国国家安全，必须对地缘安全形势有清醒的认识。

(一) 陆上邻国多、边境线长，安全压力历来源自陆上

中国是陆地大国，与周边 14 个国家接壤，是世界上陆地接壤最多的国家，也是世界上拥有最长陆上边境线的国家，陆地边境线总长度约 2.28 万千米。由于我国陆上邻国多，边境线长，加之各国之间矛盾错综复杂、历史恩怨纠缠不清，因而自古以来我国的安全威胁主要来自陆上。新中国建立后一时无法解决边境之间的问题，还先后爆发了中印、中越边境自卫还击战争，以及中苏珍宝岛武装冲突。虽然我国一直致力于维护周边的和平与稳定，坚持互利共赢的开放战略，实施睦邻友好的周边外交战略，但是在未来相当长时期内，我国来自陆上的安全威胁依然难以排除。

(二) 海岸线岛屿岸线漫长、海上安全环境复杂，海洋方向安全威胁越来越大

我国是濒海大国，大陆海岸线和岛屿岸线长达 3.2 万多千米，使得我国近几百年以来的海上防卫异常艰巨复杂，近代以来西方列强从海上侵略我国达 479 次之多。我国与 8 个国家海上相邻或隔海相望，长期以来这些海洋邻国与我国存在海域划界、大陆架划分、岛礁归属等方面的争端。近十年来域外大国插手南海争端，搅局我国周边形势，使得我国海洋安全环境异常复杂，面临严峻复杂的海洋安全挑战。

---

① 习近平：《在庆祝改革开放 40 周年大会上的讲话》，2018 年 12 月 18 日，http://military.cnr.cn/zgjq/gcdt/20181218/t20181218_524453723.html。

② 曹原、葛岳静、马腾：《2000 年以来中国周边国家综合国力评价与格局变化》，载《经济地理》，2018 年第 4 期，第 45－53 页。

我国虽然是濒海大国，海区却是一个封闭、半封闭海区，处于两大岛链及霸权国家军事封锁下，只有极少数海上通道与外部世界相沟通，维护我国海上交通线与生命线的安全非常困难。加之我黄海、东海及南海三海地幅有限，未来信息化战争中我军的海上作战回旋余地有限。

（三）两大地缘战略交汇，强邻环伺周边，我国安全环境处于不利境地

世界地缘战略区可以划分为海洋地缘战略区和欧亚大陆地缘战略区。美国属于海洋地缘战略区，而且是世界上超级海洋强国，具有全球性影响力。世界上其他强国主要集中在欧亚大陆地缘战略区，俄罗斯位于该战略区的心脏地带，中国属于欧亚大陆地缘战略区，但处于该战略区的边缘地带，同时又濒临太平洋，是连接东北亚、东南亚、南亚和中亚的枢纽，处于两大地缘战略区的交汇处，世界主流战略理论都把这里作为必须控制争夺的地区。

从战略利益出发，各个时期的战略巨头都特别看重这一地区。从边缘战略理论看，这里是夺取心脏地带的重要依托。从海洋战略理论看，这里是向陆地进军的桥头堡。从大陆战略理论看，这里是雄踞欧亚的战略枢纽。自鸦片战争爆发，这里遭到列强纷纷入侵。两次世界大战期间，这里都是主战场。冷战时期，这里是两大阵营对抗的“东方前哨”。进入新世纪以来，这里又是大国博弈较量的重要舞台。当前世界形势面临百年未有之大变局，伴随着中美关系巨变而来的现行国际秩序进入一个瓦解与重建期，中国在世界地缘战略结构中所处的独特位置，使得中国在当前和未来都对两大地缘战略区能够产生重大影响，也使得中国的国家安全环境在很大程度上受制于各大战略力量在这一地区的战略意图和战略角逐的态势与结局。因此，中国谨慎处理好两大地缘战略区各国的关系，既关系到自身的国家安全，也关系到世界格局的重塑及世界的安全与稳定。

我国周边是世界人口最密集、大国力量最集中的地区。世界公认的五大力量中心，除欧洲外，美国、中国、俄罗斯、日本四大力量中心均交汇于此，5 个联合国常任理事国中有中、美、俄 3 个聚集于亚太地区。世界人口过亿的 13 个国家有 9 个聚集在这里，中国、印度和朝鲜的军队规模都在 100 万以上。世界上 9 个公开拥有核武器的国家有俄罗斯、中国、印度、巴基斯坦、朝鲜共 5 个聚集在这里，在中国周边构成了最密集的核武器分布圈。可见我国国家安全环境处于极为不利的境地。

（四）周边国家多样性突出、热点矛盾较多，我国周边安全环境极为复杂

首先，我国周边国家多样性非常突出。既有越南、朝鲜等社会主义国家，也有资本主义国家；既有发达国家，也有世界上最贫穷的国家；既有老牌的经济强国，也有新崛起的新兴国家，还有继续实行王权编制的国家。这些国家社会制度、经济发展水平、宗教信仰与文化等差异巨大，所奉行的国家安全战略和外交政策各异，陆疆领土和海洋权益争端多发、民族矛盾和宗教矛盾复杂、国内政局动荡不稳、国家间军事与武装冲突不断，不可避免地对我国安全带来负面影响。

其次，我国周边也是全球现有热点和潜在热点最多的地区，朝鲜半岛、阿富汗、克什米尔、北方四岛、台湾海峡、南沙群岛、马六甲海峡等都位于这一地区。进入 21 世纪以来，我国西部地区境外宗教极端主义、民族分裂主义和国际恐怖主义三股势力日益蔓延，并向中国境内渗透，国际反华势力与一些国家勾结呼应，对我国的边疆稳定、社会稳定及政治、军事、经济安全构成了严峻挑战。

三、新形势下我国的国家安全形势简析

总体国家安全观包括了十多个不同的安全领域，且层次分明。其中，政治安全、国土安全、军事安全、经济安全、文化安全和社会安全基本属于同一层次，科技安全、信息安全、生态安全、资源安全和核安全处于较低层次，构成对上一层次的具体支撑，而人民安全则超越了其他安全领域，成为总体国家安全观整个体系的引领与核心，国际安全也超越了具体的安全领域，成为实现国家安全的外在依托。新形势下我国国家安全挑战与机遇并存，形势依然复杂严峻，准确把握新形势下我国的政治、国土、经济、军事、文化、社会安全等较高层面的安全形势，切实维护这些重点领域国家安全，才能开创国家安全工作新局面，为中华民族伟大复兴的中国梦提供坚实安全保障。

（一）当前政治安全形势

政治安全，是指国家在政治方面免于内外各种因素侵害和威胁的客观状态。政治的核心是国家政权，政治安全攸关党和国家的安危，其核心是政权安全和制度安全，在国家安全体系中居于核心地位和最高层次。政治安全是国家安全的根本，经济、社会、网络、军事等领域安全的维系，最终都需要以政治安全为前提，其他领域的安全问题，也会反作用于政治安全。

当前，维护我国的政治安全面临着非常好的机遇，同时也遇到了极为复杂的内外部挑战。首先，维护我国政治安全面临前所未有的机遇。总体国家安全观的确立，表明我们党对新形势下国家安全工作的规律有了更加深刻的把握，国家安全总体布局已经确立，中国特色国家安全道路开创了新境界，党和政府完全有能力维护我国的政治安全。

其次，维护我国政治安全的内外部挑战非常严峻。内部挑战方面，主要是部分党员干部精神懈怠、能力不足、脱离群众、消极腐败的危险十分尖锐，特别是高级领导干部腐败对国家政治安全的危害尤为严重，党的形象与执政能力面临巨大考验。人民内部矛盾多发，人们的思想观念、价值取向日益多元化，社会认同感缺乏，理想信念动摇，思想道德滑坡，一些腐化落后的观念滋长泛滥，严重影响我国的长治久安。外部挑战方面，主要是意识形态领域争夺“制脑权”的没有硝烟的战场上的斗争异常激烈，敌对势力长期在我国策动“颜色革命”，直接威胁中国共产党的领导地位和执政安全；台湾当局和“台独”势力拒不承认体现一个中国原则的“九二共识”，台独活动猖獗，“一国两制”实践遇到的新情况新问题，对维护我国的政治制度和社会的繁荣稳定，维护国家主权、安全和发展利益，形成了严峻挑战。

（二）当前国土安全形势

国土安全，是指国家领土完整、国家统一、海洋权益及边疆边境不受侵犯或免受威胁的状态。国土安全涵盖领土、自然资源、基础设施等要素，主要指一个国家主权范围内的领陆、领水、领空和底土四个方面的安全，这是传统的国家生存空间范围的安全。国土安全是立国之基，是传统国家安全备受关注的重要方面。国土不受外来侵略和威胁，资源不因战争或预防战争过度消耗，国家才能稳定发展，人民才能安居乐业。当前我国国土安全面临严峻挑战，维护国土安全是维护国家安全重大而紧迫的战略任务。

当前，我国领土主权的完整、统一尚未完全实现。我国尚未完成与所有邻国的划界勘界，已经划入我国版图的领土，也存在少部分长期以来为外国占有或实际控制；新中国成立

以来，台湾海峡两岸两个政治实体的分离分治现实，使得我国领土主权尚未实现完全统一。“台独”势力不放弃分裂主张，竭力煽动两岸敌意和对立，刻意阻挠破坏两岸关系发展，某些外部势力长期纵容扶持“台独”势力，部分台湾民众对台湾地位、两岸关系前途的认识存在偏差，构成了阻滞中国和平统一进程的消极因素；“藏独”“东突”等民族分裂势力以极端民族主义和极端宗教思想为指导，打着“民主”“人权”“宗教自由”等幌子，骗取国际社会的同情与支持，与境外宗教极端势力、民族分裂势力、暴力恐怖势力这“三股势力”及敌视中国的国家沆瀣一气，内外勾结，暴力倾向进一步加剧，企图以暴力恐怖手段破坏国家领土完整、祖国统一和民族团结；我国还毗邻恐怖活动的“重灾区”，国际恐怖势力在我国周边频繁滋事，直接危害着我国的国土安全和社会稳定；我国海洋主权及权益问题非常严峻，8 个海上邻国与我国均有海洋争端，争议海域面积约占我国管辖海域面积的一半。随着近年来各国加大对海洋的战略投入，域外大国也不断搅局南海，我国维护海洋权益和海洋领土主权，必将长期继续受到众多邻国和域外大国强大的地缘政治牵制，以及政治、经济、外交、军事等方面的战略围堵与遏制。

（三）当前军事安全形势

军事安全，是指“国家处于不受战争威胁、军事入侵和军事利益不受侵害的状态。”①军事安全不但关系国家主权和领土完整不受侵犯，关系国家生死存亡和长治久安，而且在整个国家安全体系中发挥着至关重要的支柱和保障作用，在维护国家总体安全中具有不可替代性。当前，我国虽然处于可以大有作为的重要战略机遇期，发生大规模外敌入侵的战争的可能性不大，但维护我国军事安全面临的挑战增大，外部因素引发局部战争和武装冲突的可能性不能低估。

世界新军事革命加速发展对我军发展带来了严峻挑战。我国应对新军事革命挑战和建设世界一流军队，面临的调整军事战略、创新作战理论、发展武器装备、优化体制编制、重塑军事力量体系、加快推进军事转型等方面的压力显著增大；美国实施印太战略，日本出台新的国家安全保障战略和防卫计划大纲，修订同盟式防卫合作指针，强行通过新的安保法案，加大进攻性武器装备研发力度，加快军力发展步伐，解禁集体自卫权，安全战略和军事战略的外向进攻性明显增强；印度配合美国的印太战略，企图从印度洋和南海两个方向对我国进行围堵；周边邻国相互及与美国、日本、印度、澳大利亚等国加强军事合作，不断增加国防费用，开展多边军事演习。大国与周边国家的这些做法，对我国军事安全形成了现实的威胁；我国周边存在引起地区局势紧张和局部战争的多种因素，如“三股势力”活动猖獗，恐怖事件频发，朝鲜半岛局势仍然存在不确定性，爆发冲突和战争的可能性依然存在，台湾当局为“台独”不断玩弄各种小伎俩，国土统一战争将不可避免。种种情况表明，我国周边存在着诸多引起地区局势紧张的因素，爆发局部战争的可能性难以排除；我军长期处于相对和平时期，应对具有全维作战、空天主导、体系对抗、信息决胜鲜明特征的信息化战争，确实存在着能否打赢的巨大考验和压力。

（四）当前经济安全形势

经济安全，是指国家维护国民经济发展和经济实力处于不受根本威胁的状态和能力。

① 《中国人民解放军军语》．北京：军事科学出版社，2011 年版，第 162 页。

经济安全是国家安全体系的重要组成部分，是国家安全的基础。新时代维护我国经济安全，既面临有利条件和形势，也面临着非常严峻的挑战。

我国经济发展的显著特征是进入新常态。当前我国经济运行总体平衡，稳中有进，稳中向好，经济保持高速或较高速增长，经济结构进一步优化，改革开放向纵深迈进，民生持续改善，社会大局总体稳定。我国经济安全形势持续向好，这是维护我国经济安全非常有利的条件。但维护我国经济安全也面临诸多严峻挑战。金融安全是我国经济安全最敏感的因素之一，经常爆发的国际金融危机通过贸易、金融等渠道对我国经济造成了严重影响。当前，由于美国对全世界奉行经济霸权，动不动就制造贸易摩擦，导致全球经济贸易增长乏力，保护主义抬头，各种高风险的非经济因素对经济稳定的冲击增大，我国应对金融安全的风险与难度增大。随着我国金融市场对外开放程度不断提高，风险跨境传染的可能性增大；我国产业面临提升竞争力和避免空心化的双重压力，产业全球竞争力面临下降的问题，塑造新要素竞争优势的紧迫性大大增强；我国城乡与地区发展还不够平衡、中西部同东部地区的发展差距依然很大、老少边穷地区仍然存在大量穷困人口、财政特别是地方政府财政安全和社会保险可持续性面临风险、城镇居民基本医疗保险制度和新型农村合作医疗制度有待进一步整合。这些突出的结构性矛盾已经开始拖累经济发展，并将制约经济持续发展后劲，埋下经济风险隐患。我国能源资源、主要矿产资源、水资源等短缺问题不断显现，生态环境恶化没有得到根本性扭转，空气、水和土壤污染加剧；我国经济增速换档，下行压力加大，使得经济运行中的矛盾和风险逐步显现，一些区域和行业面临的困难增多，加剧了未来经济社会发展的不稳定性和不确定性；社会事业发展和社会治理能力建设相对滞后，社会矛盾和冲突易发多发，加强和创新社会治理、实现共享发展的紧迫性有待加强；我国抵御国际粮价大幅度波动的能力不强，加上粮食育种日益依赖外资品牌，食品安全问题频发，粮食安全隐患不容忽视；中美贸易摩擦、欧盟战略调整增大了维护经济安全的压力；随着“一带一路”建设的深入和扩大，中国企业的“走出去”以及中国国际经济与发展合作的扩大，中国与世界各国的竞争必将加剧，维护我国经济安全的风险呈现逐步上升态势。

（五）当前社会安全形势

社会安全，是指国家每个社会成员切身利益、国家经济发展和社会稳定、人民安居乐业、社会安定有序、国家长治久安相对处于没有危险和不受内外威胁的状态，以及保障持续安全状态的能力。社会安全是国家安全的重要组成部分，维护社会安全是国家改革发展的重要保障，直接反映人民群众的幸福感和满意度。

受境外渗透加剧、境内宗教极端活动升温等影响，我国及周边暴力恐怖活动处于多发期、活跃期。我国仍处于刑事犯罪的高发期。违法犯罪活动日趋暴力化、组织化、职业化，严重暴力犯罪案件突出，高新技术犯罪、网络犯罪增多，对传统公共安全工作提出挑战。民生领域的违法犯罪居高不下，盗窃、抢劫等侵财犯罪多发，电信诈骗犯罪、食品药品安全犯罪、农资建材领域犯罪、环境污染犯罪等新型犯罪不断出现；传统的“黄赌毒”治安顽症依然多发，而且具有越来越扩大的趋势；个人极端暴力案件增多，作案手段残忍，犯罪后果严重，极易引发公众恐慌；传统违法犯罪加速向网上发展蔓延，网络“黄赌毒”、金融诈骗、贩枪、传授制爆技术等违法犯罪明显增多，电信诈骗、窃取公民个人信息等新型网络犯罪不断滋生，网上造谣、恶意炒作等乱象屡禁不止，网络有组织违法犯罪突出，网络社会安全问题明显增多；我国社会加速转型，积聚了诸如生产责任事故高发、劳资冲突不断、社会道德失范、信任危机加深之类的社会风险因素，出现了不同社会发展阶段风险因素交织叠加的特征，严重影响公共安全；一些单纯利益冲突事件引发非直接利益群体参与等特点日趋明显，由此容易引发规模大、难处理的重大群体性事件，直接影响社会和谐安定；网络群体性事件已成为虚拟空间的一支重要力量，其规模和影响力在不断扩大。

（六）当前文化安全形势

文化安全，是指国家文化相对处于没有危险和不受内外威胁的状态，以及保障持续安全状态的能力。维护文化安全，是协调推进“四个全面”战略布局的重要保障，是构建中国特色国家安全体系的重要内容，是建设社会主义文化强国的重要基础。影响我国文化安全的内外因素客观存在，有些问题还比较突出，国家文化安全面临严峻而复杂的形势。

当前我国经济社会处在转型期，社会阶层出现分化，一些腐朽落后文化对主流价值观形成冲击；信息技术造就了新文化业态和文化样式，在丰富人民群众文化生活的同时，低俗信息、有害信息、错误思想使得发展健康的社会主义文化任重道远；我国文化发展中存在一些薄弱环节，一些地区没有处理好发展经济与发展文化的关系、个别文化企业片面追求经济利益存在趋利媚俗现象、一些地方基层思想文化工作依然薄弱，对维护文化安全造成一定影响；某些别有用心的外部势力加紧对我国的思想文化渗透，对党史、国史、民族史和中华民族英雄形象、领袖形象进行恶意解构甚至颠覆；发达国家利用互联网和话语霸权，进行西方价值观宣传、色情文化宣传，在青少年中传播拜金主义、享乐主义、极端主义，传播消极颓废的消费文化，并不遗余力地宣传西方的“人权、自由、民主”理念，与我国在价值观、意识形态等领域的文化“软实力”较量日益激烈；境外资本、文化企业、文化产品和服务大量进入国内，对我国维护文化安全带来巨大压力；西方敌对势力栽培和收买所谓的“公知”、“大 V”、网络写手等极端反体制分子，长期在网络空间、学术研究和舆论宣传阵地兴风作浪，试图搅浑网络舆论场，搞乱人们尤其是年轻人的思想认识和价值观判断，从而颠覆我国的主流文化、意识形态和价值观。

四、当前新型领域的国家安全形势

我国新型领域的国家安全，主要是指网络与信息安全、太空安全、国际海底区域和极地安全三个方面。切实维护好我国重大新型领域的国家安全，对于维护我国总体国家安全具有重要的意义。

（一）当前网络与信息安全形势

网络与信息安全，事关国家安全和国家发展，事关社会稳定和人民群众切身利益及工作生活。我国虽然在网络与信息安全技术、关键基础设施建设、依法治理水平等各方面都取得了显著成就，但也面临着严峻的挑战。

我国网络信息技术、互联网和信息产业仍然落后于世界水平，我国不同区域之间信息化发展水平方面，东西部差距、城市和农村差距也非常明显。因此，改革开放数十年来我国的信息化水平和网络发展虽然已经取得了长足的进步，但在核心技术和关键基础设施以及总体信息化水平上，依然落后于世界水平，我国必须正视差距迎头赶上；互联网快速发展使得各类网络与信息安全问题日益突出，例如个人电脑和移动终端感染病毒率呈现上升趋势，路由器引发的网络安全事件不断增加，利用病毒和恶意软件等手段犯罪的案件不断上升，黑客攻击和各类非传统方式的网络犯罪案件有所增加，网上银行、网络支付是黑客攻击的主要目标，在有计划的攻击中，金融机构成为木马等病毒的"众矢之的"，超过 90%的机构攻击都针对金融机构；网络违法犯罪对公共利益带来重大危害，越来越多的人利用"自媒体"发布虚假信息，造成"网络恐慌"甚至引起负面群体事件；网络信息安全与暴力恐怖活动关联越来越密切，对国家安全构成重大威胁；一些个人和组织利用网络肆意窃取用户信息、交易数据、位置信息以及企业商业秘密，严重损害国家、企业和个人利益，影响社会稳定；利用网络进行金融诈骗等犯罪活动，使网民上当受骗，蒙受经济损失；互联网已经成为意识形态斗争和维护国家安全的主战场，网上渗透与反渗透、破坏与反破坏、颠覆与反颠覆的斗争日益尖锐复杂；网络具有跨时空、跨国界、信息传播快、多向互动等特性，对现实社会问题和矛盾具有极大的催化放大作用，极易使一些局部问题全局化、简单问题复杂化、国内问题国际化，给国家综合治理、国家主权、安全、发展利益提出了新挑战；少数国家极力谋求网络空间军事霸权，组建网络作战部队，研发网络攻击武器，出台网络作战条例，不断强化网络攻击与威慑能力，对我国的国防安全构成了严重威胁；我国网络与信息安全整体防护能力还不强，基础信息技术水平较为薄弱，特别是在用的核心芯片、操作系统、数据库等基础软件大部分采用国外产品，存在重大安全隐患；我国虽然已经初步建立起网络与信息安全治理的顶层框架，但具体执行部门专业化水平和协调能力还有待进一步提高；网络安全意识教育培训和技能教育培训有待进一步加强；网络空间国际合作与参与度不够，需要进一步加强全球和区域组织网络安全合作，增进共识、消除误解，营造良好的网络与信息安全外部环境，同时扩大我国网络空间国际话语权和影响力，共同构建网络与信息安全命运共同体。

（二）当前太空安全形势

太空安全，也称为航天空间安全、外层空间安全。就整个人类来说，是指人类的太空活动和太空资产的安全状态。就一个主权国家来说，太空安全是指国家的太空活动、太空资产以及与太空紧密相关的国家利益的安全状态。

我国面临的太空安全威胁，除了日益恶劣的太空环境增大了太空资产管理难度、航天技术发展不平衡、大国太空竞争日趋激烈之外，主要是我国太空和地面资产都处于严密的太空监视中，各种软硬打击手段威胁我国太空安全，美国加强与盟国太空安全合作及实施"太空战略再平衡"加大了我国太空安全压力。随着美国实施"太空再平衡战略"，把中国和俄罗斯作为假想敌，美国逐步强化了自己的太空优势，形成了对中国和俄罗斯的"以天制陆、以天制海、以天制信息权"的全面威胁。

（三）当前国际海底区域和极地安全形势

国际海底区域和极地安全，是指国家坚持和平探索和利用国际海底区域和极地，增强安全进出、科学考察、开发利用的能力，加强国际合作，维护我国在国际海底区域和极地的活动、资产和其他利益的安全。维护这一新型领域的国家安全，事关中华民族的发展和兴衰，将成为影响我国未来国际地位的重要因素。

我国维护国际海底区域利益难度日益增大。国际海底区域（以下简称"区域"），是指国家管辖范围以外的海床洋底及其底土。《联合国海洋法公约》将总面积 3.61 亿平方千米的海洋划分为国家管辖海域、公海和国际海底三类区域。国家管辖海域以外的国际海底区域面积约 2.517 亿平方千米，占地球表面积的 49%。这一广阔的区域内蕴藏着丰富的战略金属资源，其中多金属结核、富钴结壳和海底热液硫化物矿床等，已被公认为 21 世纪具有商业开发前景的资源。随着人类向深海和大洋勘探开发的进发、深海勘探工作不断深入及对矿产资源需求的提升，“区域”内的资源开采日益引发各国的关注，“区域”的地位日益突出，不论是发达国家还是发展中国家，不论是传统的西方强国还是新独立的太平洋岛国，都在谋求制定符合本国国情和国际形势的“区域”政策或战略。“区域”作为“全球公域”的重要组成部分，也是我国推行“海洋强国战略”的重要一环。在大规模商业开采预期越来越高的背景下，中国参与“区域”活动的战略选择关系国家发展空间、资源安全、经济利益、科技水平和海洋权益。我国从 2001 年至 2017 年在太平洋和印度洋共签订了 4 块勘探合同矿区，总面积约 16 万平方千米。在这 4 块“中国地”（太平洋 3 块、印度洋 1 块），我国拥有海底多金属结矿区的专属勘探权和优先商业开采权，但面临 15 年合同期的续签及能否申请到新的勘探合同矿区问题。若中国从勘探阶段转向开发阶段，国内更多私人主体通过寻求政府担保以参与“区域”活动将成为必然趋势，有关担保义务与责任的问题，急需我国政府出台相关法律、加强国际合作。

我国拓展深海战略空间面临激烈的大国竞争。我国是高度依赖海洋通道的外向型经济大国，无论是维护我国的海洋权益、保护“一带一路”沿线的海外利益、开发和利用“区域”资源等方面，经略深海都必将成为我国的重大战略选择，拓展我国的深海战略空间，构建起强大的深海威慑和反制力量，我国才有可能成为军事强国，也才能维护我国的“区域”利益安全及海洋权益。随着海洋强国和军事强国水下作战网络的建设水平突飞猛进，海上军事对抗和战略博弈将从传统的水面或局部水下空间向着全海域立体纵深演进，挖掘深海的军事潜力和战略价值，实施广泛的深海军事威慑，发生深海军事对抗，将成为现实。在此背景下，未来我国拓展深海战略空间，必将面临复杂严峻的挑战。

我国维护极地利益安全面临严峻的形势。极地包括北极和南极，分别位于地球的最北端和最南端，其地理位置、自然环境和战略价值均十分独特。各国针对极地的争夺日益激烈，美、俄等大国先后出台新的战略举措，加大投入，对极地经营进行长远的、全局的谋篇布局，极地已经成为各国战略竞争的新型领域。我国在极地拥有巨大的利益，北极地区是离中国最近的“新疆域”，随着气候变化，就北极地区存在的国际公认的现有可运行的两大航道——西北航道和东北航道而言，我国商船经北极航道到达欧洲等地的航线将大大缩短，能够极大节省运输时间和成本。预计在 2050 年左右，北极的第三条航道将可航行，可称之为“中央航道”或者“穿极航道”。这三条航道，对于北半球国家和靠近北极的中国，都具有重大的战略意义。2018 年 1 月，中国首发了《中国的北极政策》白皮书，将中国定位为“北极国家”，认为北极的自然状况及其变化对中国的气候系统和生态环境有着直接的影响，进而关系到中国在农业、林业、渔业、海洋等领域的经济利益。同时，中国与北极的跨区域和全球性问题息息相关，特别是北极的气候变化、环境、科研、航道利用、资源勘探与开发、安全、国际治理等问题，关系到世界各国和人类的共同生存与发展，与包括中国在内的北极域外国家的利益密不可分。但是由于北极将成为海上战略新通道、与资源能源安全密切相关、关系到国家科研能力发展、是战略武器运用的“地缘制高点”，因而世界各国对北极的争夺日趋激烈。美国、俄罗斯等北极国家在短短十几年间，相继出台了一系列北极政策和战略，积极开展军事活动，强化北极军事存在，提升军事行动能力，实施军民结合，寓军事活动于民事活动之中，北极爆发军事冲突和战争的可能性增大。在此种大背景下，我国维护极地利益与安全的形势日益严峻，必须从国家战略高度加强极地事务的整体规划，稳步推进我国极地综合能力建设，大力开展北极国际军事合作，妥善处理好外交和法律保障，切实有效维护我国的极地安全利益。

(四) 当前生物安全形势

2020年2月，习近平强调要把生物安全纳入国家安全体系，表明生物安全已经成为一个重大新型领域的安全问题。所谓生物安全，一般指由现代生物技术开发和应用所能造成的对生态环境和人体健康产生的潜在威胁，及对其所采取的一系列有效预防和控制措施。生物安全，从广义上讲是指遏制生物技术滥用，维护国家安全，利用生物技术创造国家安全。狭义上讲是指各种生命状态、生物资源和生物信息、生态环境以及相关科学技术发展中自身的安全性保障，其核心是保护人的安全、社会的稳定和环境的和谐，这也是一个国家、一个社会生生不息的关键和基石。维护生物安全的主要任务，是保护生物资源，促进生物技术健康发展，防范生物威胁。从“非典”和“新冠”疫情来看，生物安全已经成为全世界、全人类面临的重大生存和发展影响因素之一，生物安全已经成为国家安全的新疆域、国际竞争的新高地和全球治理的新课题，必须从保护人民健康、保障国家安全、维护国家长治久安的高度，把生物安全纳入国家安全体系。无论怎样定义和认识生物安全，都可以说，生物安全已成为国家安全的重要组成部分，我国面临的生物安全威胁与挑战日益凸现。

1. 当前，我国面临着生物多样性及外来物种入侵的严峻形势

生物多样性是人类社会赖以生存和发展的基础，也是我国物质资源的巨大宝库。保护我国的生物多样性，是维护我国生物安全的重要方面，关系到中华民族的生活方式和发展模式。但科学家们预言，如果不加大措施保护全球生物多样性，地球上物种的1/4在未来20～30年里有被消灭的严重危险，现在每年有1万至2万个物种灭绝，而物种灭绝的速度是形成速度的100万倍。我国物种灭绝的形势也是非常严峻的。到2007年6月第14届《濒危野生动植物物种国际贸易公约》缔约国大会上通过了受国际贸易影响而有灭绝危险的野生生物名录，我国的1 999个动物植物物种名列其中，占到了所列总数的6%。到2012年5月，我国已经有1 431种动植物濒危或接近濒危状态。

外来物种的生物入侵，是一场没有硝烟的战争，正在世界范围内打响。进入21世纪以来，中国确认的外来入侵物种已经达到544种，成为世界上遭受生物入侵最严重的国家之一。近10余年来，我国34个省区市均发现了外来入侵物种，导致我国生物多样性丧失、生态灾害频发，甚至直接危害人体健康。据估计，中国每年因几种主要外来入侵生物造成的经济损失就高达574亿元。

2. 我国生物安全面临多元化严峻挑战

首先是面临自然爆发的传染病的重大威胁。自2002年年底开始及此后爆发的“非典”(SARS)、全球性甲型H1N1流感病毒、埃博拉出血热、艾滋病、疯牛病、禽流感、非洲猪瘟等疾病，对我国人民生命健康构成了严峻的威胁，造成巨大的经济损失，带来不同程度的社会恐慌和社会不稳定。2020年春节前后全国范围内爆发的新型冠状病毒疫情，我国投入了巨大的人力、物力和财力抗击疫情，对经济和社会发展带来了难以估量的损失。

其次是面临的生物恐怖威胁日益上升。恶性传染疾病的自然爆发固然是我国面临的严重威胁，但随着生物技术门槛和成本不断降低，一些非国家行为体，如个人、组织或集团或恐

怖组织、分裂势力，他们获得生物材料及相关技术的可能性增大，利用生物技术制造恐怖活动的意图更加明显，有可能利用恶性传染病毒和生物战剂，给我国人民生命健康带来威胁，对我国的生物多样性带来灾难性后果。

再次是转基因农作物可能对我国的生物安全造成的严重后果。近年来，已经有许多严肃的科学家经过大量实验，证实转基因食品与肿瘤、不孕不育、胚胎异常等数十种疾病高度相关。而美国军方曾经提出，“新型生物战剂可以作为战略武器针对敌国平民人口长期施用并达到使目标人口绝育、致癌、健康退化的后果”，转基因作物恰恰有可能成为这种武器。如果我们不高度重视转基因的巨大危害，这种形势如果不加以大力扭转，将严重影响我国的粮食安全、农作物安全和人民生命安全。

3. 生物武器和生物战将是我国必须长期面对的严峻课题

生物武器作为大规模杀伤性武器，虽然有《禁止生物武器公约》的限制，但随着生物科技的不断进步，传统生物武器不断更新换代，新生物武器试验在一些西方强国一直在悄悄进行，导致生物武器虽禁难止，发达国家拥有较强的生物威慑能力和明确的战略。如美国至今拒绝谈判《禁止生物武器公约》核查议定书，导致多边生物军控核查机制长期缺失，生物武器威胁长期存在，生物防扩散面临巨大压力。美国在 2009 年年底发布了《应对生物风险国家战略》，2018 年 9 月 18 日，特朗普签署第 14 号国家安全总统备忘录，公布了美国《国家生物防御战略》。一些敌对国家和恐怖组织及分裂势力使用病毒制造突发疫情，进行疫苗攻击，运用传统生物武器和人种基因武器对我国实施生物恐怖袭击甚至发动生物战争的可能性难以排除。因此，生物武器和生物战争必将成为我国长期面临的严峻课题。

4. 我国生物安全体系建设任重道远

从抗击“非典”到抗击新型冠状病毒的战“疫”来看，虽然我国政府的优良表现赢得了人民的认可和世界的尊重，也体现了中华民族高度的团结和无穷的智慧，但是也确实反映出我国生物安全治理体系的滞后性，我国构建生物安全体系任重而道远。今后必须大力强化公共卫生法治保障，全面加强和完善公共卫生领域相关法律法规建设，认真评估传染病防治法、野生动物保护法等法律法规的修改完善；要从保护人民健康、保障国家安全、维护国家长治久安的高度，把生物安全纳入国家安全体系，系统规划国家生物安全风险防控和治理体系建设，全面提高国家生物安全治理能力；要尽快推动出台生物安全法，加快构建国家生物安全法律法规体系、制度保障体系；要强化国家生物安全顶层设计、强化生物资源信息的保护意识、加强生物安全防范技术研究、加大生物安全人才培养力度；要从国家战略层面超前部署生物国防、争夺军事生物科技制高点、积极推动生物领域军事斗争准备、加强生物领域军事斗争的统筹协调和系统布局、构筑反生物恐怖天罗地网、打造生物安全防御盾牌，在传统的国防宏观边疆基础上，构建和形成生物微观领域中的生物技术防御与生物结构保护的“生物微边疆”。

第三节　国际战略形势

国际战略形势是判断国家安全所处的国际战略环境，分析国家安全形势，制定国家安全战略与进行国家安全战略指导的重要依据。当今世界，和平与发展这一时代主题没有发生根本性变化，随着一超多强向着多强并列发展，多极化国际战略格局处于加速重塑阶段，国际战略形势更加难以捉摸。科学认识当前国际战略形势的现状与发展趋势，对于维护我国的国家安全具有重要的意义。

一、当前国际战略形势与发展趋势

当今世界正面临百年从未有之大变局，现行国际秩序正进入了一个解构与重建期，大国关系、国际秩序、地区安全、社会思潮、全球治理无不经历着深刻调整，国际社会再度处于何去何从的重大关口。维护我国国家安全面临的国际战略形势错综复杂，主要体现在国际秩序解构与重建、我国周边安全形势复杂严峻两个方面。

(一) 现行国际秩序正进入一个解构与重建期

国际秩序的解构与重建，是当前国际战略形势现状与发展趋势的重要特征。

1. 地缘政治冲突引发世界秩序解构与重建加速

近年来发生在世界各个地区的地缘冲突特别是发生在大国周边以及大国之间的地缘政治冲突，正将理想的自由世界秩序重新带回现实主义主导的世界之中，而其中尤其以英国脱欧、中日钓鱼岛冲突、乌克兰危机、美国与伊朗斗法、美国全球政治经济重回“美国优先”、2017 年的中印边境严重对峙、中国崛起等几大政治事件对世界秩序解构与重建的影响最为深刻。世界正面临百年从未有过之大变局的主要原因是，西方与新兴大国力量对比呈现阶段性变化，美国经济持续稳健增长、加紧退出多边机制，单边主义持续发酵。这导致新兴国家面临的发展阻力增大，单边多边之争激烈复杂；发达国家集群内部矛盾、分歧与冲突扩大，新兴大国集群求同存异，彼此协调与合作加强；国际经贸与安全秩序逐渐成为博弈焦点，地区主导权竞争日渐加剧。各主要力量为了抢占战略制高点，力争在博弈中占据优势，抢夺话语权，纷纷加紧内外战略调整，使世界秩序解构与重建呈现出加速发展的趋势。

2. 美国将中国确定为主要战略竞争对手是加速变局的主要旋律

世界面临百年未有之大变局，其主旋律是美国等西方国家公开把中国当作主要战略竞争对手。美国和有些国家试图在地缘上围堵、规则上钳制、发展上迟滞、形象上妖魔化中国。美国一系列“退群”事件并挑起与中国的贸易摩擦，希望以退为进、以破促立，力求通过确立更为有利于自己的非中性国际规则来实现“美国优先”，这与中国近年来加大了对联合国及多边国际组织的支持力度、对国际多边机制的贡献和影响力不断上升形成了鲜明的对比。这种“美退中进”的趋势，无疑是加速战后国际多边体系解构与重建进程的关键因素。

3. 美国单边主义与世界多边主义竞争加剧国际秩序转型与重构

近年来美国顽固推行单边主义，宣布退出“伊核协议”、宣布启动退出《中导条约》程序、公开指责联合国、公开威胁退出 WTO、公开宣扬反对全球主义、拒绝全球治理、坚持“美国优先”、强调国家主权，而绝大多数国家则坚持多边主义，国际规则、机制与秩序面临重大考验；美国要求欧洲国家和日、韩承担更多军事开支、反对建立欧洲军队的态度，也加剧了美国与主要发达国家及盟友的分歧；在金砖国家领导人南非峰会上，与会领导人一致同意共同维护国际多边主义，加强全球治理和建设开放型世界经济。在“上海合作组织”元首理事会上，各方一致同意维护联合国重要作用，反对国际贸易关系的碎片化和任何形式的贸易保护主义；欧盟也明确反对包括贸易保护在内的单边主义行为，其他国际组织与国际机制也都明确反对单边主义。越来越激烈的单边主义与多边主义竞争，必将推动国际秩序的瓦解与重建势头。

4. 发达国家间矛盾加剧、各成员国对联合国态度差异使国际秩序重构存在变数

从2017年以来，发达国家民粹主义、民族主义、保护主义势头继续看涨，发达国家间在许多问题上的矛盾加剧，离心倾向加剧。同时，在世界格局过渡时期对主动权和有利地位的角逐，传统发达国家不希望依附在美国的霸权之下，成为加剧发达国家之间矛盾的主要原因，也是国际格局瓦解与重建的重要原因。战后的欧洲国家和日本及中国等国，一直是联合国和多边主义的支持者，但近年来美国试图抛弃联合国，日本由于“入常”无望，倾向于配合美国向联合国施压，欧洲则反对美国欲抛弃联合国的做法，愿意在联合国经费上承担更多义务，俄罗斯和印度民众对联合国的认同和支持度并不高，巴西、印度、南非等主要发展中国家均为安理会扩大的积极支持者。种种迹象表明，发达国家矛盾加剧，各国对联合国态度差异较大，新兴大国力图在引领全球治理、促进世界发展与合作上发挥积极作用，都将使国际多边体系的瓦解与重建存在难以估量的变数。

在国际多边体系的解构与重建进程中，中国无疑是关键性因素之一。但这一进程与结果对中国的发展和安全是否有利，一时难以确定，因为在这一变化进程中存在极大的复杂性和不确定性，对中国来说既有机遇，也具有一定的风险①。

(二) 周边安全形势总体稳定可控但安全威胁风险逐步增多

我国是周边国家最多、周边环境最为复杂的国家，因而维护周边安全与稳定是中国安身立命之所、发展繁荣之基。尽管现行国际秩序面临解构与重建，但我国周边安全形势总体稳定可控，问题和挑战也严峻复杂，维护周边安全稳定难度增大。

1. 周边安全形势继续保持总体稳定可控有利于我国的安全与发展

近年来，在习近平外交思想指引下，我国始终坚持“与邻为善、以邻为伴”“睦邻、安邻、富邻”的周边外交基本方针，坚持“亲、诚、惠、容”和正确的“义利观”等一系列周边外交理念开展周边外交，中国与周边国家高层互访频繁，政治互信得到进一步加强，与周边国家的经贸合作持续深化，经贸关系已经成为中国与周边国家稳定发展的压舱石，与周边国家在文化、旅游、科教、地方合作等领域友好往来日益活跃，成为与周边国家加强联系与合作的纽带。

在地区层面，中国积极推动亚洲相互协作与信任措施会议（亚信）机制发展，开创了亚洲安全合作新局面。以中日邦交正常化45周年为契机，2018年5月李克强总理访问日本，出席了中断多年的中日韩三国首脑会议，2018年10月，日本首相安倍晋三访华，2019年6月底习近平前往日本出席G20峰会，并确定2020年正式访问日本，使得中日关系出现较明显回稳迹象。在次区域层面，中国继续推动上海合作组织在维护中亚地区安全方面发挥更大作用，在中国与东盟合作框架下，中国积极努力与东盟国家商谈缔结睦邻友好合作条约，在海上安全、反恐、打击跨国犯罪、救灾、大规模传染性疾病防治等非传统安全领域加强合作，同东盟国家在落实《南海各方行为宣言》框架下启动“南海行为准则”磋商。2018年中国与东盟十国首度举行了海上联合军演，中国与东盟的政治军事关系将再次转暖，地区局势将继续良性改善。中国始终致力于朝鲜半岛无核化，提出了重启六方会谈和“双暂停”倡议，坚持实现半岛无核化与建立半岛和平机制“双轨并进”，使半岛核危机有了转机。推动“一带一路”建设走深走实，加强了沿线国家合作。积极倡导与实践合作安全共同安全理念，推动完善国际和地区安

---

① 张宇燕:《国际形势黄皮书:全球政治与安全报告(2019)》.北京:社会科学文献出版社,2019年版,第6－11页;中国现代国际关系研究院:《国际战略与安全形势评估(2018/2019)》.北京:时事出版社,2019年版,第3－9页。

全机制，在维护国际和平和地区安全上承担更多责任与义务，有效维护了世界和平。

从总体来看，近年来我国周边安全环境是稳定可控的，睦邻友好、互利合作是中国与周边国家关系的主流。

2. 周边地区热点多、历史与现实矛盾错综复杂，周边安全威胁不容忽视

在东北亚方向，朝鲜半岛总体局势仍然复杂和曲折多变。2018 年以来，朝鲜半岛无核化出现了曙光，半岛紧张局势也出现了缓和迹象，美朝关系和无核化的未来谈判值得期待。然而，半岛无核化进程仍然是一个曲折的过程，朝韩双方以及中、美、俄等相关大国的立场，都将影响半岛的和平与稳定。

在南亚方向，中印两国领土争议面积较大，对两国利益有重要影响，领土争议与边境问题的解决无疑也将是一个曲折长期的过程，不但影响中印两国关系，也会影响到中国的周边稳定。在南亚方向除了中印之间的问题，还有印巴之间长期的军事冲突问题。今后即使印巴之间只是断断续续地发生军事冲突，也会严重威胁南亚次大陆与中国周边的安全稳定。

3. 我国维护南海、台海局势稳定的难度和持续性呈现增大趋势

近年来，美国及其盟国在台湾海峡、南海和环太平洋采取的针对中国的活动增加，美军在南沙、西沙海域执行所谓的"航行自由"行动的频率和力度加大，在南海地区开展军事演习、抵近侦察及军事设施建设的动作加大。澳大利亚、英国、法国等国也派遣军舰进入南海宣示"航行自由"。新加坡、越南、菲律宾等周边国家对华政策的制衡意图仍然明显，美越防务合作得到加强，美菲军事合作水平提升，这些国家还参与了美国及其盟国主导的排除中国参与的南海及环太平洋军演，增添了中国周边的不安全因素，美国及其盟国在中国周边采取针对中国核心利益的举措，使得中国维护周边和平稳定及海洋方向军事安全的难度有上升的趋势。今后，难以排除美国及其盟国在海洋方向针对中国的军事活动升级的可能性，美国及其盟国参与并挑动周边国家用军事手段挑衅、遏制中国的行径，无疑会增加中国维护海洋权益及海洋方向军事安全的难度。同时台海局势的掌控也会出现较大的挑战。

二、世界主要国家军事力量构成及战略动向

世界军事形势，是构成和影响国际战略形势的重要因素。世界军事形势，是指世界主要国家军事力量和军事斗争发展变化在一定时期内形成的态势和状态，主要包括军事冲突形势与战争威胁、军事安全关系和军备竞争形态等①。世界主要国家军事力量及战略动向，是影响世界军事形势的主要因素，对我国国家安全产生重大影响。科学认识当前世界主要国家军事力量构成及战略动向，对维护我国国家安全具有重要意义。对我国安全构成重大影响的世界主要军事强国，是美国及周边的俄罗斯、日本和印度。

（一）美国军事力量构成及战略动向

美国是世界第一军事强国，拥有当今世界上总体实力最为强大的军队。据 2018 年 8 月 13 日美国签署的《2019 年国防授权法案》，其 2019 年度军费又创历史新高，达到 7 160 亿美元，比世界军费排名第二至第十的总和还要多，充分暴露其继续扩张军事实力的企图。更加夸张的是，美国海军不仅是世界上最强大的海军，其战斗力则超过了世界上其他国家海军的总和。美国军事力量及其战略动向，对世界军事形势和国际战略形势及对中国维护国家安全具有巨大影响。

---

① 王桂芳：《国家安全战略学》，北京：军事科学出版社，2018 年版，第 106 页。

1. 美国的军事力量

美国的武装力量，分为美国陆军、美国海军、美国空军、美国海军陆战队和美国海岸警卫队五大军种。根据近年来的《世界军事年鉴》《2018 全球军力报告》和 2019 年《美国军力指数》等资料，美军现役部队人数约 143 万人，其中陆军 54.13 万人，海军 37.17 万人，空军 33.38 万人，海军陆战队 19.53 万人。后备役部队约 80 万人，服务于军队的文职人员约有 80 万人。军人总数居世界第二位，仅次于中国。美国陆军各类各型技术装备数量相当多，总共 8 300 余辆坦克、近 25 800 辆装甲输送车、步兵战车，1 900 余门自行火炮、近 1 800 门牵引火炮和 1 330 门多管火箭炮。空军、海军和海军陆战队飞行器总数为 13 683 架，包括2 271 架战斗机、2 601 架攻击机、5 222 架军用运输飞机、2 745 架教练机，以及 6 012 架多用途直升机和 914 架攻击直升机。海军和其他机构目前使用 470 多艘军舰、潜艇、快艇和辅助船只，包括 11 艘航母、10 余艘护卫舰、60 余艘驱逐舰、70 余艘潜艇、10 多艘岸防舰和 10 余艘扫雷舰。

美国在海外的军事基地遍及除了南极洲外的六大洲、四大洋。目前，美军在世界各地的军事基地大大小小一共约有 374 个，遍布世界 140 多个国家，常年驻军 29 万人，主要分布在欧洲、亚太与印度洋、中东与北非以及美洲四大战略区。而历史上这一数字曾经超过 1 000 个。这些海外基地占全球所有国家海外基地的 95%①。鉴于亚太和印度洋的重要战略价值，美军在这一地区设有 7 个基地群，占其海外基地总数近 50%②。2011 年 11 月美国首次公开提出“亚太再平衡”战略，此后，美国又进一步提出到 2020 年前把 60%的海军舰艇和本土以外 60%的空中力量部署在亚太地区的“两个 60%”战略目标。截至 2015 年，美国在亚太地区部署有 36.8 万人的兵力，占美国海外军力的比重超过 50%，这些力量基本上隶属于美军太平洋司令部。美军庞大的海外基地，是美国参与全球事务的“桥头堡”，让美国从遥远的第三方变成了地区格局中的“利益攸关方”，得以扮演“离岸平衡手”的角色，将冲突地带推进到潜在的敌国周围。

2. 当前一个时期美军的战略动向

一是重提大国竞争激化军备竞赛。特朗普政府 2017 年底公布了首份《国家安全战略》报告，2018 年 1 月发布了《国防战略报告》，2 月发布了新版《核态势评估》报告，这些报告明确“大国竞争时代重回”，将中国与俄罗斯定义为“修正主义国家”，把中俄列为主要竞争对手。美国《2019 财年国防授权法案》明确宣布国会把中美长期战略竞争视为美国的头等大事，提出整合全国之力，从外交、经济、情报、执法、军事等各个领域强化国家安全。同时，近年来美国极力渲染美国军事优势缩小，提出要重构军事代差。2017 年美国军费开支达到 6 097.58 亿美元，约占全球军费总开支的 35%，几乎相当于排名其后的 9 个国家的军费开支总和。2018 年美国国防支出总额约 7 000 亿美元，特朗普签署的《2019 财年国防授权法案》，军费总额高达 7 160 亿美元。2019 年 3 月，特朗普发出预算请求，要求国会拨款 7 500 亿美元用于 2020 财政年度的军费开支。与此同时，政府将要求为五角大楼拨出 5 760 亿美元（约合 38 707 亿元人民币）的基本开支，其余资金将用于资助国外的行动。美国重提大国竞争，大幅度增加军费投入，必将导致新一轮大国军备竞赛日趋激烈。美国掀起军备竞赛的同时，进一步采取严厉措施对中国进行先进技术封锁。

---

① 张军等：《美军海外基地研究》. 北京：社会科学文献出版社，2018 年版，第 1 页。

② 中国南海研究院：《美国在亚太地区的军力报告 2016》. 北京：时事出版社，2016 年版，第 13 页。

二是着力重构军事代差保持绝对军事优势。2017财年美国国防预算主要为了应对五大挑战，即反恐、俄罗斯在东欧的军事行为、“亚太再平衡”战略、伊朗地区势力的增长和网络威胁。2018财年的国防预算提案则更加重视“自身能力的建设”，更强调提高军种战备水平和联合作战能力，同时要求加强力量投送、核力量现代化、反导体系建设、太空布局、网络实战等方面，以重塑战略威慑力量体系，并将增加5.64万人的总兵力，额外增购84架飞机和8艘作战舰艇，以构建“规模更大、能力更强、更具杀伤力的联合部队”。2018年美国还宣布要在2020年前建成太空作战部队，太空作战部队很可能成为美国未来的“第六军种”。2018年美国国防部一批官员还在酝酿复活“星球大战”部分相关概念和组织体系，希望通过采取类似“星球大战”的战略军备竞赛举措，带动军事技术发展，重塑技术代差，让对手丧失比较优势，常规军事投入大打折扣。当前，美国根据自己构建太空作战需求出发，确定了五个太空任务领域，即太空态势感知、太空力量增强、太空支援、太空控制和太空力量运用。根据这五个太空任务领域，美国确定了太空装备体系框架，主要包括太空态势感知体系、太空信息支援体系、太空响应作战体系、太空信息攻防体系、太空运用体系。从美国的太空武器装备体系来看，它的装备体系正在由被动防御、单一保障向攻防一体、系统配套方向转变，由信息支援型向制天作战型转变。2018年美国国防部还宣布要成立国防部联合人工智能中心，加快人工智能军事布局，加大人工智能国家战略制定和资源投入，在军事人工智能武器发展方面要与中国、俄罗斯等国进行别无选择的“硬碰硬”。

三是调整核战略追求绝对核优势，视核武器为维护霸权的重要工具。特朗普政府指责俄罗斯重回大国对抗，违反《中导条约》，保留大量战术核武器，不断升级核武体系，试图以核制胜；诬称中国壮大常规军力、谋求核武库整体现代化，并准备运用核武器挑战美国在西太平洋的优势。鉴于俄、中、朝、伊(朗)等对手的核能力及目标，美国强调必须发展“现代、灵活、弹性”的核力量，针对俄、中、朝、伊四大对手分别实施量身定做的核威慑战略。特朗普2018国情咨文称，“我们必须重建核武库并使之现代化，以慑止来自任何国家和任何人的侵略行动”。美国计划在2017—2026年的十年间，用4 000亿美元进行核武器现代化，全面更新美国陆、海、空基“三位一体”核力量，必要时恢复地下核试验。2018年的新版《核态势评估》报告体现了美国逐层升级、倚核致胜的政策倾向，为全球战略稳定埋下了重大隐患。《反导条约》《中导条约》《核裁军条约》是美国与俄罗斯以及全球战略稳定的三大支柱，2001年美国退出了《反导条约》，特朗普2018年又扬言要退出《中导条约》，并于2019年事实上退出了《中导条约》，而《核裁军条约》又将于2021年到期，大国核竞争有可能将重新回到丛林时代。

四是美国主导与参与的军演频度力度增大，对中俄的军事威胁有加大的趋势。北约军演多由美国主导并且基本上都参与。2017年北约计划并举行了至少100场国际军事演习、149场国家级别的军事演习。美国在欧洲参与的军演，除了北约框架下的，还有与匈牙利、罗马尼亚的双边军演。美国除了主导和参与北约军演外，在2016—2018年还组织和参与了日本、韩国、菲律宾、印度、泰国、澳大利亚等国之间的双边和多边军演，主要集中在亚太地区。截至2018年，美国和日本、韩国、菲律宾、泰国、澳大利亚等同盟国进行了一系列军演，并举行了多国“环太平洋-2018”军演、美日印“2018马拉巴尔”海上联合军演、美日韩军演、美澳日菲联合两栖登陆作战演习等。从近年来美国主导和参加的一系列军演来看，其挤压俄罗斯地缘战略空间、阻滞俄罗斯重新恢复大国雄风、搅局朝鲜半岛和南海局势、遏制中国崛起的意图昭然若揭。

另外，从 2001 年起，美国几乎每 2 年搞一次“施里弗”太空作战演习，至 2018 年，美国已经进行了 12 届“施里弗”系列太空战演习。从美国太空作战指挥体系的完善和实战化能力的提升来看，美国已经事实上形成了太空霸权，对世界各国维护太空安全和维护国家安全构成了非常严峻的挑战。未来世界还将面临美国的核威慑、常规威慑、太空威慑、信息威慑等多层次的综合威慑压力，未来世界空间对抗的可能性远远大于和平利用空间的可能性。

（二）俄罗斯军事力量构成及战略动向

俄罗斯是当今世界仅次于美国的第二军事强国，其强大的军事力量构成及战略动向，对世界军事形势和国际战略形势具有重大影响。

1. 俄罗斯的军事力量

俄罗斯联邦武装力量除了传统的陆军、海军两个军种之外，在 2015 年由空军和空天防御兵合并建立了新军种——空天军，由空军、空天防御兵和太空军三部分组成。另外，俄罗斯还有两个独立兵种，即战略火箭兵和空降兵。当前各军兵种的兵力现状大致是，陆军 27 万人，海军 14.8 万人，空天军 43 万人，战略火箭兵 12 万人，空降兵 4.5 万人。加上国家近卫军、边防军、铁道军、联邦通信和情报信息部队等武装力量，总人数为 201.9 万人，综合军事实力世界第二，仅次于美国。

2. 俄军近年来的战略动向

一是不断加强军事改革提升军事能力。首先是加大裁军力度。1992 年到 1999 年，俄军裁员 162 万，2008 年至 2012 年推行“新面貌”改革再次裁减 20 万。2000 年开始，俄军裁军的方式从初期的减量为主逐步转向减量增质，现役兵力规模控制在 100 万左右。除了兵员规模继续精简外，还加强了海军、空军、战略火箭兵等技术军兵种的建设。2015 年 8 月 1 日，俄军又宣布将空军与空天防御兵合并，组建新的空天军这一新军种，体现出俄军对未来军事斗争重心正向太空转移的战略判断。军种合并有利于统一空天领域的军事技术政策，统筹规划空天力量，提升空天作战能力。在精简和优化军队的同时，俄军也注重重塑和优化部队结构，减少部队数量和层次，缩小部队规模编成，实现部队的常备化、模块化，提升快速反应、机动作战能力和联合作战水平。

二是军事改革从国防体制和作战指挥体制转变为突破口。2010 年俄军调整军区设置，领导管理体制转变为“总统—国防部—总参谋部—军区联合司令部”，建立起职责更加清晰的军政分离管理体制。将原有的 6 个军区按主要战略方向调整合并为西部军区、南部军区、中央军区和东部军区 4 个军区，并与此相适应设立了四大联合战略司令部。原先的 11 级指挥体系精简为联合战略司令部、作战指挥部和旅的 3 级指挥体系。2014 年俄国防部在原武装力量中央指挥所基础上组建成立了国家防务指挥中心，为俄军搭建起“政令合一”的战略指挥平台，实现了对诸军兵种部队的快速高效作战指挥。国家防务指挥中心的建立，被称为俄军构建新型联合作战指挥体制的标志性事件。今后，俄军将在经济实力逐步恢复的基础上，进一步通过加强军事改革来提升战斗力。2019 年有消息说，俄罗斯很有可能在一两年内将现有 4 个军区调整为 8 个军区，其目的是为了适应作战指挥的需要。

三是在适当裁减军费开支情况下不断提升军事现代化水平。2016 年俄军的军费开支为 692.45 亿美元，占世界军费开支总数的 4%，居世界第三位。2017 年俄军军费开支为 663.35 亿美元，约占世界军费总开支的 3.8%，居世界第四位，自 1998 年以来首次出现了下降趋势。从 2018 年开始，俄国防预算将分阶段下降，预计在 5 年后降至国内生产总值的

3%以下。在俄军军费开支呈现下降的趋势下，其军兵种武器装备换装计划和军工企业的现代化改造进程仍在继续，国防力量增强的势头不会显著减缓。2017 年俄军现代化武器和技术装备的比例已经达到 60%，2018 年上升了 1%。但俄军未来远洋水面军舰建造计划有可能推迟到 2025 年以后。如何平衡资金不足和军事发展的矛盾将成为俄罗斯未来一段时间的主要任务。

四是加速强化应对北约和美国威胁的战略能力。在美国强化核力量的压力下，俄罗斯也计划不断全方位其战略核力量和战术核武库现代化水平。到 2017 年底，俄军核力量现代化率超过 80%，到 2021 年前完成“亚尔斯”及其公路机动改进型“亚尔斯-M”陆基弹道导弹部署，预计 2019—2020 年列装全球威力最大的新型液体洲际弹道导弹“萨尔玛特”。为保持远程轰炸航空兵作战能力，计划于 2019 年前完成 44 架“图-95MS”和 10 架“图-160”的升级工作。2020 年前将有 8 艘“北风之神”级核潜艇完成部署。在 2018 年 3 月的国情咨文中，普京总统宣称俄罗斯正在研制新武器应对美国部署反导系统的行为，并展示了“萨尔玛特”、核动力巡航导弹、核动力水下无人潜航器、“匕首”新式高超音速导弹等一系列新型战略武器，2018 年 12 月还试射了飞行速度可达 20 倍音速的“先锋”高超音速导弹，并计划于 2019 年进行部署。美国如果下一步退出《中导条约》，俄军为了应对北约东扩，压制北约导弹防御系统，阻止北约干预其周边事务，很可能恢复部署其中程导弹。在应对美国太空战威胁方面，2015 年 8 月 1 日，俄罗斯的空天军开始正式战斗值班。但俄罗斯的太空装备体系无法与美国全面抗衡，俄也只是强调全面恢复太空侦察能力，重点加强对北极的监测。应对美国的太空安全威胁，俄罗斯最重视的还是核武器和航天军结合。在应对美国人工智能军备竞赛方面，普京总统表示，人工智能是“人类的未来”，而掌握它的国家将“统治世界”。俄罗斯提出未来 20 年要在智能化、无人技术等方面取得重大突破，但囿于资金短缺，俄罗斯的人工智能战略将遵循“军事优先，重点突破”的思路。

五是积极运用军演和战争手段维护安全利益和大国地位。近年来俄罗斯的军演，主要是对北约军演做出回应，以及参与亚太地区的大国博弈，缓和自身的战略压力并维护大国地位。2016 年，俄军举行了 3 630 场不同层次的演习，其中的 1 250 场是跨军种演习。2017 年和 2018 年俄军的军演次数虽然总体上没有 2016 年多，但规模有逐步扩大的趋势。2017 年 9 月俄军最大规模的军演有近 1.27 万俄白两国军人，近 70 架飞机和直升机，包括约 250 辆坦克在内的 680 辆战斗技术装备，近 200 门火炮、齐射火箭炮系统和迫击炮，近 10 艘战舰参加。2018 年 9 月俄军举行了史上最大规模的“东方-2018”演习，参演兵力达到 30 万人，各型军机 1 000 多架，地面参演坦克及装甲车辆达 3.6 万辆。俄军与他国举行的联合军演，大部分是年度系列军演，合作对象以独联体国家及周边友好国家为主，还有在上海合作组织框架下举行的联合军演①。

除了运用军演手段维护俄罗斯安全利益和大国地位之外，俄罗斯还坚决运用战争手段来达到此方面的目的。如发动了第二次车臣战争、出兵格鲁吉亚争夺南奥塞梯的控制权、出兵并吞并克里米亚、亮剑叙利亚空袭恐怖组织“伊斯兰国”。俄罗斯敢战的强悍作风和善战的实战能力，将来依然是有效维护俄罗斯大国地位和国家安全利益的重要保证。

---

① 张宇燕：《国际形势黄皮书：全球政治与安全报告(2018)》. 北京：社会科学文献出版社，2018 年版，第 47 页；张宇燕：《国际形势黄皮书：全球政治与安全报告(2019)》. 北京：社会科学文献出版社，2019 年版，第 51－52 页。

(三) 印度军事力量构成及战略动向

印度是南亚次大陆最大的国家，是世界第二人口大国，也是20国集团和金砖国家成员之一。印度强大的军事力量及其战略动向，对南亚及中国周边安全有重大影响。

1. 印度的军事力量构成

印度的武装力量由正规军、准军事部队和后备力量、核战略司令部等支援服务机构组成。现役部队分陆军、海军、空军和海岸警卫队4个部分，现役兵力约131万人，正规军规模位居全球第三，排在中国、美国之后。印度陆军约113万人，约占现役兵力86%以上，是典型的大陆军。海军大约有5万～6万人，空军大约有11万～12万人。印度海岸警卫队分西岸、东岸、安达曼和尼科巴3个大队，人员有5 440名，包括633名文官。印度的准军事部队种类庞杂，驻地分散，隶属不同的部门，他们是印度正规部队的辅助力量，平时可执行边防海防巡逻、情报搜集和内卫治安任务，战时则作为辅助力量配属正规部队执行作战任务，规模约100万人。印度的后备力量是指不脱产的民间武装，印度自称为第1线预备役和第2线防务力量，共有240万人。

2. 印军近年来的战略动向

一是较大幅度提升军费升级军备和加快军事改革。2016年印度的军费开支达到559.23亿美元，占世界军费总开支的3.3%，居世界第五位，较上一年增长近9%，连续四年出现增长态势。2017年印度的军费开支总额达到了639.24亿美元，较上一年增长了14.3%。2018年印度军费开支虽然增长7.81%，但占GDP的比例仅为1.58%，创1962年以来新低。印度陆军装备中高达68%属于过时装备，只有24%属于"现代"装备，而领先时代的先进装备比例更是低至8%，其他军种的武器装备也多为老旧装备。为了升级军备，印度近年来不断增加的军费，除了用于培育本土军工产业外，主要是用于加大对外军购。2017年印度与以色列签署了约25亿美元的导弹交易，并向美国购买了22架"守护者"无人机。2018年美国同意向印度出售价值9.3亿美元的军事装备，包括6架"阿帕奇"直升机及其配套的"毒刺""地狱火"导弹装备，印度还从俄罗斯购入了5套S-400防空导弹系统和4艘11356M型护卫舰，总价值高达63.7亿美元。近年来印度已经成为全球最大的军购订单大国之一，其国防部长还提出了新的军备升级计划，预计未来十年将花费大约2 230亿美元来提高印度的军事能力，在2027年前购买近500架直升机、12艘潜艇、近100架单引擎战机和120架双引擎战机。在增加军费提升军备的同时，印度政府近年来持续致力于军队改革，建立新的决策机制，精简机构裁汰冗员，提高三军协调能力，还计划建立针对巴基斯坦和中国的联合战区。

二是持续不断举行双边和多边军演，谋求自身军事能力发展并制衡中国。随着印度经济实力和国际地位的逐步提升，近年来印度旨在平衡中国在印太海域不断上升的军事存在、提升自身军事能力，开展了诸多双边和多边军演。2017年，印度参与的双边军演主要包括与新加坡在南海举行的"SIMBEX"联合军演、印美"阿比亚斯2017"联合军演、印俄"因陀罗-2017"联合军演。多边军演主要是美日印"2017马拉巴尔"海上联合军演、"环太平洋-2017"演习。在2018年，印度参加的双边军演主要是印美陆上联合军演、印俄"因陀罗-2018"联合军演、印越双边首次陆上和海上联合演习。参与的多边军演主要是美日印"2018马拉巴尔"海上联合军演、"环太平洋-2018"演习。2018年3月，印度还牵头新加坡、越南、澳大利亚在内的16个国家，聚集了30多艘水面舰艇，印度海军的17艘舰艇，在印度安达曼-尼科巴群岛地区展开了为期一周的"米兰-2018"大型海军演习，该演习所宣称的主要目的，是扩大参与国的合作以打击该海域的非法行为①。

三是努力加强部队全面建设着力提升实战能力。2015年以来，印度着眼构建"军事大国"和"地区强国"，部队全面建设和实战能力呈现出持续发展的强劲势头。首先是加大印中方向军事投入。2015年，印度在印藏边境警察部队增加了6 000名，向中印边境实际控制线沿线增派了8 000名人员，加修边界公路，在"阿鲁纳恰尔邦"启用了5个可以起降所有类型运输机和军机的前沿着陆场，警察部队在锡金设立了37个哨所和15个临时营地，印藏边境警察在列城建立了1个新的司令部。印度在2015年还计划在塞舌尔、毛里求斯、马尔代夫设立32座海岸监控雷达，建成后可以监控中国及其盟友在印度洋上所有船只的活动。其次是加快推进战略威慑能力建设。军控协会估计印度已经拥有100枚左右核弹头，已经拥有"三位一体"战略核力量。印度正在加快生产新核材料和制定核潜艇计划，要具备短时间内生产更多更大当量的核武器，以应对巴基斯坦和中国的核威胁。先后进行了"烈火-5""大地-2"和"烈火-4"导弹试射，正在建造3艘弹道导弹核潜艇，计划建造3艘攻击型核潜艇、采购6艘攻击型核潜艇和18艘柴电潜艇，并正在建造1个1万吨的浮动试验平台，用于弹道导弹防御第2阶段拦截试验，以便构建起整个印度洋地区的"全面威慑能力"。第三是推动三军协同发展。近年来印度陆军以"惩戒威慑"军事战略为指导，寻求锻造先发制人的战略打击力量，不断更新武器装备，优化兵力结构和指挥体制，视中国为主要作战对手在中印边境地区不断强化实战化训练，提升高海拔作战能力，加快推进陆军从常规军种向战略打击军种转型，作战能力有了较大提升。为实现"走向印度洋，称霸南亚"战略梦想，近年来印度大力发展海军，从俄罗斯引进了改装后的"维克拉玛蒂亚"号航母，租借了俄罗斯"阿库拉"级核潜艇，收付了俄罗斯制造的3艘"塔尔瓦"级护卫舰，国产航母"维克兰特"号、核潜艇"歼敌者"号、"加尔各答"级驱逐舰等先后下水，引进先进的AIP常规潜艇的谈判也正在进行当中。印度还计划2027年之前保有舰船数目较之前增加约40%，要增加至200艘左右，服役的航母也将从2艘增至3艘，将组建一支由航母、潜艇、大型水面作战舰艇和支援舰艇等构成的强大的"蓝水舰队"。印度空军近年内装备272架苏-30MKI多用途战斗机，与俄罗斯合作对其老式米格-29战斗机和伊尔-76运输机进行升级。近期印度空军耗资11亿美元从以色列购进了3架"费尔康"空中预警机，预计未来5～7年部署专用的卫星以增强搜集情报的能力。印度空军已经建立了航空航天大队，还制定了"太空计划"，以帮助印度空军努力成为一支真正的航空航天力量②。

四是积极响应美国印太战略，联合遏制中国。印度自2014年正式提出"东向政策"以来，莫迪政府的关注范围已经从东盟扩展到西太平洋和东印度洋地区，"东向政策"向"印太战略"延伸，不断渲染中国的军事威胁，加强与美国、日本、澳大利亚的战略关系，致力于建设一个"自由、开放、繁荣和包容"的印度洋，以提升印度在亚太地缘角逐中的制衡力度，应对中国在该地区日益上升的影响力。印度强调中巴经济走廊对印度领土主权构成威胁，强调维持南海和平

---

① 张宇燕:《国际形势黄皮书:全球政治与安全报告(2018)》.北京:社会科学文献出版社,2018年版,第48页;张宇燕:《国际形势黄皮书:全球政治与安全报告(2019)》.北京:社会科学文献出版社,2019年版,第52页。

② 中国现代国际关系研究院:《国际战略与安全形势评估(2018/2019)》.北京:时事出版社,2019年版,第174-177页;于海宽、许芳铭:《世界军事发展年度报告》(2016年版).北京:军事科学出版社,2016年版,第133-145页。

稳定的重要性和印度洋的重要性，莫迪政府将2007年确立的“自由使用海洋”为主题的海上军事战略调整为以“确保安全的海洋”为主题的海洋安全战略，强调要继续推进“东进”战略，提升与东盟在“印太”框架下的合作，继续加大对非洲的投入，提升对非洲印度洋沿岸国家的影响力，试图以政治、经济、军事、外交等多种手段积极介入国际和地区事务，既遏制中国的“一带一路”建设和海洋强国建设，又应对所谓的中国“威胁”，在安全上“围堵”中国。2017年6月至8月，印度100余名军人、两台装甲车辆非法入境我西藏洞朗地区，在国际上产生较大影响。

(四) 日本自卫队力量构成及战略动向

日本是一个高度发达的资本主义国家，也是当今世界第三大经济体。日本是美国在亚太地区的重要盟国，也是该地区的主要国家。其自卫队虽然名义上不是“国防军”，但拥有强大的综合军事实力。日本自卫队力量及其战略动向，对国际和地区形势及我国国家安全有重大影响。

1. 日本自卫队的力量构成

日本自卫队，简称自卫队，是日本国最主要的武装力量。日本现役自卫队由陆上自卫队、海上自卫队、航空自卫队组成，总人数约25.5万人，其中陆上自卫队约15.2万人，海上自卫队约4.5万人，航空自卫队约4.7万人，共同部队1 200余人，统合幕僚监部(联合参谋本部)、情报本部人员共2 000余人。另有即刻应变预备役自卫队员4.79万人，预备役自卫队员8 000余人，预备役自卫队员候补4 000余人，书记官、事务官等文职人员约2万人。日本海上保安厅拥有一支质量极为可观的水面舰艇与航空巡逻机兵力，截至2010年，海上保安厅拥有巡视船艇约200艘，海事巡视飞机70多架，还设有卫星监察所巡视海域。2018年，日本海上保安厅将追加建造三艘9 000吨级海警船。日本海上保安厅在全球海岸防卫队中仅次于美国海岸警卫队，超过邻近东亚国家海岸防卫兵力的总和，整体实力甚至高出许多小国海军，是日本不折不扣的“第二海军”。

随着日本经济实力的迅速增强，日本自卫队建设得到长足发展，在“质重于量”和“海空优先”的建队方针指导下，自卫队已发展成为一支装备精良、训练有素、作战能力较强的武装力量。在美国2018年公布的世界各国最新军事力量排名中，美国排在第一、俄罗斯居第二、中国排第三、印度为第四，日本排在第九位。同英国和法国军队相比，除了在核武器、远程轰炸机、核动力潜艇等少数领域外，日本的军事实力已相当或超过了英国。

2. 日本自卫队近年来的战略动向

一是持续推进军事大国目标，使自卫队成为一支具有进攻性的强大军事力量。日本在第二次世界大战中战败后，于1947年5月3日实施《日本国宪法》，该宪法规定日本“永远放弃把利用国家权力发动战争、武力威胁或行使武力作为解决国际争端的手段，为达此目的，日本不保持陆、海、空军及其他战争力量，不承认国家的交战权”，这意味着日本在政治和军事上不是一个“正常国家”。从20世纪80年代中后期开始，伴随东西方冷战的缓和与终结，日本的国家战略开启了从“经济中心”向“正常国家”的转型进程，确立了新的国家战略目标，谋求实现“政治大国”。成为军事大国既是日本实现“正常国家”“政治大国”战略目标的重要手段，又是构成“政治大国”的重要组成部分。

进入21世纪后，日本国内逐步就成为军事大国这一目标达成了共识。作为实现新国家战略目标的政策手段，日本在路径选择上主要是从战后传统的经济外交走向军事外交、战略性运用日美同盟框架、奉行实用主义的联合国外交、强化地区安全角色、以硬性及软性两种方式增进自主安保能力。尤其在软性方式上，日本重视以政治上自我松绑软性方式强化自主安保能力，基本路径是修改或者创建政策和法律法规。2006 年小泉内阁放宽“武器出口三原则”，向印尼提供巡逻舰，2010 年菅直人内阁试图突破“武器出口三原则”，但因社会民主党反对而无果。2014 年 4 月安倍政府以内阁决议方式确立了“防卫装备转移三原则”，实际上废除了“武器出口三原则”。关于集体自卫权，日本政府曾长期抱持“拥有但不行使”这一权利的立场，2012 年野田佳彦内阁提出重新解释集体自卫权，2014 年 7 月安倍政府以内阁决议方式解禁集体自卫权，2015 年 9 月，日本国会最终通过了新安保法，解禁了集体自卫权。2016 年 11 月，安倍内阁将体现行使集体自卫权的“驰援护卫”作为新任务，赋予了在南苏丹参加联合国维和行动的日本自卫队。至此，日本自卫队彻底突破了集体自卫权禁区，成为了一支具有进攻性的军事力量。目前日本已经是事实上的军事大国，自卫队也已经是事实上的“国防军”，只是还缺少一个“国防军”的名义而已。2015 年通过并于 2016 年 3 月生效的日本新安保法，使得日本可以行使集体自卫权、可以向海外派兵、进一步扩大了自卫队活动的范围、推行所谓的“积极和平主义”，从理念上看，新安保法抛弃了和平主义；从法律上看，是对和平宪法的背离；从军事上看，日本已经有了参加和发动战争的权利，而且发动战争的门槛极低。日本新安保法的出台和近年来不断修改《日美防卫合作指针》，强化与美国的军事同盟，加强与相关国家及中国周边国家的军事合作，对于日本侵略战争的受害邻国而言，日本自卫队是不可低估的负能量，对国际社会而言，不能不保持高度警惕。

二是不断加大军费投入，提升自卫队的作战能力。自安倍晋三第二次执政以来，日本的军费开支逐年上升。2016 年日本军费开支达到 461.26 亿美元，较上一年增长近 11%，占世界军费开支的 2.7%，居世界第八位。2017 年日本军费开支为 453.87 亿美元，比上一年略有下降，占同期世界军费开支的 2.6%，仍居世界第八。2018 年日本军费高达 470 亿美元，2018 年 8 月日本防卫省决定将 2019 年度预算的概算要求定为 5.298 6 万亿日元（约合 3 259 亿人民币），创历史新高。这一数额比 2018 年度最初预算增加了 2.1%。日本连续多年来提升军费开支，主要是为了提升自卫队的现代化水平①。

航空自卫队为实现防卫省提出的“强化西南地区防卫效能、维持航空优势”的军力建设目标，2016 年 1 月日本新成立了第九航空团，2017 年 7 月将西南航空混成团升格为西南航空方面队，编制等级与其他航空方面队平级。为了缓解航空自卫队与海上保安厅共用机场带来的压力，日本投巨资扩建了冲绳的那霸航空基地机场，增加了飞机跑道数量，在西南地区新建和改建了军民两用的备用机场。日本计划 2024 年前引进 42 架 F-35A 战斗机，组建 2 个 F-35A 战斗机航空队。计划于 2020 年前再采购 3 架新型 KC-46A 加油机，航空自卫队计划未来购买 40 架国产 C-2 大型运输机，最终取代现役的 C-1 运输机。第九航空团已经完成 F-2 战斗机的信息化改造，并从 2018 年开始配备 XASM-3 超音速空对舰导弹，同时升级改造 15 架 C-130H 运输机，使之能为 MV-22“鱼鹰”倾转旋翼运输机、UH-60J 多用途直升机等多型机种实施空中加油。近年来航空自卫队的这些措施，大幅强化了西南地区的航空作战力量。

陆上自卫队第 6 师团、第 7 师团、第 11 旅团于 2016 下半年率先整编，2017 年开始装备

---

① 张宇燕:《国际形势黄皮书:全球政治与安全报告(2018)》.北京:社会科学文献出版社,2018 年版,第 55 - 56 页;张宇燕:《国际形势黄皮书:全球政治与安全报告(2019)》.北京:社会科学文献出版社,2019 年版,第 58 页。

16式机动战斗车和96式轮式装甲车。2018年3月陆上自卫队首次成立了“水陆机动团”，编制3 000人，装备52辆AAV7两栖突击车、17架MV-22“鱼鹰”倾转旋翼运输机和若干LCAC气垫登陆艇。海上自卫队的“出云”号直升机护卫舰有可能作为指挥舰，必要时驻日美陆军和海军陆战队可为“两栖机动团”提供一定的情报、预警、火力以及海空运输支援，甚至实施联合作战。陆上自卫队还强化了“离岛守备部队”作战能力，加强了鹿儿岛到先岛群岛一线的军事存在。近年来陆上自卫队聚焦“快速反应”和“岛屿防卫”，重组部队编制，大幅度调整武器装备的配置，使其成为了能够遂行两栖作战、处置各种事态、具备快速反应和有效机动能力的新型作战力量。

海上自卫队计划2016年至2021年再采购20架P-1巡逻机，逐步替换老旧的P-3C，采购17架SH-60K和8架UH-60舰载直升机，维持“百机体制”，重点强化新型舰载机的潜艇探测和攻击能力，提出2021年海上自卫队的潜艇数量将从16艘增至22艘。在已经拥有“出云”号、“加贺”号、“日向”号、“伊势”号和“朝日”号组成的远洋水面作战群基础上，2018年日本斥巨资建造“朝日”级驱逐舰2号舰“不知火”号和“爱宕”级宙斯盾驱逐舰，并计划与美国合作建造新型的功能类似美军的濒海战斗舰。“金刚”级防空驱逐舰和完成改造的“爱宕”级防空驱逐舰已经具备中段反导能力，日本还将斥巨资购买性能更强的“标准-3IB”及“标准-3IIA”拦截弹，进一步强化“宙斯盾”舰的反导能力。近年来，海上自卫队强化装备力量动作不断，反潜、防空反导和远洋作战能力明显提升。

近年来日本还利用国际太空竞争格局的调整，通过太空领域的官民协同和国际合作，积极促进其太空战略的转型与发展，迅速推进其太空战略的军事化、综合安全化、官民协同化和国际合作化，加强太空态势监控体系等反制能力体系的建设，呈现出了明显的主动性取向，将对中国等周边国家的国家安全产生严重威胁，加大周边国家在太空领域面临的安全挑战。尤其是实施新的安保法以来，日本自卫队先后通过组建陆上总队，构建陆海空反导体系，强化联合演训，拟组建联合司令部和联合任务部队等一系列动作，对提升自卫队的快速反应和联合作战能力，乃至推进美日军事一体化都产生了深刻影响。2018年，执政的自民党还提出了“跨域防卫”构想，目的是“在强化海陆空自卫队运用一体化的基础上，实现信息、宇宙等新领域的应对”，以此替代现有防卫计划大纲中“综合机动防卫力量”的概念。此外，自民党还提议将“出云”号直升机护卫舰改造为航母，引进可垂直起降的F-35B战斗机作为“出云”号的舰载机，以及将拥有可以攻击敌方弹道导弹发射基地的“敌方基地反击能力”等内容写入新修订的“防卫计划大纲”。从日本自卫队以多种方式提升进攻性军事实力、加强美日军事同盟、积极开展军事外交、加强对外军事合作等各种情况来看，日本正在为对外运用武力做准备，为大国博弈积蓄力量，而且其进攻性和遇险性都超出了一般大国①。

三是广泛开展各种军事演习促进军事合作，加强军事同盟并遏制中国。2017年日本自卫队举行了“富士综合火力”演习，是日本国内最大规模的实弹射击演习。参与了美日印“2017马拉巴尔”海上联合军演、美日“北方毒蛇2017”实弹演习、美日韩联合军演、美日澳联合军演，并派人员参加了2017年的美菲“肩并肩”联合军演的主要项目。2018年，日本陆上自卫队进行了“富士综合火力”演习，参与了美日“铁拳-2018”联合军演、日澳2018年度联

① 慕小明：《新安保法实施以来日本自卫队的转型与走向》，载《当代世界》，2018年第7期，第71－74页；梁怀新：《日本太空战略发展新态势》，载《国际研究参考》，2018年第6期，第39－43页。

合军演、日印 2018 年度海陆联合军演、日菲 2018 年度联合军演、2018 年度美日韩联合军演、2018 年度美日澳空中联合军演、“环太平洋-2018”联合军演、美日印“2018 马拉巴尔”海上联合军演。日本与英国也在 2018 年秋季在日本境内举行了陆上联合演习，法国政府也表示“已准备好与日本在印太地区举行更多联合军演”。日本的军事演习，主要是在国内和周边地区进行的，其目的在于推进军事改革、强化军事合作、与美国一起对抗中国①。

习近平总书记指出：“当前我国国家安全的内涵与外延比历史上任何时候都要丰富，时空领域比历史上任何时候都要宽广，内外因素比历史上任何时候都要复杂。”②科学认识国家安全理论的基本问题，正确分析和认识我国面临的国家安全环境和安全挑战及机遇，确立科学的国家安全意识、强烈的忧患意识，以总体国家安全观为指导，坚定不移地走中国特色国家安全道路，才能有效维护我国的国家安全，为中华民族的伟大复兴提供坚实的安全保障。

思考题

1. 如何科学理解国家安全的内涵？如何科学把握总体国家安全观的内涵、特点与重大意义？
2. 如何科学认识当前我国重点领域中的国家安全形势？
3. 如何正确认识我国的地缘战略环境及特点，当前我国地缘安全形势发展如何？
4. 世界主要国家军事力量及战略动向如何？对我国国家安全有何影响？

深度阅读

1. 杨毅. 大国崛起与国家安全战略选择. 北京：军事科学出版社，2008.
2. 刘静波. 21 世纪初中国国家安全战略. 北京：时事出版社，2006.
3. 葛东升. 国家安全战略论. 北京：军事科学出版社，2006.
4. 张文木. 全球视野中的中国国家安全战略. 济南：山东人民出版社，2011.
5. 刘慧、张小兰、杨承军. 国家安全战略思考. 北京：时事出版社，2012.
6. 郭树勇. 战略与探索 3：国家安全环境与大国兴衰. 北京：时事出版社，2012.
7. 胡波. 2049 年的中国海上权力. 北京：中国发展出版社，2015.

拓展阅读

1. 倪世雄. 当代西方国际关系理论. 上海：复旦大学出版社，2003.
2. [美]塞缪尔·亨廷顿. 文明的冲突与世界秩序的重建. 北京：新华出版社，2003.
3. 江苏省统编教材. 军事理论教程. 南京：南京大学出版社，2015.
4. 中国国防白皮书：解放军报，2000—2019 年各版.
5. 张世平. 普通高等学校军事教程. 北京：军事科学出版社，2012.

---

① 张宇燕：《国际形势黄皮书：全球政治与安全报告(2018)》. 北京：社会科学文献出版社，2018 年版，第 49 页；张宇燕：《国际形势黄皮书：全球政治与安全报告(2019)》. 北京：社会科学文献出版社，2019 年版，第 52 页。

② 中共中央党史和文献研究院：《习近平关于总体国家安全观论述摘编》. 北京：中央文献出版社，2018 年版，第 4 页。

兵民是胜利之本。 ——毛泽东

为建设一支听党指挥、能打胜仗、作风优良的人民军队而奋斗。 ——习近平

第三章 军事思想

学习目标：

1. 了解军事思想的科学含义、形成和发展过程；
2. 掌握我国古代军事思想的精髓；
3. 掌握毛泽东军事思想的科学含义、主要内容和历史地位；
4. 把握党的军事指导理论的主要内容；
5. 树立科学的战争观和掌握科学的军事方法论。

战争是人类社会和人类文明史中的一个怪胎。要发展，必须时刻准备战争；要和平，必须能够打赢战争；要和谐，必须能够遏制战争。一部人类文明史，某种意义上说，就是一部战争史。为什么人类文明史总是与战争相生相伴呢？怎样认识战争？如何才能打赢战争？如何避免战争对人类社会的伤害？要认识和回答这些问题，就离不开军事思想。军事思想是我们认识战争和军事问题的方法论，是我们开启军事王国奥秘之门的一把金钥匙。

第一节 军事思想概述

学习和研究军事思想，首先要了解军事思想的科学含义、内容体系、作用和基本特征，这是了解不同历史阶段、不同国家和地区军事思想的理论基础。

一、军事思想的科学含义与分类

（一）军事思想的科学含义

2011年版《中国人民解放军军语》对军事思想的释义是：军事思想是关于军事领域基本问题的理性认识，通常包括战争观、军事问题认识论和方法论、战争指导思想、国防和军队建设思想等。

军事思想是人们长期从事军事斗争和从事战争的实践经验的总结和理论概括，是军事

科学的重要组成部分。军事思想来源于人类的战争和军事斗争实践,又给人类的战争和军事斗争实践以理论指导,并在实践中不断向前发展。

(二) 军事思想的分类

军事思想有多种分类方法,例如可以按社会历史发展阶段、阶级、地域或国家、不同历史时期主导性兵器或代表性人物等进行分类。

按照社会历史发展阶段区分,有古代军事思想、近代军事思想和现代军事思想;按照阶级性质区分,有奴隶主阶级军事思想、封建地主阶级军事思想、资产阶级军事思想和无产阶级军事思想;按照地域或国家区分,有外国军事思想和中国军事思想。外国军事思想,又可以划分为美国军事思想、英国军事思想、俄罗斯军事思想、日本军事思想、印度军事思想,等等;按照代表性人物区分,则有孙子军事思想、克劳塞维茨军事思想、拿破仑军事思想、毛泽东军事思想,等等。当然,不同的分类方法还可以继续细分,也可以交叉使用上述分类方法,从而划分出中国(外国)古代奴隶主阶级军事思想、中国(外国)古代封建地主阶级军事思想、中国(外国)近代资产阶级军事思想、中国(外国)现代无产阶级军事思想,等等。但无论如何划分军事思想,任何军事思想,都是以一定的世界观和方法论为指导,反映一定时代、特定阶级、不同民族和不同国家及不同人物对战争和军事问题的理性认识。

二、军事思想的内容体系

军事思想属于社会意识形态范畴,受世界观和方法论的制约,具有鲜明的政治性,因而不同阶级的军事思想,不但性质不同,而且内容体系构成也不同;不同国家或政治集团也有不同的军事思想。同一阶级、国家或政治集团的军事思想,在不同历史时期或同一历史时期的不同发展阶段上,军事思想的内容体系也有区别,因而军事思想的内容体系构成是动态发展的,并因地域、民族、国别及阶级等方面的差异而呈现出不同的特色。但是按照马克思主义的基本观点来看,军事思想的内容体系大体可以分为两个层次:一是军事哲学问题,主要包括战争观、军事问题的认识论和方法论;二是军事实践基本指导原则问题,主要包括战争与军事指导的基本方针和原则、军队建设的基本方针和原则、国防建设的基本方针和原则等。

军事哲学是军事思想的理论基础,是军事思想的精髓和灵魂,反映的是人们关于战争和军事领域中的军事观、认识论和方法论,具有鲜明的阶级性和相对的稳定性;军事实践基本指导原则,是关于战争和军事实践经验的理性升华和系统总结,反映的是不同的阶级、不同的国家或民族或政治集团的战略思想、战争指导思想、军队建设思想、国防建设思想,既具有相对的稳定性,又具有与时俱进的创新性。总之,军事思想是军事科学的综合性基础理论,它从总体上考察和回答军事领域中的普遍性、根本性问题,揭示军事领域的一般性规律,提出军事实践的基本方针和基本原则,为人们研究和解决军事问题提供总体性理论指导。

三、军事思想的基本特征

虽然按照不同的划分方法来看,不同的军事思想各有其特点,但总体而言,军事思想具有以下共同的基本特征。

(一) 鲜明的阶级性

军事思想来源于社会实践。在阶级社会中,人们由于阶级利益不同,所奉行和推崇的军事思想，必然要反映各个阶级对战争和军事问题的认识和立场。因此，军事思想具有鲜明的阶级性，不同的阶级、国家和政治集团，必然有反映本阶级利益诉求的不同的军事思想。

（二）强烈的时代性

军事思想来源于军事实践。不同历史时期的战争及其他军事实践，有着不同的形态和战略战术，有不同的军队组织原则和编制体制，因而不同时代的军事思想都打下了深刻的时代烙印，与当时的生产力水平和军事技术水平相适应，而且随着社会实践和军事实践、随着生产力水平及军事技术水平的变化而不断赋予新的时代内涵与新的内容。

（三）明显的继承性

在任何实践领域中，人类的思想发展都离不开前人的思想成果。在军事领域中亦是如此。历史上所形成的具有规律性的军事原则、概念和范畴都必然流传下来，并为后人继承和运用，人类的军事思想的创新与发展，都是在继承前人的军事思想的基础上不断发展和创新的，因而任何国家和民族及军队的军事思想都具有明显的继承性特点。

（四）相互的借鉴性

每一种军事思想，都是某一历史时期、某一民族或某一地区之内军事实践经验的系统总结和理性概括，都有一定的科学性和客观性，不同的军事思想中都包含着共同的军事规律和原理，因而不同的军事思想之间必然要相互借鉴。另外，不同的军事思想各自具有不同的军事认识论和军事方法论，反映出不同的军事思想创造主体之间思维方式和思维方法的差异性，各个不同的军事思想创造主体之间，也需要互相学习其他民族或国家的思维方式和思维方法，用以弥补自身思维方式和方法方面的缺陷，因而，虽然不同的军事思想具有鲜明的阶级性，但也必然相互影响和相互借鉴。

四、军事思想的重要作用

军事实践决定军事思想，军事思想又对军事实践具有能动的反作用。而且军事思想也受到其他社会意识形态的制约和影响，同时也反作用和影响其他社会意识形态和社会实践。军事思想的重要作用主要体现在以下方面。

（一）军事思想是军事实践的根本指南

军事思想是军事实践的能动反映、理论概括，揭示了军事领域的一般规律，是军事实践的行动指南。军事思想对军事领域的规律反映得愈深刻、愈正确，它对军事实践的指导作用也就愈大，人们就可以在战争中掌握主动，少犯错误，多打胜仗。在战争史上，每一次取得伟大胜利的战争，都有正确的军事思想作指导。没有正确的军事思想作指导，即使具备取得战争胜利的物质条件，也难以赢得战争胜利。人类一系列伟大的战争实践证明，在客观物质条件许可的范围内，军事思想正确与否决定着战争的胜败。

（二）军事思想是研究各门具体军事学科的理论基础和根本方法

在军事理论科学研究领域中，基础理论研究和应用理论研究是它的两个基本组成部分。与此相对应，军事科学大体分为军事思想和军事学术两个门类，军事学术又包括了战略学、战役学、战术学等许多具体的军事学学科。军事思想作为军事科学的基础理论，为应用理论研究指明方向，确定基本的原则和方法，使其具备坚实的理论基础。而军事学术即军事应用理论研究，则是基础理论研究的深化，是军事思想的具体应用。

军事思想主要是从宏观上研究军事活动的一般规律，是研究各门具体军事学科的理论基础和根本方法，与具体的军事学科研究之间是一般与特殊、共性与个性的辩证统一。研究军事学术，如果没有正确的军事思想为指导，就不可能有正确的方向和道路、就不能对现实问题及其发展趋势做出正确的分析和判断，就找不到解决问题的正确途径和方法。

(三) 军事思想对其他社会实践有着重要的借鉴意义

军事思想是战争和军事规律的总结，而战争和军事活动都是社会实践活动，因此军事思想本质上也是社会实践活动规律的反映，因而对政治、经济、外交等各个领域的社会实践都有借鉴指导作用。

总之，军事思想既是军事斗争规律的科学反映，又是人类社会实践和竞争、对抗的大智慧，是人类生存与发展的总体线索，也是各国和各民族战略文化传统及思维方式的传承。因此，不管做什么工作，不管研究什么问题，都应该自觉地从军事思想中吸取理论营养和方法智慧，增强我们工作的原则性、系统性、预见性和创造性。

第二节 外国军事思想

外国军事思想是指中国之外的世界其他有代表性的国家，及其政治家、军事家和思想家，关于战争、国防和军队等问题的理性认识。世界各国文明是相互交流、共同进步的，军事思想领域同样如此。马克思、恩格斯和列宁等创立的无产阶级军事理论，是中国当代军事思想的基石，必须坚决地继承与发展。借鉴和吸取其他外国军事思想的有益成分，认识其存在的不足，也具有重要的现实意义。

一、外国军事思想的发展演变和主要内容

世界各国的人们对军事问题的认识，随着社会生产力的发展、战争规模的扩大，以及科学文化水平的不断提高，经历了一个由浅入深的演进过程。

(一) 古代至近代外国军事思想的发展和主要内容

远古时代，生息繁衍于世界各地的众多民族群体，对军事问题的认识普遍处于蒙昧状态，往往把战争发生和胜负的原因归结为“天意”“神旨”等。两河流域苏美尔人关于“秩序”之神战胜“混沌”之魔的传说，反映的便是这种情况。随着私有财产和阶级的产生，特别是进入奴隶制社会后，战争发展为阶级斗争的最高形式。随着社会的发展进步，人类的思维能力达到了新的水平，丰富的军事实践经验与提高了的认识能力相结合，使人类对战争问题的认识进一步向客观实际靠近，迷信色彩有所淡化。

在古代，世界各个国家的军事思想，特别是古希腊军事思想和古罗马军事思想获得显著发展。从史书记载的古希腊底比斯军事统帅埃帕米农达、马其顿国王亚历山大三世、迦太基平事统帅汉尼拔，古罗马军事改革家马略、奴隶起义军领袖斯巴达克思等人的军事实践活动和这时期有关军事活动的著作，像希罗多德的《历史》、修昔底特的《伯罗奔尼撒战争史》、色诺芬的《远征记》、凯撒的《高卢战记》和《内战记》等书中，都可看出古代欧洲一些国家的军事思想。如，为赢得战争胜利，必须政治、外交手段和军事打击并用，计谋胜于刀枪；军队的力量在于指挥官和纪律，没有优秀的指挥官将一事无成；统帅的艺术在于根据情况采取行动；

战争艺术的基本原则是避免分散兵力，作战指挥的要旨在于选择时机、迅速行动和击敌要害；正确编组战斗队形是取得战斗胜利的前提之一，应考虑参战兵力和地形条件等进行编组；突然出击最能使敌方惊慌失措。

公元1世纪，西方开始出现带有较强理论色彩的军事著作，如古罗弗龙蒂努斯的《谋略》以及后来韦格蒂乌斯的《论军事》等。在随后长达千年的中世纪，欧洲军事思想发展较为缓慢。在这一时期，穆罕默德创建的阿拉伯帝国，奉行宗教与军事一体化的治军方针，其继承人欧麦尔一世在一系列对外征服战争中，以"圣战"为旗帜。奥斯曼帝国皇帝穆罕默德二世实行庞大的兵员数量与先进的军事技术并重、贵族骑兵与平民步兵并重的建军原则。日本颁布的第一部较完备的国家军事法典《大宝军防令》，就兵役、边防和军队的组织、训练、管理及作战，提出若干指导原则，都对军事思想的发展作出了贡献。

15和16世纪之交，欧洲军事思想领域出现了近代化的萌芽，主要代表著作是意大利马基雅维利的《战争艺术》等。17—18世纪，欧美各国资本主义因素迅猛发展，发达的工场手工业生产出大量新式火器，资产阶级政治革命风暴造成的阶级关系和民族关系变化，加之早已兴起的文艺复兴运动对意识形态的催化作用，促使战争和军队建设从形式到内容都发生了巨大变革，欧美军事思想的近代化过程随之达到高潮。瑞典国王古斯塔夫二世、英国资产阶级革命领导人克伦威尔、俄国沙皇彼得一世、普鲁士国王弗里德里希二世、英国军事著作家劳埃德、俄国大元帅苏沃洛夫、美国独立战争领导人华盛顿、普鲁士军事著作家比洛、奥地利军队统帅卡尔大公等，对这时期军事思想的发展均产生过重要影响。在这些人中，有的提出军事是门有规则可循、可知可学的科学；有的指出战争与国家的对内对外政策密切相关，主张战术服从战略，以公民军队取代雇佣军队，利用民众力量进行战争；有的强调作战方法必须随着火器的不断进步而创新；有的主张实行反映新兴资产阶级利益的治军制度，破除封建贵族的军事特权，设立随军牧师等。

（二）近代外国资产阶级军事思想的发展和主要内容

近代，资本主义形成与上升、无产阶级作为独立的政治力量开始登上历史舞台。近代外国军事思想发展的总体特征有两个。

一是欧洲一些国家在文艺复兴运动和产业革命的推动下率先实行军事思想的变革，资产阶级军事思想体系得到确立；

二是人类军事思想发生革命性变化，以马克思主义军事理论为代表的无产阶级军事思想诞生。

近代欧洲军事思想发展的成果，集中体现在产生于18世纪末至19世纪前期的拿破仑战争艺术，以及克劳塞维茨所著《战争论》和若米尼所著《战争艺术概论》这两部军事理论名著之中。拿破仑一世凭借法国大革命所造成的新的社会条件，创立了使用广大民众力量进行战争的崭新作战体系。这一体系贯穿着依靠反对封建君主统治的广大民众支持和进行运动性作战的基本思想，在与欧洲大陆君主国反法联盟进行的战争中表现出强大威力，为封建制度下的旧式作战体系敲响了丧钟。克劳塞维茨和若米尼的著作均在总结拿破仑战争经验的基础上产生，标志着欧洲和世界近代资产阶级军事思想体系的基本确立。近代资产阶级军事思想体系，有其科学性，但很大程度上是借助了当时自然科学中的机械唯物论和人文科学中的唯心史观形成的，也夹杂着资产阶级的偏见。在这一时期，世界其他一些国家的军事思想也有较快的发展。如日本通过明治维新，大力引进欧洲的军事制度和军事理论，迅速实现了军事思想的近代化。

19 世纪中叶以后,世界列强竞相利用产业革命所提供的崭新物质技术手段,在全球加剧争夺势力范围,相应的军事理论开始产生。德国首相俾斯麦宣称,德国的一切重大问题都只能通过“铁与血”的手段解决。日本首相山县有朋宣布,以朝鲜和中国等邻国国土为日本的“利益线”。世界资本主义体系在 19 世纪末至 20 世纪初发展到帝国主义阶段,对外扩张的各种军事理论大量出现。英国斯宾塞的“社会达尔文主义”“社会有机论”和德国拉采尔的“地理环境决定论”认为,“强存弱汰”是国际生活的“自然法则”,一个“健全的国家有机体”有权通过战争扩展自己的“生存空间”。美国马汉的“海权论”则提出,谁控制了海洋谁就能控制世界,为此必须大力发展海上方量。他的理论被美、英、日等国奉为国防发展的主导原则。罗斯福执政时期,美国国家安全的指导原则由 19 世纪前期专注控制西半球,改变为追求全球扩张,进入 20 世纪以后,随着垄断资本主义的进一步发展,帝国主义国家之间重新瓜分世界的争斗愈演愈烈,终于引发了第一次世界大战。这场大战刚结束,帝国主义列强在签订各种所谓的“和平条约”和实行军备控制的同时,纷纷抢先发展坦克、飞机、潜水艇、航空母舰等机械化兵器并大量装备军队,种种新的战争理论也应运而生。英国友金德提出“大陆心脏说”,认为谁控制了东欧和中亚,谁就能控制世界。德国纳粹地缘政治学家索斯霍弗尔把这学说加以利用和发展,为希特勒的侵略政策制造舆论。鲁登道夫提出“总体战”理论,强调动员国家一切力量、使用一切手段进行战争。意大利的杜黑、英国的特伦查德、美国的米切尔等人,认为空中力量在现代战争中有决定性作用,主张建立并优先发展独立的空军。英国的富勒和利德尔·哈特、法国的戴高乐和德国的古德里安等人,认为现代战争中的决定性制胜手段是高度装甲化机械化的机动突击力量。为此,古德里安提出“闪击战”理论。戴高乐主张把小型职业军队作为军队建设的发展方向。利德尔·哈特还提出“间接路线”战略,认为在战争指导上应尽量采取迂回打击的方式。上述理论在第二次世界大战中得到一定程度的应用,并有所发展。

(三) 近代世界无产阶级军事思想的发展和主要内容

无产阶级军事思想,作为一种崭新的军事思想体系,是近代世界军事思想发展中的一个重要内容。19 世纪中后期,为适应当时工人运动发展和无产阶级暴力革命的需要,革命导师马克思和恩格斯在研究哲学、政治经济学的基础上,对军事问题进行论述,共同创立了马克思主义军事理论。他们运用辩证唯物主义和历史唯物主义,首次正确揭示了战争和军队同社会生产方式之间的内在联系,阐明了军事领域的基本规律,确立了军事问题认识论和方法论的科学原则,创立了关于城市工人武装起义、无产阶级军队和人民战争及其战略战术的学说。马克思主义军事理论,集中反映在马克思、恩格斯的《共产党宣言》《皮蒙特军队的失败》《共产主义者同盟中央委员会告同盟书》《德国农民战争》《1852 年神圣同盟对法战争的可能性与展望》《德国的革命和反革命》《对塞瓦斯托波尔的围攻》《革命的西班牙》《山地战的今昔》《波斯和中国》《步枪史》《国际工人协会总委员会关于普法战争的第一篇宣言》《国际工人协会总委员会关于普法战争的第二篇宣言》《法兰西内战》《反杜林论》《家庭、私有制和国家的起源》《欧洲能否裁军?》等一系列著作中,也反映在马克思和恩格斯为《美国新百科全书》撰写的军事条目及关于军事问题的书信中。马克思主义军事理论的诞生,是人类军事思想发展史上一次划时代的伟大革命,为人们研究、解决军事领域的问题提供了科学的基本观点和基本方法,为无产阶级军事思想的发展奠定了坚实的理论基石。

随着时代的发展,无产阶级军事思想在世界范围内蓬勃发展。列宁在领导俄国十月社会主义革命和反对帝国主义武装干涉及国内战争中，从帝国主义和无产阶级革命时代的特点与俄国的实际出发，创立了关于战争与革命、武装起义和建设工农红军、实行全民战争等学说，为马克思主义军事理论增写了新篇章。列宁代表性的军事名作有《旅顺口的陷落》《革命军队和革命政府》《莫斯科起义的教训》《社会主义与战争》《无产阶级革命的军事纲领》《战争与革命》《大难临头，出路何在？》《沉痛的但是必要的教训》《无产阶级革命和叛徒考茨基》《大家都去同邓尼金作斗争！》和《为战胜高尔察克告工农书》等。

列宁逝世后，斯大林等在领导苏联工农红军和国防现代化建设中，在领导和指挥反对法西斯侵略的卫国战争中，继承和发展了马克思列宁主义的军事理论，制定了苏维埃国家军队和国防建设的基本原则，作出了关于决定战争命运的诸因素及其相互关系、战略与策略等问题的论述，全面建立起苏联军事思想体系。斯大林代表性的军事著作有《在俄共(布)第八次代表大会上关于军事问题的演说摘要》《关于建立共和国的战斗预备队》《论俄国共产党人的战略和策略问题》《论中国革命的前途》《论红军的三个特点》《广播演说》《最高统帅部大本营指示信》《国防人民委员命令(第55号)》《伟大的十月社会主义革命二十七周年》和《在莫斯科市斯大林选区选举前的选民大会上的演说》等。世界其他些国家的无产阶级政党在领导本国人民的革命武装斗争中，把马克思列宁主义军事理论的基本原理与本国的实际结合起来，创立了各具特色的军事思想。

(四) 战后外国军事思想的发展与主要内容

二战之后，以美国、苏联为首的两大国际政治、军事集团之间保持着长期的冷战。战后初期，美苏等国家非常重视核武器的研制，围绕核战争以及核威慑条件下的常规战争提出一系列理论观点和看法。美国首先提出“核武器制胜”理论和“大规模报复”的战略理论，苏联则提出未来战争是一场全面的火箭核大战。随着时间的发展，尽管美苏核武器数量越来越多，但是英国、法国和中国也都拥有了核武器，核力量对比完成了由比较悬殊到相对均势的发展变化，世界形成了“恐怖的核平衡”。这时，许多国家都认识到谁也不能轻易发动核战争，转而研究“有限核威慑”等理论，将目光重新转向常规战争。在战争指导原则方面，相继提出冷战理论、有限战争理论及特种战争理论等。在国防和军队建设方面，由原来的优先发展核武器，调整为既注重发展核军备，同时不放松发展常规力量，以适应打赢核威慑条件下不同规模和强度的常规战争的需要。同样是这一时期，在广大第三世界国家和地区风起云涌的人民革命武装斗争中，游击战理论得到了进一步的发展。

20世纪中后期以后，随着新军事革命在世界范围内蓬勃兴起，大量高新技术普及应用，促使军事领域发生新的根本性变革。世界军事理论界逐步掀起对新军事革命的研究热潮。苏联的奥尔加科夫认为，高新技术的不断发展完善，将引起军事上的深刻革命，对军队组织结构、指挥体制、武器系统和作战方式等已产生根本性影响。由此，他被誉为世界新军事革命的首倡者。

冷战结束后，世界各主要国家都充分认清信息时代已经到来，感受到其对军事领域产生的重大影响，积极进行军事理论创新。美、英、法、德、印度等国家的军事理论家，对转型时期及未来信息化战争等问题，提出了一系列新的观点和看法，集中体现为着重探索信息化局部战争的客观规律及指导原则，探索在这种新的战争形态下国防和军队建设的指导方针及原则。各国普遍认为，信息化战争动因更加复杂，战争规模和手段受到政治的严格控制，战场空间扩大，信息战将成为主要的作战样式。在战略手段上，各国普遍强调信息在维护国家安全和未来战争中的作用，提出“混合战争”“信息优势”“信息威慑”“信息防护”等一系列新概念。在作战思想上，提出“基于效果作战”“快速决定性作战”“空地一体战”“联合作战”等新的作战方式。在建军思想上，普遍认为要实现由机械化军队向信息化军队的转型建设。这有力地推动了现代军事思想的发展。

当前，世界新军事革命仍然在蓬勃发展，信息化军事理论创新的热潮方兴未艾，军事思想必将在以信息化为核心的创新研究中获得更大发展。当前和未来一段时间，信息时代的战争观、智能化武器装备研制与应用、信息化国防与军队建设理论、信息化作战理论等将成为研究的重点内容，世界各国将会陆续推出一大批崭新的成果。外国军事思想将由此进入一个新的发展阶段。

二、近现代外国军事思想主要代表性著作

军事著作是军事思想最重要的载体。历史上，无数外国军事思想家注重撰写文章和书籍，记录自己的理论观点，形成了丰富的军事著作，其中，流传最广、影响最大的有以下一些经典著作。

（一）克劳塞维茨与他的《战争论》

《战争论》是普鲁士军事理论家、军事历史学家克劳塞维茨（1780—1831年）的著作。全书中文版约60万字。克劳塞维茨，普鲁士军队少将，一生充满了传奇。1803年从柏林军官学校毕业后，任奥古斯特亲王副官。1806年10月随亲王参加奥尔施泰特会战时，被法军俘虏，翌年底获释。1809年初调普军总参谋部工作，任总参谋长兼军事改革委员会主席G. J. D. von沙恩霍斯特的办公室主任，协助沙恩霍斯特从事军事改革。1810年秋任军校教官，并为王太子讲授军事课。1812年春，主张联合俄国抗击法国，因不满普鲁士国王同拿破仑一世结盟而辞职，转到俄军，在骑兵军和步兵军司令部中任职。1814年回归普军。翌年任G. L. 布吕歇尔军团第三军参谋长，参加利尼会战。1818年5月任柏林军官学校校长，9月晋升为少将。任校长职12年，潜心研究战史和从事军事理论著述。1830年任炮兵第二监察部监察。1831年5月任驻波兰边境普军参谋长。同年11月卒于布雷斯劳。克劳塞维茨去世后，他的妻子于1832—1837年整理出版了《卡尔·冯·克劳塞维茨将军遗著》，共10卷，1～3卷为《战争论》，其余为战史著作。

在《战争论》中克劳塞维茨提出了“战争无非是政治通过另一种手段的继续”的著名论断，比较系统地探讨了战争的目的，论证消灭敌人和保存自己的关系。阐述了民众战争的作用及使用原则，认为指导必须考虑精神的和物质的要素。物质要素是“刀柄”，统帅的才能，军队的武德和民族精神等，精神要素才是“刀刃”。打败敌人就是要剥夺对方的抵抗意志，强调集中兵力是首要的战略原则，兵力优势是战争中普遍的制胜因素，防御是较强的作战形式，注意处理好进攻防御的关系。论证了战争是充满暴烈性、偶然性、盖然性、作为政治工具的从属性和各种“阻力”的领域，军事原则不是死板的规定，不能把战争艺术变成机械的公式计算。军事知识只有浓缩成为简明的原则才有用无害。军事理论应当是一种思考而不是现成“脚手架”，批判地考察战史是军事理论研究的基础。克劳塞维茨运用辩证的方法对战争的定义、目的、手段、军事艺术的划分，战略要素，战争中的攻防和会战的地位、特点等作了系统阐述，提出了许多正确的见解，反映了资产阶级上升时期军事思想的革新精神，对资产阶级军事思想体系的确立起了极其重要的作用，在世界上具有广泛的影响。

（二）若米尼与他的《战争艺术概论》

若米尼（1779—1869年），瑞士裔法国将领、军事理论家、军事历史学家。在志愿从事法国陆军指派的工作（1798—1800年）后，写了《论大战》（5卷；1805年）一书。拿破仑读后，任命他为上校参谋。后升任参谋长，但因受歧视而辞职（1813年），离开法军后为法国的死敌俄国作战。在他后来众多的军事史和战略著作中，最著名的是《战略学原理》（1818年）和《战争艺术提要（概论）》（1838年）。他最早确定战略、战术和后勤学之间的分野。由于系统阐述战争原理而被尊为现代军事思想奠基人之一。

在他撰写的军事理论名著《战争艺术概论》中，若米尼总结了法国革命战争和拿破仑战争的经验，创立了19世纪初期的战争艺术理论，提出了不少具有普遍指导意义的作战原则，书中论证了军事领域的一些基本原理及其应用规则，同时又指出不能把这些原理和规则当成绝对化的公式；提出了战争指导上的若干原理，强制战争艺术应首先考察国家的战争政策和影响战争胜败的多种因素；指出各种不同类型战争的规律是有区别的，全民参加的民族战争具有最可怕的力量；对战争艺术的内容体系做了新的划分，提出了有关战略、战术以及军队建设的系列基本原则。若米尼的军事思想有较强的生命力和深远的影响，为不少国家所重视。但由于时代的局限性，他的军事思想带有某些形而上学和机械论的色彩。例如，认为某些战争艺术的规律是永恒不变的，夸大统帅在战争中的作用，低估政治、经济因素对战争的影响等。

（三）马汉与他的“海权论”

马汉（1840—1914年），美国军事理论家、军事历史学家。他撰写了多部关于海权的著作，如《海权对历史的影响，1660—1783年》《海权对法国革命和帝国的影响，1793—1812年》《海权的影响与1812年战争的关系》和《海军战略》等。他的理论被总称为“海权论”。马汉强调海洋的重要性和控制海洋的意义，他在书中提出，海权是历史发展的一个决定性因素，海军战略的目标是保证国家获得平时和战时的海权。马汉认为，海上作战最重要的任务是掌握制海权，而掌握制海权有赖于强大的海军。他主张美国突破传统的近岸防御思想的束缚，建设一支具有进攻能力的强大海军，首先控制加勒比海和中美洲地峡，进而向太平洋扩张，在大西洋上则与海上强国英国相互协调，以左右欧洲形势。马汉认为，海军战略的基本要素是集中、中央位置、内线、海上交通线。海军的存在是为了进攻，防御只是进攻的准备。海军战略的关键是平时和战时建立并发展国家的海上力量。马汉的军事思想适应19世纪末20世纪初美国垄断资本向海外发展的需要，是当时各届美国政府制定对外政策和海洋战略的重要依据，对美国军事思想和其他许多国家的海军理论都产生了重要影响。马汉的军事思想具有时代和阶级的局限性，在一定程度上为资本上义国家争夺海上霸权提供了帮助。他还认为原理是“永恒不变”的，并过分夸大海上力量和舰队决战的作用。

（四）杜黑与他的《制空权》

杜黑（1869—1930年），意大利著名军事理论家、制空权理论的倡导者。1869年5月30日出生于意大利南部小镇。他出身于军人世家，家中几代都为萨伏依王室服务。由于受家庭熏陶，他自幼立志继承父业，从军习武。他曾以敏锐的眼光看到了飞机对未来战争的影响，并首先系统地提出了制空权理论，从而在世界军事理论家之林占据了不可动摇的一席。杜黑的制空权理论对两次世界大战之间各国的空军建设，尤其对轰炸机的发展有过重要的影响。然而，他却曾因思想先进不被人接受而经历了1年牢狱之灾。

20世纪初，飞机刚问世不久，杜黑就敏锐地意识到空中战争的到来。就在飞机上天后第3年的1906年，杜黑就提出，天空将成为重要性不次于陆地和海洋的另一个重要战场，制空权将变得和制炸弹权同等重要。航空兵的重要性将日益提高，它不仅是一种辅助力量，而且是军种大家庭中的第三位兄弟。第一次世界大战后，杜黑全面研究此次战争的经验和军事航空技术的发展，同时研究未来欧洲战争及意大利的地理环境和国防态势，并撰写了一系列著作，合编为《制空权》一书。他的军事思想由初期强调空军的重要性，发展为系统完整空中战争理论。杜黑认为，飞机用于战争，彻底改变了战争面貌，是战争发展史上的转折点。未来战争中，夺取制空权只能靠空军，建立与陆军、海军并列的独立空军是绝对必要的。空军是一支进攻性力量，不适用于防御。建设强大的商业航空，作为空军的后备。发展民用航空，吸引民众关心航空建设。建立产品供出口的航空工业，以便使航空技术保持先进水平。《制空权》集中反映了早期制空权理论的基本观点，从战略高度论述了空军建设和作战使用方面的许多问题，是资产阶级空军理论的奠基之作，在军事学术史上占有重要地位，但它也存在过分夸大空军作用等缺点。

第三节　中国古代军事思想

中国古代军事思想，是中国古代各阶级、各民族、各政治集团及其军事家、兵学家关于战争和军队等一系列军事问题的系统理性认识，是中国古代各历史时期人们军事实践经验的理论升华。它随着社会的前进、军队建设和战争实践的发展，以及人们认识能力的提高而逐渐深化，反过来又指导各时期的军事实践，对社会物质文明和精神文明的进步产生深刻影响。它是中国乃至世界军事思想宝库中的珍贵遗产。

一、中国古代军事思想的发展历程和主要内容

世界上每种文明传统都包含有关于战争的思想，而每一种军事思想又都有其传统文化的烙印。中国历史上频繁激烈、规模巨大、空间广阔、形式多样的战争实践是其发展的主要动力。中国所经历的独具特色的奴隶社会、封建社会形态，几千年高度集权的政权体制，以农业为主，兼有游牧业、手工业和商业的经济结构，以汉民族为主、多民族并存的民族构成，尚德、勇于反抗侵略和压迫、爱和平、重谋略、荣誉心和凝聚力极强的民族心理素质，长时期领先的科学技术，以长于理性概括和辩证思维为突出特征的诸子思想的相互斗争和融合，平原沙堡、江河湖海、崇山峻岭皆备的地理环境和复杂的气候条件等，也都不同程度地决定着它的发展趋势。

中国古代军事思想的形成和发展大体上经历了初始萌生、逐步形成、提高充实、系统完善四个历史时期。

(一) 初始萌生时期：约公元前21世纪至前8世纪，即夏、商、西周时期

中国早在原始社会末期就产生了部落间的战争，人们对军事问题也开始有了一些初步思考。夏王朝正式建立奴隶制国家，战争成为阶级斗争的最高形式，军队成为国家机器中重要的组成部分。西周时已有师、旅、卒、两、伍等编制，青铜兵器广泛应用于军事。著名的战争有甘之战、鸣条之战、牧野之战、周公东征等，作战样式有步战、车战，名为“堂堂之阵”的正

面交峰。作为观念形态的军事思想也开始萌生，在甲骨文、金文和《尚书》等古代史料及大约在西周时期出现的《军志》《军政》等兵书中都有反映。这个时期军事思想的主要内容有以下四个方面。

1. 在如何看待战争方面，强调天命、伸张正义和保民。《尚书》的《甘誓》《汤誓》《泰誓》等都提出以天命作为出兵征战之由，以“恭行天之罚”“吊民伐罪”“保民”相号召。军事决策和行动要以天象和占卜的吉凶定取舍。

2. 在如何治军上，强调齐众以律。如“师出以律，失律凶也”(《易·师》)；“尚桓桓”(《尚书·牧誓》)，以成威武之师；严赏罚，“用命赏于祖，弗用命戮于社”(《尚书·甘誓》)。

3. 在怎样进行战争指导上，以重礼信仁义为主导思想。主张“以礼为固，以仁为胜”“不穷不能”“成列而鼓”(《司马法》)，战争实践中也已注意到以谋取胜。鸣条之战、牧野之成，都采取了阴蓄其力、争取与国、剪敌羽翼、运用间谍、侦察敌情、掌握时机、攻其腹心等方略。《军志》《军政》中有“允当则归”“见可而进，知难而退”“先人有夺人之心，后人有待其衰”“地利为宝”等谋略思想的记载。

4. 在如何实施作战指挥上，已注意到前锋和主力、车兵与徒步兵的配合及阵法的应用。从很早时起，人们已经对部队进行编组，注重前锋和主力等不同部分、车兵与徒步兵等不同兵利的相互配合，讲究排兵布阵，展现出较强的谋略智慧。但由于这一时期战争样式简单，规模比较小，持续时间短，人们对军事的认识还未能形成系统的理论。

(二) 逐步形成时期：约公元前8世纪至前3世纪，即春秋战国时期

这一历史阶段，中国由奴隶制向封建制转化，社会处于大动荡、大变革、大发展中。军事上，争霸、兼并、统一战争激烈，用兵数量增多；铁兵器应用日益广泛，军事技术和筑城等均有进步；军制上，步兵、骑兵、水师逐渐分离为独立兵种，步、骑、车配合作战，形式多样；打破了“兵民合一”兵制，出现了募兵制和郡县征兵制；战争指挥复杂，要求高，将帅专职化；学术上百家争鸣等，促进了中国古代兵学的发展。以《孙子兵法》为代表的一大批兵书的诞生，标志着中国古代兵学理论体系的初步确立。

1. 逐步深化对战争的认识

春秋时期人们已经认识到，“师自为壮，屈为老”“夫武，禁暴、戢兵、保大、定功、安民、和众，丰财者也。”(《左传·宣公十二年》)“兵者，国之大事，死生之地，存亡之道，不可不察也”。战国时兵学家进一步将战争区分为“义”和“不义”，指出：“禁暴、救乱，曰义”，“义者，兵之首也”(《孙膑兵法·下篇·将义》)，并由此确定了自己对战争的基本态度。“杀人安人，杀之可也；攻其国爱其民，攻之可也；以战止战，虽战可也。”(《司马法·仁本》)“兵者，所以诛暴乱、禁不义也”(《尉缭子·武议》)。对战争的起源问题，提出“兵之所自来者上矣，与始有民俱”(《吕氏春秋·孟秋纪))的观点。对战争的起因问题，认为由于人民众、财货寡、事力劳、供养薄，民争而不免于乱，已注意到从社会政治、经济生活中探讨战争的起因。在对战争与政治、经济、地理的关系和制胜因素的认识上，指出国家安危“在德不在险”(《史记·孙子吴起列传》)，“战法必本于政胜”(《商君书·战法》)，“以武为植，以文为种”(《尉缭子·兵令上》)，“天时不如地利，地利不如人和”(《孟子·公孙丑下》)，兵要在乎“善附民”(《荀子·议兵》)。战国时期的军事家们进一步提出军事改革的要求，主张废除世卿世禄制，奖励军功，尤重耕战，强调富国强兵，“显耕战之士”(《韩非子·和氏》)；视富国为强兵之本、之先、之急，即“甲兵之本必先于田宅”(《管子·侈靡》)。以法家为代表的一些思想家主张为统一而进行战争。

2. 逐渐形成较系统的建军理论

这突出反映在将、法、教等方面。《孙子兵法》提出将帅必须具备"智、信、仁、勇、严"的条件,对军队组织编制,将官职责、军备物资、费用等也都有严格要求,管理要"令之以文,齐之以武",把"士卒孰练"作为胜负的重要条件等,奠定了中国古代建军理论的基础。其后,战国军事理论家进一步丰富了它的理论内容。《吴子》要求将帅总文武、兼刚柔,具备理、备、果、戒、约的素质;《尉缭子》强烈批评世将制度,提出将帅要有威、惠、机、战、攻、守、无过等全面修养;《六韬》不仅考察将帅个人的条件,而且强调统帅机关整体素质的互补和提高;《韩非子》主张从基层中选拔有实战经验的人为将领,等等。在军事法制方面,出现了许多关于作战、内务、纪律等法规性的文献,体现了以法治军、以治为胜的思想特点;同时强调以仁为本,恩威并用,赏罚严明,认为"善将者,爱与威而已"(《尉缭子·攻权》),要爱护士卒,甘苦与共;做到赏不逾时,罚不迁列;要"刑上极,赏下通"(《六韬·将威》),和军同欲。在军队的教育训练方面,提出"用兵之法,教戒为先"(《吴子·治兵》);要"因便而教,准利而行"(《管子·兵法》);简募良材,料民选卒,依勇力、技艺分别编组,按级训练,装备要精良等。

3. 一系列战争指导和作战原则得到提炼

春秋时期的战争指导者,已能成功地制定和运用军事与政治谋略,提出了诸如"尊王攘夷""威不轨而昭文德""观衅而动""兼弱攻昧""以正治国,以奇用兵""尽其阳节,盈吾阴节而夺之"等有价值的战争指导思想。单纯重信义的观念逐步被"战阵之间,不厌诈伪"所代替。《孙子兵法》对以往的战争实践和军事理论进行总结,认为善战者必须了解和把握"道、天、地、将、法"这"五事",重视谋略,强调"庙算"和先计后战。书中指出了用兵的"诡道""诈立"特征,提出了"不战而屈人之兵"的"全胜"战略思想和进攻速胜的指导原则,强调主动、惑敌和因情用兵,提出了"致人而不致于人,示形、任势、我专敌分、兵情主速、奇正相生、避实击虚、攻其无备、因敌制胜"等基本原则。战国时期,伐谋、伐交思想有了新的发展,许多政治家、军事家注重联盟战略,纵横捭阖,分化敌对力量;强调必攻不守,先机制敌,灵活应变;产生并发展了骑战、城战及不同地理、气象条件下作战的原则。《吴子》《六韬》和《孙膑兵法》关于骑兵的地位、作用、特点的论述,已带有总结经验和理论概括的性质,其中"十胜""九败"和"用骑十利"等论述已比较系统。在"攻城""围邑"和"救守"之法上,也有习用器被、集兵攻城、错绝其道、阻援攻虚、守不失险、守必出之、中外相应等论述。《墨子》中《备城门》等篇章专论守城之法,对守城设施、布局和器械制作、使用等均有详细记述,核心思想是"城池修,守器具,樵粟足,上下相亲"。

4. 初步奠定了古代军事哲学思想的基础

《孙子兵法》反对战争的不可知论,认为战争可先知、先算、先胜,提出了"知彼知己,百战不殆"的观点;注重人事,反对"取于鬼神""象于事""验于度";注重以"智"使"力"和趋利避害;注重从总体上联系,多方面地观察战争,体悟到军事领域中许多矛盾对立及转化的现象,提出了虚实、奇正、形名等系列反映军事理论认识对象的性质、范围和内容的范畴。战国时的兵家更注重对"战道"(战争规律)的探讨,视之为决定战争胜负的根本。同时,对军事领域内的诸矛盾关系、军事与政治、军事与经济关系的认识也更为广泛深入。

(三) 提高充实时期:公元前3世纪至公元10世纪中期,即从秦统一中国后历两汉、三国、两晋、南北朝、隋唐至五代

这一时期,中央集权的封建制度在分裂和统一的历史过程中进步发展完善,社会经济、文化、科技也不断发展。军事技术有新的进步，铁兵器种类增多，杀伤性能有所提高，军事交通、筑城、造船也有较大发展。唐代发明了火药并开始应用于战争，骑兵、水军在战争中发挥了重大作用。各朝军制多有所变革，武装力量体制基本成型，大致由中央军、地方军和边防军三大部分组成、集权于皇帝。北朝后期创立的府兵制经隋至唐初而趋完善，成为兵农结合的军事制度；征兵制、募兵制等兵役制度交相施行。战争规模增大，时间延长，区域范围广，大规模的骑兵集团作战、横渡江河作战、水上交战以及水陆配合作战较多。汉代注重兵书的视集整理，并将兵家分为兵权谋、兵形势、兵阴阳、兵技巧。这时期军事思想在继承先秦传统的基础上，侧重于实际运用，内容更加丰富，水平进一步提高。

1. 战略谋划受到高度重现

在几次统一中国的战争中，一些杰出的政治家、军事家表现出高超的战略思想和决策能力。楚汉战争中，汉对经营基地、收拢民心、分化对方、争取盟国以及正面坚持、敌后袭扰、两翼牵制等战略运用甚为成功。东汉统一战争中，采取西和东攻、先关东、后陇蜀、由近及远、各个击破的战略。三国两晋南北朝时，在多极斗争中联盟战思想的运用生动、突出。诸葛亮的“联吴抗曹”，孙权的“联魏击蜀”，曹魏的离间吴蜀，坐山观斗等，在不同情况下分别运用，各有成效。诸葛亮的《隆中对》提出了分清形势、建立根基、内修政事、外和诸戎、联盟抗敌的战略思想。隋唐五代时，隋先采取北和南攻，后又采取击北防南的战略，对突厥“离强合弱”，击逆抚顺；对陈军事手段与政治手段并用，虚实结合，疲敌误敌，伺机一举击灭。这些都表现出战略运用的灵活性。李渊集团为统治全国采取的因势借力、以屈求伸、乘虚入关、居险养威、先急后缓、各个击灭群雄的战略，取得成功。周世宗柴荣的“十年开拓天下，十年养百姓，十年致太平”的战略谋划，亦不失为有识之举。这些战略思想和决策体现了从实际出发、驾驭全局、远谋多算、灵活用兵的共同特征。《黄石公·三略》《淮南子·兵略训》《战略》等专门阐述战略思想的军事著作的出现，使制定和实施战略的艺术更加深刻和系统，而“贵谋贱战”“运筹帷幄之中，决胜千里之外”“成败在乎智”“以计代战，一当万”等，均成为脍炙人口的重视战略运用的名言。

2. 国防指导思想有了新的发展

根据当时大一统的政治局面及周边形势，秦朝修筑万里长城，体现了因地形、“用险制塞”、“限胡马之足”、以墙制骑、安边设防的思想。汉朝组建大规模骑兵集团后，转而采取“以骑制骑”之策，抗击强大的匈奴骑兵，由单纯防御转入攻势防御。汉朝还在秦徙民实边的基础上，推行军屯实边措施，形成了兵农结合固国强边的一种新形式。秦汉时，重视军事交通建设，形成以都城为中心、干线纵横、通向边远地区的交通网，提高了军队的机动性。汉初“文武并用”的治国强兵方略，“以蛮夷攻蛮夷”的对匈奴之策，隋至唐初将全国划分为若干个军事战略区，采取重首轻足、中外相维的兵力部署原则等，对后世均有较大影响。

3. 作战指导思想有新的突破

重视利用骑兵机动性强的特点，采用多路出击、以快制敌、长途奔袭、穷追猛打的战法，注重多兵种运用；大规模江河作战，水陆配合，多路分进合击；城邑战地位突出，要塞攻守成为战争成败的关键。李世民的“持久以弊之”和“围城打援”“一举两克”的战法影响深远。野战中更注意对地形的详尽考察，聚米为山（即沙盘雏形），因地用兵。《卫公兵法》提出了速决和持久不可偏废的观点。《唐太宗李卫公问对》联系战争实践，对虚实、奇正、攻守等范畴的阐述更为系统、辩证。强调“致人而不致于人”（即夺取战争主动权）是民法精髓，指出“攻是守之机”“守是攻之策”。《太白阴经》强调战争胜负取决于人谋和国家富强，提出“战胜攻取形之事而用在神，虚实变化神之功而用在形”，阐明了“形”（物质）与“神”（精神）的辩证关系，发展了《孙子兵法》关于“形”的理论。

（四）系统完善时期：公元10世纪至19世纪中叶，历经辽、宋、西夏、金诸政权并立时期和元、明、清（前期）几个朝代

这一时期，中央政权与北方民族所建立的地方政权较长时期处于并立状态，既争斗，又融合，中国政治、经济和科技、军事在新的历史条件下有了较大的发展，统兵用兵之权高度集中。随着火器的发明及其大量装备部队运用于实战，火器部队成为独立兵种，作战规模日益扩大，战争样式更加多样。随着武学的兴盛，《武经七书》成为将帅及武科举子的必读书，强调精神感化的理学、心学学说渗透到治军领域。以《武经总要》《武备志》为代表的一些大型军事著作相继问世，明确区分军事门类，系统整理军事资料。有关军事训练、军事人物、兵制、守城、阵法、车营、火器、军事历史地理、海防边防等专题性兵书大量涌现，反映了军事理论和军事技术研究的广泛深入，也增添了更多的有价值的军事思想内容。

1. 兵权高度集中成为统兵建军宗旨

宋朝统治者鉴于唐末五代藩镇拥兵割据，大权旁落的历史教训，力主兵权高度集中，以军事行政权归枢密院，军事指挥权归“三司”“三帅”，互相制约，集权于皇帝。明、清两朝统治者也将集权原则奉为圭臬。兵权的高度集中有利于国家统一、社会稳定，但宋初由皇帝亲制阵图，并派出排阵使监督将帅战守的做法违背了因情应变的基本原则，也容易束缚将帅主观能动性的发挥，造成兵将互不相习的弊端，削弱了部队的战斗力。

2. “练兵、练将”思想日益深化、全面

随着武举、武学的逐步发展和完善，对将领的培养教育制度化、系统化，重视选练和军事教育。宋代岳飞严于治军，信赏明罚，其军以“冻死不拆屋，饿死不掳掠”为信条。明代戚继光的《纪效新书》和《练兵实纪》坚持阵法要与伍法相结合，并提出了一整套完整的比较适用的练将、练兵的原则和方法，认为“练兵之要，在先练将”；练将既要入武庠（军事学校），也要到实境中锻炼；对士兵的训练，则贯彻选、练兼顾的原则，主张兵贵选乡野老实之人，摒弃市井油滑之徒，注重练胆、练艺。

3. 战略思想更加丰富、系统

《武备志·战略考》按“非略弗录”和“略非奇弗录”的原则，辑选春秋至元各代的用兵方略，《读史方舆纪要》系统论述了山川形势对战争的影响。在战略进攻上，北方各民族将帅普遍注意发挥骑兵机动能力强、善于野战的特长，主张进攻速决，辽朝女军事家萧绰的长驱直入、紧逼腹心的谋略；蒙古成吉思汗及忽必烈的远程迂回、突然奔袭、中间突破以及假道南宋的灭金方案等，后金统帅努尔哈赤面对强军，采取“凭尔几路来，我只一路去”等方略，都从不同角度为中国古代战略增添了新的内容。朱元璋在夺取政权的过程中，先采纳了朱升提出的“高筑墙、广积粮、缓称王”的方针，后又采取了先断羽翼、藩篱三层、扼守要点的点线面结合的设防思想。明代逐步形成以长城为骨干，因险守塞，择点分片（建立九镇），宽正面大纵深，有重点和层次，精兵机动和城守相结合的边防思想。针对倭寇自海上入侵的新情况，《筹海图编》一书提出要海陆结合，分区、多层、要点设防，强调实行哨于远洋、击于近海、巩固海岸、严守要城的海防思想。所有这些，都进一步丰富了中国古代战略思想。

4. 作战指导思想随着火器的广泛应用获得飞速发展

明代前期建立了以火器为主的特种部队——神机营，嗣后火器大量装备部队，有了火器和骑兵、步兵编组成军的军营，在作战中，重视发挥火器的作用，阵形和战法都有变化，并提出了火器在先、各兵种配合的思想。《车营叩答合编》专论火器部队的作战特点和方法，适应用车在用火、用火在用叠阵的原则，使车、骑、步之间交相更迭、配合，保证了火力的发扬。火器的发展也引起城邑攻防理论的变化，城池防御工事层数增加，注意骑墙、敌台火力相交，并构筑附城敌台，以台护铳，以铳护城，以城护民。

二、中国古代军事思想的主要代表性著作

在人类历史长河中，真正伟大的思想成果，不仅不会被时间所湮灭，而且往往随着时间的推移而愈见其光芒四射。中国古代军事思想的主要载体是兵书。它出现早、数量大、种类多、内容丰富、哲理性强。散见于其他典籍中大量的论兵篇章，史书中关于军事人物、战争、军事制度等方面的记载，也蕴涵着极为丰富的军事思想内容。

（一）孙武的《孙子兵法》

《孙子兵法》是最具代表性的中国古代军事思想著作。《孙子兵法》，又名《孙子》，作者为孙子。孙子名武，字长卿，也称孙武子，春秋晚期齐国人，后移居吴国，经伍子胥推荐，晋见吴王阖闾，献兵书，任将军，统领吴军，辅佐吴王经国治军，西破强楚，北威齐晋，显名诸侯。其军事思想集中反映在所著《孙子兵法》一书中。

1. 提出“兵者，国之大事”的战争观

孙子十分重视战争问题的研究，号召军队将帅要“经之以五事，校之以计”来研究战争，而民众要“千里会战”，积极参加战争。

(1) 重战。《孙子兵法》开篇就指出：“兵者，国之大事，死生之地，存亡之道，不可不察也。”意思是说战争、国防和军队等军事活动是国家的大事，关系到国家和民族及其内部人员的生死存亡，是不可不认真研究的。这段关于战争的精辟概括，是孙子军事思想的基本出发点。春秋末期，诸侯兼并，战乱频繁，战争不仅是各国维持其政治统治、向外扩张发展的主要手段，而且关系到国家的存亡。孙子总结了国家强盛与灭亡的经验教训，提出“兵者，国之大事”的著名论断，这对于人类认识战争无疑是个巨大贡献。

(2) 备战。孙子说：“用兵之法，无恃其不来，恃吾有以待也；无恃其不攻，恃吾有所不可攻也。”意思是说用兵的原则，不要寄希望于敌人不会来，而要依靠自己有充分的准备；不要寄希望于敌人不会进攻，而要依靠自己有使敌人无法攻破的条件。战争的立足点要放在事先做好充分准备，严阵以待，使敌人不敢轻易向我发动进攻的基点上。

(3) 慎战。孙子提出，“亡国不可以复存，死者不可以复生，故明君慎之，良将警之。”竟思是国家灭亡了就不能再存在，人死了就不能再复活。所以，对待战争问题，明智的国君要慎重，贤良的将帅要警惕。孙子主张，“非利不动，非得不用，非危不战”，意思是说不是对国家有利的，就不要采取军事行动；没有取胜把握的，就不能随便用兵；不处在危急情况下，就不轻易开战。

2. “知彼知己，百战不殆”的战争认识论

“知战”是孙子兵法的精髓之一。孙子提出：“知彼知己，百战不殆；不知彼而知己，一胜一负；不知彼不知己，每战必殆。”意思是说了解敌人又了解自己，则不会发生大的危险：不了

解敌人而了解自己，可能胜也可能败；既不了解敌人，又不了解自己，则每战必有危险。孙子用简明扼要的语言，指明了战争指导者了解敌我双方情况与战争胜负的关系，从而揭示了指导战争的普遍规律，极具科学价值。自有战争活动以来，古今中外明智的战争指导者都不会违背这一规律。这条规律，从哲学意义上讲，反映了实事求是的朴素唯物主义；从战争理论上讲，是分析判断情况的根本规律；从指导战争的意义上讲，是先求可胜的条件，再求必胜之机的重要抉择。这些都是重要的战争认识论思想。

实现“知战”，必须寻求有效途径。为了探求预知胜负的途径，孙子正确地阐述了战争胜利所必须具备的主客观因素及相互的辩证关系。他将客观因素概括为道、天、地、将、法“五事”。居“五事”之首的“道”，既指修明政治，也包括争取民心和振奋士气。他高度重视政治在战争中的重要作用，触及政治与军事的本质关系。吴楚之战时，孙子以“民劳，未可，待之”为由，劝阻吴王暂缓攻楚，表明他意识到爱惜民力、争取民心的重要意义。他也十分看重军事力量在战争中的重要作月，强调“霸王之兵，伐大国，则其众不得聚；威加于敌，则其交不得合。是故不争天下之交，不养天下之权，信己之私，威加于敌，故其城可拔，其国可隳”。他论述军事实力，注意到了经济因素，提出“地生度，度生量，量生数，数生称”，从土地、物产、兵需推算出军事力量的强弱。他还充分肯定了主观努力的发挥在战争中的作用，指出：“计利以听，乃为之势，以佐其外；势者，因利而制权也。”即通过主观努力，能动地创造和运用有利的态势。

3. “不战而屈人之兵”的军事战略思想

“不战”思想是孙武追求的理想目标。孙子认为，“百战百胜，非善之善者也。不战而屈人之兵，善之善者也”，从而提出了不以直接交战的方式达成政治目的“全胜”战略。他称不战而胜为“全”，战而胜之为“破”。主张对于国、军、旅、卒、伍，“全”为上，“破”次之。为达全胜目的，在战略谋划上要胜敌一筹，“庙算胜者，得算多也”。在力量对比上要处于优势，“胜兵若以镒称铢”。在战争准备上要周到细致，“先为不可胜，以待敌之可胜”；“胜兵先胜而后求战”，先做好充分准备再打仗就容易取胜，反之极易导致失败。总之，要求达到“屈人之兵，而非战也；拔人之城，而非攻也；毁人之国，而非久也。必以全争于天下，故兵不顿，而利可全”。

4. “令之以文，齐之以武”的治军思想

治军首先要爱军。孙子的治军思想核心是“令之以文，齐之以武”。“文”，是指怀柔、爱抚，对士兵要关心、爱护。“令之以文”就是要运用思想文化的力量，产生强大的凝聚力，从而让士卒自觉自愿地听从命令。孙子说，将帅要“视卒如婴儿”“视卒如爱子”，这样才能调动士卒杀敌的热情，“故可以与之赴深溪”“故可与之死”。“武”，是指严惩、严罚，制定严明的军纪。“齐”，指军队统一行动，整齐严肃。“齐之以武”，就是要用严格纪律管束部队，做到赏罚分明、令行禁止。

“令之以文”与“齐之以武”二者有机统一，不可偏废。孙子在“五事”中提出“法”，在“七计”中又提出“法令执行”“赏罚孰明”，军队有法，才能组成集中统一的有组织的力量，上下有所遵循，成为“有制之兵”。这是孙子以法治军思想的体现。孙子认为，治军思想的基本原则是恩威并重，治军如果没有恩德的手段相配合，就会出现“怨法而不畏法”的状况；如果没有威严的手段作保证，就会击现“恃恩而不感恩”的状况。只有文武相兼、恩威并施，才能使官兵勇往直前。

孙子主张“令素行以教其民”，对士卒平时要严格训练，严明纪律，战时才能步调一致，服从命令。他还注重将帅的选拔和任用，认为将帅是“生民之司命”，提出了“智、信、仁、勇、严”五条德才标准。

5．“致人而不致于人”的作战指导思想

善于牵着敌人的“牛鼻子”是战争中争取主动的法宝。在行军打仗的问题上，孙子提出“致人而不致于人”的观点，意思是要始终把握作战的主动权。围绕如何获得主动权，孙子在书中进行了丰富而详细的论述。这是《孙子兵法》篇幅最多、最为重要的内容。

由“庙算”赢得先机。“庙算”指的是充分的战前筹划，他说，“多算胜，少算不胜，而况无算乎！吾以此观之，胜负见矣。”意思是说战前筹算周密，胜利条件多，可能胜敌；筹算不周，胜利条件少，不能胜敌，更何况没有任何筹算呢！我们从这些方面来考察，谁胜谁负就可以看出来。

由“庙算”制胜。主要是指战前要以战争全局对战争诸因素进行分析对比，决定打不打，怎么打，用什么力量打，在什么时间、地点打，打到什么程度，如何进行战争准备和后方保障，做到有预见、有计划和有保障，心中有数，打则必胜。也就是说，先求“运筹帷幄之中”，然后才能“决胜千里之外”。

此外，孙子还总结了许多作战用兵的原则。例如：先胜而后求战的原则，示形动敌的原则，避实而击虚的原则，奇正相生的原则，我专而敌分的原则，因敌而制胜的原则，因粮于敌的原则等。在实施战略进攻时，要秘密决策，“厉于廊庙之上，以诛其事”，隐敝准备，“形人而我无形”，突然袭击，“敌人开阖，必亟入之”“乘人之不及，由不虞之道，攻其所不戒也”；打敌要害，“先其所爱，微与之期”，大胆深入，“凡为客之道，深入则专”。孙子主张速战速决，反对旷日持久，提出“兵贵胜，不贵久”。这是基于对当时国家经济承受能力和后勤保障能力的分析作出的抉择。因为，“相守数年”的战争，“内外骚动，怠于道路，不得操事者，七十万家”，“久暴师则国用不足”，否则，一旦“诸侯乘其弊而起，虽有智者，不能善其后矣”。又因为在后方供应上，“食敌一钟，当吾二十钟”，因而要求“因粮于敌”。孙子强调主动进攻，但也不忽略做好防御，认为“不可胜者，守也”，要求“善守者，藏于九地之下”，以求“自保而全胜”。

孙子强调指出，在作战中定要注重运用谋略，通过巧妙的方法赢得胜利。谋略，是指用兵的计谋。孙子说：“上兵伐谋，其次伐交，其次伐兵，其下攻城”。战争不仅仅是军事力量的竞赛，还是敌我双方政治、经济、军事和外交等综合斗争，同时也是双方军事指导艺术的较量。在必要时候，要通过“诡道”的方式战胜敌人，即“能而示之不能，用而示之不用，近而示之远，远而示之近，利而诱之，乱而取之，实而备之，强而避之，怒而挠之，卑而骄之，佚而劳之，亲而离之。攻其无备，出其不意。此兵家之胜，不可先传也。”这被后人称之为“诡道十二法”。

除上述内容以外，孙子还提出了许多深刻的思想观点。自《孙子兵法》诞生以来，其影响与日俱增。明代的军事作家茅元仪曾说，“前孙子者，孙子不遗；后孙子者，不能遗孙子”，精当地评价了《孙子兵法》的历史地位和永恒思想价值。进入现代以后，《孙子兵法》的影响非但没有消退，反而进一步跨越了地域和语言的局限，受到世界上越来越多国家各种人士的重视和推崇，被东西方共同称为“兵学圣典”。

（二）吴起的《吴子兵法》

中国古代有很多影响深远的兵学著作，蕴含着丰富的军事思想。如吴起所著的《吴子兵法》，又名《吴子》，作者为战国时期的吴起。吴起提出了“内修文德，外治武备”“要在强兵”

“教戒为先”“用兵之害，犹豫最大；三军之灾，生于孤疑”等思想观点。人们常把吴起与孙子相提并论，合称为“孙吴兵法”。

(三)《六韬》

战国末期的《六韬》，从民本思想出发，强调战争的正义性，认为战争的胜负取决于是否符合人民的利益；重现军队统帅机构建设，强调选将、统士，认为选将是治军的重要环节；主张采取“天阵”“地阵”“人阵”等多种战斗队形，并灵活运用迂回、包围、伏击、突袭等战术。

(四)《唐太宗李卫公问对》

以唐太宗李世民与卫国公李靖讨论兵法问答形式写成的兵书《唐太宗李卫公问对》，从“奇正”“虚实”“主客”“攻守”等许多方面生发议论，对阵法布列、古代军制、兵学源流以及教阅与实战的关系等，都提出独到的见解。

此外，在孔子、老子、墨子、管子、韩非子以及历代政治家、思想家的论著中，虽然不是专门的兵书，但也就军事问题进行了深入研究，有着很多的真知灼见。所有这些，都是中国传统文化中的瑰宝，是祖先留给后人的宝贵精神财富。作为中华民族的传人，我们应当认真地学习和研究，结合当前实际加以应用。只有这样，才能使中华文化真正发扬光大，在世界民族之林绽放出更大的异彩。

第四节　中国当代军事思想

当代中国军事思想，是中国共产党领导人民军队，在建设强大国防、维护人民根本利益的进程中形成的军事思想，统称为党的军事指导理论。党的军事指导理论借鉴了古今中外军事思想的精华，将马列主义军事理论与中国革命战争、社会主义建设的实际相结合，是马克思主义中国化的军事理论成果。党的军事指导理论在不同的历史阶段有不同的理论成果，主要包括毛泽东军事思想、邓小平新时期军队建设思想、江泽民国防和军队建设思想、胡锦涛国防和军队建设思想，以及习近平强军思想。这些理论成果都是领导人和人民群众集体智慧的结晶，相互间不是割裂的，而是一脉相承、继承发展的关系，推动着党的军事指导理论不断向前迈进。

一、毛泽东军事思想

毛泽东是一位伟大的无产阶级革命家、战略家、军事家和理论家，是中国共产党、中国人民解放军和中华人民共和国的主要缔造者和领导者。在长达半个世纪的军事实践活动中，以毛泽东为代表的中国共产党人，不断探索中国革命战争的规律，全面总结我军建设和作战的丰富经验，并运用马克思主义的原理将其系统化、理论化，形成了一个完整的军事思想体系——毛泽东军事思想。毛泽东军事思想是我军的建军之魂、立军之本、制胜之道，是我国国防和军队建设及军事斗争的根本指导思想。它不仅过去是指导我军战胜强大敌人的锐利武器，而且现在和将来仍然是指导我国国防和军队建设的理论指南。因此，在新的历史条件下，学习和研究毛泽东军事思想，完整准确地掌握其科学体系，并用其指导当前和今后的军事斗争，具有极其重要的意义。

(一) 毛泽东军事思想的科学含义

毛泽东军事思想这一科学概念，有其特定的内涵，即：“毛泽东关于中国革命战争、人民军队和国防建设以及军事领域一般规律问题的科学理论体系，是毛泽东思想的重要组成部分。它是马克思列宁主义普遍原理与中国革命战争和国防建设实际相结合的产物，是中国共产党领导中国人民及其军队长期军事实践经验的科学总结和集体智慧的结晶，同时也多方面汲取了古今中外军事思想的精华，是中国共产党领导中国革命战争、军队建设、国防建设和反侵略战争的指导思想。”[①]从这一定义可以看出，毛泽东军事思想具有以下四个方面的科学含义。

1. 是马克思列宁主义军事理论与中国革命战争实践相结合的产物

旧中国是一个以农民为主的半殖民地半封建国家，革命的主要斗争形式是战争，主要组织形式是军队。无产阶级政党要组织军队，进行革命战争，并取得胜利，需要解决许多特殊而复杂的问题，在马列著作中找不到现成的答案，照抄照搬别国的经验也是不能获得成功的。以毛泽东为代表的中国共产党人，适应中国革命战争的需要，在长期革命战争实践中，创造性地运用马列主义科学原理，正确解决了这些问题，因而形成了具有中国特色的、发展了的马列主义军事理论——毛泽东军事思想。

2. 是中国人民革命战争和国防、军队建设实践经验的总结

中国革命武装斗争的伟大实践，是毛泽东军事思想赖以产生、形成、发展的源泉和基础。中国共产党在领导中国革命的武装斗争中，经历了国共合作的北伐战争，独立领导的土地革命战争、抗日战争和解放战争，推翻了帝国主义、封建主义和官僚资本主义的反动统治，建立了中华人民共和国。这场革命武装斗争，其时间之长，规模之大，情况之复杂，道路之曲折，内容之丰富，形式之多样，取得胜利之辉煌，在中外战争史上都是罕见的。新中国成立后，又进行了抗美援朝战争，抗击了苏联、印度、越南等国侵犯我国边境的自卫还击作战，并从多方面进行了以现代化为中心的国防、军队建设。毛泽东军事思想就是在以上中国革命武装斗争、国防与军队建设实践经验基础之上的科学概括。中国革命武装斗争实践，是毛泽东军事思想产生和发展的客观基础，毛泽东对马列主义有着深刻的理解，对中国实际进行了深入的调查研究，他既具有丰富的历史知识，又是集军事统帅和军事理论家于一身的党和国家领导人，因此他不仅可以从长期亲身参加和领导的战争实践中总结经验上升为理论，而且有条件运用这些理论去指导战争实践，并在实践中反复检验这些理论，丰富发展理论，因而使毛泽东军事思想成为科学的理论体系。

3. 是中国共产党人集体智慧的结晶

毛泽东军事思想这一科学思想体系，有主要代表人物，但又不仅仅是哪一个人的思想。毛泽东作为中国无产阶级军事理论的奠基人和集大成者，对这一思想体系的创立和发展起了主要作用，我党、我军的军事思想以他的名字命名是恰当的，他也是当之无愧的。但毛泽东只是这一思想的主要代表，这一思想从整体上来说，是群众智慧的结晶。因为毛泽东军事思想是中国革命战争实践经验的总结，进行这个实践的，是老一辈无产阶级革命家和广大人民群众这一群体，探索军事规律、发现军事真理的，不仅仅是毛泽东一个人。一方面，伟大的中国革命战争造就了一大批卓越的无产阶级军事家，如朱德、周恩来、叶挺、彭德怀、贺龙、陈毅、刘伯承、邓小平，等等。他们在创建人民军队和参加领导历次革命战争中，都建立了不朽的功绩，也为毛泽东军事思想的建立和发展做出了卓越的贡献。另一方面，中国共产党实行

---

① 范震江:《毛泽东军事思想》. 北京:中国大百科全书出版社,2007年版,第1页。

的是集体领导,党和军队关于战争问题的许多重大决策和重要理论观念的形成,都可以说是领袖集团集体智慧的体现,是人民群众的共同创造。正如毛泽东自己所言,这不是我一个人的思想,是千万先烈用鲜血写出来的,是党和人民的集体智慧。

4. 是毛泽东思想的重要组成部分

毛泽东军事思想在整个毛泽东思想体系中占有极为重要的地位。党中央《关于建国以来党的若干历史问题的决议》在对毛泽东的历史地位和毛泽东思想的评价中,高度赞扬了毛泽东对马克思主义军事理论的杰出贡献,并指出,毛泽东军事思想"是对马克思列宁主义的军事理论的极为杰出的贡献""特别是他论述中国革命战争问题的重要著作,提供了在实践中运用和发展马克思主义认识论和辩证法的最光辉的范例"。我党建国前的历史,实际上就是一部武装斗争史,夺取军事斗争的胜利成了突出的问题,这要求以毛泽东为代表的中国共产党人,必须以主要的精力去研究军事问题。毛泽东的军事实践活动,是他一生中最光辉、最成功的部分,因而在他的全部理论研究中,军事理论的创造和论著占有重要的地位。日本一位军事评论家认为:毛泽东思想的精髓部分是他的军事思想。不理解他的军事思想,也就不能理解毛泽东思想。

(二) 毛泽东军事思想的主要内容

毛泽东军事思想产生于中国革命战争的实践,反过来能动地指导革命战争的实践,并随着战争实践的发展而不断受到检验。毛泽东军事思想的形成和发展,是同中国革命战争的发生、发展和胜利以及同党内左、右倾错误的斗争紧密联系在一起的。新中国成立之后,毛泽东军事思想又适应国防建设和军事斗争的需要,继续得到丰富和发展,形成了一个成熟的思想体系。其基本内容包括战争观和方法论、人民军队思想、人民战争思想、人民战争的战略战术思想、国防建设思想五个方面。

1. 战争观和方法论

以毛泽东为代表的中国共产党人,在指导中国革命战争的伟大实践中,创造性地运用马列主义的辩证唯物论和历史唯物论,观察和分析战争的基本问题,认识和运用军事领域的辩证规律,阐明了无产阶级的战争观和方法论,主要包括:对战争的起源、战争的本质、战争的目的、现代战争的根源的认识及对待战争的态度;对战争与政治、经济,战争与革命,战争与和平等诸因素相互关联的看法;从研究战争规律入手,运用规律于自己的行动;从战争全局出发,关照全局,掌握关节;掌握认识战争情况的辩证过程,使主观指导始终同战争客观实际相一致;着眼其特点,着眼其发展,实现作战指导上的主动性、灵活性和计划性等。

2. 人民军队思想

以毛泽东为代表的老一辈无产阶级革命家、军事家,把人民军队建设问题作为进行武装革命的首要问题提出来。毛泽东把马列主义的建军学说和中国实际相结合,创造性地提出了一整套建军理论和原则,主要包括:人民军队是执行革命的政治任务的武装集团;全心全意为人民服务是人民军队的唯一宗旨;人民军队必须置于中国共产党的绝对领导之下;建立健全政治工作制度,开展强有力的政治工作;执行战斗队、工作队、生产队三大任务;坚持官兵一致、军民一致、瓦解敌军三大原则;贯彻群众路线,实行政治、经济、军事三大民主;遵守三大纪律八项注意,实行自觉基础上的严格纪律;加强军队革命化、现代化、正规化建设;严格训练,严格要求,不断提高战斗力;发扬勇敢战斗、不怕牺牲和艰苦奋斗的优良作风;努力提高军事、政治、科学、文化水平,加强战备,增强作战能力,随时抵御外敌入侵,维护国家安全。

3. 人民战争思想

人民战争是我党历来坚持的指导战争的根本路线，是我党唯一正确的战争指导思想，是毛泽东军事思想的核心内容，是我军战略战术的基础。它的基本内容是：革命战争是群众的战争，人民群众是战争伟力之最深厚的根源；兵民是胜利之本；人是战争胜负的决定因素，只有依靠、动员、武装人民群众，才能实行全面、彻底的人民战争；坚持党的绝对领导，是实行人民战争的根本保证；依靠和动员人民群众，是实行人民战争的坚实基础；强大的人民军队，是实行人民战争的骨干力量；坚持"三结合""一配合"是实行人民战争的正确组织形式和斗争形式；建立巩固的革命根据地，是实行人民战争的战略基地；运用灵活机动的战略战术，是实行人民战争的正确战争指导。

4. 人民战争的战略战术思想

人民战争的战略战术，体现了毛泽东人民战争思想的战略指导原则和作战方法，是毛泽东高超的战争指导艺术的总结，它揭示了中国革命战争的指导规律，是毛泽东军事思想中最精彩的部分，内容十分丰富。人民战争的战略战术思想，是建立在人民战争的基础之上，立足于以劣势装备战胜优势装备之敌的灵活机动的战略战术。其主要内容有：把唯物辩证法运用于作战指导，从实际出发，不拘一格；有什么枪打什么仗，对什么敌人打什么仗，在什么时间、地点打什么时间、地点的仗；你打你的，我打我的，打得赢就打，打不赢就走；消灭敌人，保存自己；实行积极防御，反对消极防御；在战略上藐视敌人，在战术上重视敌人；集中优势兵力，各个歼灭敌人；运动战、阵地战、游击战三种作战形式紧密结合；执行有利决战，避免不利决战；进攻时防止冒险主义，防御时防止保守主义，退却时防止逃跑主义；每战力求有准备，不打无准备无把握之仗；慎重初战，不打则已，打则必胜；灵活运用兵力和变换战术；适时地实行战略转变；重视后勤保障和军队的适时休整等。

5. 国防建设思想

新中国成立后，毛泽东等老一辈无产阶级革命家，创立了国防现代化建设理论。其主要内容是：动员全国人民，保卫、建设新中国；国防不可没有，国防必须实现现代化；要建设一支现代化国防军；加强国防建设，首先是一定要加强国家经济建设；国防建设要根据国家安全利益的需要，以积极防御的战略方针为指导；国防建设必须坚持独立自主的方针；在世界大战可能避免的相对和平的时期，要坚持精干的常备军与强大的后备力量相结合；要充分发挥我们自己的优势与国防威慑的重大作用等。

毛泽东军事思想，是一个完整的科学体系，各个组成部分相互联系、互相依存。在这个体系中，无产阶级的战争观和方法论是整个科学理论体系的理论基础，人民战争思想是毛泽东军事思想的核心，人民军队思想是建设人民军队的理论指南，灵活机动的战略战术是进行人民战争的方式和方法，国防现代化建设理论是进行国防建设、保卫国家安全、防止外敌入侵的指导方针和原则。

(三) 毛泽东军事思想的历史地位和现实意义

毛泽东军事思想是具有中国特色的无产阶级军事理论。它创造性地发展了马克思主义军事理论，指导中国革命取得了彻底的胜利。新中国成立之后又继续指导了中国的国防建设、抗美援朝战争和边境自卫反击战，是国防现代化建设和未来反侵略战争的理论指南。它不仅在中国军事思想发展史上占有极为重要的地位，而且在世界军事史上也有重要的地位。

1. 毛泽东军事思想是当代最先进的无产阶级军事理论

毛泽东、朱德、周恩来和邓小平等老一辈无产阶级革命家，在领导中国人民进行长期革命战争和国防建设的实践中，创造性地把马列主义普遍原理与中国革命战争和国防、军队建设具体实践相结合，继承发展了古代、近代和现代的中外优秀军事理论，形成了内容极其丰富的毛泽东军事思想。毛泽东军事思想源于实践，指导实践，并接受了中国革命战争和国防、军队建设实践的检验，是迄今最完整、最系统的无产阶级军事理论。毛泽东军事思想不仅是我党我军的宝贵财富，而且在世界军事理论中也占有极为重要的地位，其重大作用和影响已经远远超越了时空界限，成为世界军事理论宝库中的璀璨明珠。

2. 毛泽东军事思想是我军克敌制胜的根本法宝

毛泽东军事思想运用辩证唯物主义和历史唯物主义的原理，批判地吸收了古今中外的优秀军事思想遗产，是最科学、最先进、最完整的军事理论。它揭示了中国革命战争的特殊规律，又反映了现代战争和国防建设的一般规律，是经过实践检验的科学真理。尽管国际形势日新月异，我国综合国力大幅攀升，但对我军未来打赢信息化战争仍然具有普遍适用性，无论过去、现在和将来，毛泽东军事思想始终是我军克敌制胜的法宝。

3. 毛泽东军事思想是国防和军队现代化建设的指南

毛泽东军事思想的基本原理原则，不仅在以往战争年代是指导我们战胜国内外强大敌人的锐利武器，而且在新时期仍是国防、军队建设和夺取未来战争胜利的指南。当前，我国、我军建设的具体环境条件虽然发生了巨大的变化，但仍然离不开毛泽东军事思想的科学指导。坚持把毛泽东军事思想的基本原理、我军建设和国防建设的优良传统同现代武器装备、现代军事技术有机结合起来，这是我国现代国防和军队建设所具有的中国特色的体现和根本要求。

4. 毛泽东军事思想创造性地丰富和发展了马克思主义军事理论

毛泽东军事思想对马列主义军事理论的丰富和发展做出了重大而独特的贡献，并将其发展到一个崭新的高度，极大地丰富了马列主义军事科学的理论宝库。毛泽东的主要贡献在于：开创了一条农村包围城市、武装夺取政权的革命道路；创建了一支新型的人民军队；丰富和发展了马列主义的人民战争思想；创造了适合中国特点的人民战争的战略战术；科学阐明了关于研究和指导战争的战争观和方法论。

5. 毛泽东军事思想在世界上有广泛而深远的影响

毛泽东军事思想，从它产生到丰富发展，一直受到世界各国的关注，中国革命取得胜利后，毛泽东军事思想更是受到世界各国各方面人士的重视，对它的研究和学习，已经超越了国界。二十世纪六七十年代，毛泽东军事思想在第三世界广泛传播，成为许多国家被压迫民族和人民争取民族独立和解放的强大思想武器。即使是许多发达或比较发达的国家，对毛泽东军事思想也很重视。如美国前总统肯尼迪，要求美军陆军都要研究毛泽东有关游击战问题的论著；《纽约时报》称毛泽东是当代的“革命战略家”；基辛格在《核武器与外交政策》一书中指出：“毛泽东基于大家熟悉的列宁主义学说，即战争是斗争的最高形式，研究出一套军事理论。”“这套军事理论表现出高度的分析能力，罕见的洞察能力。”“善于将列宁主义原理运用于中国的实际情况。”柯林斯在《大战略》中，把毛泽东视为“具有革新思想的战略家之一”“是民族解放战争和人民战争的主要理论家”。毛泽东军事著作，已被几十个国家翻译出版、学习、研究和运用。不少国家，包括美国的一些军事院校，还专门规定了学习毛泽东军事思想的内容，开设了相应的课程。第三世界一些国家还专门请我国专家去讲授或派留学生到我国来学习毛泽东军事思想。总之，毛泽东军事思想在世界军事思想史上占有重要的地位，是当代世界最具有重大影响的军事思想。

二、邓小平新时期军队建设思想

邓小平新时期军队建设思想是一个具有丰富内容的完整的科学体系。总政治部颁发的《邓小平新时期军队建设思想学习纲要》，将邓小平新时期军队建设思想的内容明确概括为十一个方面：一、军队和国防建设指导思想实行战略性转变；二、军队要服从整个国家建设的大局；三、军队要担当起维护国家主权和安全的历史责任；四、实行积极防御的军事战略方针；五、建设一支强大的现代化正规化的革命军队；六、始终不渝地坚持人民军队的性质；七、中心是解决现代化的问题；八、提高军队建设的正规化水平；九、要把教育训练提高到战略地位；十、坚定不移地走有中国特色的精兵之路；十一、军队和国防建设是全党和全国人民的事业。

邓小平新时期军队建设思想的精髓，主要体现在以下方面。

1. 军队和国防建设指导思想要实行战略性转变。邓小平认为，和平和发展是时代主题，推迟或制止世界战争的爆发已成为可能，世界大战在一定条件下可以避免，但战争的威胁依然存在，霸权主义仍然是对世界和平的最大威胁，局部战争已成为主要战争形态；我国周边安全环境发生了根本性好转，但仍然存在着各种现实的和潜在的威胁。稳定世界局势，实现和平与发展，要有新的途径和新的方法，即用“和平方式”和“共同开发”的办法解决国际争端。

2. 军队建设要服从国家建设的大局。军队建设以国民经济为基础，军队和国防建设要与国家经济建设协调发展。一是国防建设指导思想要从长期以来立足于“早打，大打，打核战争”的临战状态，转变到和平时期现代化建设的轨道上来；二是要正确处理国防建设和经济建设的关系；三是要实现国防建设与国家经济建设的协调发展。

3. 实行积极防御的军事战略方针。贯彻积极防御的战略方针，是维护国家主权和安全的需要，也是由我国社会制度决定的。邓小平指出：“我们未来反侵略战争，究竟采取什么样的战略方针？我赞成就是‘积极防御’四个字。”我国对战争问题的基本原则是：“人不犯我，我不犯人，人若犯我，我必犯人。”实行积极防御的战略方针，要把立足点放在遏制战争的爆发上，注重研究现代战争。军事战略要从维护国家安全利益出发，用和平方式解决对抗性争端和矛盾，注重发展综合国力，从根本上增强军事实力，提高威慑能力。

4. 建设一支强大的现代化正规化革命军队。军队建设要以革命化为前提、现代化为中心、正规化为重点，全面建设现代化正规化革命化的军队；要把教育训练摆到战略地位，努力提高部队战斗力；要搞好体制改革和精简整编，建立科学的体制编制；实现军队正规化，要依法治军，科学管理；要加强和改进新时期军队政治工作，保证党对军队的绝对领导，保证军队高度稳定和集中统一。

5. 现代战争条件下要坚持和发展人民战争思想。邓小平根据现代战争的特点和规律，结合我国的实际情况，在继承毛泽东人民战争思想的基础上，提出了“现代条件下人民战争”的思想。围绕这一思想，邓小平特别强调人民战争的形式要与现代战争的特点相吻合；强调现代条件下从事人民战争的人必须具有很高的素质；强调在军队精简的情况下，尤其要搞好民兵和预备役的建设；要研究现代战争条件下人民战争的战略战术；要保持和发扬我党我军的优良传统，发挥人民战争的政治优势。

三、江泽民国防和军队建设思想

由总政治部组织编写和颁发的《江泽民国防和军队建设思想学习纲要》，对江泽民国防和军队建设思想的科学体系，从新的历史条件下国防和军队建设的地位作用、目标任务、指导方针、总体思路、根本途径、战略步骤、发展动力、政治保证等方面，对江泽民国防和军队建设思想的理论体系做了十四个方面的概括：一、从国际战略全局和国家发展大局谋划国防和军队建设；二、解决好打得赢、不变质两个历史性课题；三、党对军队的领导是我军永远不变的军魂；四、积极推进中国特色的军事变革；五、用新时期军事战略方针统揽军队建设全局；六、按照"五句话"总要求全面加强军队建设；七、始终把思想政治建设摆在军队各项建设的首位；八、实施科技强军战略，加强军队质量建设；九、培养和造就大批高素质的新型军事人才；十、加快我军武器装备现代化建设的步伐；十一、走出一条投入较少、效益较高的军队现代化建设路子；十二、坚持依法治军、从严治军；十三、军队现代化建设动力在改革；十四、依靠人民建设军队、建设国防。

江泽民国防和军队建设思想的精髓，主要体现在以下方面。

1. 正确把握国际国内局势，谋划国防和军队建设。在当前复杂的国际国内形势下，关注军事安全因素，提高安全保障能力，是维护国家生存和发展的必然选择。维护国家安全，保障国家发展利益，是谋划国防和军队建设的目标，我们必须把维护国家安全和发展利益摆在更加突出的战略位置，必须坚持国防与经济建设协调发展的方针，提高国家战略能力，提高军队打赢战争和遏制战争的能力，把经济建设搞上去和建设强大的国防，完成我国现代化建设的两大战略任务。

2. 始终把思想政治建设摆在军队各项建设的首位。这是永葆人民军队性质的要求，是我军立于不败之地的前提和可靠保证。把思想政治建设摆在首位的首要任务是保证党对军队的绝对领导，这是我军的军魂，是我军特有的政治优势，是我军的一项根本政治制度和根本的建军原则。思想政治建设是我军革命化的核心，是我军现代化和正规化的灵魂，其根本就是要用科学的理论，特别是"三个代表"重要思想武装全军。通过加大军队思想政治建设改革的力度，使军队精神文明建设走在全社会的前列。

3. 用新时期军事战略方针统揽全局，解决好"两个历史性课题"。必须用新时期军事战略方针来指导和统揽全军各项建设和一切工作。军事斗争准备的基点，要放在现有武器装备上，放在打赢现代技术特别是高技术条件下的局部战争上。无论是军事训练、政治工作、后勤保障、国防科研，还是其他各方面的建设和工作，都要服从和服务于这一战略的需要，都要确保这一战略方针的胜利实现而周密规划、全面部署、深入展开。这就迫切要求我军在新的历史条件下必须着力解决好打得赢、不变质两个历史性课题。始终不渝地坚持打得赢、不变质相统一，是我军存在和发展的全部意义和价值所在。

4. 按照"政治合格、军事过硬、作风优良、纪律严明、保障有力""五句话"总要求，积极推进中国特色的军事变革。"五句话"总要求从认识论和方法论的高度确立了军队全面建设的指导思想，是军队建设总目标的具体化和规范化。政治合格是前提，军事过硬是中心，作风优良、纪律严明是保证，保障有力是基础，五者缺一不可。实现"五句话"总要求，要靠全军官兵团结奋进、共同努力，积极推进中国特色的军事变革。

5. 实施科技强军战略，走有中国特色的精兵之路。我军建设的现状和主要矛盾以及我国防御性的国防政策和世界军事发展的潮流，都决定了我军必须走有中国特色的、加强质量建设的精兵之路。走有中国特色的精兵之路，必须从我国的实际需要和可能出发，贯彻科技强军战略，实现军队的“两个根本性转变”。要继续把教育训练摆在战略地位，培养和造就大批高素质新型军事人才，加快我军武器装备现代化建设和发展的步伐，减少数量、提高质量、优化结构，改革和完善军队的体制编制。

6. 坚持依法、从严治军，探索新形势下军队建设的特点和规律。针对新时期我军建设面临的新情况、新问题，一定要坚持严格训练、严格管理，培养优良的作风、严明的纪律；军队一定要在全国人民面前保持和发扬遵纪守法、军容严整、作风过硬的良好形象。坚持依法从严治军，要以加强纪律建设为核心内容，要首先从领导干部做起，积极探索新形势下治军的特点和规律，实现军队的科学管理，从而不断提高我军正规化管理水平。

7. 贯彻全民建设国防的方针，实现国防现代化跨越式发展。国防和军队建设，是全党和全国各族人民的共同事业。坚持全民办国防的方针，是新时期坚持人民战争思想的必然要求，是我们的优势所在。要贯彻全民建设国防的方针，依靠人民建设军队、建设国防。必须深入持久地开展国防教育，增强全民国防观念，完善国防动员机制，加强后备力量建设，为战争潜力转化为战争实力提供重要保障。要坚持国防与经济建设两头兼顾、协调发展，在全面建设小康社会的伟大事业中，实现国防现代化的跨越式发展。

四、胡锦涛国防和军队建设思想

胡锦涛国防和军队建设思想，是科学发展观的重要组成部分，是科学发展观在军事领域的运用和展开，实现了党的军事指导理论的又一次与时俱进。2013 年，经习主席和中央军委审定批准印发的《胡锦涛国防和军队建设思想学习纲要》，将其思想概括为十四个方面：一是正确认识时代特征和国家安全形势的发展变化；二是在全面建设小康社会进程中实现富国和强军相统一；三是全面履行新世纪新阶段军队历史使命；四是在国防和军队建设中贯彻落实科学发展观；五是围绕“三个确保”时代课题加强军队思想政治建设；六是坚持不懈地拓展和深化军事斗争准备；七是加快转变战斗力生成模式；八是加快全面建设现代后勤；九是实现我军武器装备的自主发展、跨越发展、可持续发展；十是加紧培养大批高素质新型军事人才；十一是把依法治军、从严治军作为全局性基础性长期性工作紧抓不放；十二是积极稳妥进行国防和军队改革；十三是提高军队党的建设科学化水平；十四是紧紧依靠人民办国防。胡锦涛国防和军队建设思想的精髓主要体现在以下方面。

1. 关于新世纪新阶段国防和军队建设的指导方针。强调坚持把科学发展观作为加强国防和军队建设的重要指导方针，坚持以人为本，坚持国防建设与经济建设相协调，坚持国防和军队建设诸要素全面协调可持续发展。要坚持以新时期军事战略方针统揽全局，抓紧做好军事斗争准备，加快推进中国特色军事变革。

2. 关于新世纪新阶段国防和军队建设的战略使命。其内容为“三个提供一个发挥”：为党巩固执政地位提供重要的力量保证；为维护国家发展的重要战略机遇期提供坚强的安全保障；为国家利益的拓展提供有力的战略支撑；为维护世界和平和促进共同发展发挥重要作用。

3. 关于新世纪新阶段国防和军队建设的基本着眼点。强调搞清我军建设的主要矛盾，要求全面、系统、深入地研究军队建设的阶段性特点。强调把军队建设的基础和现状搞清楚，把影响和制约军队建设的热点难点问题搞清楚，把军队建设的发展方向和主要任务搞清楚。强调军队建设要以提高信息化条件下的威慑和实战能力为根本出发点和落脚点。

4. 关于新世纪新阶段国防和军队建设的目标任务。强调要从国际国内大局出发，用更加宽广的战略眼光来审视国防和军队建设问题，确立国防和军队建设的目标和任务，以增强打赢信息化条件下局部战争的能力为核心，不断提高应对多种安全威胁、完成多样化军事任务的能力。

5. 关于新世纪新阶段国防和军队建设的牵引力量。强调以军事斗争准备为龙头带动军队现代化的整体发展。强调要把军事斗争准备作为最重要、最现实、最紧迫的战略任务抓得紧而又紧。要在全军大抓军事训练，以提高一体化联合作战能力为目标，围绕推进机械化条件下军事训练向信息化条件下军事训练转变的主题，坚持从难从严从实战需要出发进行训练，要在近似实战的环境和条件下摔打磨练部队。坚持走科技兴训之路，坚持全面提高官兵素质，坚持以改革创新推动训练转型，为确保我军打得赢、不变质服务。

6. 关于新世纪新阶段国防和军队建设的推进动力。强调科学技术是第一生产力，也是推动国防和军队建设又好又快发展的巨大动力。要进一步实施科技强军战略，着力推进军事理论创新、军事技术创新、军事组织体制创新和军事管理创新，把军队战斗力生成模式确实转到依靠科技进步特别是以信息技术为主要标志的高新技术进步上来，不断提高官兵的科技素质，充分发挥科技进步和创新对战斗力提高的重大推动作用。

7. 关于新世纪新阶段国防和军队建设的基本要求。强调革命化现代化正规化建设的有机统一，强调统筹中国特色军事变革与军事斗争准备，统筹机械化建设与信息化建设，统筹诸军兵种作战力量建设，统筹当前建设和长远发展，统筹主要战略方向建设与其他战略方向建设。强调注重解决体制机制等制约军队发展的深层次矛盾和问题。强调坚持军民结合、寓军于民，把国防和军队建设融入经济社会发展体系之中，走军民融合式发展道路，要在全面建设小康社会进程中实现富国和强军的统一。要加强科学筹划和科学管理，走出一条投入较少、效益较高的国防和军队现代化建设路子。

8. 关于新世纪新阶段国防和军队建设的政治保证。强调要保证党对军队的绝对领导，保证军队履行好保卫国家安全、捍卫国家主权和领土完整的神圣使命。要按照先进性要求，加强军队党组织能力建设，坚持围绕中心任务抓党建，把先进性贯彻和体现到党的思想、组织、作风、制度建设等各个方面，扎实深入地搞好保持共产党员先进性教育活动。要大力弘扬我军"听党指挥、服务人民、英勇善战"的优良传统，大力培育当代革命军人"忠诚于党，热爱人民，报效国家，献身使命，崇尚荣誉"的核心价值观，确保军队永远听党的话，永远保持军队的性质和本色，能够有效履行我军新的历史使命。

9. 关于新世纪新阶段军事科学发展。强调要繁荣和发展军事科学，要以人类科技发展的最新成果——以信息技术为核心的高新技术群体为推动力，促进中国军事的科学发展，构建具有中国特色的新型军事科学体系。要拓展军事战略的视野，善于着眼国家利益全局筹划和指导军事行动，把战略问题具体化，使军事斗争、军事战略与国家安全融为一体，将传统军事战略"制约战争、准备战争、打赢战争"的功能发展为"应对危机、维护和平，遏制战争、打赢战争"的功能。要发展积极防御军事战略方针的战略指导原则，"遏制危机、控制战局、打赢战争”。要坚持和发展人民战争思想，探索新时期治军和作战的特点及规律。要加强军事科研中的制度建设，建立和完善军事科研的运行模式，培养和造就一支高素质军事科研人才队伍。

五、习近平强军思想

习近平强军思想，是以习近平同志为核心的党中央继承中国革命战争和社会主义条件下国防和军队建设的理论成果，运用马克思主义基本原理，观察和分析国家安全和军事问题，创造性地揭示和反映现代军事活动的本质与规律，并用于指导中国现代军事实践的科学理论体系，闪耀着马克思主义思想方法的光辉，是指引强军事业发展进步的科学指南。牢固确立习近平强军思想在国防和军队建设中的指导地位，对于坚定不移走好中国特色强军之路，全面推进国防和军队现代化，具有重大现实意义和历史意义。

（一）习近平强军思想的创立与发展

2012 年党的十八大以后，习近平同志担任党、国家和军队的领导人。他在新时代带领全党、全军继承毛泽东、邓小平、江泽民和胡锦涛等领导人的有益经验，坚持和发展中国特色社会主义历史进程中，着眼实现中华民族伟大复兴的中国梦，紧紧围绕建设一支什么样的强大人民军队、怎样建设强大人民军队的重大课题，采取了一系列重大的改革措施，深入进行理论探索和实践创新。

2012 年 12 月 8 日，习近平担任军委主席后第一次离京到原广州军区视察，鲜明指出“强国梦，对于军队来讲，也是强军梦”，这论断具有重大理论奠基意义。以此为思想发端和逻辑起点，习近平主席在领航人民军队进程中进行了艰辛的理论探索和实践创造。从思考回答“军队的样子”，到提出党在新时代的强军目标，进而提出建成世界一流军队；从着眼与时俱进创新军事战略指导，到领导制定新形势下军事战略方针；从着眼革除问题积弊，解决党从思想上政治上建设军队的重大问题，到确立强国强军进程中政治建军大方略；从着眼设计和塑造军队未来，到发出全面实施改革强军战略、坚定不移走中国特色强军之路号召；从把依法治军纳入依法治国总体布局，到鲜明提出“建设法治军队”的重要思想；从推动军民融合发展上升为国家战略，到亲自担任中央军民融合发展委员会主任；从关注世界大势和国家安全、分析部队建设的具体问题，到阐述战争与和平、建与战的辩证法等，陆续提出一系列重大战略思想。

在 2017 年党的十九大报告中，习近平同志高屋建瓴，对未来我国国防和军队建设的重点进行了新的详细论述，引领着军事实践迈出新的步伐。十九大关于《中国共产党章程（修正案）》的决议指出，十九大同意，把贯彻习近平强军思想，坚持政治建军、改革强军、科技兴军、依法治军，建设一支听党指挥、能打胜仗、作风优良的人民军队，切实保证人民解放军有效履行新时代军队使命任务等内容写入党章。

习近平强军思想，伴随着新时代强军兴军的征程而创立和发展。习近平主席以卓越的政治智慧、巨大的理论勇气和强烈的历史担当，全面、系统、深刻地回答了强军、兴军一系列重大理论和实际问题，推动强军思想日益丰富完善，逐渐形成逻辑严密、体系完整的理论大厦。习近平强军思想的形成发展过程，历经从重大论断到思想体系的升华，既是理论发展自然的历史的过程，更是理论创新自觉自为的过程。其中，习近平作为党的领袖和军队统帅，始终担任理论创造的“第一小提琴手”，回应强国强军对创新军事指导理论的时代呼吁，为发展马克思主义军事理论做出了原创性贡献。习近平强军思想的创立形成，是党的军事指导理论的最新成果，是马克思主义军事理论中国化的最新篇章，成为习近平新时代中国特色社会主义思想的"军事篇",为新时代推进强军事业提供了科学指南和根本遵循。

(二) 习近平强军思想的丰富内容

习近平强军思想,明确了新时代国防和军队建设一系列根本性方向性全局性的重大问题,是习近平新时代中国特色社会主义思想的"军事篇",是马克思主义军事理论中国化时代化的新飞跃,是党的军事指导理论的重大突破、重大创新、重大发展,为实现党在新时代的强军目标、把人民军队全面建成世界一流军队提供了科学指南和行动纲领。2019 年 5 月,为推动全军深入学习贯彻习近平强军思想,经中央军委批准,军委政治工作部组织编印了《习近平强军思想学习纲要》。《纲要》由绪论、主体部分、结语组成,共 18 个部分、85 个条目,全面系统阐述习近平强军思想的重大意义、科学体系、丰富内涵、精神实质、实践要求,是学习贯彻习近平强军思想的基本教材。习近平强军思想的核心要义可以概括为"十个明确",即:明确强军使命、明确强军目标、明确强军之魂、明确强军之要、明确强军之基、明确强军布局、明确强军关键、明确强军动力、明确强军保障、明确强军路径。习近平强军思想的精髓可以概括为以下五个方面。

1. 建设一支听党指挥、能打胜仗、作风优良的人民军队

强国必须强军,军强才能国安。站在新的历史起点上,面对国家安全环境的深刻变化,面对强国强军的时代要求,必须全面贯彻新时代党的强军思想,坚定不移走中国特色强军之路,把新时代强军事业不断推向前进。

建设强大的人民军队是我们党的不懈追求。在各个历史时期,我们党都根据形势任务的变化,及时提出明确的目标要求,引领我军建设不断向前发展。

习近平总书记指出:"党在新时代的强军目标是建设一支听党指挥、能打胜仗、作风优良的人民军队,把人民军队建设成为世界一流军队"。这是总结我们党建军治军成功经验、适应国际战略形势和国家安全环境发展变化、着眼于解决军队建设所面临的突出矛盾和问题提出的。

巩固国防和强大军队是新时代坚持和发展中国特色社会主义、实现中华民族伟大复兴的战略支撑。我国正处在由大向强发展的关键阶段,前所未有走近世界舞台中央,前景十分光明,挑战也十分严峻。国防和军队建设是国家安全的坚强后盾,军事手段是实现伟大梦想的保底手段。把军队搞得更强大,这样底气才足、腰杆才硬。必须服从服务于党的历史使命,把握新时代国家安全战略需求,为巩固中国共产党领导和我国社会主义制度提供战略支撑,为捍卫国家主权、统一、领土完整提供战略支撑,为拓展我国海外利益提供战略支撑,为促进世界和平与发展提供战略支撑,担当起党和人民赋予的新时代使命任务。

军队要像军队的样子。总结历史和现实需要,"军队的样子"就是强军目标明确的听党指挥、能打胜仗、作风优良。听党指挥是灵魂,决定军队建设的政治方向;能打胜仗是核心,反映军队的根本职能和军队建设的根本指向;作风优良是保证,关系军队的性质、宗旨、本色。这三条明确了加强军队建设的聚焦点和着力点,决定着军队发展方向,也决定着军队生死存亡。

强军目标要贯彻到部队建设各领域全过程,用以引领军队建设、改革和军事斗争准备。要紧紧围绕强军目标想问题、作决策、抓建设,着力提高战略谋划能力、真打实备能力、改革创新能力、科学管理能力、狠抓落实能力,推动强军目标在基层落地生根。广大官兵要牢记强军目标,坚定强军信念,献身强军实践,努力在强军兴军征程中书写出彩的军旅人生。

2. 坚持党对人民军队的绝对领导

党对人民军队的绝对领导是党和国家的重要政治优势，是建军之本、强军之魂。我军是党缔造的，一诞生便与党紧紧地联系在一起，始终在党的绝对领导下行动和战斗。建军以来，我军之所以能始终保持强大的凝聚力、向心力、战斗力，经受住各种考验，不断从胜利走向胜利，最根本的就是靠党的坚强领导。正是因为枪杆子始终掌握在党的手里，才保证了我军在长期复杂斗争中没有迷失方向，才保证了国家的长治久安。推进强军事业，必须毫不动摇坚持党对军队的绝对领导，确保人民军队永远跟党走。

坚持党对军队绝对领导是有一整套制度作保证的。党对军队绝对领导的根本原则和制度，发端于南昌起义，奠基于三湾改编，定型于古田会议。经过长期发展，其制度日臻完善，形成了包括坚持军队最高领导权和指挥权属于党中央、中央军委，中央军委实行主席负责制，实行党委制、政治委员制、政治机关制，实行党委统一的集体领导下的首长分工负责制，实行支部建在连上等在内的一整套制度体系。

军委主席负责制是宪法和党章规定的，是坚持党对军队绝对领导的根本制度。“国家大柄，莫重于兵。”对这项制度的极端重要性，要从党、国家和军队兴旺发达、长治久安的高度来认识。军委主席负责制，解决的是我军最高领导权和指挥权问题。中央军委实行主席负责制，就是中央军委主席负责中央军委全面工作，领导指挥全国武装力量，决定国防和军队建设一切重大问题。

坚持党对军队绝对领导，首先全军对党要绝对忠诚。这是马克思主义建党建军的一条基本原则，是我们党长期以来建军治军经验教训的深刻总结。对党忠诚必须是唯一的、彻底的、无条件的、不掺任何杂质的、没有任何水分的忠诚。衡量我军是不是政治上合格，可以讲很多条，但归根到底要看这条。对党不忠是对党和军队的致命威胁，必须旗帜鲜明加以反对。要加强忠诚度鉴别和政治考察，搞好“政治体检”，防止“带病提拔”，确保枪杆子牢牢掌握在对党绝对忠诚的人手中。

着力提高坚持党对军队绝对领导的政治自觉和实际能力。要不要坚持党对军队的绝对领导，始终是我们同各种敌对势力斗争的一个焦点。我军是党的军队，人民的军队、社会主义国家的军队，这是高度一致的。

当前，敌对势力加紧实施“政治转基因”工程，极力鼓吹“军队非党化、非政治化”和“军队国家化”，妄图对我军官兵拔根去魂。要深入开展军魂教育，以积极主动的工作占领部队思想阵地、舆论阵地、文化阵地，确保全军始终同党中央和中央军委保持高度一致，坚决维护党中央和中央军委权威，坚决听从党中央和中央军委指挥。

3. 全面提高新时代备战打仗能力

军队首先是一个战斗队，打仗和准备打仗是军人的天职。我军是执行党的政治任务的武装集团，既要政治过硬，也要本领高强，这个本领就是指能打仗、打胜仗。我军许多年没有打过仗了，打现代化战争能力不够，各级干部指挥现代化战争能力不够，这两个问题依然很现实地摆在我们面前。全军要把备战打仗作为主责主业，牢固树立战斗力这个唯一的根本的标准，全部心思向打仗聚焦，各项工作向打仗用劲，确保部队召之即来、来之能战、战之必胜。

强国强军，战略先行。军事战略科学准确，就是最大的胜算。积极防御战略思想是我们党军事战略思想的基本点，要毫不动摇坚持，同时要丰富和完善其内涵。要与时俱进加强军事战略指导，进一步拓宽战略视野、更新战略思维、前移指导重心，把预防危机、遏制战争、打赢战争统一起来，把备战与止战、威慑与实战、战争行动与和平时期军事力量运用作为一个整体加以运筹。要构建新时代军事战略体系，把新时代军事战略思想立起来，把新时代军事战略方针立起来，把备战打仗指挥棒立起来，把抓备战打仗的责任担当立起来。要加强战争和作战指导，解决好未来打什么仗、同谁打仗问题，把握现代战争规律和战争指导规律，努力提高战争指导水平。

军队能不能打仗、能不能打胜仗，指挥是一个决定性因素。现代战争形态和作战方式发生了革命性变化，其中很突出的一个方面就是指挥对抗的作用空前上升，作战指挥战略性、联合性、时效性、专业性、精确性要求越来越高。要着力加强联合作战指挥体系和能力建设，坚持联合作战统一筹划、统一指挥大方向，加快打造坚强高效的联合作战指挥机构，构建平战一体、常态运行、专司主营、精干高效的战略战役指挥体系，提高基于网络信息体系的联合作战能力、全域作战能力。

军事斗争准备是军队的基本实践活动，是维护和平、遏制危机、打赢战争的重要保证。能战方能止战，准备打才可能不必打，越不能打越可能挨打，这就是战争与和平的辩证法。要坚持军事斗争准备龙头地位不动摇，以国家核心安全需求为导向，用打仗的标准推进军事斗争准备，全面提高我军威慑和实战能力。做好随时打硬仗的准备，立足最困难、最复杂情况，加强各方向各领域军事斗争准备，提高军事斗争准备的针对性实效性。把反恐军事斗争准备摆到战略位置抓紧抓好，坚决维护社会大局稳定。

打仗硬碰硬，训练必须实打实。军事训练实际上是未来战争的预演，是提高实战能力的重要途径和抓手。要坚定不移把军事训练摆在战略位置、作为中心工作，强化战训一致思想，从实战需要出发从难从严训练部队，坚持仗怎么打兵就怎么练，打仗需要什么就苦练什么，部队最缺什么就专攻精练什么。训风不正是对官兵生命、对未来战争极大的不负责任。要进一步端正训风、演风、考风，坚决摒弃训为看、演为看等弄虚作假的训练恶习。

思想的锈蚀比枪炮的锈蚀更可怕。一支军队衰败往往是从滋生"和平积弊"开始的。要以整风精神对"和平积弊"来一个大起底、大扫除。战争不仅是物质的较量，更是精神的比拼。习近平总书记指出："我军历来以敢打敢拼闻名于世，过去我们钢少气多，现在钢多了，气要更多，骨头要更硬。"无论什么时候，一不怕苦、二不怕死的战斗精神千万不能丢，必须大力培养敢于斗争、敢于胜利的血性胆魄。

4. 全面推进国防和军队现代化

国防和军队现代化进程必须同国家现代化进程相适应，军事能力必须同实现中华民族伟大复兴的战略需求相适应。党的十九大对国防和军队现代化作出了战略安排，强调要确保到二〇二〇年基本实现机械化，信息化建设取得重大进展，战略能力有大的提升，力争到二〇三五年基本实现国防和军队现代化，到本世纪中叶把人民军队全面建成世界一流军队。

国防和军队现代化建设是一个系统工程。必须坚持政治建军、改革强军、科技兴军、依法治军，更加注重聚焦实战、更加注重创新驱动、更加注重体系建设、更加注重集约高效、更加注重军民融合，努力构建联合作战指挥体系、新型军事管理体系、现代军事力量体系、新型军事训练体系、新型军事人才体系、国防科技创新体系、现代军事政策制度体系、军民融合发展体系。

政治建军是我军的立军之本。在长期实践中，实行革命的政治工作，保证了我军始终是党绝对领导下的革命军队，为我军战胜强大敌人和艰难险阻提供了不竭力量，使我军始终保持了人民军队的本色和作风。要发挥政治工作生命线作用，把理想信念、党性原则、战斗力标准、政治工作威信在全军牢固立起来，培养有灵魂、有本事、有血性、有品德的新时代革命军人，锻造具有铁一般信仰、铁一般信念、铁一般纪律、铁一般担当的过硬部队。保持政治整训劲头和力度，着力整顿思想、整顿用人、整顿组织、整顿纪律，把军队作风建设和反腐败斗争引向深入。全面加强新时代我军党的领导和党的建设工作，锻造坚强有力的党组织，锻造能够担当强军重任的高素质部队和人才队伍，把党的政治优势和组织优势转化为制胜优势。

深化国防和军队改革是为了设计和塑造军队未来。我们这支军队，靠改革创新走到现在，也要靠改革创新赢得未来。面对长期制约国防和军队建设的体制性障碍、结构性矛盾、政策性问题，不改革，不全面改革，不彻底改革，我军是打不了仗、打不了胜仗的。必须全面实施改革强军战略，完善和发展中国特色社会主义军事制度，加快构建能够打赢信息化战争、有效履行使命任务的中国特色现代军事力量体系。按照军委总管、战区主战、军种主建的总原则推进领导指挥体制改革，构建起中央军委—战区—部队的作战指挥体系、中央军委—军种—部队的领导管理体系，实现军队组织架构历史性变革。推进规模结构和力量编成改革，改变长期以来陆战型、国土防御型的力量结构和兵力布势，建设强大的现代化陆军、海军、空军、火箭军、战略支援部队、联勤保障部队和武装警察部队，构建起中国特色现代军事力量体系。对军事政策制度进行系统、深入改革，深化军队党的建设制度改革、创新军事力量运用政策制度、重塑军事力量建设政策制度、改革军事管理政策制度，建立健全中国特色社会主义军事政策制度体系。

科学技术是核心战斗力，是军事发展中最活跃、最具革命性的因素。科技从来没有像今天这样深刻影响国家安全和军事战略全局，从来没有像今天这样深刻影响我军建设发展。必须全面实施科技兴军战略，坚持向科技创新要战斗力，依靠科技进步和创新把我军建设模式和战斗力生成模式转到创新驱动发展的轨道上来，努力把我军建设成为创新型人民军队。必须坚持自主创新的战略基点，加快战略性、前沿性、颠覆性技术发展，加快军事智能化发展。强化战略管理，提高军事系统运行效率和我军建设质量效益。

法治是现代军队的鲜明特征，一支现代化军队必然是法治军队。要深入推进依法治军、从严治军，强化全军法治信仰和法治思维，加快构建完善中国特色军事法治体系，推动治军方式根本性转变，提高国防和军队建设法治化水平。坚持严字当头、一严到底，下大气力治松、治散、治虚、治软，向一切不理不实问题开刀，确保有令必行、有禁必止。

5. 构建一体化的国家战略体系和能力

强国往往是经济和军事共同作用的结果。经济建设是国防建设的基本依托，国防建设是我国现代化建设的战略任务，国防实力要同经济实力相匹配，不然就不能为经济社会发展提供有力安全保障。必须在国家总体战略中兼顾发展和安全，科学统筹经济建设和国防建设，在更广范围、更高层次、更深程度上推进军民融合。这有利于促进经济发展方式转变和经济结构调整，有利于增强国家战争潜力和国防实力。

军民融合发展是兴国之举、强军之策，目标是构建一体化的国家战略体系和能力，逐步实现国家各领域战略布局一体融合、战略资源一体整合、战略力量一体运用。要把军民融合搞得更好一些、更快一些，在国家层面建立推动军民融合发展的统一领导、军地协调、需求对接、资源共享机制，完善军民融合组织管理体系、工作运行体系、政策制度体系，形成全要素、多领域、高效益的军民融合深度发展格局。军队要善于运用社会一切优质资源和先进成果，把国防和军队建设有机融入经济社会发展体系。地方要注重在经济建设中贯彻国防需求，自觉把经济布局调整同国防布局完善有机结合起来。

军民融合涉及领域宽、范围广、内容多，必须向重点领域聚焦用力，打造军民融合的龙头工程、精品工程。基础设施建设和国防科技工业、武器装备采购、人才培养、军队保障社会化等领域军民融合潜力巨大，要盘活用好存量资源，优化配置增量资源。着眼谋取战略竞争新优势，推动融合由传统领域向新兴领域拓展，提高海洋、太空、网信、生物、新能源等领域核心竞争力，形成多维一体、协同推进、跨越发展的新兴领域融合发展布局。

我们的军队是人民军队，我们的国防是全民国防。要加强国防教育，增强全民国防观念，使关心国防、热爱国防、建设国防、保卫国防成为全社会的思想共识和自觉行动。完善国防动员体系，努力建设强大稳固的现代边海空防，增强打赢未来战争的国防潜力。军政军民团结是实现富国和强军相统一的重要政治保障。要大力弘扬军爱民、民拥军的光荣传统，不断发展坚如磐石的军政军民关系，为实现中国梦强军梦凝聚强大力量①。

（三）习近平强军思想的理论价值和实践意义

习近平强军思想，明确了新时代国防和军队建设一系列根本性方向性的重大问题，是习近平新时代中国特色社会主义思想的“军事篇”，是马克思主义军事理论中国化时代化的新飞跃，是党的军事指导理论的重大突破、重大创新、重大发展。正是在习近平强军思想引领下，我军在中国特色强军之路上迈出了坚实步伐，推动政治生态重塑、组织形态重塑、力量体系重塑、作风形象重塑，实现体制一新、结构一新、格局一新、面貌一新，取得历史性成就、发生历史性变革，国防军队建设进入新时代。习近平强军思想，植根强国复兴新时代，指引强军兴军新征程，在马克思主义军事理论中国化进程中，在党的军事指导理论创新发展中，在我们党治国理政实践中，具有重大政治意义、理论意义和实践意义。

1. 立起了新时代维护核心、听党指挥的看齐基准

维护核心、听党指挥，最内在最根本的是自觉向以习近平同志为核心的党中央看齐，向党的基本理论、基本路线、基本方略看齐。习近平强军思想，作为习近平新时代中国特色社会主义思想的“军事篇”，集中体现了党的意志主张，反映了党和人民对我军的时代要求，指明了军队建设坚定正确的政治方向；从新时代坚持和发展中国特色社会主义基本方略的高度，突出强调坚持党对人民军队的绝对领导，要求我军坚决维护党中央权威和集中统一领导，坚决维护和贯彻军委主席负责制，揭示了人民军队从胜利走向胜利的根本力量所在：始终从政治上建设和把握军队，以党的政治建设为统领，全面加强军队党的建设，确立了新时代政治建军的大方略，为我们提升政治站位、增强政治能力提供了根本遵循。

2. 实现了马克思主义军事理论中国化时代化新飞跃

坚持用鲜活的马克思主义军事理论指导实践，是我们党建军治军的一条根本经验。面对世情国情军情深刻变化对强国强军的时代要求，习近平强军思想做出了一系列新的重大判断、新的理论概括、新的战略安排，指出世界正发生前所未有之大变局、我国正处于由大向强发展的关键阶段、我军正经历着一场革命性变革，强调国防和军队建设进入了新时代。阐明新时代军队使命任务和强军的奋斗目标、建设布局、战略指导、必由之路、强大动力、治军

① 中共中央宣传部：《习近平新时代中国特色社会主义思想学习纲要》. 北京：学习出版社，人民出版社，2019 年 6 月。

方式、发展路径等重大问题，把我们党对军事力量建设和运用规律的认识提高到新水平。这些理论上的重大突破、重大创新、重大发展，为丰富和发展马克思主义军事理论做出原创性贡献，开拓了当代中国马克思主义军事理论和军事实践发展新境界。

3. 提供了大踏步走中国特色强军之路的根本遵循

新时代，习近平同志以巨大政治勇气和强烈责任担当，带领全军重振政治纲纪，坚定不移推进政治整训，有效解决了弱化党对军队绝对领导的突出问题；重塑组织形态，大刀阔斧全面深化改革，有效解决了制约我军建设的体制结构突出问题；重整斗争格局，坚定捍卫国家核心利益，有效解决了军事力量运用方面的突出问题；重构建设布局，创新发展理念和方式，有效解决了我军建设聚集实战不够、质量效益不高的突出问题。重树作风形象，强力推进正风肃纪反腐，有效解决了不正之风和腐败现象滋生蔓延的突出问题。全面贯彻习近平强军思想，我军才能跟上全面建设社会主义现代化强军进程，在世界新军事革命浪潮中勇立源头、赢得战略主动，朝着世界一流军队扎实迈进。

4. 丰厚了培养“四有”新时代革命军人的精神滋养

习近平强军思想，坚守中国共产党人的初心和使命，充满道路自信、理论自信、制度自信、文化自信，为新时代革命军人立起了坚不可摧的精神支柱；坚持人民军队性质、宗旨、本色，发扬我党我军光荣传统和优良作风，为官兵传承红色基因、担当强军重任提供了思想政治营养；强调敢于斗争、敢于胜利，指出我军历来是打精气神的，一不怕苦、二不怕死的战斗精神永远都不能丢，为砥砺军人血性胆魄明确了努力方向；贯通中国梦强军梦我的梦，蕴含着观察世界、思考人生的科学方法，为书写军旅出彩人生提供了价值引领。用习近平强军思想铸魂育人，官兵心中就有了魂、脚下就有了根，培养“四有”新时代革命军人、锻造“四铁”过硬部队就有了根本保证。

思考题

1. 中国古代军事思想发展经历了哪几个时期？
2. 中国古代军事思想发展中最杰出的代表作是哪一部军事著作？
3. 在指导国防和军队建设的实践中，军事思想有什么样的重要作用？
4. 在军事思想形成与发展的历程中，体现出什么样的规律？
5. 在外国军事思想中，有哪些内容需要我们学习、继承和借鉴，有哪些内容需要我们加以摒弃？
6. 毛泽东军事思想的主要内容有哪些？为什么今天仍然要坚持和发展毛泽东军事思想？
7. 习近平强军思想的主要内容有哪些？其理论价值和实践意义有哪些？
8. 大学生怎样学习和传承《孙子兵法》等中华传统兵学文化的优秀成果，并将其在新时代发扬光大？
9. 大学生怎样学习和贯彻落实党的军事指导理论特别是习近平强军思想，为国防和军队建设做出应有贡献？

深度阅读

1. 总政治部. 江泽民国防和军队建设思想学习纲要. 北京：解放军出版社，2003.
2. 总政治部. 胡锦涛国防和军队建设思想学习纲要. 北京：解放军出版社，2013.

3. 胡锦涛. 坚定不移沿着中国特色社会主义道路前进 为全面建成小康社会而奋斗——在中国共产党第十八次全国代表大会上的报告,2012.11.8.
4. 习近平. 在第十二届全国人民代表大会第一次会议上的讲话,2013.3.17.
5. 习近平. 中共中央关于全面深化改革若干重大问题的决定,2013.11.12.
6. 习近平. 决胜全面建成小康社会 夺取新时代中国特色社会主义伟大胜利——在中国共产党第十九次全国代表大会上的报告,2017.10.18.
7. 军委政治工作部. 习近平强军思想学习纲要. 北京:解放军出版社,2019.

拓展阅读

1. 刘继贤. 论军事思想. 北京:中国大百科全书出版社,2010.
2. 郭化若. 孙子兵法译注. 上海:上海古籍出版社,2012.
3. 陈济康、吴建华. 白话武经七书. 北京:解放军出版社,2005.
4. 袁德金. 毛泽东军事思想教程. 北京:军事科学出版社,2000.
5. 刘成军、刘源. 中国特色社会主义军事理论的崭新篇章——学习胡锦涛关于国防和军队建设重要论述. 北京:军事科学出版社,2007.
6. 周立存. 强军兴军的科学指南——党在新形势下的强军目标重大战略思想研究. 北京:国防大学出版社,2014.
7. 王一平. 强军梦想与强军目标——建设巩固国防和强大军队. 北京:国防大学出版社,2013.

"凡兵有大论,必先论其器。""备具,胜之原。" ——管子

"是故军无辎重则亡。" ——《孙子兵法》

第四章 信息化武器装备

学习目标：

1. 了解信息化装备的内涵与分类,以及对现代作战的影响及发展趋势;
2. 了解信息化武器装备的发展趋势与战例应用;
3. 了解电子信息系统的发展趋势与战例应用;
4. 了解新概念、精确制导、核生化等武器装备的发展趋势与战例应用。

信息化武器与装备是信息化战争的物质基础。毛泽东同志曾经说过,决定战争胜败的是人而不是物。但是历史发展到今天,随着军事技术不断发展,物质因素的重要性在不断上升,人的因素、装备因素结合得越来越紧密,人与物质,也就是人与武器装备已经高度一体化,重视武器装备也就是重视人的因素。新时代,在强军建设的过程中,我们必须顺势而为,以作战需求为根本牵引,建立健全具有我军特色的作战需求生成机制,密切跟踪世界军事强国信息化武器与装备发展前沿,增强我军信息化武器与装备发展的科学性、针对性、前瞻性,不断提升信息化武器与装备对战斗力的贡献率。

第一节 信息化武器装备概述

信息技术与传统武器装备的有机结合,出现了今天我们所说的信息化武器与装备,是人类战争进入信息化战争形态的一个最显性标志。

一、信息化武器装备的内涵

信息化武器装备,是指采用现代信息技术,具有单一或多种信息功能的武器装备。如精确制导武器、综合电子信息系统及加装数据链和相关信息系统的飞机、舰船等。它是信息时代的产物,是从事信息化战争的物质基础。

信息化武器装备的基本内涵可以从以下三个方面理解。

(一) 信息化武器装备是一种数字化、智能化、网络化和一体化的武器装备或军事信息

系统。信息技术在整个装备技术构成中占据主导地位，信息要素在作战行动中支配物质、能量要素的效能发挥。

（二）信息化武器装备是一个复杂的技术系统，是当前装备发展的最高级形态。它使传统的机械化装备联成一体，呈现出 1＋1＞2 的体系作战功能。体系中的每一个体，即信息化武器装备的子系统，都被集成到以网络为中心的大系统中，具有不可替代的作战或保障功能，共同构成具有信息化战争功能的新型作战体系。

（三）军事信息系统是信息化武器装备体系的核心，信息化作战平台、精确制导武器、新概念武器、各种软杀伤和硬杀伤力量，以及用于保障作战行动的各种信息化军事技术器材共同构成了信息化武器装备体系，在军事信息系统协调下实现功能集成、体系作战。

二、信息化武器装备的主要种类

信息化武器装备依据不同的标准有不同的分类。

（一）按照结构功能划分

按照结构功能，信息化武器装备可区分为信息化武器装备、作战平台、军事信息系统三大部分。其中，信息化武器装备又分为信息化作战装备和信息化保障装备，前者是作战中起杀伤、破坏作用的武器系统，包括信息和火力打击装备、信息战装备等；后者是专门用于保障作战的各种器材、配件和技术设备。作战平台是武器装备的载体，如飞机、舰艇、战车等。军事信息系统是以电子信息技术为主，具备信息获取、处理、传递，以及对信息系统实施攻击和防护等功能的综合信息系统，可使传统的作战平台升级为信息化作战平台，是构建信息化武器与装备体系的核心技术部分。

（二）按照军种（战场空间）划分

按照军种（战场空间），信息化武器与装备可以区分为五大类。

1. 陆军（陆上）信息化武器与装备。如坦克、装甲车等。
2. 海军（海上）信息化武器与装备。如舰船、潜艇等。
3. 空军（空中）信息化武器与装备。如飞机、临近空间飞行器等。
4. 火箭军（全维）信息化武器与装备。如战略战术导弹及运载工具等。
5. 战略支援（网电、心理、太空）信息化武器与装备。如电子战装备，网络战装备，心理战装备，各种军用航天器、卫星、空间站等。本书按此种分类方法作介绍。

（三）按照使用性能划分

按照使用性能，信息化武器与装备可划分为 14 类，分别是：信息化弹药、枪械、火炮、装甲战斗车辆、舰艇、军用航天器、军用航空器、化学武器、防爆武器、生物武器、核武器、精确制导武器、隐身武器、新概念武器。

三、信息化武器装备的发展趋势

目前，世界主要国家信息化武器与装备科技含量与性能不断提高，并呈现出隐形化、通用化和无人化，代表了信息化武器与装备未来的发展方向。

（一）武器装备科技含量与性能不断提高

信息技术的迅猛发展及其与武器装备的深度融合，使信息化武器与装备科技含量和综合性能不断提高。对于信息化武器装备来说，计算机、光电传感器、通信、导航、定位、电子对抗、火控、故障检测等信息化装置是其典型标配，普遍具备指挥、控制、侦察、通信、预警、导航等先进技术，无论装备性能还是科技含量都有大幅提高。

美国陆军未来战斗系统(FCS)，英国 2025 年未来单兵系统(FIST)，德国未来步兵系统(lDZ)，法国的装备与通信一体化单兵系统(FELIN)等。

(二) 信息化作战平台基本实现隐形、通用和无人化

隐形是信息化武器与装备发展的一个主要趋势，发达国家在隐形技术研发上已取得突破性进展，美、俄、英、法、德、瑞典、以色列等国相继研制出隐形战车、隐形舰艇、隐形战机等多种信息化作战平台，不断探索隐形新理念、新技术。第五代隐形战斗机、隐形战略轰炸机、隐形舰艇正在陆续批量投入使用。

通用是信息化武器与装备发展的一个重要趋势。以往各军兵种承担的作战任务相对独立，武器装备建设很少考虑到军兵种间的兼容问题。联合作战是信息化战争的基本作战形式，诸军兵种在作战平台和武器弹药的配备上，有强烈的通用化需求，以满足平时可节约成本、战时各军兵种之间可相互兼容、置换和补充的客观需求。

无人操作是信息化武器与装备发展的一个普遍趋势。无人机、无人导弹艇、无人航天器、无人战车、无人值守探测系统纷纷研制成功并投入使用，无人潜艇、无人战斗机、水下无人舰队等正在加紧研制当中，无人化成为信息化作战平台的发展潮流。2015 年美陆军战斗车辆已有约 1/3 是无人战车；到 2050 年，美军计划作战飞机将全面实现无人化。2018 年 11 月，中国在第十二届国际航空航天博览会上展出了多种型号的无人机、无人战车、无人作战艇等，系列化无人作战装备已经开始逐渐列装中国部队。

(三) 武器弹药趋于更加精确化和灵巧化

随着制导技术的改进，精确制导武器的精度越来越高。美国兰德公司研究报告称，对于大多数固定目标来说，1 枚精确制导武器的毁伤效果与 35 枚非制导武器相当。1991 年海湾战争中，多国部队使用的精确制导弹药占总弹药量的 8%，1999 年科索沃战争占 35%，2001 年阿富汗战争占 56%，2003 年伊拉克战争占 68%。到 2011 年法美英联合空袭利比亚时几乎占到了 100%。据我军某次测试，用一枚某型号制导炮弹，只 1 发就直接命中以时速 40 千米运动的坦克靶标，而使用传统间瞄火炮，则可能需要上千发才有 1 发直接命中目标。

未来精确、灵巧的弹药能将情报、监视、侦察功能与火力打击融为一体，能快速发现、跟踪、攻击并摧毁目标。美军正在开发 8 种灵巧弹药：一是联合防区外发射的灵巧导弹；二是能主动攻击多个目标的双射程导弹；三是能撒布很多子弹药的“蜂群压制者”微型弹药；四是能待机 12 小时、分批次攻击目标的“主宰者”攻击弹药；五是能将侦察器材、通信链路和数据链路投送到战场前沿的“隐藏式防区外撒布器”；六是能对付多个目标的机动灵活的“小口径弹药”；七是在攻击目标前能向发射设备传回目标图像的“远程穿透弹药”；八是带有激光寻的器、既能攻击目标又能自毁的“自主攻击系统子弹药”。如今，许多弹药都具有灵活选择和攻击目标的“智能”，即“发射后不用管”，如美国的战术战斧巡航导弹，以色列的“绿龙”巡飞弹，俄罗斯的 R-77M 中程空空导弹，中国的霹雳-12 中距空空导弹等。

(四) 武器系统与信息系统实现高度集成

现代武器装备发展的趋势是将信息系统(C^4ISR)与武器杀伤(KILL)系统集成为综合

信息作战系统(C^4KISR)。C^4KISR(指挥、控制、通信、计算机、武器杀伤、情报、监视、侦察)系统通过计算机和通信网络(C2),把指挥控制系统(C2)、武器系统(K)和传感器系统(ISR)连成一体,提高了整个系统的作战效能。发达国家都在加紧建设这种一体化的综合作战系统,信息化武器与装备呈现出网络一体化、功能综合化、军种集成化的趋势。以美军为例,美军各大军种拥有数百个指挥控制系统,计划到2025—2030年将建成C^4KISR系统,实现C^4ISR系统与打击武器系统的"无缝隙"链接。届时,不同层级不同军兵种的军事信息系统将整合在一起,与武器系统互联互通。这种"战信结合"的系统集成已经成为发达国家信息化武器与装备建设的最大亮点。

(五) 战略威慑武器逐步实现攻防结合、核常兼备

目前,核武器的战略威慑效果空前显著。尽管美、俄削减了不少核武器,但目前存量依然很大。据2017年7月3日,瑞典斯德哥尔摩国际和平研究所(SIPRI)网站发表的最新全球核力量报告,俄罗斯以7 000枚位居首位,美国6 800枚位列第二,法国则以300枚位居第三,中国270枚排名第四,英国215枚排第五,印度及巴基斯坦则以120～140枚位列六七位。同时,一些有核国家为了降低核武器使用门槛,积极发展小当量攻击型核武器,以及可拦截核(常)打击的国家弹道导弹防御系统(NMD)和战区弹道导弹防御系统(TMD)。一些无核国家则坚持谋求获得核武器,或发展具有超常规杀伤力的新型攻击武器。据此,全球核武器总量估计接近15 000枚。

在这种情况下,战略威慑武器呈现出攻防结合、核常兼备的发展趋势。例如,美国运用核聚变模拟技术研制新型钻地核弹头、中小当量核弹头、宝石路系列激光制导炸弹;俄罗斯热衷于发展能够灵活变轨的核弹头、重型洲际弹道导弹;英、法等国重视研发攻防结合的战略威慑武器。

(六) 新概念武器和临近空间飞行器不断涌现

目前,世界上正在研制的新概念武器主要有定向能、动能和非致命武器等。随着高能激光、粒子束武器和临近空间飞行器的不断涌现,新概念武器装备将会异军突起,并有可能广泛用于战场。现阶段,美、俄、英、法等国正在研制微波武器和动能武器,粒子束武器尚处于探索阶段。

随着技术的发展,介于100千米以下与20千米以上航空飞行器飞行空间的临近空间将会成为一个新的战场空间。美国国防部高级研究计划局和空军正在联合开发的"猎鹰"计划,将会研制一种能在30千米高空以5倍音速以上的速度飞行、可重复使用的临近空间飞行器,能在2至4小时内飞抵全球任何地方,对高价值目标实施即时打击。美国波音公司和一家德国公司正在联合研制一种装载预警雷达的巨型飞艇,长度约200～300米,飞行高度约2万米,以弥补航空与航天之间探测空间的漏洞。据称,有10个这样的飞艇就能够监视整个美国领空。

(七) 太空主战平台将粉墨登场

太空,也称"空间",具有独特的广域优势和高位优势,是众多国家争夺的战略制高点。一些航天大国正在加紧研制具有实战能力的航天器,未来航天器将成为太空较量的主战平台。2001年俄罗斯成立了航天部队,编制人数约9万人,承担发射军用航天器、打击敌太空武器的双重任务。2004年,美国制定了《2006年及以后战略主计划》,提出要分阶段、有重点地发展空间对抗、空间力量运用和支援系统，以确保美国空间优势。2015 年 12 月 1 日，中国成立战略支援部队，相关航天力量并入其中。近年来，中国发射的小型卫星先后实现了太空中抓取其他卫星、收集太空碎片等功能。2018 年 12 月，美国宣布把隶属于战略司令部的太空司令部升格为第 11 个联合作战司令部，并着手成立太空部队。该部队直属于国防部，全面掌控美国太空军事行动。如今，美国已具备反卫星、天基反导、空天飞机、天基电波等太空战技术。随着世界主要国家在航天领域的竞争加剧，空间军事化和太空平台武器化的趋势将愈演愈烈，太空将会成为人类争夺的又一个新的战场空间。

第二节　信息化作战平台

一、作战平台、信息化作战平台的内涵及发展

(一) 内涵

平台一词译自英语单词“Platform”，在英语中，火车站里的站台、课堂里的讲台、剧院里的戏台、海上石油钻井平台，以及计算机中的有些硬件设备，都用这一个词。所以平台一词的本意就是一种具有特殊功能的专门场所，或者是一种专用的载体。军事平台就是这样一些从事战争行为的、具有特殊功能的专用武器装备，主要有运输平台、作战平台、信息平台、战斗保障平台等。

作战平台一般可以理解为：将武器的火力系统和运动载体结合为有机整体，组成具有更强的机动力、杀伤力、防护力和信息力的单元式单个武器系统。今天的作战平台，由于大量应用信息化技术，其信息能力已经是今非昔比，所以，我们称之为信息化作战平台。

按作战时所处空间的不同，信息化作战平台可划分为以下四大类：以先进的坦克、步战车和自行火炮等组成的陆地作战平台；以各种作战飞机、武装直升机等组成的空中作战平台；以航空母舰及各种水面大型舰船、水下潜艇等组成的海上作战平台；以各种军用卫星、天基武器、航天器等组成的太空作战平台。

(二) 发展

作战平台概念产生于二战期间。当时，随着坦克、作战飞机和大型军舰的发展，各类火器与车辆、飞机及船只之间的结合由松散型向紧密型发展，使两者之间成为有机的整体，同时其作战能力更是得到大幅度的提高。二战后，美、苏等大国在对二战中所使用武器进行系统总结的基础上，生产出了新型的机动作战兵器，这就是我们今天所说的作战平台，包括最新一代战斗机、攻击机、直升机、坦克、装甲输送车及舰艇等，也就是我们通常所说的传统作战平台。

20 世纪 70 年代以后，伴随着高新技术在军事领域的广泛渗透，火器与运动载体之间的结合更加紧密，并发展成为单元式的武器系统，其战术和技术性能也出现了质的提高，形成了性能更加优越的信息化作战平台。而今天的作战平台更加突出信息化技术的应用，我们称之为信息化作战平台。

(三) 信息化作战平台最明显的标志

一是大量应用了以新材料、新能源和新技术为代表的当代高新技术成果，其使用的成本

要占到兵器总制造成本的30%以上，包括微电子和电子计算机技术，光、电、声及其控制技术，雷达及反雷达技术，制导和反制导技术，电子战和反电子战技术，C^3I及反C^3I技术，声测与反声测技术，激光技术，微波技术等。军用新材料技术，包括高强度材料、复合材料、功能材料（吸、透波材料、记忆材料等）、耐高温材料、陶瓷、非晶态及高分子材料等以及新能源与新动力技术，如核动力技术，燃料电池技术，新型高速低耗发动机技术等。

二是作战效能成倍或成数量级提高。与传统作战平台相比，信息化作战平台的机动力一般提高了2～5倍，如美军的M_1A_2坦克的机动速度达到66.8千米/小时，加速度达到5～6米/秒^2，单位功率达到了25马力/吨，比上一代坦克增加明显；作战飞机的载弹量也有了很大的提高，第三、四代战斗机的载弹量一般都达到了6～10吨，美军的F-15E重型战斗轰炸机则达到了11吨之多，远超过了过去的轰炸机；打击精度方面，无论是空中还是地面或是海上，都有了成十上百倍的提高，如空对地打击精度都能保证在0～1米，与二战时使用机炮和航弹相比，精度提高了几十甚至上千倍，打击效能自然会有成百上千倍的增强。此外，防护力的提高及电子战方法和隐形技术的运用，也显著地提高了兵器在战场上的生存能力。

二、信息化陆战平台

（一）信息化陆战平台及其特点

坦克最初用于战场是第一次世界大战中的1917年，随后坦克在战争中的作用被越来越多的人们所认识，今天坦克装甲车辆已成为各国陆军地面作战中的主要突击力量。目前，以坦克、装甲车和步战车为代表的信息化陆战平台具有以下一些特点。

1. 机动力得到了进一步提高。如M_1A_1的最大时速为66.8千米，从停止状态加速到32千米/小时仅需6～7秒钟，比一般的汽车还要快，海湾战争之后的改进型M_1A_2性能更佳；装甲车和自行火炮的机动速度达到了45～66千米/小时。

2. 打击力有了显著的加强。一是火炮口径加大。坦克炮口径达到了120毫米，步战车火炮的口径也在不断加大，俄罗斯БМП-Ⅲ型步战车的火炮口径达到了100毫米，创下了步战车之最。二是膛压升高，炮弹出口速度达到了5倍音速，大大增强了弹丸的动能，提高了穿甲能力。三是弹种和弹药得到全面更新，破甲和碎甲能力也有进一步提高。如我军某新型坦克穿甲弹穿甲能力突破1 000毫米匀质钢装甲。

3. 防护力得到了根本改善。复合式和反应式装甲的采用，车体的减小、车身的降低及隐形技术的采用，使得现代陆战平台的防护力得到了根本改善。

4. 信息能力实现了质的提高。陆战平台信息能力体现在夜战和快反能力方面，主要指测距、夜视、数据自动处理与传输、瞄准等。现代坦克、火炮等普遍装备了激光测距机等先进的测距器材，测距精度达到了10米以内；夜视技术也有了彻底改观。车载式射击诸元计算机、自动装弹机等的普遍运用，实现了射击过程的全程自动化，大大提高了坦克和火炮的快反能力；高性能双向液压稳定瞄准装置的运用，使得现代坦克火炮的首发命中率有极大的提高，如美军的M_1A_1坦克在行进间对运动目标的首发命中概率超过了80%。

（二）典型的信息化陆战平台

今天的世界，性能优越的陆军信息化作战平台种类较多，主要集中在美、俄、中、英、法等少数几个国家。

1. 中国 ZTZ-99 坦克

ZTZ-99 坦克(99 式)及 99A 坦克,是中国自行研制的第三代坦克,全重 51 吨,乘员 3 人,最大时速 80 千米/小时,最大越野速度 60 千米/小时,最大行程 400 千米。99 式坦克具备优异的防护外型,配备了先进的指挥式数位坦克射控系统,装有一套主动式激光警告/对抗系统,一套新型坦克通信系统,一具导航定位系统。主要武器包括一门 125 毫米坦克炮和一挺 14.5 毫米车长用防空机枪。炮弹的弹种包括穿甲弹、破甲弹和杀伤爆破弹,弹药基数为 41 发,在发射第三代钨合金尾翼稳定脱壳穿甲弹时(初速为 1 780 米/秒),可在 2 000 米距离击穿 850 毫米厚的均质装甲,而最新型特种合金穿甲弹(贫铀穿甲弹)在该距离的穿甲厚度可达 960 毫米,是中国陆军装甲部队的主要突击力量。

2. 美国 M-1“艾布拉姆斯”系列坦克

M-1 系列是美军现役第三代坦克,具有 M-1 改、M_1A_1、M_1A_2、M_1A_2 SEP、M-1 TUSK 等多种改进型。

M_1A_1 坦克是 1984 年定型,1986 年正式装备部队。M_1A_1 主要装备有 RT-841/PRC-77 电台、M1 坦克激光测距仪、AN/VV5-2(V)2A 驾驶员夜视仪、AN/VAS-3 驾驶员热像仪等设备;增装了集体三防装置,换装了新型车长显示器、新主动轮和 T158 型履带。战斗全重 57.1 吨,车长 9.83 米,车宽 3.66 米,车高 2.44 米,最大行驶速度 66.8 千米/小时,越野速度 48 千米/小时,由静止状态加速到 32 千米/小时仅需 6.8 秒,最大行程 465 千米,最大爬坡 31 度,越壕宽 2.74 米,过垂直墙高 1.1 米。

M_1A_1 坦克在技术和战术方面具有火力强大的特点,其主要武器是一门 120 毫米 M256 滑膛炮,发射尾翼稳定脱壳穿甲弹,穿甲能力为 600 毫米匀质钢装甲,携弹 40 发。辅助武器为一挺 12.7 毫米高射机枪和两挺 7.62 毫米机枪。此外,它的命中精度高、防护力好、机动性能优等。

从 1988 年 6 月起,新生产的 M_1A_1 坦克采用贫铀装甲,防弹性能提高。M_1 和 M_1A_1 坦克在海湾战争中用于同敌人坦克、装甲车辆作战,压制和消灭敌反坦克武器和炮兵武器,摧毁敌军野战工事,歼灭其有生力量。该型坦克是海湾战争美军参战最多的一种。

M_1A_2 坦克,是海湾战争后在 M_1A_1 基础上做了近 40 项改进后的更新产品,主要针对火控系统、生存能力、车辆电子装置和机动性 4 个大项,增加了车长独立热像观测仪、独立的车长武器发射台、定位导航装置、1 套数字数据处理和无线电接口设备,使战场上的 M_1A_2 坦克战斗系统之间可以分享信息。据美国军方评估,改进后的 M_1A_2 较 M_1A_1 的进攻能力提高了 54%,防御能力提高了 100%。

M_1A_2 SEP 坦克,是根据美陆军“系统增强计划”(System Enhancement Plan)对 M_1A_2 的改进型,主要改进了火控系统和信息系统,具备了带装甲防护的辅助动力装置、第二代前视红外设备、热特征控制系统以及车长综合显示设备、改进型单通道地面/机载无线电系统、彩色数字式地图和 GPS 导航系统等。该型坦克被誉为美陆军首次实现数字化软件驱动的陆上作战车辆。

M-1 TUSK 坦克,是为适应城市作战的改进型,顶部安装了遥控自动武器站,可由乘员在炮塔装甲的保护下进行操作,防护更全面,视野更开阔,射角更大,配备了钢珠扩散弹。

3. 俄罗斯 T-90 坦克

T-90 是俄罗斯“T”系列中性能最优的第三代主战坦克。1990 年开始研制,1993 年服役，批量生产型号是T-90C。T-90坦克战斗全重46.5吨，乘员3人，最大公路速度60千米/小时，最大公路行程650千米，涉水深度5米，可在水中浮渡20分钟。车内装备一门125毫米滑膛炮，配4枚激光制导炮射反坦克导弹，车内有弹药自动装填机，最大有效射程5 000米，最大穿甲厚度约750毫米。T-90防护系统由复合装甲、爆炸式反作用装甲和主动式防护装置3部分组成。爆炸式反作用装甲可以防御聚能装药破甲弹和高速飞行的脱壳穿甲弹。此外还加装了一种综合防护系统，由光电干扰系统、激光报警器、防激光烟幕抛射系统及系统控制设备4个部分组成。其中，光电系统可连续工作6小时，能使美制“陶”式、“龙”式、“小牛”、“海尔法”等精确弹药的命中概率降低75%～80%。

4. 德国豹-2坦克

豹-2是德国第三代主战坦克，有“钢甲猛兽”之称。1979年装备部队，截至1990年德国陆军装备了2 050辆，荷兰装备了445辆，瑞士装备了380辆。豹-2全重55吨，乘员4人，车体和炮塔均采用间隔复合装甲。炮塔外轮廓低矮，防弹性好，用气密隔板将弹药与战斗舱隔离。采用指挥仪式火控系统，具有行进间射击和夜间作战能力。主要武器为1门120毫米滑膛炮，弹药基数42发，配用尾翼稳定脱壳穿甲弹和多用途破甲弹两种弹药。车长、炮长配有独立的瞄准镜，包括激光测距仪和热成像装置。车体分为驾驶舱、战斗舱和动力舱。车内安装了涡轮增压多燃料发动机、液压传动装置和扭杆悬挂装置，装备了16具烟幕弹发射器、超压集体式“三防”通风装置和自动灭火器。豹-2 PSO是专用于巷战的维和反恐型号，用遥控武器系统取代机枪，改良了侦察和观瞄系统，配备了推土铲和非致命型子弹，采用了多角度摄影机和探照灯等近战监视系统，巷战攻防性能优越。

5. 美国M-2布雷德利步兵战斗车

M-2(布雷德利)是美军现役全履带装甲步兵战斗车，共装备6 000多辆，主要用于协同主战坦克作战和输送步兵，支援机械化步兵作战。M-2战斗全重22.94吨，发动机功率368千瓦，最大公路速度66千米/小时，有浮渡能力，水上速度7.2千米/小时，乘员3人。车体为铝合金装甲焊接结构，装甲总厚度152.4毫米，能防14.5毫米枪弹和155毫米炮弹破片。车底装甲采用铝合金，其前部1/3挂有一层9.52毫米的钢装甲，用以防地雷。车长有光学中继显示装置，放大倍率为4倍和12倍。车辆配有固定电源和备份昼间瞄准镜。炮塔能旋转360度，位于车辆中央偏右。主要武器为1门25毫米机关炮，连发射速有两种：一种为100发/分，另一种为200发/分；“陶”式反坦克导弹，采用双管箱式发射架，内装待发弹2枚，升降式发射架放在炮塔左侧，可在3 750米距离内击毁对方装甲；主炮右侧有1挺7.62毫米机枪。

(三) 信息化陆战平台发展趋势

1. 进一步提高坦克、步战车和自行火炮的机动力、打击力、防护力和夜战能力，增强陆战平台的整体作战能力。一些新型的电子设备将在车体内大量安装。如美国的“blcok3”坦克安装了敌我识别装置、多功能传感器、二氧化碳激光测距仪和目标搜索系统等，使坦克的指挥通信、观察瞄准、射击控制等智能化和信息化能力更高。火炮将进一步实现指挥自动化，使快速反应能力有一个大的发展。

2. 逐步实现坦克、步战车的隐形化，防雷达探测能力有明显改善。法国正在进行坦克声学方面的隐形试验，其独到的柴-电动力技术能使坦克发动机的噪声大大降低。

3. 火炮将向增大射程、提高射速、信息化及具备两栖作战能力方向努力。美M270火箭炮增程后，射程可以从目前的32千米增加到45千米，我国的1989式273毫米自行火箭炮的射程达到了80千米；一些国家的火炮从行军转换为战斗状态开始，到打完规定的炮弹，然后撤出阵地的时间控制在2分钟内；美国的液体发射药榴弹炮的射速已提高到15发/分钟左右。

4. 加快更新换代。近年来，发达国家纷纷着手研制新型陆军武器系统，重点打造新一代陆军信息化作战平台。新平台将围绕提高机动、防护、隐形、兼容等性能加快更新换代，并且与不断改造升级的综合电子信息系统和新型武装装备相结合，形成以信息网络为中心的陆军作战体系，集侦察、监视、目标搜索、火力打击、保障等功能于一体。例如：近30年来，美陆军M-1主战坦克经过多次升级，已拥有M-1改、M_1A_1、M_1A_2、M_1A_2 SEP、M-1 TUSK等多种改进型，始终保持世界先进水平。俄罗斯国防部表示，2019年俄陆军将接收450辆经现代化升级的T-72B3M坦克，以及部分BMP-3步兵战车、BTR-82A型和BTR-82AM型装甲运兵车。中国陆军坦克主体也由以往的59式、69式、80/88式、85式逐步向ZTZ-96、ZTZ-99型升级。日本、印度、越南等国也纷纷引进新型坦克。

（四）作战运用及影响

1. 坦克、装甲车辆和火炮仍是地面战场上的重要突击力量。虽然空、海战平台的发展对地面作战产生了巨大的影响，但从海湾战争、阿富汗战争、叙利亚战争等一些局部战争来看，地面战斗仍是解决武装冲突的最后手段，坦克和装甲车辆在地面战场上的作用，飞机和军舰是不可能完全替代的，它们仍然是地面战场上的主要突击力量。在4天的海湾战争地面作战行动中，美军等机械化部队的优势得到了充分发挥。在战斗发起前，多国部队集中了近4 000辆坦克和近5 000辆装甲车，而伊拉克部署在第一线的坦克也有4 200余辆，装甲车则达到了6 000～7 000辆。在狭窄的地幅内双方集中了近8 000辆坦克，12 000辆装甲车，形成了二战以来最为庞大的坦克、装甲车大战。战争中多国部队摧毁伊军坦克3 700余辆，装甲车2 180辆，各种火炮2 140门，击落伊战机97架，造成伊军伤亡近10万人，被俘17.55万人，使伊拉克军队完全失去了战斗力。而多国部队付出的代价却极小，仅阵亡145人，伤244人，失踪56人，伤亡和失踪总人数占出动兵力总数的0.49‰；损失飞机45架，占出动飞机总架次的0.41‰；损失坦克和装甲车辆还不到100辆。

2. 陆战呈现远、精、快的特点，战场进程迅速，单纯的陆战已不复存在。从战术武器的射程来看，比二战时期增长了5～10倍；从战略范围来看，现代局部战争的物理战场范围已扩大到地面、海上、水中、海底、大气层、宇宙空间6个层次。坦克火炮的首发命中率达到了80%，此外，现代战争已不存在任何意义上的单纯的地面战斗。无论是海湾战争，还是英阿马岛战争，陆战都是在大规模的空袭行动将敌对方的地面力量给予彻底摧毁之后开始的，即使是地面作战行动，仍离不开来自于空中和海上火力的直接支援，当然也离不开电子战与信息的对抗。

二、信息化海战平台

海军是担负海上作战任务的战略军种，地球表面积的71%是海洋，100多年前“海权论”提出并被世界各国广泛接受，建设强大海军成为各沿海国家发展的方向。当今世界有120多个国家和地区拥有海军力量，其中30多个国家和地区具有较强的海上作战能力，约15个国家和地区具有海军装备的自主研制能力。

海战平台是海军在遂行以海上为主的作战和保障任务时使用的，各类水面舰艇、潜艇及航空母舰等除火器之外的部分。

(一) 信息化海战平台的特点

1. 动力系统先进，航速高，续航性好。现代海战平台多数采用核动力等先进的动力系统，如美军的“尼米兹”级核动力航母的动力装置为 2 座 A4W/AIG 压水式核反应堆，装料的寿命为 20 年，能产生 28 万马力的强大动力，使排水量约 10 万吨的航母在海上正常巡航速度达到 33 节以上，续航力达到了 40 万～100 万海里，相当于环绕地球赤道 23～47 圈。

2. 外形和结构设计科学，具有良好的机动灵活性、适航性、不沉性、抗毁性、隐形性和三防能力。现代航母的水线以下部分由数十个密封隔舱组成，并有高强度外壳，使航母的抗毁性更高，当航母遭到少量的鱼雷或导弹攻击时，能保证航母不沉。大排水量使航母具有良好的适航性，能在 12 级台风中安全航行；潜艇多采用拉长的水滴型外壳，长宽比例接近理想的 7∶1，使其在海上作战更加机动灵活。另外，潜艇的外壳多涂敷了较厚的吸音涂层，能有效地对抗敌方主动式声纳的侦察，同时，潜艇还对发动机和旋桨等部位进行了声波隐形处理，使对方被动式声纳也难以侦察。三防能力也达到了极高的水平。

3. 舰载机数量多、机种全、作战能力强。以美军“尼米兹”级航母为例，共搭载了 80 余架各型舰载作战飞机，包括执行空中格斗任务的 F-14 战斗机，执行空中格斗和对地(海)攻击双重任务的 F/A-18 战斗/攻击机，执行对海和对地攻击任务的 A-6E“入侵者”攻击机 10 架，负责舰队中远程防空预警和舰队作战飞机空中导航、作战指挥等工作的 E-2C 预警机 4 架，执行电子战任务的 EA-6B 电子战飞机。还有 S-3A“北欧海盗”反潜机和 SH-3H“海王”反潜直升机、KA-6D 空中加油机。

4. 航母联队具有强大的进攻和严密的防空能力，能构成对海上和陆上纵深数千千米范围内的立体封锁。

现代海战通常都组成以航母为中心，由 8～10 艘导弹巡洋舰、驱逐舰、护卫舰、核动力潜艇等护航舰艇及 5 艘支援舰艇编成的海上航母战斗联队。这样的一个航母战斗群有效控制 10 万～20 万平方千米的海上、内陆地区的空中、地面、海面、水中和电磁波领域。这些作战能力的产生，除上面介绍的舰载机群外，另一种重要攻击力量就是巡洋舰等护航舰艇上的导弹系统，典型的有海基“战斧”巡航导弹。BGM-109 型导弹能从陆地、空中、海上及水下多种平台发射，海基为 C 型，弹长 5.55 米，弹径 0.53 米，弹重 1 204 公斤，最大飞行速度 0.7 倍音速，射程 2 000～3 700 千米，具有突防能力强、精度高、威力大等特点，1995 年秋，北约对波黑塞族的大规模空袭中，美军也从海上向波黑塞军发射了 13 枚“战斧”导弹，打击了塞军的重要军事目标；1996 年 9 月 3 日，美军从海上向伊拉克南部禁飞区发射了 30 余枚“战斧”，开创了单独使用巡航导弹进行“外科手术”式打击的先河；2011 年 3 月，法美英联合突袭利比亚战斗中，美军直接向利比亚北部发射了数十枚战斧巡航导弹；2017 年 4 月，美军从海上直接向叙利亚政府军的某空军基地发射了 59 枚战斧巡航导弹。

(二) 典型的信息化海战平台

目前，世界上比较典型的海军信息化作战平台有航空母舰、巡洋舰、驱逐舰、护卫舰、潜艇、综合补给舰、医疗船等。

1. 航空母舰

（1）中国“山东号”航空母舰

“山东号”航空母舰是中国自行研制的第一艘常规动力航空母舰，是继辽宁号之后的第二艘航空母舰。2013 年 11 月开工，2015 年 3 月开始坞内建造，2017 年 4 月 26 日下水，2018 年 5 月首次试航成功，2019 年 12 月正式加入中国海军。“山东号”航母造价约 30 亿美元，标准排水量约 5 万吨，长度约 315 米，宽度约 75 米，滑跃起飞结构，可搭载40～45 架舰载机。

（2）美国福特级航空母舰

福特级航母是美国继尼米兹级之后，面向 21 世纪作战需求制造的新一代核动力航空母舰，首舰 CVN-78 于 2007 年 1 月 16 日正式命名为“福特”号，2017 年 7 月 22 日正式进入美国海军服役。福特级规划在 2058 年之前建造 10 艘同级舰，取代尼米兹级成为美国海军舰队的新骨干。舰长 337 米，舰宽 77 米，吃水 12 米，标准排水量 101 600 吨，满载排水量 112 000 吨，船员 1 150 人，飞行大队 600 人，采用核动力系统，航速超过 30 节，自持力 60 天，飞行甲板 333×78 米，可搭载 75 架战机。相比尼米兹级航母，福特级航母在设计上有了不少的改进，如每天可出动的飞机架次大幅增多，舰员比尼米兹少了数百人，全寿期内的操作和运行成本明显减少，据报道，其续航力增加 60 年。

（3）美国“乔治·华盛顿”号航空母舰

该舰为当今大型核动力航母中的典型代表，是美国尼米兹级核动力航母的第 6 艘，于 1986 年 8 月 25 日正式开工建造，1992 年 7 月 4 日服役，耗资 35 亿美元，加上舰载机约耗资 60 亿美元。舰长 333.5 米，舰宽 78.3 米，高 74.4 米，排水量大于 10 万吨，创当今世界舰船排水量之最；动力系统为两座核反应堆，总功率 28 万马力；航速 30 节，最大续航力 100 万海里；舰载机 82 架，紧急情况下可增加到 90 余架，另配有各种先进的舰载武器系统，如 3 座八联装“海麻雀”中程舰对空导弹发射装置，3 座 20 毫米“火神——密集阵”近程武器。雷达有：一部 SPS-48B 型远程对空搜索雷达，一部 SPS-10F 型水面搜索雷达，LN-66 型导航雷达，SPN-42、43、44 型航空管制/全自动着舰导引雷达等。

2. 巡洋舰

美国提康德罗加级导弹巡洋舰是美海军新型的一级核动力导弹巡洋舰，1976 年开始研制，首制舰 1983 年 1 月装备，现已服役 19 艘，单价约 8.5 亿美元。由于加装了“宙斯盾”导弹防御系统，使其成为一级具有高度防空能力和综合作战能力的新型导弹巡洋舰。该级舰的使命是：在 21 世纪初的高威胁环境下，与航母组成特混舰队，并为舰队提供有效的对空防御。满载排水量9 400 吨，舰长 172.8 米，宽 16.8 米，吃水 9.5 米，动力采用 4 台燃气轮机，总功率 8 万马力，最大航速 30 节，以 20 节航速航行时续航力为 6 000 海里，人员编制 316 人。

该级舰有两个最突出的特点：一是安装有先进的“宙斯盾”系统，其探测器能同时跟踪 100 批目标，控制系统由 22 部计算机组成，在计算机的辅助下能自动进行火力分配，综合控制舰上的对地、反舰、防空和反潜等多种武器，大大提高了打击效率，适合于在高威胁条件下对付饱和攻击；二是装有数目众多的导弹武器，包括 2 套 MK-41 导弹垂直发射系统，可混装“战斧”舰对地导弹、反舰巡航导弹或“标准”防空导弹，以及 2 座四联装（8 枚）“鱼叉”反舰导弹发射装置。目前，美军又在发展能够垂直发射的“阿斯洛克”反潜导弹，届时便可取消反潜导弹发射架。海湾战争及北约波黑维和行动中，该级舰发挥了巨大的作用。

3. 驱逐舰

(1) 中国055型导弹驱逐舰

055型是中国自主建造的导弹驱逐舰(北约代号：Renhai-class，中文：刃海级)，是装备有源相控阵雷达的新型舰队防空驱逐舰。首舰“南昌舰”，舷号101，2017年下水，2019年4月正式服役，排水量超过1万吨，拥有112单元垂直发射系统，能发射多种导弹，主要天线采用共形设计，隐形性能好，可组织远、中、近三层预警防御网，有较强的防空、反导、反潜、反舰、攻陆和电子战能力。该舰拥有较高的续航力、自持力及适航性，是当今亚洲最大的非航母战舰之一，被称为未来航母的“带刀侍卫”。2021年上半年，又有两艘055型驱逐舰“大连”号、“拉萨”号加入中国海军。

(2) 美国阿利·伯克级导弹驱逐舰

阿利·伯克级是美国海军以防空为主的多用途导弹驱逐舰，作战能力和作战使命与提康德罗加级导弹巡洋舰相近，但造价相对较低。首舰“阿利·伯克”号1991年服役，满载排水量8 400吨，航速30节，续航能力5 000海里。舰体为全钢结构，关键部位(电子设备和弹药舱)均用特殊装甲加固，大量运用了隐身技术，生存能力强。装备了一套“宙斯盾”系统，两座MK-41型垂直发射系统，“战斧”巡航导弹和“标准”导弹90枚，两座6管20毫米“密集阵”近防武器系统(后来用“拉姆”滚动弹体近防武器系统代替)，两座MK-32三联装鱼雷发射管，两座四联装“鱼叉”反舰巡航导弹等。“鱼叉”导弹由独立发射装置发射，射程超过65海里。舰上装备的140.7毫米口径火炮可用于反舰作战、近距点防御和对岸火力支援。

4. 护卫舰

(1) 中国054A型护卫舰

054A型护卫舰(北约代号：Jiangkai Ⅱ Class Frigates，中文：江凯Ⅱ级)是中国海军新型护卫舰。首舰徐州号于2008年服役，舰身设计与054型相仿，火力强劲，是第一种海上区域防空型护卫舰。舰长134米，舰宽16米，满载排水量4 053吨，最高航速27节。主战装备有红旗-16中近程防空导弹32发，76毫米全自动单装主炮1门，730近防炮2门，四连装反舰导弹2座，三连装反潜鱼雷2座，卡-28直升机1架。主桅杆顶端加装了一具国产顶板3D对空搜索雷达，舰桥顶部装有1套国产化的射控雷达系统，能为舰上鹰击-83反舰导弹实时指示目标。防空/反舰/反潜配置均衡，是新一代舰队组成的骨干，参加过国际远航、索马里反海盗等重大海外行动。

(2) 美国佩里级导弹护卫舰

佩里级是美军20世纪70年代研制的导弹护卫舰。首舰1977年服役，舰长135.6米，宽13.7米，吃水4.5米，标准排水量2 750吨，满载排水量3 640吨。动力装置采用两台燃气轮机，总功率30.5兆瓦，最大航速29节。舰上武器配置较齐全，装备1座MK-13/14型“标准”/“鱼叉”导弹两用发射架，舰载36枚“标准”-2防空导弹、4枚“鱼叉”反舰导弹、MK-46型鱼雷，一座76毫米火炮和MK15型“密集阵”近程武器系统，两座MX-32鱼雷发射管，两架“海鹰”SH-60反潜直升机。舰上的探测系统性能出众，各种电子设备种类齐全。

5. 弹道导弹核潜艇

(1) 美国俄亥俄级核潜艇

俄亥俄级是美国的第四代弹道导弹核潜艇。首艇于1981年服役,共建18艘。排水量16 764吨(水上)/18 750吨(水下),航速12节(水上)/大于20节(水下),一次装料可使用9年,自持力70天。采取隐身降噪措施。主要武器是24枚“三叉戟”Ⅰ型或“三叉戟”Ⅱ型潜射对地攻击核导弹,除导弹外,还装有4座MK-68型533毫米鱼雷发射管,发射MK-48重型线导鱼雷。采用新型惯导系统、改进卫星导航和声纳导航系统。携载的导弹数量和分弹头数量、战斗部威力、命中精度、突防能力和作战范围等均居世界首位,攻击力很强。

(2) 俄罗斯台风级核潜艇

台风级代表了当代俄罗斯核动力潜艇的先进水平,是目前世界上吨位最大的潜艇。台风级艇型排水量21 500吨(水上)/26 500吨(水下);长度172.8米,宽度23.3米,平均吃水11.0米,最大航速12节(水上)/25节(水下),下潜深度400米,自给力120天,艇员160名,每艇均配2套艇员。主要武器有:20枚P-39(北约代号:SS-N-20)弹道导弹(可通过10次齐射,每次2发,全部发射出去),2具533毫米鱼雷发射管,4具650毫米鱼雷发射管,可配置22枚鱼雷,还配备了8枚对空导弹,用于防备低空飞机及直升机。

(3) 中国094型核潜艇

094型战略核潜艇是中国海军隶下的一型核动力弹道导弹潜艇,是中国自行设计建造的排水量最大的第二代弹道导弹核潜艇,装备了新一代潜艇作战指挥系统和卫星中继通信系统。相比于092型战略潜艇,无论在隐蔽性、传感器还是推进系统可靠程度方面都有较大提高。首艇于1999年开始建造,2004年7月竣工,2009年服役。094型潜艇长约135米,艇宽约13米,吃水约8米,排水量约9 000吨(水上)/115 000吨(水下),航速20节(水上)/26节(水下),自持力约90天,编制约100人。主战武器包括12个导弹发射筒,12枚巨浪-2导弹(最大射程为8 000～10 000千米),6具533毫米鱼雷发射管,12枚鱼-3鱼雷(最大射程15千米)或SET-65E鱼雷。

(三) 信息化海战平台发展趋势

1. 进一步增强舰载武器系统的作战能力。除继续加大舰载机和巡航导弹的攻击能力外,将普遍大量装备防空和反潜导弹,以构成远中近、高中低、大纵深、多层次的防空、反舰和反潜攻防体系。

2. 进一步实现舰载设备的电子化和计算机化,提高信息化能力。随着高新技术进一步发展,世界各国的水面舰艇和潜艇设备电子化的程度将更高,舰载信息系统的发展将强调综合化、协调化,着重于软件的改进,使舰队、战斗群的预警能力、通信能力、指挥能力、控制能力与杀伤性武器相互协调,使整体作战能力大大提高。

3. 舰船动力装置多样化,提高机动速度。

4. 隐形技术将在舰艇上得到广泛应用。未来将会出现种类繁多的海上隐形兵器。美“海狼”级潜艇采用了低噪音的动力装置,其机械设备安装在隔音座垫上,并大量采用消音涂层,安装低噪音推进器,达到了较好的声隐形效果。

5. 潜艇将进一步加大下潜深度。美军“海狼”级的下潜深度已达到600米,俄罗斯的“A”级在试验中曾创下过下潜1 200米的最大深度。

6. 改进水中探测、通信及导航设备的性能。目前,穿透海水能力强和抗干扰性能好的蓝绿激光通信系统已经投入使用,使对潜通信的覆盖深度达 300～400 米,比目前提高 2～4 倍。导航设备也正向着综合导航、自动化、全球覆盖等方向发展。

(四) 作战运用情况

1. 实施全球范围的兵力部署。现代海战平台具有航行全球的能力,舰载武器也具有远程的打击能力,所以现代航母战斗群能实施全球范围的部署和机动作战。如 1990 年 8 月 2 日海湾危机爆发后,美军的"独立"号航母和 2 艘巡洋舰、1 艘驱逐舰、2 艘护卫舰及 3 艘后勤补给舰就火速从印度洋驶往阿曼湾。常驻巴林的 8 艘大中型水面舰艇也立即在波斯湾担负战斗巡逻任务。一个月后,到达海湾地区的舰艇总数达到了 55 艘,当四个多月后海湾战争爆发时,到达海湾地区的美国海军的舰艇已达 150 多艘,多国部队出动的舰艇总数则达到了 247 艘。在近期的武装冲突中,美军都是以航母的快速部署达成威慑和对其他国家进行武装干涉行动的。

2. 实施海空立体封锁。海湾危机中,美国海军以 4～6 艘航母、2 艘战列舰等舰船游弋在伊拉克周边海域,有效地制止了伊拉克在占领科威特之后对其他海湾国家的入侵。之后,美军使用包括航母在内的 150 余艘大型水面舰艇对伊拉克进行了海上封锁,对 3 000 多艘过往船只进行了拦截;利用 500 余架舰载飞机、大量的导弹等兵器对伊拉克周边 1 000～1 500 千米内的海空和陆空进行了封锁,并利用 150 余架舰载机掌握了波斯湾及科威特战区的制空权、制海权和制电磁权。

3. 利用舰载机和巡航导弹,对海上和内陆进行强大的火力压制和攻击。在 1995 年秋北约对波黑塞族的空袭行动中,美军等联军作战飞机共出动了 3 100 余架次,其中从航母上直接起飞的就占到 2 000 余架次;在空袭的后期,美军还从海上向塞族武装直接发射了 13 枚"战斧"巡航导弹,对波黑局势的变化起到了极大的作用。2011 年法美英联合空袭利比亚时,美国同样是以航母战斗群上的巡航导弹拉开序幕的。在 2019 年上半年美国与伊朗冲突爆发后,美国立即向伊朗调集多个航母战斗群,展开威慑行动。

4. 直接参加陆、海、空、电子一体作战。海湾战争中,美军参战的舰载机为 500 架,占美军参战飞机总数的 32%,共出动 2.3 万架次,占联军总出动架次的 21%;参战的舰载电子战飞机和预警机 54 架,在战争的第一阶段,电子战飞机就出动近千架次,进行了广泛的电子侦察、电子压制、反辐射摧毁等电子作战行动。美军还专门用舰载电子战飞机发动了代号为"白雪"的电子战行动,使多国部队的空袭行动取得了良好的效果。其他的战争中,海上力量参与的电子战更是家常便饭。未来的局部战争,濒海地区将是最主要的战场之一,在这样的战场上,信息化海战平台将直接参加陆、海、空和电子战场的一体化作战。

三、信息化空战平台

空战平台指各类作战飞机,它们是以各种机载武器、特种装备对空中和地面、水上目标进行攻击,实施干扰及执行其他一些作战任务。由于各国在作战飞机发展上的竞争,使得作战飞机的研制周期不断缩短,新型机种层出不穷,同时也使新型作战飞机的造价不断向高处攀升,三五千万美元起步,1 亿多美元司空见惯,美军的 B-2A 隐形轰炸机则达到了 20 多亿美元。由于造价的昂贵,形成了世界范围内二、三、四代作战飞机三代同堂的局面。其典型代表有美军的 F-15E、F-16C、F-22、F-35,俄罗斯的米格-31、苏-27、苏-30、苏-35,欧洲的"狂风",中国歼-11、歼-15、歼-20 等战斗机。此外,还有中国的 A-10"雷电"、苏-25"蛙足"

等攻击机和 AH-64“阿帕奇”、米-28“浩劫”等武装直升机，美军的 B-52、B-1B、B-2A 轰炸机，俄罗斯的图-160、中国轰-6K 等轰炸机。

(一) 信息化空战平台的主要特点

1. 综合性能优异

首先是机动性能强。飞机气动设计先进，普遍采用推重比达 8～10 的高推比发动机，普遍具备高空高速、低空低速和低空高速等飞行性能，作战半径也显著提高，达到数千千米乃至上万千米。其次是具有更好的全天候、全方向、全高度作战能力。卫星导航和地形跟踪导航系统等高技术自主式飞行控制系统，及微光夜视仪和前视红外仪等先进的夜视设备的使用，可适应各种复杂的气象条件机动作战，从“树梢”到 2 万米高空活动自如。第三是向一机多用途方向发展。第四是普遍实现了隐形化。

2. 信息化使机载武器的作战效能得到成倍或成数量级的提高

在空对空方面，机载中近距导弹的射程达到 60 千米，远距导弹的射程超过 100 千米，摧毁概率达到 80%以上。在对地攻击方面，战术导弹已具有火力圈外发射能力，可在距目标 20～50 千米外，精确攻击目标。美军 GBU-28 激光制导炸弹，重达 2 136 千克，可穿透厚 6 米的混凝土，对一般土层穿透率达 30 米。同时，载弹量也有了显著加强。

3. 空战武器装备系统成套，综合作战能力进一步加强

现代空战早已不再是单一机种的孤军作战，而是由歼击机、强击机、电子战飞机、空中预警机及加油机联合编队、密切协同的联合作战。现代空战的基本模式是：由预警机首先升入空中担任预警，由电子战飞机率先对敌雷达和防空阵地进行电子干扰，以反辐射导弹摧毁敌防空雷达等电子设备，然后才由歼击机和强击机展开火力打击。为此，各类空战兵器的机载设备已经实现系统成套、一机多用，综合作战能力明显加强。

(二) 典型的信息化空战平台

1. 中国歼-20 战斗机

歼-20 是中国国产的第四代(按照中国、欧美战斗机划分标准)双发重型隐形战斗机，2011 年首飞，2018 年开始列装。歼-20 战斗机全重 25 吨，机长 20.3 米，机高 4.45 米，机宽 3.94 米，最大飞行高度 2 万米，最大携弹量 11 吨，作战半径 1 500～2 200 千米，雷达反射截面积 0.01～0.05 平方米，雷达隐身性能极强。采用了单座、双发、全动双垂尾、DSI 鼓包式进气道、上反鸭翼带拱边条的鸭式气动布局。机头、机身呈菱形，垂直尾翼向外倾斜，起落架舱门为锯齿边设计。机载 4～6 枚中远程空对空导弹，2 枚红外制导近距离格斗导弹，GSh-301 单管转膛航空机炮。侧弹舱采用创新结构，可将导弹发射挂架预先封闭于外侧。

2. 美国 F-22 战斗机

F-22“猛禽”战斗机是美军装备的世界第一款第四代重型战斗机。1997 年 9 月首飞。F-22 采用了“合成传感器”技术，机上装有可远距探测的 AN/APG-77 多功能有源相控阵雷达、射频和光电无源探测系统以及电战设备，具有多目标扫描跟踪、多枚导弹引导及全天候远程作战能力，具有高度隐形、超音速巡航、高机动、超视距打击性能。F-22 雷达散射截面(RCS)0.065 平方米，是 F-15 的 1%，巡航速度 1.6 马赫，最大速度 2.5 马赫，作战半径 1 450 公里。机载武器有 1 门 20 毫米 M61-A2 机炮，3 个内置弹舱，2 个侧武器舱，主武器舱可带 4 枚 AIM-120A 或 6 枚 AIM-120C 中距空空导弹或 2 枚 AIM-120C 和 2 枚 GBU-

32JDAM联合直接攻击炸弹。机翼下有4个可承载2 268千克的外部挂架。F-22战斗机主要承担三类任务：一是对付苏-30等战斗机；二是对付地空导弹，打击敏感目标；三是防御巡航导弹。F-22具有超音速巡航能力，可对巡航导弹实施多个波次的拦截攻击。每架造价约两亿美元，加上研发费用每架成本高达3.5亿美元。出于成本过高、缺乏清晰的空战对手以及自身的出口禁令等原因，美国军方最终只采购了187架该型战斗机。

3. 美国F-35战斗机

F-35"闪电Ⅱ"联合攻击战斗机是美军装备的单座单发战斗攻击机，主要用于前线支援、目标轰炸、防空截击等任务，目前已发展出3种主要型号，包括采用传统跑道起降的F-35A型，短距离起降/垂直起降机种F-35B型，作为航空母舰舰载机的F-35C型。F-35单架成本约1.22亿美元，汇聚了众多高技术。机长15.47米(F-35A/F-35B)/15.62米(F-35C)；翼展10.70米(F-35A/F-35B)/13.26米(F-35C)；机高4.57米(F-35A/F-35B)/4.72米(F-35C)；空重12 020千克(F-35A)/13 608千克(F-35B/F-35C)；最大武器载荷大于5 897千克(F-35A/F-35B)/大于7 711千克(F-35C)；最大翼载荷530.7千克/平方米(F-35A/F-35B)/393.7千克/平方米(F-35C)；最大平飞速度1 700千米/小时，巡航速度740千米/小时；作战半径1 111千米(F-35A/F-35B)/833千米(F-35C)。机载的电光瞄准系统(EOTS)有一个第三代凝视型前视红外(FLIR)。EOTS具有高分辨率成像、自动跟踪、红外搜索和跟踪、激光指示、测距和激光点跟踪等功能。FLIR可在防区外对远距离目标进行精确探测和识别。F-35综合电子战系统和机载AESA雷达系统互联，提高了雷达工作效能，缩短了综合电子战系统的反应时间。机载武器基本为内置，标准的武器是2枚空空导弹和2枚JDAM。

4. 俄罗斯苏-35战斗机

苏霍伊苏-35(Sukhoi Su-35)战斗机，北约代号"侧卫-E"(Flanker-E)或"超侧卫"(Super Flanker)，是俄罗斯苏霍伊设计局在苏-27战斗机的基础上研制的深度改进型单座双发、超机动性多用途战斗机，在世代上属于第四代战斗机改进型号，即第四代半战斗机。

2018年4月26日，中国国防部证实苏-35战机已列装我空军部队。

苏-35强化了航电系统及武器搭载能力，机体也放大，配备了更大推力发动机，最大推力8 500 kg，加力推力约14 000 kg，并可增至14 500 kg，此即AL-35FM。加装矢量喷嘴的AL-35FM被称作苏-37，又称作AL-37FU。

苏-35/37两翼各加一个外挂点，共有12个外挂点，采用多用途挂架可有14个外挂点。武器搭载量提升为8 000 kg，正常空战筹载则为1 400 kg。机翼外侧可挂短程的R-73空空导弹或电战荚舱。

理论上苏-35能发射所有俄制精确制导武器，如KH-29反舰导弹、KH-59巡航导弹、KH-31反辐射导弹与KAB-500、KAB-1500系列制导炸弹等，包括R-27系列、R-73系列、R-77、KS-172等及Gsh-30-1单管30 mm机炮。其配备方式如下：

(1) 10枚R-77及两个翼端荚舱。

(2) 8枚R-27或R-77或其混合及4枚R-73，此为正常空战配置。

(3) 同(2)，使用多用途挂架时，R-73可增为6枚或维持4枚但增加两个荚舱。

(4) 射程超过100 km的R-27增程型或射程达400 km对预警机的KS-172超远程空空导弹，这类大型导弹挂于进气道下及机腹中线挂架。

(5) 机载设备为最新研制的相控阵雷达，作用距离 165～245 千米，能跟踪 24 个空中目标，并可同时攻击 8 个目标；能发现 400 公里的空中目标、200 公里的地面目标。机载武器有多型中程、近程、远程空空导弹、空地导弹和精确制导炸弹等。

5. 中国轰-6K 轰炸机

轰-6K 轰炸机是中国仿制苏联图-16 中型轰炸机而研制的一种中型喷气式轰炸机，是中国核三位一体的重要组成部分，是中国空军进攻作战的核心力量。具备远程奔袭、大区域巡逻、防区外打击能力，一次可发射 108 枚炸弹。由于改进了发动机和武器、雷达等系统，航程远，打击范围大，打击精度高。最大起飞重量约 95 吨，正常载弹量 9 吨，最大载弹量 12 吨，最大作战半径约 3 500 千米，可打击 4 500 千米外的地面固定目标，最大突防速度 0.8 马赫，最大航程 9 000 千米以上。改进型轰 6K 挂载 6 枚长剑-10 巡航导弹，6 枚弹重约 12 吨。

6. 美国 B-2A 隐形战略轰炸机

B-2A 隐形战略轰炸机是美国空军装备的具有隐身能力的远程战略轰炸机，是当今全球最贵的军用飞机，造价 26 亿美元。1999 年美军在对南联盟空袭中首次运用了 B-2A 轰炸机。它的外型像一只“蝙蝠”，机长 21.03 米，翼展 52.43 米，机高 5.18 米，空重 71 700 千克，有效载荷 23 000 千克，最大飞行速度 0.95 马赫，实用升限 15 240 米，最大航程 1.2 万千米，经一次空中加油航程 1.8 万千米。采用多种先进技术和隐身材料，雷达反射面 0.1～0.001 平方米，是第一款完全隐身的战略轰炸机。机载武器均藏在机腹内。执行核攻击时，机载 8 枚巡航导弹和 8 枚核炸弹。执行常规轰炸时，机载 80 枚 MK-82 炸弹或 16 枚联合直接攻击弹药。最多可带 8 枚防区外攻击导弹。装备了先进的雷达、雷达告警接收机、射频监视/电子干扰系统、GPS 辅助目标确定系统以及敌我识别应答器。

7. 俄罗斯图-160 轰炸机

图-160“海盗旗”轰炸机是苏联空军装备的世界上最大的远程战略轰炸机，截至 1992 年底停产时，该机共交付 40 架。图-160 机长 54.095 米，翼展 55.70 米，机高 13.2 米，空重 110 吨，最大载荷 40 000 千克，最大飞行速度 2.05 马赫，最大航程 12 300 千米，实用升限 21 000 米。主要机载设备为导航/攻击雷达(据称有地形跟随能力)；机尾装有预警雷达、天文和惯性导航系统、航行坐标方位仪，机前机身下部整流罩内装有摄像机以辅助武器瞄准以及主动、被动电子对抗设备等。弹舱内可载自由落体武器、短距攻击导弹或巡航导弹等。两个 12.8 米长的武器舱，前舱的旋转发射架可携带 6 枚巡航导弹，后舱的两个旋转发射架可携带 24 枚 Kh-15P 短距攻击导弹。

8. 中国空警-2000 预警机

空警-2000 是中国自行研制的大型、全天候、多传感器空中预警与指挥控制飞机。以俄罗斯伊尔-76 运输机为载机平台改装，安装了中国自主研发的相控阵雷达、碟形天线、超级计算机、控制台及软件。主要担负对空、对海监视、跟踪和识别任务，可根据作战需要执行辅助指挥引导和控制等任务。机载雷达能够 360 度全方位扫描覆盖，可用于扩展侦察能力，加强对电子情报、电磁情报、无线电情报收集，擅长探测速度较高的空中或海上目标。可同时跟踪 60～100 个目标，探测距离 470 千米，最大起飞重量 175 吨，最大航程 5 500 千米，续航时间 12 小时，高空探测距离 1 200 千米，速度 850 千米/小时。主要用于空中警戒、监视、识别、跟踪目标，指挥己方战机和地面防空武器系统作战，配合陆、海军协同作战。

9. 美国E-3预警机

E-3“望楼”是美国空军研制的全天候远程空中预警和控制飞机，用于空中监测、指挥、控制与通信，最大特点是能与战斗机火控系统交联，战斗机可以不使用自身雷达。E-3有A,B,C,D 4种型号，机长46.61米，翼展44.42米，机高12.6米，空重73 480千克，载重147 400千克，最大起飞重量156 000千克，最高速度855千米/小时，航程7 400千米，实用升限9 000米，续航时间6～8小时。机载设备有雷达、敌我识别、数据处理、通信、导航、数据显示与控制6个分系统。机载雷达覆盖方位角360°，对低空探测距离400千米，对中高空探测距离600千米，可提供30分钟预警时间。可同时探600个目标，识别其中200个，引导100架飞机进行空战。

10. 中国武直-19武装直升机

武直-19(代号:WZ-19)，是中国研制的武装直升机兼侦察直升机。2010年首飞，2011年服役。机长12米，旋翼面积111.79平方米，机高4.01米，空重2 350千克，最大起飞重量4 250千克，速度305千米/小时，续航时间4小时，航程800千米。改进型武直-19E，是4吨级串列窄机身专用武装直升机，能携带红箭-9对地导弹、天燕-90对空导弹、57毫米航空火箭、23毫米机炮等武器，用于攻击敌方坦克、装甲车辆、坚固工事，为地面部队提供直接火力支援，还可用于攻击敌方直升机等低空飞行目标，参与夺取超低空制空权。

11. 美国AH-64攻击直升机

AH-64阿帕奇是美国1975年研制、1986年列装的全天候双引擎反坦克武装直升机。最大航速268千米/小时，续航时间1.8小时，作战半径259千米，最大起飞重量7 890千克。主要机载武器为机头旋转炮塔内装1门30毫米链式反坦克炮，可携带“地狱火”式激光制导反坦克导弹16枚、1 200发30毫米炮弹和76枚127毫米火箭。机上装有由电视和红外传感器组成的目标捕捉标记瞄准具和夜视传感器，可在复杂气象条件下搜索、识别与攻击目标。机载的毫米波雷达系统可同时跟踪256个目标，“恶劣气候武器系统”可使阿帕奇在发射“地狱火”导弹后即时脱离目标。

(三) 信息化空战平台的发展趋势

1. 机载电子设备将更加先进，电子战能力进一步增强。信息化条件下，空军作战平台之间的较量异常激烈，必定是硬摧毁、软杀伤相结合的联合空中打击。火力打击之前的电子对抗，结果将直接决定火力交战的成败。新型空军作战平台，无论是战斗机、轰炸机，还是预警机、侦察机等，都加装了先进的电子战系统，以适应未来复杂的电磁斗争环境和空战现实需求。

2. 更注重功能集成，向着多用途方向发展。以战斗机为例，“一机多用”或“一机多型”已成为新型战斗机研发的标准模式。美空军计划将F-22战斗机重新定名为F/A-22，旨在对F-22的功能进行重新定位，使其具备空战、电子战和对地面攻击等多用途作战能力。

3. 更注重侦察和隐身

空军是现代战争的拳头军种和突击尖兵，往往战斗在最前沿，需要有先敌发现、先敌打击的性能。发达国家空军信息化作战平台大多围绕侦察与反侦察、隐身与反隐身能力展开建设，或改进，或升级，如美军现役的F-22、B-2A等都具备较强的侦察和隐身性能。美、俄、英、日等国在研的新一代战机大多安装了最先进的机载侦察设备，并且运用复合材料技术和各种吸波材料涂层，使机身雷达反射截面、红外特征值大大减小，战场侦察和隐身性能不断提高。

4. 更注重智能控制和无人化

智能控制和无人化是空军信息化作战平台发展的一个显著趋势。追求“零伤亡”的现代战争理念，促使世界主要国家大力研发各型智能控制无人化作战平台，尤其是无人机，成本低廉，操纵便捷，功能强大，且占有高空优势和机动优势。一些发达国家装备的遥控或智能控制无人机、空天飞行器都具有侦察、监视、电磁对抗、通信中断、打击时敏目标等综合作战能力，如美国的X-37B空天飞机、“全球鹰”无人机等。

四、信息化太空战平台

太空作战平台一般包括三大类：一是目前已大量使用的直接支援地面军事行动的军用卫星系统，如侦察卫星、预警卫星、军用通信卫星、导航卫星、气象卫星、测地卫星等；二是目前正处于研究和发展中的天基武器，主要指攻击敌方航天器用的反卫星系统，如反卫星卫星、反卫星导弹、天基定向能武器等；三是各类载人航天器，如航天飞机、空天飞机、空间站及载人飞船等。

（一）军用卫星

1. 通信卫星

通信卫星实际上是一种天基微波中继站，一般部署在距地面35 786千米高的赤道上空的地球同步轨道上。卫星通信具有覆盖范围大、通信距离远、通信容量大、传输质量高、机动性和生存能力强等优点，是现代军事通信中的一个重要组成力量。军用通信卫星一般可分为战略通信和战术通信两大类。战略通信卫星通常部署在地球同步轨道上运行，提供远程和全球范围内的战略通信服务。战术通信卫星一般在高度约为20 000千米的轨道上运行，周期为12小时，主要用于近程战术通信，为军用飞机和海面舰艇等的机动提供通信服务。

军事通信卫星通常用来担负需保密、容量大、高速率的战略和战术通信勤务，在现代高技术战争中所承担的通信量越来越大，如美军所有军事长途通信70%～80%的信息量是靠卫星传送的。我军也有自己先进的军事通信卫星。

2. 导航卫星

导航卫星是为航天、航空、航海、巡航导弹和洲际导弹等提供导航信号与数据的卫星。一颗导航卫星，就相当于一个设在空间的无线电导航台。导航卫星上的无线电信标机以固定的频率，按照规定的时间向地面、海上等用户发射无线电信号，报知当时卫星在空间的位置和发出信号的时间，地面用户利用无线电接收设备接收卫星发出的信号，从而确定自身的位置和航向。用导航卫星系统进行定位和导航不受气象条件和距离的限制，且导航精度高。

典型的导航卫星有美国“全球导航定位系统”（GPS）、中国的“北斗”等。导航卫星可为地面车辆、人员，海上舰船，空中飞机、卫星、航天飞机等进行导航和定位，也可用于洲际导弹的中段制导，作为惯性制导系统的补充，提高导弹的精度，广泛服务于现代局部战争。

有关导航卫星详细请参看下一节“综合电子信息系统”。

3. 气象卫星

气象卫星可以从云层上面拍摄全球云图，提供全方位的天气预报信息，已成为现代军事气象工作的重要手段之一，在现代气象服务中起着十分重要的作用。气象卫星主要有两大类：极地附近的近地气象卫星和同步轨道上的静止气象卫星。这两类卫星基本上都是军民两用合二为一的。

4. 测地卫星

测地卫星是用来测定地球的形状、大小、地球重力场的分布、地面的城市、乡村和军事目标地理位置的卫星，具有重要的军事用途。

5. 侦察和预警卫星

照相侦察卫星是在卫星上安装各种类型的相机，拍摄地面目标获取情报的一种侦察卫星。按其使用波长的不同，有可见光照相、红外照相、多光谱照相和微波照相等。

可见光照相侦察卫星具有照片清晰、易于判读等优点，但它受天气影响较大，为了弥补不足，一般照相侦察卫星还同时装备红外、多光谱和微波照相设备，可以实施夜间侦察，具有识别伪装的能力，特别是微波照相还具有一定的穿透地表层、森林和冰层的能力。

目前照相侦察卫星已发展到第六代，典型的以美国“锁眼 12”(KH-12)为代表。“锁眼12”照相侦察卫星带有先进的光电遥感器，尤其是采用热成像和自适应电子技术，进一步提高了夜间侦察能力和情报信息的准确性，地面分辨率可达 0.1 米，同时还具有变轨能力，可下降到 120 千米的轨道机动飞行，还可利用航天器在太空加注燃料。中国民用高分辨率卫星的代表有“高分二号”“吉林一号”等，其分辨率可达到 0.5 米。

导弹预警卫星是部署在地球同步轨道上、装有红外敏感元件、能早期发现敌方发射导弹或其他飞行器并及时发出警报的卫星。其主要任务是：战时，预报敌导弹发射情报，或发射反导导弹实施拦截；平时，监视其他国家导弹和空间飞行器的发射试验，兼顾核爆炸探测任务。只要部署 3 颗这样的卫星，就能探测到除两极以外地球上任何地方发射并飞出大气层的导弹，并自动把信息传递给地面站。

(二) 天基武器系统

天基武器平台和天基定向能武器平台，是美国“星球大战”计划中提出的新概念，天基武器系统目前还处于研究阶段，随着技术的进步，将来至少在技术上是能够实现的。现已进行过试验并可以部署的天基武器主要是反卫星卫星。

反卫星卫星是对有威胁的敌方卫星实施摧毁、破坏或使其失效的一种人造卫星。这种卫星上装有跟踪识别装置和杀伤性武器，能识别、接近并摧毁敌方卫星。反卫星卫星可分为两大类：一类是携带有常规炸药的卫星，当它在轨道上接近目标卫星时，以地面遥控或自动引爆的自毁方式与目标卫星同归于尽，通常所说的“天雷”或“太空雷”指的就是这种拦截卫星；另一类是装备有导弹或速射炮的卫星平台，当目标卫星进入武器的射程之内时，星载传感器便能及时测出，并迅速调整星载武器的方向，直接把导弹或炮弹射向敌方卫星，将其击毁。因此，这种方式工作的反卫星卫星又称作为“智能天雷”或“制导天雷”。

天雷拦截敌卫星的方式主要有在敌卫星轨道后高速运行的“追击式”和与敌卫星迎头相撞的“迎击式”两种。实施拦截时，首先将天雷发射进入与目标卫星相近的轨道，在此轨道上运行到适当的位置时通过变轨机动进入目标卫星轨道。“追击式”方法是在同一轨道上以高于目标卫星的运行速度追赶目标卫星，在追踪到敌卫星后，或与目标卫星同归于尽，或以导弹、炮弹进行打击，将目标卫星予以摧毁；“迎击式”则与目标卫星作反向运动，以迎头相撞的方式与目标卫星同归于尽，或用武器迎头将目标卫星摧毁。

当然，反卫星卫星拦截敌军用卫星也不一定非要把目标卫星摧毁，只要采取一定的方式使其无法工作也就达到目的了。如可喷涂某种不透明的性能稳定的化学物质，使敌卫星的照相装置、通信装置等失灵或毁坏，这样，即使目标卫星继续留在太空也没有意义了；也可将目标卫星俘获，然后一道重返大气层将其烧毁；甚至还可以改变其运行轨道，使其离开己方天空区域，无法对己方进行侦察和其他破坏活动就可以了。

(三) 空间站(航天站)

随着载人航天技术的发展，在近地空间建立基地——航天站，是人类进一步开发和利用太空的必然步骤。航天站是天上的建筑群，在军事上是一个军营或兵站，它包括一个或多个载人的工作和居住舱，装有电源和控制系统的后勤舱、轨道机动飞行器和自动飞行平台等部分。航天站既是太空的科学实验基地，又是航天器的发射、维护基地，也是太空的军事基地，可以用于侦察、预警、试验和部署太空武器等。航天站可以完成太空侦察、太空通信、太空预警和太空导航等多种工作，也是一个理想的太空指挥所，还可进行太空反导弹、反卫星作战，支援地面的战斗。

预计，到 2022 年前后，世界上仅有中国一家拥有空间站。

第三节　综合电子信息系统

综合电子信息系统又称自动化指挥系统，是为优化资源配置、提高作战能力，按一体化和综合集成原则而构建的多重使命多种功能的军事电子信息系统，是夺取信息优势和制信息权的主要装备。

一、指挥控制系统

指挥控制系统在信息化战争的地位和作用十分突出，是综合电子信息系统的核心部分，是指挥和控制军队遂行各种战争和非战争行动的重要依托。

(一) 概念

指挥控制系统，是指在军事指挥体系中采用以计算机网络为核心的技术与指挥人员相结合，对己方所有武装力量和作战要素实施指挥与控制的人机交互的智能系统。美军提出的 C^4ISR，即指挥(Command)、控制(Control)、通信(Communication)、计算(Compute)、情报(Intelligence)、监视(Surveillance)和侦察(Reconnaissance)，就是当代典型的指挥控制系统。它是以网络为纽带，以各型电子设备为基干，集成指挥、控制、通信、计算、侦察、监视、情报等多种功能，为诸军兵种提供作战决策和行动指令的专用信息系统。

C^4ISR 集成了多种功能，被广泛应用于作战指挥、武器控制、作战保障、作战模拟、军事训练等方面。在武器控制方面，C^4ISR 可用于对速度快、精度高的武器系统进行控制。在作战保障方面，C^4ISR 固有的侦察、搜集与处理情报、通信、气象预报自动化、电子对抗等功能，可以大大提高战争指挥和作战保障效能。在作战指挥方面，C^4ISR 贯穿了从情报搜集、传递、处理到定下决心、形成指令等各个环节，大大缩短了反应时间，优化了作战指挥流程。在作战模拟和军事训练方面，C^4ISR 运用数学原理和计算机模拟相结合的方式推演和预测战斗进程及结局，开创了作战模拟的高级形态。C^4ISR 已被广泛运用于军事教育、训练和模拟对抗、数据检索、文献整理、装备与后勤管理等各个领域，成为加快战斗力生成的孵化器。

目前各主要国家都建设有完善的 C^4ISR 系统。

（二）分类

指挥控制系统通常由战略级（国家级）、战役级（战区级）、战术级（军以下部队）、作战平台或单兵指挥 4 级信息系统组成。

1. 战略指挥信息系统

战略指挥系统是保障最高统帅部遂行战略指挥任务的指挥信息系统，包括国家军事指挥中心、国防通信系统、战略情报系统等。其中，国家指挥中心是战略指挥系统的核心部分，一般下辖若干战区和军种指挥部。例如，俄罗斯国家指挥中心下辖四大战区司令部和五大军种指挥部，它们是国家指挥中心网络直联的主要对象。国防通信系统是保障军方信息传递和交换的主要载体，是以国家军事指挥中心为核心，覆盖各战区和军种部队，规模庞大而且相对独立的军事通信系统。各战区和军种部队有各自专用通信系统，确保国防通信系统贯通到部队基层的指挥末端。

2. 战役指挥信息系统

战役指挥信息系统是保障各战区和军种遂行战役指挥任务的指挥信息系统，包括战区战役指挥信息系统、陆军战役指挥信息系统、海军战役指挥信息系统、空军战役指挥信息系统和火箭军战役指挥信息系统等。战役指挥信息系统处于战略和战术指挥信息系统之间，起到承上启下的作用，主要对战区范围内的诸军种部队实施指挥。

3. 战术指挥信息系统

战术指挥信息系统是保障各战术部队遂行战斗指挥任务的指挥信息系统，包括陆军师、旅（团）指挥信息系统，海军基地、舰艇支队、海上编队指挥信息系统，空军航空兵师（联队）和空降兵师（团）指挥信息系统，导弹旅指挥信息系统等。战术指挥信息系统种类多样，功能众多，讲求灵活性与实效性。

4. 作战平台或单兵指挥信息系统

作战平台指挥信息系统也称武器控制系统，可以指挥坦克、装甲车、飞机、舰艇等战役战术武器，也可以控制洲际导弹、战略轰炸机等战略武器。如美空军 E-8“联合星”预警机，具有实时的广域监视和作战指挥能力，在海湾战争中多次指挥美军摧毁伊拉克地面部队。单兵指挥信息系统是保障单个士兵遂行作战任务的信息系统，包括头盔、单兵武器、便携式计算机/通信、全球导航定位系统（GPS）、生存与防护等子系统，可提高士兵综合作战能力。

二、预警系统

预警系统是综合电子信息系统的重要组成部分，具有即时发现、威胁响应、及时告警、跟踪监视的特殊功能，是信息化战场综合防御作战的重要依托。

（一）什么是预警系统？

预警系统是指利用各种探测和监视手段，对各种军事威胁目标进行发现、识别、跟踪或监视，为防卫或反击作战提供情报保障的专用信息系统。预警系统的主要功能是为摧毁来袭目标提供及时准确的告警信息，为拦截目标预留足够的反应时间。以美军"联合预警和报告网络系统"(JWARN)为例，该系统可以从战场传感器收集、分析、识别、定位和报知有关核生化威胁及相关信息，为司令部决策人员及时报送这些信息。该系统与联合军种的C^4KISR互联，并将接口设备连接到各军队部队战场探测设备的传感器上，对各种突发事件观测预警的时间仅需要2分钟。

(二) 分类

预警系统有多种分类方法。按照运用层级，可分为战略预警系统、战役预警系统、战术预警系统；按照战场空间，可分为天基预警系统、空中预警系统、海上预警系统、陆基预警系统；按照军种建制，可分为陆军预警系统、海军预警系统、空军预警系统、火箭军预警系统、战略支援部队预警系统等。一些发达国家利用信息、网络等技术优势，持续优化情报保障流程，强化预警体系与武器系统的结合，不断提升预警系统集成化、网络化和智能化水平。

三、导航系统

导航系统具有精确引导目标方位的特殊功能，是军队实施精确机动的重要保障。在人类历史上，导航曾是航海的代称。在战争领域，军队在浩瀚无垠的战场上，唯有依靠导航系统，才能及时准确地抵达作战地域。

(一) 概念

导航，即引导航行，是使飞机、舰艇、导弹等航行体，从某个起点沿着一定航线安全、准确、及时地到达目标点的引导行为。导航是借助导航系统实施的。导航系统，就是为了准确可靠地对运动载体进行预定或既定航迹的导引，并为之提供实时精确的位置、速度和态势信息的专用信息系统。

导航系统，分为无线电导航、卫星导航、惯性导航、地文/天文导航和仪表导航等。导航设备一般由传感器、计算装置和显示器等组成，基本功能是提供航行体的姿态参数、运动参数和位置参数等。

(二) 分类

中国北斗卫星导航系统、美国全球导航定位系统、俄罗斯格罗纳斯导航定位系统、欧盟伽利略导航定位系统，是当今世界唯有的四大卫星导航系统，是联合国卫星导航委员会认定的四大供应商。

1. 中国北斗卫星导航系统

中国自行研制的北斗卫星导航系统(BDS)是继美国GPS、俄罗斯GLONASS之后第三个成熟的卫星导航系统。自1994年开始，经过26年发展，取得巨大成功。2020年7月31日上午10时48分，中共中央总书记、国家主席、中央军委主席习近平同志宣布，北斗3号全球卫星导航系统正式开通，为全球用户提供全天候、全时空、高精度、高可靠定位、导航、授时服务，并具短报文通信能力，定位精度10米，测速精度0.2米/秒，授时精度10纳秒。

20世纪后期，中国开始探索适合国情的卫星导航系统发展道路，逐步形成了三步走发展战略：2000年年底，建成北斗一号系统，向中国提供服务；2012年年底，建成北斗二号系统，向亚太地区提供服务；2020年，建成北斗全球系统，向全球提供服务；2035年前建设完善更加泛在、更加融合、更加智能的综合时空体系。

建设世界一流的卫星导航系统，满足国家安全与经济社会发展需求，为全球用户提供连续、稳定、可靠的服务；发展北斗产业，服务经济社会发展和民生改善；深化国际合作，共享卫星导航发展成果，提高全球卫星导航系统的综合应用效益。

北斗卫星导航系统的主要特色：一是空间段采用三种轨道卫星组成的混合星座，高轨卫星多，抗遮挡能力强，尤其低纬度地区性能特点更明显。二是提供多个频点的导航信号，通过多频信号组合使用等方式提高服务精度。三是创新融合了导航与通信能力，具有实时导航、快速定位、精确授时、位置报告和短报文通信服务五大功能。

2. 美国全球导航定位系统

美国全球导航定位系统（GPS），是目前世界上最常用的一个中距离圆型轨道卫星导航系统，可为地球表面绝大部分地区（98%）提供准确的定位、测速和高精度的时间标准。GPS计划始于1973年，由美国国防部研制，历时20年，耗资近200亿美元，1994年第一代GPS由24颗卫星完成组网。GPS由空间系统、地面控制系统和用户设备接收机三部分组成。空间系统是由21颗工作卫星和3颗备份卫星组成，均匀分布在20 200千米高的6个轨道平面上，运行周期12小时。地球任何地方任一时刻都能同时观测到4颗以上GPS卫星。地面控制系统负责卫星的测轨和运行控制。用户端就是GPS接收机，通过接收卫星广播信号来获取位置信息。GPS可满足位于全球任何地方或近地空间的军事用户连续精确的确定三维位置、三维运动和时间的需要，能为用户提供精确的导航、定位、授时等服务，现已广泛应用于军事及国民经济的各个领域。1995年美国国防部宣布GPS提供完全运行服务，利用L1 C/A码信号为民用用户提供标准定位服务SPS（Standard Positioning Service），利用L1 P（Y）码信号和L2 P（Y）码信号为授权用户提供精密定位服务PPS（Precise Positioning Service）。GPS主要是为军事目的建立。为此，美国专门出台保护国家安全的两大措施，即防止地方对军用的P码进行干扰的AS（anti-Spoofing）技术和降低C/A码定位精度的选择可用性SA（Selective Availability）技术。1994年精密定位服务（PPS）空间导航信号的用户测距误差均方根值为3米，2006年这一精度提高至1米。2005年美国开发出新一代GPS卫星，开始提供第二个民用波段。GPS的定位精度和稳定性将持续得到提高。

四、综合电子信息系统发展趋势

当前，发达国家不断改进综合电子信息系统，尤其重视提高侦察预警能力，加快与作战系统相融合，加快网络一体化建设步伐，增强系统攻防作战能力。

（一）更加重视提高侦察预警能力

发达国家重视发展高精度的新型预警卫星、预警雷达和预警机，使其成为卫星导航系统的有力补充。美国从20世纪50年代末最早开始研制预警卫星，在70年代初启动“国防支援计划”（DSP），根据该计划发展了三代导弹预警卫星。1995年又启动了“天基红外系统”（SBIRS）预警卫星研制计划，这个系统分为高轨道和低轨道两个部分，高轨道卫星的扫描速度和灵敏度比DSP卫星提高了10多倍，能在敌方导弹发射10～20秒钟内发现目标并把相关信息传至地面部队；低轨道卫星能在导弹飞行中段跟踪并识别弹头，为早期拦截提供预警信息。发达国家纷纷投入巨资重点改进现役预警机，大力发展新型相控阵雷达预警机。相控阵雷达的优点在于自适应能力强，扫描速度快，抗干扰能力优越，可同时搜索、跟踪与识别多个目标、执行多种任务，可采用全方位跟踪或边扫描边跟踪方式，可以快速发现并跟踪重要目标。目前已经具有或在研的相控阵雷达预警机有：美国空军波音 747-200 相控阵雷达预警机、美国海军舰载 S-3 相控阵雷达预警机、美国海军陆战队 V-22 相控阵雷达预警机，以色列“猎鹰”相控阵雷达预警机，瑞典 SB-100 相控阵雷达预警机，荷兰 MK2 相控阵雷达预警机等。

（二）加快推进网络一体化建设步伐

为了提高武器装备体系的联合作战效能，发达国家纷纷加强了综合电子信息系统的网络一体化建设。这种集侦察、预警、指挥、控制、电子对抗、火力打击、毁伤评估等多功能一体化建设首先在军种内部完成，尔后扩展到各军种间，最终实现全军部队整体融合。根据《2030 年空中优势飞行计划》，美国空军一直把多域指挥与控制视作最高优先事项，即将完成一项于 2016 年启动的多域指挥与控制（MDC2）研究，该研究为空军面向 21 世纪 30 年代空中、网络和太空作战及无缝协调提供蓝图。美军信息网络建设标准很高，战场感知要达到在几十分钟内以全球广播方式提供高分辨率的战区地图和地貌数据的视频图，在 4 000 平方千米区域内能感知 98％的运动目标并能快速判断敌方和己方行动方案，1 分钟内可为联合部队提供可用的态势图。信息网络服务要达到 10 秒钟内建成可靠的作战网络，10～60 秒内连通战术系统和网络，3 分钟内完成多域数据库的查询和检索，每小时广播 2 000 个目标的变化信息并对 500 个目标进行武器分配和战术评估，1 分钟内向全网发送重要态势、目标和威胁变化的信息，10 分钟内为 500 平方千米内的用户提供部队配置信息。

（三）加快开展与作战系统相融合

综合电子信息系统与作战系统相融合，是各国军队信息化建设的重点。两者融合的关键是实现武器系统与指挥控制系统之间的互联互通。当前，美国空军预警指挥机、海军“宙斯盾”系统已经具备了这种能力。美国海、空军 L、K 系列数据链研制和使用，使各作战平台与指挥系统联为一体，极大缩短了从发现目标到打击目标的反应时间。美军凭借雄厚的经济和科技实力，斥巨资构建覆盖全球的 C^4KISR 系统。俄罗斯把“C^4KISR 系统”的实战化应用作为武装力量建设特别优先的任务。英、法、德、意等国也在全面提高各自 C^4KISR 系统的作战效能。以色列在与黎巴嫩真主党的战争中，提出把“协同”要素加入到 C^4KISR 系统中，酝酿着建立更复杂的新型 C^5KISR 系统。

（四）进一步增强系统攻防作战能力

综合电子信息系统是信息化作战体系的“中枢神经”。未来战争，交战双方综合电子信息系统之间的信息攻防作战将贯彻战争全过程，斗争将异常激烈。作战双方除了运用各种进攻手段削弱、瘫痪或摧毁敌方系统外，还将采用灵活有效的防护措施，确保己方综合电子信息系统不被敌人瘫痪或摧毁。目前，许多国家都致力于以下能力建设：一是增强系统中电子设备和光电设备的电子防御能力；二是加强信息网络安全建设；三是持续研究和论证信息攻防新战法，确保在实战中能够有效摧毁敌方信息系统，同时保障己方信息系统的安全。

第四节　信息化杀伤武器

信息化杀伤武器主要是指融合了信息技术，具有一定智能和信息交互能力，可自动控制的武器的统称。我们这里介绍的信息化杀伤武器，其范围超出常规的认知，既包括一般认为的精确制导武器，也包括传统的核生化武器，以及正在发展中的未来可能会逐渐用于战场的新概念武器等。

一、精确制导武器

20 世纪 80 年代以来的一系列局部战争表明，精确制导武器的大量使用，是人类战争步入信息化战争时代的一个最明显的标志。据统计，精确制导武器在每一场战争中的使用量占总投弹量的百分比正成高速指数增长的态势，1991 年初的海湾战争中为7%～8%，1999 年初的科索沃战争时上升到 35%左右，2001 年秋的阿富汗战争达到了50%～60%，而 2003 年 3～4 月伊拉克战争时则上升到了创纪录的约 70%。到了 2011 年法美英联合突袭利比亚时，所投放的弹药几乎都是制导武器。

精确制导武器的广泛应用，开辟了战争的一个新纪元，正推动人类战争由高技术战争向着信息化战争的方向发展，推动着世界军事变革的快速发展。

(一) 什么是精确制导武器

精确制导武器是指用制导技术提高命中精度的武器，一般是指直接命中概率在 50%以上的武器，包括导弹、制导炸弹、制导炮弹、制导地雷、制导鱼雷等。目前，精确制导武器的命中概率一般都达到了 80%以上。

(二) 精确制导武器的种类

精确制导武器从大的方面可以分为导弹与制导类弹药两大类。这主要是从有无自身的动力来区分的。导弹是靠其自身的动力飞向目标，而制导类弹药则是由其他方式赋予其初始速度而飞向目标。

1. 导弹

导弹是依靠自身动力装置推进，由制导系统导引，控制其飞行路线并导向目标的武器。导弹是精确制导武器中研究最早、类别最多、生产和装备量最大的一类。据不完全统计，到 20 世纪末，世界上能研制导弹的国家有 20 多个，几乎所有国家和地区都装备有导弹，各国先后研制和装备的各类导弹约 600 种，其中现役的超过 360 多种。

导弹可从多种角度分类。如果按导弹发射点和目标所在位置，可分为面对面导弹、面对空导弹、空对面导弹、空对空导弹四类。这里的“面”是指水面、地面、潜艇等。如果按作战使命，可分战略进攻型导弹、战略防御型导弹、战术进攻型导弹、战术防御型导弹四类。如果按射程，可以分为近程导弹(射程在 1 000 千米以内)、中程导弹(射程 1 000～3 000 千米)、远程导弹(射程 3 000～8 000 千米)及洲际导弹(射程在 8 000 千米以上)。如果按攻击的目标，可分为反坦克导弹、反舰导弹、反辐射(反雷达)导弹、反飞机导弹、反卫星导弹、反导导弹等。

目前，精确制导武器正朝着多功能化方向发展，如美国和瑞士共同研制的“阿塔茨”导弹，既可对付低空飞机、直升机、遥控飞行器，又可攻击坦克及地面装甲目标。近些年来，中国的导弹技术取得了巨大的进步，进入到了世界领先的行列。一个例证是，2014 年 1 月 15 日新华网消息，美国五角大楼官员说，中国军方上周成功完成了一种高超音速导弹的首次试射。据报道，这种导弹能够携带弹头突破美国的导弹防御系统，美称其 WU-14。报道说，这种高超音速导弹的设计原理是，在接近外层空间的高度与中国现有的某种洲际弹道导弹分离，然后在落向目标时加速至音速的 10 倍。高超音速是指速度在 5～10 马赫，即每小时 6 125～12 250 千米。美媒认为：中国的新“撒手锏”代表重大军事进步。美国国际评估和战略研究中心分析师费希尔说：“高超音速导弹的优点在于，它能实施高超音速精确打击，同时降低它受到导弹防御系统打击的可能性。”另一个例证是，2013 年 9 月，土耳其经过长时间的比较和实弹射击对比，决定在美国的“爱国者-3”、俄罗斯的“S-400”、中国的“红旗-9”及欧洲的某型防空导弹中，选定中国的“红旗-9”防空导弹作为其下一步装备的防空导弹，一时间引起全世界的关注。土耳其的这一决定立即遭到美国的反对和阻止，不让土耳其购买中国的导弹。尽管到 2015 年 11 月 17 日，土耳其国防部网站宣布取消购买中国的“红旗-9”防空导弹的计划，也丝毫不影响中国的导弹声誉，反而证明中国的防空导弹技术已经进入世界一流水平。2016 年 3 月有报道称土库曼斯坦已经购买了“红旗-9”，另外还有多个国家有购买的意向。

另外，中国的“东风”系列战略导弹、新型水下发射的“巨浪-2”战略导弹等，组成了中国庞大的导弹家族，将有力保护我国的国家根本利益。

2. 制导类弹药

精确制导弹药与导弹的主要区别，是它自身无动力装置，其弹道的初始段、中段需要借助火炮、飞机等投掷。精确制导弹药主要有制导炸弹、制导炮弹、制导地雷、制导鱼雷等。

① 制导炸弹

制导炸弹是指投放后能对其弹道进行控制并导向目标的航空炸弹，又叫制导航空炸弹，西方称其为灵巧炸弹。它是在普通航弹的基础上加装制导装置而成，因而结构简单，造价较低，一枚空地导弹的价格为十几万到几十万美元，而一枚制导炸弹的价格仅为几万美元。其制导方式有激光制导等。1972 年 5 月 12 日，美军在越南战场上首次使用一枚 2 000 磅的“白星眼”电视制导炸弹，炸毁了美军几年时间用普通炸弹一直未能炸毁的位于河内东北的公路、铁路两用桥——龙边大桥。由此可见，制导类武器的作战效能是传统弹药无法相比的，一般可以高出几百甚至几千倍。

② 制导炮弹

制导炮弹是用普通火炮发射，在炮弹上加装制导装置，在弹道末段实施导引、控制的炮弹。它是打击点状运动目标的精确制导武器，主要用于毁伤坦克、装甲车辆、舰艇等运动和硬质固定点目标。第一代制导炮弹以 80 年代美军的“铜斑蛇”和俄罗斯的“红土地”为代表。具有精度高、用途广、射程较远、威力较大等优点。

③ 制导地雷

制导地雷是指具有自动辨认目标能力，能主动攻击一定范围内活动装甲目标或空中目标的新型地雷。它是集自锻破片技术、遥感技术和微处理技术等高技术于一身的智能武器。反坦克地雷装有一个无源音响传感器和一套通信设备，能发现 300 米处的装甲目标，待其接近至 100 米时自行点火飞向目标。反直升机地雷布设在地面，在半径为 1 000 米的空间内能自动识别敌方目标，装有音响传感器、光电传感器和微处理机，能自动寻的，待直升机飞临传感器警戒范围内，地雷引爆，利用自动抛射药将雷体抛向目标，以自锻破片摧毁目标。

④ 制导鱼雷

制导鱼雷是进攻性的水中兵器，通常由潜艇或水面舰艇发射，执行反潜和反舰任务。自反舰导弹问世以后，在远距离的反舰战斗中，导弹的威力已超过鱼雷，但在水下作战领域，尤其是深水作战领域，鱼雷仍占有头等重要的地位。特别在潜艇威胁日益严重的今天，各国海军对制导鱼雷的发展更加重视，都把制导鱼雷作为当今重点发展的水中兵器之一。

二、核生化武器

(一) 核武器及防护

1. 核武器的含义与破坏作用

(1) 核武器的含义

核武器是指利用自持核裂变或核聚变反应(或两者兼有)瞬间释放出的巨大能量，产生爆炸作用造成大规模杀伤或破坏效果的武器。

核武器系统由核战斗部、投掷系统和指挥控制系统构成。在一些场合，核武器就是核武器系统的同义词；在另一些场合，核武器仅指核战斗部。

(2) 核武器的杀伤破坏作用

核武器是迄今人类制造的杀伤破坏威力最大的武器，它的杀伤破坏作用是其爆炸瞬间释放的巨大能量及其转化为不同的杀伤破坏因素造成的。这些杀伤因素分为两类，第一类作用时间仅为数十秒，称为瞬时杀伤因素，包括光辐射、冲击波、早期核辐射、核电磁脉冲四种；第二类作用时间可持续几天甚至更久，主要是爆炸产物的放射性沾染。

2. 核武器的作战特点

(1) 能在最短时间内以最少的兵力兵器造成敌方人力物力的巨大损失。据测算，1 架飞机或 1 枚导弹投送 1 枚当量为 3 万吨的原子弹在空中爆炸，几秒钟内就可使 14 平方千米范围内暴露的敌方有生力量丧失战斗力。

(2) 具有多种杀伤效果，其作用几乎是同时发生的，作用的持续时间有短有长，这就使得对核武器的防护相当困难。

(3) 使用手段和作用方式多种多样，可根据不同的作战目的和任务，使用核航弹、核导弹实施空中爆炸或地面爆炸等。

(二) 生物武器

1. 生物武器的含义

生物武器是指利用生物战剂杀伤有生力量和毁坏植物的各种武器、器材的总称，旧称细菌武器。生物武器是一种大规模杀伤破坏性武器。

2. 生物武器的类别

生物武器是生物战剂及其施放工具的统称。生物战剂有多种分类方法。

(1) 按形态和病理划分可分为六类(见表 4-1)。

病毒是已知最小的生物。病毒广泛存在于自然界，可感染一切动、植物及微生物。应用生物工程技术可以人工复制病毒，用作生物战剂。日本 731 部队曾在中国军民身上做过天花病毒感染人体试验。

细菌是在显微镜下才能看见的单细胞生物。作为生物战剂的细菌属于异氧菌，其需要利用植物或动物获取其生存和繁殖所需的营养物质。在战争中最早使用的生物战剂就是细菌。

真菌是有完整细胞核，并有核膜而无叶绿素的一类菌藻植物。作为生物战剂的真菌，有粗球孢子菌和炭膜组织胞浆菌等，可经呼吸道引起全身病变。

毒素是动、植物和微生物产生的有毒化学物质，也可用生物技术制造，故毒素战剂又称为生物—化学战剂。已报道可能作为战剂的毒素有A型肉毒毒素和葡萄球菌肠毒素等。

衣原体比细菌小、比病毒大，引起的常见疾病为沙眼。

立克次体是原核细胞型微生物，其大小和生理特性介于细菌和病毒之间。自然界中对人类有致病性的立克次体有十多种。

表4-1　部分生物战剂的主要特点

类　别	名　　称	性能	潜伏期(天)	传染病	病死率(%)	预防疫苗	特效治疗
病毒	黄热病毒	致死	3～6			+	−
	东部脑炎病毒	致死	5～15		5～19	+	−
	委内瑞拉马脑炎病毒	失能	2～5		50	+	−
	西部脑炎病毒	失能	7～12		1	+	−
	阿根廷出血热病毒	致死	7～14	低	3	−	−
	天花病毒	致死	7～16	高	5～15	+	−
	登革热病毒	失能	2～7		10～30	−	−
	立夫特山谷热病毒	致死	3～5	低	低	+	−
	马尔堡病毒	致死	6～10	高	10	−	−
	齐孔贡雅病毒	失能	2～15		35	−	+
	肝炎病毒	失能	10～15	高	低	+	−
细菌	炭疽杆菌V	致死	1～5	低	5～20	+	+
	土拉杆菌	致死	1～10	低	40～60	+	+
真菌	粗球孢子菌	致死	7～28	低	1	−	+
	炭膜组织胞浆菌	失能	7～21	低	1～5	−	+
毒素	A型肉毒毒素	致死					
	葡萄球菌肠毒素	失能					
衣原体	鸟疫衣原体	致死					
立克次体	Q热立克次体	失能	10～21	低	1	+	−

(2) 按对人的危害程度可划分为失能性战剂和致死性战剂两种。前者可使人暂时丧失战斗力，死亡率低于10%，如布氏杆菌、委内瑞拉马脑炎病毒、Q热立克次体等；后者可使人患严重疾病，死亡率高于10%，如鼠疫杆菌、肉毒杆菌毒素、黄热病毒等。

(3) 按所致疾病有无传染性可划分为传染性战剂(如鼠疫、天花)和非传染性战剂(如肉毒毒素等)两类。传染性战剂多用于敌后方战略目标；潜伏期短的非传染性战剂可用于攻击敌方战役、战术目标。

可用作生物战剂的致病微生物一般应具备下列条件：致病力强、传染性大、能大量生产；所致疾病较难防治；储存、运输和施放比较稳定等。

(三) 化学武器

1. 化学武器的含义

化学武器是利用化学毒剂的毒害作用杀伤、疲惫敌方有生力量，迟滞、困扰其军事行动的各种武器、器材的总称。

毒剂又称化学毒剂、化学战剂、军用毒剂，是军事行动中以毒害作用杀伤人畜的化学物质。目前外军装备的毒剂主要有六类，即神经性毒剂、糜烂性毒剂、全身中毒性毒剂(血液性毒剂)、窒息性毒剂、失能性毒剂和刺激性毒剂。

2. 化学武器的分散方式

化学武器按毒剂分散方式有三种基本类型。

(1) 爆炸分散型

利用炸药爆炸使毒剂成气雾状或液滴状分散，主要有化学炮弹、航弹、火箭弹、地雷等。

(2) 热分散型

利用烟火剂、火药的化学反应产生的热源或高速热气流使毒剂蒸发，形成毒烟、毒雾，主要有装填固体毒剂的手榴弹、炮弹及装填液体毒剂的毒雾航弹等。

(3) 布洒型

利用高压气流将容器内的固体粉末毒剂、低挥发度液态毒剂喷出，使空气、地面和武器装备染毒，主要有毒烟罐、气溶胶发生器、步毒车、航空布洒器和喷撒型弹药等。

化学武器按装备对象可分为步兵化学武器，炮兵、导弹部队化学武器和航空兵化学武器三类。它们分别适用于小规模、近距离攻击或设置化学障碍，快速实施突袭，集中的化学袭击和化学纵深攻击，以及灵活机动地实施远距离、大纵深、大规模的化学袭击。

3. 化学武器的实战应用

化学武器是一种大规模杀伤武器。与常规武器相比，它具有以下特点：(1)杀伤范围广、扩散速度快、威力大；(2)杀伤途径多；(3)作用持续时间长；(4)种类多；(5)可只杀伤人员和生物，不破坏武器装备和军事设施；(6)更易于大规模生产、装备，被人称为“穷国的原子弹”；(7)受气象、地形条件限制较大。

由于化学武器是一种大规模杀伤武器，使用化学武器是一种暴行，所以，自十九世纪中期法、英、德等国研制出化学武器后，国际社会就禁止其使用，但某些国家不遵守协定，从未停止过使用化学武器(见表 4-2)。一些发展中国家为对抗军事大国的核威胁和军事技术、武器装备的差距，也纷纷发展或进口化学武器。

表 4-2　化学武器的实战应用

时　间	应用情况
第一次世界大战(1914—1918 年)	交战国共使用 45 种毒剂，总重 125 000 吨，造成 130 多万军民伤亡。战例：1915 年 4 月 22 日德军在比利时伊普雷地区施放 180 吨氯气，使英法联军 15 000 人中毒，5 000 人死亡，500 人被俘，这是化学武器首次在战场大规模使用。
第二次世界大战(1939—1945 年)	战场上未大规模使用。德、日法西斯曾用毒剂杀伤数百万战俘和平民。1937—1945 年，日军在我国 13 个省 78 个地区使用毒剂 1 600 多次。1941 年 8 月，日寇用毒剂杀害我晋察冀军民 5 000 多人。德国法西斯在奥斯维辛集中营使用氢氰酸杀害 250 多万犹太人。

续表

时　间	应用情况
朝鲜战争	美军使用7种毒剂百余次。1951年5月6日美军光气炸弹使光州的1 379名朝鲜人中毒，死亡480人。
也门内战 (1963—1967年)	埃及介入也门内战，使用VX、光气等毒剂炸弹40多次，造成1 400多人死亡，900多人严重中毒。
越南战争 (1961—1973年)	美国把越南南方作为化学武器试验场，使用CS 7 000吨，植物杀伤剂12万吨，用毒700多次，使130多万人中毒，对农业生产造成严重危害。
越南侵略 柬埔寨、老挝	1981年9月14日越南在柬埔寨、老挝使用被称之为“黄雨”的第三代化学武器，造成2万多人死亡。中毒症状主要是头晕、呼吸困难、痉挛、耳鼻出血、大量腹泻、剧烈呕吐并死亡。
苏联军队入侵阿富汗	1979年使用神经毒剂梭曼，1986年8月在阿富汗赫拉特省使用新型全氟毒剂的炸弹，受害者出现头晕、呕吐等失能症状，持续时间2天，严重者肺水肿死亡。
两伊战争 (1980—1988年)	伊拉克使用化学武器240多次，造成伊朗军民5万多人死亡。在镇压本国库尔德族的战斗中曾用毒剂一次杀死5 000多人。伊朗于1987年4月首次使用自己生产的芥子气报复伊拉克的化学武器袭击。
叙利亚战争 (2013、2018年)	2013年8月，叙利亚反对派意外引爆某种型号化学武器，造成约1 000名青少年死亡。2018年四五月间，又传出叙利亚有人使用化学武器，后发现是某西方大国支持并资助的一个名叫“白头盔”的组织在摄影棚制造的虚假事件。

化学武器始终遭到全世界人民的强烈反对。我国政府一贯坚持反对生产、储存和使用化学武器，并在1993年1月巴黎“禁止化学武器公约”缔约大会的公约上签字。

三、新概念武器

新概念武器是近年来出现的一类采用高新技术的新型武器，其特点是应用新的机理和能源，在技术上有重大突破与创新，在作战方式和作战效能上与传统武器有明显不同，对未来的战争将产生革命性的影响。目前发展中的新概念武器主要包括定向能武器、电炮类武器、非致命性武器和一些新概念弹药等。新概念武器的潜在作战效能和应用前景已引起了主要军事大国的重视。

（一）定向能武器

所谓定向能武器，是指利用沿一定方向发射与传播的高能射束攻击目标的一类新型兵器，又称射束武器或能束武器。

定向能武器的主要优点有：它可把能量高度集中的射束以光速或接近光速直接射向目标；瞬发即中，使目标难以躲避；控制射束能快速地转换攻击方向，反应灵活；一般只对目标本身或其中某一部位造成破坏，绝不殃及其他部位，而不会像核武器、生化武器或化学爆炸性武器那样产生大范围的附加损害和破坏；有些定向能武器只用作软杀伤。因此，定向能武器既可用于干扰目标发挥功能作用的电子战，又可用于直接破坏或摧毁目标的战术和战略防御，如拦截飞机、卫星和各种导弹。

定向能武器包括激光武器、电磁脉冲武器（含电磁导弹）和粒子束武器三种。

1. 激光武器

根据激光器输出功率的大小，激光武器可以区分为低能激光武器和高能激光武器两大类。按美国国防部定义，单脉冲输出能量在 2 万焦耳或平均输出功率在 3 万瓦以上的激光武器为高能激光武器，其余称之为低能激光武器。

低能激光武器主要是指激光干扰与致盲武器，而高能激光武器包括防空激光武器、反卫星激光武器和反洲际弹道导弹的激光武器等。

(1) 激光干扰与致盲武器。激光干扰与致盲武器是重要的光电对抗装备，已开始装备部队使用。它能干扰、致盲甚至破坏侦察、制导、火控、导航、指挥、控制和通信等系统中的望远镜、潜望镜、瞄准镜、夜视仪、前视红外装置、测距机、跟踪器、传感器、目标指示器、光学引信等，并可损伤人眼，在战场上可以起到扰乱、封锁、遏阻和压制作用，并能对敌方产生强烈的心理威慑。

(2) 防空激光武器。防空激光武器，利用平均输出功率为几十万瓦到几兆瓦的激光器，通过破坏关键元部件或毁伤壳体等方式来拦截精确制导的导弹、炮弹、炸弹和飞机等。美军曾在 2003 年用机载激光武器成功拦截了一颗试验导弹。

(3) 反卫星激光武器。激光武器可通过干扰、破坏卫星上的仪器设备或摧毁卫星平台，使敌方的指挥、控制、通信与情报系统瘫痪。美国曾于 1997 年用高能激光照射了太空中一颗报废的卫星，引起世界范围内的震惊。有报道称中国的激光武器曾经将中国一颗报废的卫星击毁。

2. 电磁脉冲武器

电磁脉冲武器的杀伤作用分软杀伤和硬杀伤两种功效。目前正处于发展中的电磁脉冲武器按其性能和用途可分为高功率微波武器、电磁波炸弹和电磁波导弹以及早先的核爆炸电磁脉冲。

(1) 高功率微波武器。高功率微波武器又称射频武器，是利用定向发射的高功率微波束去毁坏敌方电子设备和杀伤敌方作战人员的一种定向能武器。这种武器的辐射频率一般在 1～30 吉赫，功率在 1 吉瓦以上。其主要特征是：将高功率微波源产生的微波经高增益定向天线向空间发射出去，形成功率高、能量集中且具有方向性的微波射束，使之成为一种杀伤破坏性武器。它通过毁坏敌方的电子元件、干扰敌方的电子设备来瓦解敌方武器的作战能力，破坏敌方的通信、指挥与控制系统，并能造成人员的伤亡。微波武器对目标的破坏是一种软破坏——通过干扰或烧毁敌方武器系统的电子元器件、电子控制及计算机系统等，使它们不能正常工作。

高功率微波武器有两种工作方式：一种是能多次或重复使用的，称作常规高功率微波武器；另一种是只能一次性作用的微波弹，用运载工具投掷到敌方，在目标附近"爆炸"发射高功率微波。目前，美国和俄罗斯都研制出并试验了能重复作用的高功率微波武器样机，有些已进行了外场试验。

(2) 电磁波炸弹。电磁波炸弹是一类爆炸时能产生强电磁脉冲辐射的"炸弹"，可用炮射、战术导弹运载等方式将电磁波炸弹掷向目标附近爆炸，根据它产生的电磁波脉冲频段，对目标进行破坏。电磁波炸弹有两类：一类辐射的电磁波在微波波段，叫微波弹，它是高功率微波武器的一种，主要采用投掷方式工作；另一类辐射的频谱较宽(含微波)，我们称其为电磁脉冲弹。

微波弹技术目前已有重大突破，有的已接近装备部队和实用。据报道，海湾战争的第一天，美国海军就用舰载"战斧"巡航导弹向伊拉克发射了"试验性战术型微波弹"，并指出"这是一种炸药爆炸磁通压缩驱动的常规战术微波弹"。2003年初的伊拉克战争中，为了彻底摧毁伊拉克的指挥控制系统，美军首次发射了大功率电磁波炸弹。

(3) 电磁波导弹。"电磁波导弹"并非真正意义上的导弹，而是一种能量随距离慢衰减的脉冲电磁波。一般电磁波所携带的能量，随向远处传播距离的平方成反比地衰减。所以，当接受电磁波的目标距离发射源的距离很远时，目标接受到的电磁波能量已微乎其微，距电台甚远的收音机难以听清电台的广播就是这个道理。而"电磁波导弹"则相反，它是使用一种特殊(瞬态)源激励下而辐射出的脉冲电磁场，它的能量在向远处传播过程中的衰减速率比一般的电磁波慢得多，即并不按传播距离的平方成反比衰减。因此"电磁波导弹"能传播到很远距离也能保持较多的能量，这就使它作为定向能武器攻击远距离的目标成为可能。

根据所携带的能量多少，"电磁波导弹"可对目标进行硬杀伤或软杀伤。其应用主要体现在四个方面：一是作定向能武器；二是作电磁干扰机；三是作"电磁波导弹"式雷达；四是作"电磁波导弹"通信系统。

3. 高能粒子束武器

粒子束武器对目标的破坏和杀伤机制分成两类：一是硬杀伤，另一类是软杀伤。

高能粒子束带有巨大的动能，打在目标上可产生热效应和热致辐射，以此毁坏目标，这就是硬杀伤。粒子束穿透能力强，可钻入其内引爆炸药；还可引爆炸药内部的离子迁移，使电荷分布不均匀而产生局部电火花，从而引爆炸药；还能破坏导弹的制导系统，熔化一些电子元器件，更能产生强辐射剂量和剂量率，将微型电子器件击穿。粒子束也能破坏核弹头的核燃料或核装药(如钚239和铀238)。所谓软杀伤，是指粒子束在目标前后或侧面飞过时所产生的辐射场对导弹制导系统的破坏。

粒子束武器大体有三种类型：天基粒子束武器、舰载粒子束武器和陆基粒子束武器。

(1) 天基粒子束武器。和天基激光武器一样，把粒子束武器各个系统分别布置在若干个人造卫星或宇宙飞船上，在大气层外空间拦截敌人导弹。粒子束武器布置在天基，其优点之一是"站得高看得远"，预警卫星和精密跟踪卫星站在外层空间，可监视千里之外的目标；二是"站得高射得远"，大气层外空气极稀薄，粒子高速飞行时几乎不与气体分子碰撞而损失能量，因此可攻击更远的目标。

(2) 舰载粒子束武器。主要用来截击敌人的巡航导弹以保护自己的舰船。由于巡航导弹体积小，往往接近舰船时才能发现，但此时仅剩几秒钟时间，常规武器来不及对付。

(3) 陆基粒子束武器。陆基粒子束武器分两种情况：一是布置在地下导弹发射基地附近，用以防止敌人的"第一次打击"，此时要求用粒子束摧毁十几千米以外的目标；另一种是布置在城市周围，用以保卫城市，此时要求在100千米以外摧毁目标。在历史上，苏联在粒子束武器研制方面一直处于领先地位，但美国也不甘落后。

(二) 新动能武器

动能武器是弹头速度达5倍音速以上所产生的巨大动能直接摧毁目标的武器。动能武器主要包括非核动力拦截弹和电磁炮等。

1. 非核动力拦截弹

1985年9月,美国利用动能拦截弹成功地击毁了一颗在太空运行的废旧卫星。这枚反卫星动能拦截弹长5.4米,直径0.5米,发射全重12 000千克,由F15"鹰"式战斗机携带,在空中发射,主要用于攻击高度在500千米以下的低轨道卫星,其速度可达13.7千米/秒。

(1) 非核大气外层拦截导弹。美军为研制一种可供实战使用的非核大气外层拦截导弹系统,早在1978年就开始实施一项名为"寻的覆盖层试验(HOE)"计划。该计划的目标是验证长波红外寻的技术及利用非核动能武器摧毁目标的可能性,为研制出可用于中末段防御、低空防御和大气外层拦截的有效动能武器铺平了道路。

经多次试验,美国于1984年6月10日在160千米高空拦截获得成功,这是世界上第一次使用非核拦截器在外层空间拦截弹道导弹获得成功。这次试验在制导与精度控制,以及拦截方式设计等方面有许多创新,是新型反导系统发展的一个里程碑。

(2) 非核大气内层拦截导弹。这种拦截导弹为小型雷达寻的拦截导弹,是又一种动能武器。它是利用弹载毫米波雷达寻的装置来搜索目标的,其探测器的直径只有15厘米。这种导弹主要用于拦截大气内层的再入弹头,以保卫重要的目标,不是用来拦截外层空间目标的。

实验导弹长约4米,发射升空后能将拦截器送到预定空域。拦截器用216个小火箭发动机控制飞行方向,每个小火箭只有拇指那么大。拦截器上配备的探测器将有关目标的技术数据输入装在拦截器上的计算机内,计算机即可输出信号控制小火箭按程序点火,使拦截器飞向目标。

2. 电磁炮

电磁炮是靠电磁力而不是靠传统的发射药把弹丸加速到高超音速,以弹丸的动能毁伤目标的武器系统。相对于传统身管火炮,由于长度及发射机理的限制,其弹丸出口速度通常在2倍音速上下,能突破3倍音速的火炮极少。但是,利用电磁力发射炮弹,理论是说,只要轨道足够长,其弹丸出炮口的速度远远可以突破3倍音速,甚至可以用来发射卫星。美军2008年研制成功的电磁炮是轨道炮,它的构造是在两条平行的轨道中间夹一枚弹丸,弹丸后部有等离子体,利用流经轨道的电流产生的磁场与流经电枢的电流之间的电磁力加速弹丸使其射出。

电磁炮是用途十分广泛的高技术武器之一,可用来反卫星、反导弹;可拦截地面战车和军舰发射的导弹;可替代高射武器和防空导弹作为防空武器使用;还可以对付坦克和装甲车。美国的电磁炮发射速度为每分钟500发,射程为40～90千米,能攻击飞机和空对舰导弹。另据报道,美军曾用电磁炮击穿了俄式T80坦克的装甲。

(三) 声波武器

声波武器就是利用各种声波和声音(包括超声、次声、噪声)发生装置,产生并发射极低或极高频率的高功率声束,使人丧失意识,失去能力,在极近的作用距离内甚至能破坏内脏器官。在作战行动中,可以利用声波武器在关键的时刻使敌方混乱,赢得战机。

1. 超声武器

超声武器是利用高能超声波发生器产生的高频声波,造成强大的大气压力,使人产生视觉模糊、恶心等生理反应,从而使作战人员战斗力减弱或完全丧失作战能力。

2. 次声武器

次声波武器的研制比超声波武器更成熟些。次声波武器可分为两类：一类是"神经型"次声波武器，它的振荡频率同人类大脑的节律(8～12 赫)极为近似，产生共振时，能强烈刺激人的大脑，使人神经错乱，癫狂不止；另一类是人体"内脏器官型"次声波武器，其振荡频率与人体内脏器官的固有振荡频率(4～18 赫)相近，当与其产生共振时，使人的五脏六腑发生强烈疼痛，甚至导致人体异常，直至死亡。此种武器在有些国家已经出现了使人不适、行动受阻乃至死亡的记录。

3. 致昏噪声武器

这是一种对付敌方基地指挥部、空中侦察机等的定向发射武器。其原理是利用爆炸时产生的噪声来麻痹敌人的听觉和中枢神经，使其在 2 分钟内昏迷。德国已研制出了噪音弹。噪音弹的用途广泛，尤其适用于一些特殊事件。

4. 声响发生器

美军正在研究一种声响发生器，这种武器能发出足以威慑或使人失去行动能力的声响，但对人体和环境都不会造成长期的危害。这种技术可用于保护军事基地或使馆等设施。当来犯者靠近时，声响发生器首先发出声音，使来犯者警觉，如果他们继续靠近，声音就会变得令人胆战心惊，假如他们不顾一切，继续逼近，发生器就会使他们丧失行动能力。

(四) 基因武器

基因武器也叫 DNA 武器或遗传工程武器，是指运用遗传工程技术，通过基因重组，在一些致病细菌或病毒中植入能对抗普通疫苗或药物的基因，或者在一些本来不会致病的微生物体内植入致病基因，从而培育出新的抗药性很强的致病细菌，使它能对特定遗传型的人种产生致病作用。尽管基因武器尚在研制阶段，但是它巨大的杀伤力已经显露出来。

基因武器主要特点是：一是成本低，杀伤能力强，持续时间长；二是使用方法简单，施放手段多样；三是不易被发现，难治难防；四是攻击敌方时，可以保存基础设施和武器装备不受损坏；五是基因武器具有强大的威慑作用，能给对方造成极大的心理压力，使对方士气大落，惊慌失措，草木皆兵。

基因武器在未来战争中有着特殊的效能。某种意义上，基因武器比原子弹有过之而无不及，倘不能被禁止而被战争狂人使用，后果不堪设想。

(五) 气象武器

气象武器是指为达到军事目的，运用现代化气象科学技术，通过人工控制风云、雨雪、寒暑等天气变化来改变战争环境，人为制造各种特殊气象，配合军事打击，达到干扰、伤害、破坏或摧毁敌人的目的。据俄罗斯的军事理论专家分析，1999 年 6 月至 7 月南欧地区出现了历史上从未有过的酷热，最高气温达到 50 度，可能就是某国借战争试验气象武器造成的。气象武器主要有以下几类。

1. 人造洪瀑

用人工降水的方法增加敌活动地区的降水量，形成大雨、暴雨，影响其战场使用，甚至造成洪水泛滥，伤人毁物，冲垮道路桥梁，使敌人交通中断，补给困难，机动受限。

2. 人造干旱

通过控制上游的天气，给下游的敌对国和敌配置地区制造长时间的干旱，以削弱敌方的战争潜力，破坏敌人的生存环境。

3. 人工引导台风

向台风云区投入碘化银发烟弹或其他化学催化剂，使台风改变路径并将台风根据需要引向敌对国，以毁伤敌对国的军事设施。

4. 人工消云、消雾

人工消云、消雾是指采用加热、加冷或播撒催化剂等方法，消除作战空域中的云层和浓雾，以提高和改变能见度，保证己方目视观察、飞机起飞或着陆和舰艇航行等作战行动的安全。

5. 人工造雾(霾)

人工造雾(霾)就是通过施放大量的造雾剂，人为地制造漫天大雾(霾)，以隐蔽自己的行动，或给敌人的行动造成困难和障碍。

6. 人造寒冷和人造酷热

人造寒冷，就是在敌对国或敌控制地区上空播撒吸收太阳光的物质，使气温急剧下降，制造使人难以忍受的寒冷天气，冻伤敌方的战场人员，损坏敌人的武器装备，摧毁敌人的战斗力；人造酷热，是指在敌国境内或敌作战地区上空播撒吸收地面长波辐射的物质，使气温骤然升高，产生酷热，直接削弱敌人的战斗力。

7. 人造臭氧空洞

利用化学或物理的方法，消除大气层中某个范围内的臭氧分子，在大气臭氧层中形成“紫外窗口”，让太阳的紫外线直接杀伤敌对国的人员和生物。

8. 人工控制雷电

人工控制雷电，是指通过人工引雷、消雷等方法，使云中电荷转移或提前释放，控制雷电的产生，确保空中和地面军事活动的安全。

(六) 计算机病毒武器

计算机病毒武器是20世纪80年代产生的一种新型“软杀伤”武器。它由计算机病毒和把这些病毒“投掷”到敌方武器装备系统中的计算机上的电子设备所组成。其中，计算机病毒犹如“炮弹”，电子设备好似这些炮弹的发射装置。

目前，随着计算机技术的迅速发展，数字化、电子化及集成微电子技术成为军事应用的发展方向。在军事工程和战场上大量使用计算机、计算机网络系统以及联网数据通信，并采用标准化的格式，这为编制计算机病毒提供了极大的可能性，大大有利于实施计算机病毒战。

(七) 人工智能武器

智能武器装备，是一种可不用人直接操作便能自行完成特定任务的武器装备的统称。目前，世界上已经研制和正在研制的智能武器装备主要有以下几种。

1. 智能军用机器人

军用机器人是一种用于军事领域的具有某种仿人功能的自动机，目前已经发展到智能军用机器人。这种智能机器人以微电脑为基础，以各种传感器为神经网络。它们“四肢俱全”“耳聪目明”，“智力”较高。其巨大的军事潜力、超人的作战效能，使其成为未来高技术战争舞台上一支不可忽视的军事力量。其应用主要有三个方面：一是直接遂行战斗任务；二是侦察和观察；三是工程保障。

典型的军用机器人有美国的“哨兵”，能说 300 个单词，能测出声、火、烟、风等异常物体的有关数据。对可疑目标能发出口令，如果目标答错口令，“哨兵”会迅速、准确地开枪射击。目前智能军用机器人正向着拟人化、仿生化、小型化、多样化方向发展，预计 21 世纪上半叶以智能军用机器人为主的机器人军队将“走”上战场。

2. 智能无人机

这是一种无人驾驶，能自行完成侦察、干扰、电子对抗、反雷达等多种军事任务的飞机。如德国研制的“克尔达”无人机，可以在目标上空连续巡航 1 小时，机体内载有炸药、信号发射机、应答器等先进设备，既可执行电子干扰任务，也可诱敌发射导弹，进行特定电子侦察等任务。阿富汗战争中，美军使用了多种型号的无人驾驶飞机，担负侦察与攻击任务，发挥了较好的作用。

此外，还有智能坦克与车辆、智能弹头、智能地雷等。

四、信息化杀伤武器发展趋势

随着世界新革命不断深化，信息化杀伤武器以提升战斗力为中心的发展趋势十分明显。

（一）精确制导武器发展趋势

1. 进一步提高命中精度，力争首发命中

精确制导武器在发射时，会产生光、声等各种可探测物理现象而暴露。信息化战场上，由于敌对双方侦察和攻击能力的提高，如果精确制导武器不能做到首发命中，必将招致敌方的火力还击，甚至还没来得及作第二次攻击就已被对方火力摧毁。因此，今后各国军队将进一步提高精确制导武器的命中精度，力争首发命中，以利于保存自己，消灭敌人。

2. 研制智能化程度更高的精确制导武器

智能化武器系统的问世，使精确制导武器能够灵活选择攻击目标，获得最佳攻击效果。电子技术以及计算机、遥感遥测技术和信息处理技术的飞跃，加速了精确制导武器向智能化方向的发展。当然，智能化也是各种武器发射平台及其控制系统的重要发展方向。

3. 通用模块化设计，达成一弹多用

实现精确制导武器通用性，不仅使一弹多用，而且还大量节约了武器费用，缩短了研制周期，简化了后勤支援。

4. 向远程化、隐形化方向发展

20 世纪 80 年代以来，实施“防御圈外”远距离火力攻击已成为一个发展方向，它能以较小的代价取得较大的胜利。这一理念要求武器特别是制导武器向远程化发展。如美国“战斧”巡航导弹，原设计射程仅 300 千米左右，现经过多次改进已达到 3 000 千米。第三代反坦克导弹的有效射程普遍从 4 000 米增加到 5 000 米以上，有的达到了 7 000～10 000 米。以色列研制的“猎手”超远程反坦克导弹，射程可达 26 千米。

5. 提高经济效益

精确制导武器加装了先进的制导系统，大多是一次性使用，成本十分昂贵。一些国家采取模块化设计，实现武器装备的军种通用化、系列化，大大节约了成本。还可在诸军兵种之间互相置换和调剂。

(二) 核生化武器发展趋势

信息技术与核生化武器的深度融合,使核生化武器加速更新换代,种类越来越多,使用手段趋于多样。

1. 更新换代速度加快

核武器呈现出微型可控的发展趋势。在化学武器方面,少数国家秘密研制带有超剧毒性的第三代生化战剂,毒性比沙林高出好几个数量级,吸一口即可致死。在生物武器方面,新的基因技术和遗传工程技术改变了决定微生物毒性或侵袭力基因的结构,提高了生物战剂的传播和致病能力。

2. 种类越来越多

核生化武器的种类随着科技的进步而不断增长。例如,利用蛋白质工程技术修饰和剪接毒素分子,制造出符合战术要求的"遗传工程毒剂";利用重组 DNA 技术,把致死、致病或不育的基因与某一民族的基因拼接,制造出使该民族消亡或受控的"基因武器";利用核武器与定向能武器嫁接而成的"微波核弹""X 射线激光弹";摧毁敌方核生化设施后造成近似核生化战场的环境;对敌方重大经济目标的巨大破坏而形成的"环境武器""气象武器""臭氧武器"等,都可能出现。

3. 使用手段更加多样

精确制导技术、隐形技术和微电子技术的应用,使核生化武器在现代战争中使用的技术和手段日新月异。精确制导技术的应用,使核突击的命中概率达到 80%以上。隐形技术的应用,使核武器的突防效果和打击效果大幅度提升。微电子技术的应用,使核武器运载工具的体积和重量大大减轻,系统性能大幅度提高,可靠性与抗干扰性增强。美军已将 B-2 隐形战略轰炸机列为核打击的运载工具。信息化武器平台和配套的电子信息系统还将改进核生化武器的投掷技术,使其向着远程、精确、全程自动控制的方向发展。

(三) 新概念武器发展趋势

新概念武器具有许多常规武器所不能及的作战空域和作战效果,为发达国家高度重视,发展势头迅猛,有望成为未来信息化战争的一支重要力量,并呈现出以下发展趋势。

1. 新概念武器技术层出不穷,新概念武器实战化进程加快。随着新概念武器技术的快速发展,新概念武器装备将陆续投入使用,进入实战化阶段。据悉,2015 年 12 月美国海军成功试射了炮口动能达 33 百万焦耳(MJ)的电磁炮,速度超过 5 马赫,射程达 200 千米;2018 年夏,美国空军开始在 KC-135 加油机上进行激光武器概念验证试验,计划 2020—2022 年投入实战应用。

2. 高新技术深度融合。在技术领域上,未来新概念武器将向新的技术领域拓展,与新兴的网络技术、芯片技术、纳米技术、大数据、云计算、人工智能技术深度融合。

3. 作战范围不断扩大。在作战范围上,新概念武器将由传统的陆、海、空主战场扩展到太空、水下、电磁、网空等全维战场空间。

4. 在作战样式上,将从现有的杀伤型攻击武器扩展到超远程、非接触、非致命型范畴。非致命型新概念武器有望成为未来战场应用的新亮点。

可以预见,随着新概念武器技术的日趋成熟和广泛应用,由发达国家引领的"标新立异"的新概念武器将在未来战场上大放异彩。

思考题

1. 信息化武器与装备的内涵与发展趋势各是什么？
2. 信息化武器与装备对现代作战有什么影响？
3. 简述综合电子信息系统的发展历程。
4. 试析信息化作战平台的分类和战例应用。
5. 试析新概念武器的主要类别和发展趋势。

深度阅读

1. 李有祥. 军事高技术与信息化战争. 南京：东南大学出版社，2010.
2. 谭东风等. 武器装备系统概论. 北京：科学出版社，2015.
3. 匡兴华. 高技术武器装备与应用. 北京：解放军出版社，2011.

拓展阅读

1. 李晓鸽. 我是军事科技知识大王. 北京：中国水利水电出版社，2013.
2. 姜洪涛、周军. 电磁轨道炮让战争进入"秒杀新时代". 飞航导弹，2017 年第 8 期.

是故百战百胜，非善之善者也；不战而屈人之兵，善之善者也。

——孙武

全面提高部队以打赢信息化条件下局部战争能力为核心的完成多样化军事任务能力。

——习近平

第五章 现代战争

学习目标：

1. 了解战争的基本内涵、特点和发展历程，认清战争活动对人类社会重要影响。

2. 了解机械化战争的基本内涵、主要外在形态、特征和典型战例，掌握战争形态的历史发展变化。

3. 了解新军事革命的内涵、发展演变及主要内容，明确加速推进中国特色军事革命的重要性。

4. 了解信息化战争的基本内涵、主要形态、特征、典型战例，战争形态发展趋势，树立打赢现代战争的坚强信心。

在人类历史上，战争与和平往往交替出现。战争与和平作为一对孪生兄弟，成为一个永恒的话题。没有哪一个民族、哪一代人不渴望实现真正的和平，但几乎找不到哪一个民族、哪一代人没有经历过战争的。甚至有人说，世界上没有和平，只有战争，和平只是战争的间隙期，是为了下一场战争而进行的酝酿和准备。人们所能做到的，只是把这个间隙期尽可能地拉长。

有史以来，地球上发生过的战争不计其数。据历史学家不完全统计，在人类有文字记载的约 5 600 年中，世界上共发生 14 500 多次战争，平均每年 2.6 次，这期间只有 292 年没有战争。二战后，全世界就爆发了约 200 场战争。其中我们国家参与的战争及武装冲突就有朝鲜战争、珍宝岛自卫反击战、中印边境反击战、中越边境自卫反击战、东南沿海岛屿收复战争、南海岛礁保卫战等。

所以，战争是一个永恒的话题，任何人都不可回避。今天，战争已经大大不同于以往，由于技术的进步，现代战争呈现出许多新的特点和指导规律。对于我们为保障中华民族伟大复兴的中国军队的后备力量，必须认真研究现代战争所涉及的各个方面的内容，为打赢现代战争创造条件。

第一节　关于战争

当前所处的新时代，中国总体处于历史上难得的和平环境。但是，古语曰：忘战必危。所以，我们不能因为长期处于和平状态而忘记战争。当前我们仍然面临着遏制和打赢战争的重要任务。对于大学生来说，应当科学认识和思考战争问题，形成正确的战争观，以丰富自己的世界观、人生观和价值观。我们应充分地认识国防和军队建设的重要性，积极为提高国家综合实力做出贡献，最终为遏制和打赢战争做出自己的贡献。

一、战争的内涵及本质

通过观察我们可以发现，战争并不是一种偶然性的社会现象，而是经常发生的人类社会活动，并且是最复杂、最激烈、影响最大的社会活动之一。科学认识战争问题，确立科学的战争观，是维护国家安全和遏制与打赢未来战争的重要前提。

（一）什么是战争?

在中国古籍中，往往把战争活动称为“兵”“战”“争”“征”“伐”等。随着时代发展，人们对战争的认识越来越深入，对什么是战争的理解也越来越明确。毛泽东同志站在马克思主义的立场上深刻指出：“战争——从有私有财产和有阶级以来就开始了的，用以解决阶级和阶级、民族和民族、国家和国家、政治集团和政治集团之间，在一定发展阶段上的矛盾的一种最高斗争形式。”这一论断，为正确认识战争这一人类社会最复杂的活动提供了科学依据。《中国人民解放军军语》把战争定义为：“国家或政治集团之间为了一定的政治、经济等目的，使用武装力量进行的大规模激烈交战的军事斗争，是解决国家、政治集团、阶级、民族、宗教之间矛盾冲突的最高形式。”

战争是人类最重要的社会活动之一。战争对人类的安危、民族的兴衰、国家的存亡、社会的进退都有着直接的重要影响。而国家、民族和社会都是由人构成的。战争能够对国家、民族和社会造成重大影响，自然也能改变身处其中的人的前途命运。自古以来，有无数人在战争中失去生命、流离失所、灾难深重，也因为战争胜利而获得生存和发展的机会。无论怎么样，战争对国家、民族、社会和身处其中的每一个人的影响都是极大的。1840 年鸦片战争失败之后，西方列强入侵，中国陷入内忧外患、山河破碎的悲惨境地，人民长期处于水深火热的深重灾难之中。为战胜外来侵略、争取民族解放、实现国家统一，中华儿女前仆后继，进行了可歌可泣的斗争。中国共产党缔造和领导的人民军队，通过长达 22 年的革命战争，夺取了政权。中华人民共和国建立以后，党和军队加强社会主义建设时期的国防和军队建设，又赢得多次局部战争和武装冲突的胜利，有力地遏制新的战争的发生。可以说，在整个中国近现代史上，国家和民族的命运，每一个中国人的前途命运，都是与战争活动紧密联系在一起的。

所有这些都告诉人们，任何人在任何时候都不能忘记战争。只有充分认识到战争的重要性，认真考察和研究战争，切实为战争准备做出应有的贡献，才能遏制和打赢战争，获得良好的和平环境，维护个人、社会、民族、国家的生存和发展利益，获得美好的现实与未来。

（二）什么是战争的本质?

如同其他各种社会活动一样，在纷繁复杂的战争活动的表象之中，蕴含着深刻的本质。

历史上,军事理论家克劳塞维茨提出:战争无非是政治通过另一种手段的继续。列宁同志继承和发展了这一观点,并且指出:战争是这个或那个阶级的政治的继续。毛泽东在《论持久战》一文中进一步指出:“政治是不流血的战争,战争是流血的政治”。战争本身就是政治性质的行为,任何战争都是政治矛盾激化的产物,是政治在一定阶段展现出的最高斗争形式。在历史和现实中,有些战争发起者往往会抹杀战争的政治性,找出各种各样的理由和借口,为自己发动战争进行掩饰。不管这些人以什么样的借口发动战争,我们都要透过现象看到其政治的本质。

二、战争的特点

战争是一种人类社会活动。与政治、经济、科技、文化等活动相比,有很多不同之处,战争有着自身运行的特殊规律。与此同时,战争与政治、经济、科技、文化等活动又密切联系,符合人类活动的一般规律。我们应当认清战争的特点,遵循战争活动的规律,以此牵引和做好国防和军队建设各项工作,切实提高综合国力,以遏制和打赢未来可能发生的战争。

(一) 战争具有不同于政治、经济、科技、文化等社会活动的特性

与政治、经济、科技、文化等社会活动相比较,战争活动有很多独有的特性:对抗性、集团性、暴烈性、复杂性、时代性。认识战争的这些特性,能够帮助人们更加准确地认识战争规律。

(二) 战争具有与政治、经济、科技、文化活动内在的联系

战争是一种非常特殊的社会活动。但它却不是孤立的社会活动,与政治、经济、科技、文化等各个方面的社会活动都密切相关。战争是力量的竞赛,战争力量是物质因素与精神因素的结合物。在这些因素中,既包括军事因素,也包括政治、经济、科技、文化等各方面的活动因素。

此外,战争还与人口、地理、自然环境等因素有着密切联系,呈现互动发展的特性。由于战争与其他社会活动紧密联系,人们就不能孤立、片面地看待战争问题。军事家不可能超越既定的客观物质基础,即交战双方的军事、政治、经济、自然诸条件去企求战争的胜利,而是必须,且只有在既定的客观物质基础上能动地争取战争的胜利。战争对政治、经济、科技和文化等有巨大破坏的消极作用,同时也可能会在一定条件下起到保护和促进的积极作用。比如解放军在和平解放北平时,就有效地保护了北平古城。因而,不能一味地认为战争是“绝对的坏事”,也不能一味地鼓励战争。关键的问题,是要全面、准确地考察战争活动,认识和遵循其运动规律,想方设法降低或消除其消极作用,而努力增强其有利的一面。

孙武认为以战止战,为止战的战就是备战。所以,为遏制和打赢战争,就必须全面、充分地做好战争准备。新时代我们必须大力支持国防和军队建设,加强军队的实力建设,切实做好军事斗争准备。与此同时,也要从政治、经济、科技和文化等方面入手,加强全面建设,大力提高综合国力。只有这样,才能不断促进国家实力的进步,真正实现遏制和打赢战争的目标。

三、战争的发展演进

战争作为一种长期的历史性社会活动,经历了一个漫长的发展过程。受政治、经济、科技、文化等因素影响,战争活动在不同的历史阶段有着不同的表现。从不同的角度,可以对

人类历史上的战争活动进行分类。例如,从社会发展史的角度,可以分为奴隶社会时期的战争、封建社会时期的战争和资本主义上升时期的战争,以及帝国主义和无产阶级革命时期的战争等。

自古以来,科技发展与科技进步对战争活动影响巨大。因而,人们从科技与战争互动影响的角度,把战争区分不同的战争形态。战争形态是以主战兵器技术属性为主要标志的战争历史阶段性的表现形式和状态。在人类历史上,随着科学技术的发展,世界主要国家军队曾经普遍使用冷兵器、热兵器、机械化兵器以及信息化兵器等不同的主战兵器。相应的,人类战争的发展历程,可以划分为冷兵器战争时代、热兵器战争时代、机械化战争时代,以及信息化战争时代。其中,冷兵器战争是主要使用木石、青铜、铁制等冷兵器为主要武器装备及相应作战方法的战争形态。热兵器战争是主要使用火枪、火炮等热兵器为主要武器装备及相应作战方法的战争形态。机械化战争是主要使用工业化生产的坦克、飞机、军舰等机械化兵器为主要武器装备及相应作战方法的战争形态。而信息化战争是普遍使用经过信息技术改造的坦克、飞机等兵器,和计算机指挥控制系统等崭新的信息化武器装备,及相应作战方法的战争形态。每一种战争形态都有其独特的发展历程。

当前,人类战争形态正在由机械化战争向信息化战争加速演变。哪个国家的军队能够敏锐洞察战争形态演变的趋势,及时进行新军事革命,哪个国家就能在时代大潮中赢得主动,占得先机,为赢得战争胜利创造良好条件。新时代,我们党和军队高度重视对战争形态的演变进行研究,把立足于遏制和打赢信息化局部战争作为新的军事战略方针。我们应当从战争形态演变的历史中汲取经验,认真思考和充分认识信息化战争,做好充分的准备,以获得最大的主动权。

第二节 新军事革命

在每次战争形态发生转变的时候,都伴随着重大的军事革命。而军事革命的发展,又推动战争形态的转变,成为军事面貌发生重大变化的内在驱动力。自 20 世纪中后期起,随着科学技术的发展,一场新的军事革命在世界范围内兴起,推动着机械化战争形态向信息化战争形态转变。当前,世界新军事革命加速推进,科学技术在军事领域的广泛运用引起了战争形态和作战方式的深刻变化,日益成为影响战争胜负的重要因素。党的十九大报告提出,要“适应世界新军事革命发展趋势”,这是我们加强国防和军队建设的重要依据。新时代,充分认识和跟踪世界新军事革命发展,与时俱进地推动中国特色军事变革,对于全面推进国防和军队现代化、建设世界一流军队,具有重要的意义。

一、新军事革命的内涵与发展演进

(一) 关于新军事革命

军事革命是指军事领域内发生的全局性、系统性的改变和革新,主要表现为军事技术、作战方式、军队结构、军事理论等方面的根本变革。军事革命是由社会发展、科技进步而引发的整个军事领域的重大、深刻的变化。只有军事系统的主导因素均发生质的飞跃,才能称得上完全意义的军事革命。

军事革命并不是现在才有的。在人类历史上,多次发生世界性的重大军事革命,其中最主要的有四次。

第一次军事革命，是由徒手和使用木石兵器作战向使用金属兵器作战，时间约从公元前4 000多年至公元纪年前后。原始社会后期，部落冲突使用的兵器以磨制的石兵器为代表，同时大量使用木、骨、角等制作的兵器。从公元前4 000年到公元前21世纪，世界许多地方相继建立国家，军队从其他社会组织中独立出来，使用青铜金属制作刀、剑、矛等兵器。公元前13世纪后，铁制兵器逐渐普及于欧亚大陆。铁兵器锋利且韧性良好，质量更佳，杀伤效能大为提高。军队从最早的单一步兵兵种，发展出战车兵、骑兵、辎重兵、工兵等不同的兵种。战争指导者逐步讲究布阵艺术和计谋运用，发展了骑兵与步兵以及水陆配合的协同战术。中国出现了《孙子兵法》等军事理论著作，西方国家也有许多军事家提出各种思想观点，军事理论体系从无到有地建立起来。由此，冷兵器战争形态逐步形成并完善起来。

第二次军事革命，是由冷兵器战争向热兵器战争转变的革命，时间约在14世纪至19世纪。中国的火药技术传入欧洲以后，火枪、火炮等新式武器出现，取代大刀、长矛等冷兵器。随之，逐步引发军事领城一系列重大变化，步兵、炮兵取代重装骑兵成为主要兵种，纵队作战与散兵作战取代方阵成为主要的作战方式。统一的国家军队取代封建雇佣军，普遍义务兵役制取代招募制。海军铁甲战舰逐渐取代木制帆船，舰队火力和机动力增强。许多国家提出新的军事理论，如法国拿破仑提出纵深战斗队形，普鲁士的老毛奇提出利用铁路进行外线机动作战理论，美国的马汉提出海权论思想，普鲁士的克劳塞维茨撰写了《战争论》等著作，新的军事理论体系发展起来，也使得热兵器战争形态逐步发展成熟。

第三次军事革命，是由热兵器战争向机械化战争转变的革命，时间约在19世纪后期至20世纪中后期。1860年后，欧洲开始了以内燃机和电力为标志的新工业革命。进入20世纪，社会生产机械化水平进一步提高，工业科技突飞猛进。这使得武器发展迅速，坦克、飞机、潜艇、航母等新武器不断涌现，装甲兵、空军、防空军、空降兵、化学兵等新军兵种出现。战争中出现步坦协同、空地协同、大规模空袭、潜艇战与反潜战等新的作战样式，战场发展到立体，战线拉长，规模空前。制空权、装甲制胜论、总体战、大纵深战略等新的军事理论出现。这些都使得机械化战争形态形成并完善。

第四次军事革命，是由机械化战争向信息化战争转变的革命，时间从20世纪中后期至今。20世纪中期以后，随着以计算机技术为代表的信息技术出现，一大批高新技术不断涌现，呈现一种新的技术革命的态势。新技术革命的成果应用于军事，促进了武器装备日益信息化。这使得军队体制编制更加一体化、多能化、小型化，以往那种单一军兵种相对独立作战，或若干军兵种协同作战，逐步转变为陆海空等诸军兵种联合作战。在战争实践中，作战节奏加快，作战空间向陆、海、空、天、电以及人的心理领域拓展，呈现多维化的特征。各国纷纷调整军事战略，创新战争观、作战理论、建军模式，提出了“非对称作战”“非线式作战”“非接触作战”“网络中心战”“联合作战”“军事转型”“混合战争”“第三次抵消战略”等一系列新的军事理论。由此，人类战争形态向着信息化战争加速发展。

当前，人们通常所说的新军事革命，就是特指这场人类历史上的第四次军事革命。它是在工业社会走向信息社会的时代，以信息技术为核心并得以广泛应用，从而引起军事领域武器装备、军事理论和组织体制等一系列的根本变革，导致彻底改变战争形态的一场革命。这场军事革命，以信息化为核心，以重塑军事体系为目标，最终的结果是促使信息化战争形态发展成熟。

(二) 新军事革命的发展演进

新军事革命是随着信息时代的来临而产生和发展的。当前,世界各国对新军事革命的研究方兴未艾,关于新军事革命的阶段划分也有很多不同表述。但在信息技术产生并运用于军事实践的进程中,有很多标志性的事件。从这个角度,可以把新军事革命区分为以下几个发展阶段。

1. 孕育萌芽阶段

新军事革命的核心技术是信息技术,而信息技术的代表则是计算机技术。1946 年 2 月,美国研制出世界上第一台电子计算机。它是美国军方定制的,为了满足计算弹道需要而研制成的。从某种意义上说,最早的计算机可以说是一种"武器装备"。追根溯源,这可以称之为信息技术的最早产生,也可以说是新军事革命最初的萌芽。

从 1946 年到 1956 年人们研制的是第一代计算机,1956 年到 1966 年是第二代计算机,它们大量运用于与国防科研有关的计算机和研究。1958 年,美军为防御苏联军队的核打击,建成世界上第一个军事信息系统——"赛其"指挥与控制系统。它被称为 C^2,首次实现信息采集、处理、传输和指挥决策过程部分作业的自动化,开启了作战指挥控制自动化的先河。1962 年以后,美国在 C^2 系统的基础上,增强"通信"功能,成为 C^3 系统。1969 年,美国国防部开发出世界上第一个计算机网络——"阿帕网"。苏联在 50 年代也开始发展指挥自动化系统,于 1958 年建成"天空"一号半自动化防空指挥控制系统,并于 1964 年部署改进型的半自动化拦截引导系统。北约欧洲各成员国从 60 年代开始建立"奈其"信息系统,即"北约地面防空警戒系统"。

除信息技术外,其他新技术也崭露头角。二战中德国首先研制出第一枚无线电制导的滑翔炸弹,尔后研制出 V-2 惯性制导导弹。战后雷达技术、红外技术得到迅速发展并用于制导武器,更加先进的精确制导武器相继研制成功,大大提高了武器装备的命中精度。至 70 年代初,"精确制导技术"的概念被正式提出。1967 年,美国研制了"宝石路-1"激光制导炸弹装备部队。1957 年苏联第一颗人造地球卫星上天后,军事航天技术发展迅速。美苏双方都大力发展进攻性战略武器,探索建立太空军事系统,为太空争夺做准备。

2. 初步发展阶段

1972 年 5 月 13 日,美国出动 14 架 F-4 战机,各带一枚"宝石路"激光制导炸弹,一举炸毁了越南的清化大桥。而此前的 4 年多时间里,美空军曾出动数百架次飞机对其进行轰炸,结果桥梁不仅没有完全被摧毁,却损失飞机 10 多架。这是激光制导炸弹首次运用于实战,它精确打击的效果震动了世界。各国军队普遍认识到高新技术装备的威力,纷纷加大研制力度。

20 世纪 70 年代后,美苏之间形成了"核恐怖平衡",双方拥有的核武器能够互相毁灭多次,甚至毁灭整个地球。这样,谁也不敢轻言使用核武器。为继续谋求军事优势,美苏把目光更多地放到用信息化武器打常规战争上来。这有力地推动了新军事革命的进一步发展。

这一时期,军事信息系统获得更大进步。1977 年,美军把"情报"要素纳入 C^3 系统,形成 C^3I 系统,确立了以指挥、控制为核心,以通信为依托,以情报为灵魂的一体化军事信息系统体制。到 80 年代,军用电子计算机采用超大集成电路后发展到第四代。1983 年,美军又在 C^3I 系统的基础上加入"计算机"要素,变成更加完善的 C^4I 系统。苏联等国也建成卫星通信、对潜通信、战略预警和侦察探测等系统。

就像人体运动速度有其极限一样，机械化武器装备的物理性能也是有其极限的。20世纪70年代后，发达国家制造的坦克、步兵战车、火炮、作战飞机、作战舰艇等武器装备，渐渐达到了各自的物理性能的极限。于是，科学家们为这些作战平台配备了数字式火控系统等先进技术，采取了隐身技术等新型伪装技术，安装多种电子设备，使其改造成为具有初步信息化水平的作战平台。此后，信息化的作战平台不断涌现。

在这一阶段，一些国家的军事理论家开始研究信息化作战，并提出了相应的成果。美军最早提出"信息战"的概念。苏联人则最早发表了新军事革命的理论著作。1979年，苏军总参谋长奥尔加科夫等理论家预言：先进技术的出现将引发一次新的军事革命。1985年，他出版《历史的告诫》一书，认为世界军事上已经发生深刻的、真正的革命性变化。不过，当时苏军高层和思想理论界总体上较为保守，奥尔加科夫理论没有被采纳，先进的理论没有变成实际行动。因而，苏联未能抓住新军事革命的先机。倒是美国十分关注奥尔加科夫提出的新技术革命问题，在转化为自身的成果后，首先实施比较全面和彻底的军事改革，抢占了先机，成为新军事革命的"领头羊"。

3. 快速演进阶段

1991年1月17日至2月28日，美国发动了对伊拉克的战争，被称为"海湾战争"。美军使用了当时几乎所有高新技术武器装备，包括"战斧式"巡航导弹等精确制导武器、软硬结合的电子战装备、由70多颗卫星组成的综合指挥信息系统等，远程精确打击成为火力摧毁的主要手段，初步显示非接触、非线式的作战特点。这场战争给世界军事领域留下极为深刻的印象，被称为"预示战争形态急剧变化时期的来临""正在进行的新军事革命的一个缩影"。

海湾战争之后，世界各国普遍加大对信息化战争的研究，有力地推动世界新军事革命的加速发展。美国更加广泛地采用信息技术，全面开展武器装备信息化建设，大力发展军事信息系统、信息化作战平台、精确制导弹药、军事无人系统和新概念武器。到20世纪末，其陆、海、空武器装备的主体实现信息化，在世界上首先建立了信息化武器装备体系。美军把C^4I系统演变为包括"监视"与"侦察"的C^4ISR（指挥、控制、通信、计算机与情报、监视、侦察）系统。在此基础上，美军进行以"联合训练"为主要特点的"训练革命"，逐步启动军事组织体制改革，在"聚焦后勤"思想的指导下进行"军事后勤革命"。美国国防部组织专家，掀起军事理论创新的热潮，创立联合作战理论体系，提出以"网络中心战""基于效果作战""战略瘫痪战""五环目标理论"等为代表的诸多新的作战理念。美军在1998年的"沙漠之狐"军事行动、1999年的科索沃战争、2001年的阿富汗战争中，投入各种先进武器、采取各种新的战法进行试验，在实践中验证军事革命的成果。

这一时期，其他国家也都纷纷投入巨大资源，加速推进具有本国特色的军事革命。英国军队大力发展信息化武器装备和数字化部队，正式成立联合司令部，组建联合快速反应部队，建立三军一体的联勤体制，意图组织实施信息化的联合作战。法国把军队职业化改革、武器装备现代化作为国防和军队建设的重点。到21世纪初，法军完成军队职业化改造，部队专业化程度得到较大提高；完成对军事领导指挥机构的调整，初步形成联合作战指挥体制；在天基侦察系统建设中取得较大成就，武器装备信息化程度有了较大提高。德国以建设人员精干、具备遂行多种作战能力的现代化联邦国防军作为改革目标，有重点地发展信息化武器装备，注重对现有武器进行信息化改造。日本认为"新军事革命"是"以信息技术为基础的军事革命"，因而启动"信息军事革命"，利用与美军的传统军事关系，获取美国的高新军事技术，再依凭自身较为雄厚的科技经济实力，提升陆上、海上自卫队的建设质量，发展本国特色的军事力量。俄罗斯虽然在这一时期经济衰退，军队建设受到很大影响，但仍然保持核心骨干力量，进行关键技术的研究，以在新军事革命中保持足够的实力。海湾战争之后，中国敏锐地认识到战争形态已发生变化，及时提出要重视和推进中国特色军事变革。从那以后，中国军队对信息化战争的研究逐步走向全面和深入。

4. 逐步走向成熟阶段

2003 年 3 月 20 日，美国联合英国等盟国，以伊拉克拥有大规模杀伤性武器为借口，发动了伊拉克战争。在这次战争中，美军建立了比较成熟的信息化战争体系，拥有战场感知、指挥控制、联合作战、特种作战、远程精确打击、机动力和火力等全方位的绝对优势。这让人们进一步看到了开展新军事革命的巨大军事效益。

伊拉克战争之后，世界新军事革命进入到一个新的发展阶段，广度和深度都有了更大的发展。发达国家尝到了新军事革命的甜头，坚定了继续进行军事革命的信心和决心。发展中国家清醒地认识到，为了在未来战争中避免陷入被动挨打的境地，必须进行新军事革命和军队信息化建设，大大增强了军事变革的紧迫性。美国继续加大军事转型的力度，英、法、德、日等新军事革命的跟随者，以及中国、俄罗斯、印度等后发者，都更加深切地认识到，军事变革是增强军事实力、打赢未来战争的必由之路，促使更多国家加入新军事革命的行列。

总结以往经验，展望未来，世界各主要国家均强调，要自觉地、自上而下地全面统筹军事变革，更多地涉及军事系统的核心内容。各国军队普遍注重进行顶层设计，制订和颁布各种纲领性文件，统筹规划各项变革和转型工作，改变以往缺乏全面规划、各军种（部门）自行其是的状况。美军将 C^4ISR 系统再一次演进为包括“打击”功能的 C^4IKSR，以后又提出建立 GIG（全球信息栅格）。近十几年来，美军加紧研制下一代指挥控制系统，建立功能更加完备的全球战略级、战役级和战术级信息系统。英军、德军、俄军在借鉴美军经验的基础上，均决心建立适合自身需要的军事信息系统。各国注重压缩军队编制，减少层次，使部队趋于小型化、一体化及多功能化。围绕建立和完善联合作战指挥体制，世界各国均采取了许多有益的措施。

近年来，国际形势处在新的转折点上，各种战略力量加快分化组合，国际体系进入了加速演变和深刻调整的时期。在这个前所未有的大变局中，军事领域发展变化广泛而深刻，是世界大发展、大变革、大调整的重要内容之一。世界军事领域发展变化，与世界政治经济等领域发展变化相互呼应、相互影响。到目前为止，世界新军事革命仍然没有结束，仍处于动态发展之中。纵观历史，可以发现，世界新军事革命走过了一条从无到有、从零散到系统、从局部扩展到全局的道路。预计在未来一段时期里，新的军事技术和作战方式仍将会出现，新的变革仍将会继续。最终，机械化战争形态将完全由信息化战争形态所代替。人类军事活动将呈现一个全新的面貌。

二、新军事革命的主要内容

新军事革命不是对原有机械化条件下的军事体系的修补，而是涉及全领域、深层次的根本性的变革。因而，新军事革命的内容是极其丰富的。虽然世界各国在新军事革命中的发展进程不同，侧重点不同，但从总体上看，主要集中在以下几个方面。

(一) 军事技术革命,带来武器装备信息化

自 20 世纪中后期以来,人类科技获得巨大进步,出现了信息技术、新材料技术、新能源技术、生物技术、航天技术、海洋技术等高新技术群。这些技术应用于军事领域,又推动着军事高新技术的蓬勃发展。这包括精确制导技术,现代侦察与监视技术,现代伪装与隐身技术,军事航天技术,电子对抗技术,指挥信息系统,以及新概念武器,等等。由此,信息化的武器装备不断研制并广泛使用。即使原有的坦克、大炮、飞机、舰艇等机械化兵器,在加装计算机系统以后,也得到信息化改造。信息化的武器装备种类更加丰富,对目标信息的发现和传输更加准确便捷,使用范围更加广泛,火力打击更加精确,作战性能获得质的飞跃。当前,新一轮科技革命又在孕育兴起,纳米技术、临近空间技术、高超声速技术不断突破,新概念武器向实战化发展武器装备远程精确化、智能化、隐身化、无人化趋势明显。

(二) 体制编制革命,军队组织结构得到重塑

信息化战争中,由于军队的作战能力呈指数增长,小规模的高度一体化和智能化的军队即可完成过去由数量庞大的军队才能完成的战略任务。因而,世界各国均对军队组织结构和力量编成进行大幅度改革,在缩小军队总体规模的基础上,作战部队的建制规模更加小型灵巧。有专家预计,未来军和师的编制可能最终消亡,旅、营或更低级别的战术单位将成为主要的作战建制,并可能出现按作战职能编成的小型作战群,或能够同时在陆、海、空等多维空间作战的一体化小型联合体。

(三) 作战方式革命,战争力量的对抗实现体系之间的对抗

恩格斯曾经指出:“一旦技术上的进步可以用于军事目的,并且已经用于军事目的,它们便立刻几乎强制的,而且往往是违反指挥官意志,而引起作战方式上的改革甚至变革。”信息时代高新技术的运用,不可避免地要引发新的作战方式的革命。通过指挥控制信息系统,可以把分散在陆、海、空、天、电等各个战场空间的作战平台,联结成为一个整体。因而,信息化战争是体系与体系的对抗,以往的协同作战已发展成为联合作战,传统密集火力、狂轰滥炸的作战方式转变为信息主导、精确打击,出现“斩首行动”、打击敌关节点从而瘫痪其作战体系等许多具有崭新特点的战法。

(四) 军事理论革命,以新的理念谋划国防和军队建设

军事理论创新是军事革命的灵魂。在工业时代向信息时代过渡的时期,很多有识之士对 20 世纪上半叶两次世界大战的惨痛教训进行反思,对机械化战争的某些观点进行大胆否定,提出要结合信息化技术革命的发展,沿着一条全新的道路设想未来战争的形态,牵引国防和军队建设模式的根本性变革。由此,在世界范围内掀起信息化战争理论研究的热潮。信息化战争理论强调信息在战争中的作用,认为敌我双方围绕争夺控制信息权展开的斗争将决定未来战争的模式,因而必须把建设信息化军队作为军队建设的重点内容。在这些理念的指导下,世界各主要国家都对国防和军队建设模式进行新的调整变革。

除此之外,世界各主要国家还在国家安全战略、军事战略、军事训练、军队管理、军事教育、后勤保障等各个方面推动转型。总而言之,新军事革命的范围已经包括军事活动的全部方面,必将引发军事体系的彻底转型。这场军事革命,以信息化为核心,以军事战略、军事技术、作战思想、作战力量、组织体制和军事管理创新为基本内容,以重塑军事体系为主要目标,其速度之快、范围之广、程度之深、影响之大,为第二次世界大战结束以来所罕见。世界

新军事革命是全方位、深层次的，覆盖了战争和军队建设全部领域，直接影响着国家的军事实力和综合国力、关乎战略主动权。

三、新军事革命对战争和世界格局的重大影响

（一）战争形态和战争方式将出现划时代转变

首先，信息作为现代战争的战略资源，其重要性日益上升，信息力量已经成为现代军队作战能力的关键因素，信息成了整个军队的心脏。争夺制信息权的斗争，将渗透到战争的各个领域，贯穿甚至是超越作战的全过程，一些大国间的军事博弈在和平时期更多地体现在双方信息领域的对抗，所以，未来战争中信息将会直接影响作战的成败。其次，非接触、非线式、非对称作战成为现代战争的重要作战方式。随着武器装备杀伤作用距离的增大和打击精度的提高，远程精确打击将逐步取代短兵相接的传统作战方式并主导作战进程。战争将在战场的全纵深同时展开，没有明显的战线和前后方之分。三是战场对抗日益呈现体系对抗的基本特征。战争力量的构成趋向体系化，强调各种力量要素的有机结合，从力量的"一体化组合"和"一体化使用"上寻求新的战斗力增长途径。单一军种的作战日益消失，传统的军种分工趋于模糊，作战表现出高度的集成性。四是指挥控制具有适时高效的特征。由于C^4IKSR系统的快速发展，情报获取实时化，信息传输网络化，并实现信息的无缝链接，武器平台中心战逐步向网络中心战转变。各级指挥机构、作战单元和武器系统在广阔的战场空间实现信息的实时共享，指挥效能空前提高。

（二）各国军事力量发展的不平衡性将进一步加剧

在当代世界新军事革命中，各国虽然陆续进入变革，但由于基础不同，投入力度不同，因而新军事革命的发展是不平衡的，世界各主要国家从当代世界新军事革命中获得的战略效益也是不一样的。可以预见，世界新军事革命将使各国军事力量对比发生明显倾斜，造成一种强者愈强的不平衡态势。一方面，当代唯一超级强国美国对其他国家的相对优势将更加明显。美国以超强的经济实力和先进的军事技术在高起点上率先推进新军事革命，进一步强化了其军事上的优势地位。在几场局部战争中，美国不断验证和提高了新军事革命带给它的军事能力。世界其他一些国家或者是由于国力弱小，或者是由于技术基础薄弱，或者是由于认识滞后、行动迟缓，在新的军事革命中，进一步拉大了与美国在军事实力上的差距。另一方面，发达国家与发展中国家的差距也在不断拉大。当发达国家大力推进信息化建设的时候，广大发展中国家却由于历史原因，至今尚未完成机械化的建设任务。这种差距不只是技术性的、战术性的，而是战略性的。这种态势发展下去，有可能形成发达国家与发展中国家军事技术形态的又一轮"时代差"。历史上西方列强以洋枪洋炮对亚非国家的大刀长矛的军事技术优势，有可能转变为发达国家以信息化武器对发展中国家的机械化半机械化武器的新的军事技术优势。

（三）世界和平与地区安全将面临新的、更多的挑战

新军事革命催生了高技术的作战力量和多样化的作战手段，使现代战争的可控性增强，为运用军事手段达成政治目的和经济目的提供了低风险、高效能的可能选择。新军事革命的最新技术成果一旦与强权政治相结合，将为其实现战略意图提供新的物质技术支撑，进一步刺激军事干涉主义、军事扩张主义与黩武主义倾向的发展，特别是在战略力量对比日益悬殊的情况下，对武力使用的限制力变弱，战争的门槛降低，世界和平与发展的路途将面临更

多变数且愈加艰难。

四、中国特色新军事革命与创新

历史发展表明，能否积极迎接挑战，抓住机遇实现变革，将会对一个国家、一个民族、一支军队产生重大的历史性影响。当年，由于错过了工业革命的历史机遇，导致中国军队上演了一场大刀长矛对洋枪洋炮的历史悲剧。今天，当百年不遇的新军事革命机遇期再次出现在我们面前时，一旦错过将意味着错过一个时代。

习近平同志强调，世界新军事革命对我们既是机遇，也是挑战。我们要登高望远、见微知著，看到世界军事领域发展变化走向，看到世界新军事革命重大影响，形成科学的认识和判断，与时俱进大力推进军事创新，有针对性推进国防和军队建设改革，更好坚持党对军队绝对领导、坚持人民军队根本宗旨，使我军真正担当起党赋予的历史重任。因此，抓住机遇，推动中国的新军事革命，牢牢抓住军事创新这条主线，便成了我们必须作出的战略选择。

习近平同志给我们提出了军事创新四原则，同时也是最基本的要求。

（一）要坚持强军目标、积极引领。党在新形势下的强军目标是党中央从全局上对国防和军队建设作出的战略筹划和顶层设计，指明了军事创新的方向、任务、重点，明确了军事创新的实现路径和检验标准。

（二）要坚持解放思想、转变观念。军事创新同其他领域创新相比，要求更高、难度也更大。面对国家安全稳定遇到的严峻挑战，面对改革中的深层次矛盾和问题，更需要我们的思想观念有一个大的解放，勇于改变机械化战争的思维定势，树立信息化战争的思想观念；改变维护传统安全的思维定势，树立维护国家综合安全和战略利益拓展的思想观念；改变单一军种作战的思维定势，树立诸军兵种一体化联合作战的思想观念；改变固守部门利益的思维定势，树立全军一盘棋、全国一盘棋的思想观念。

（三）要坚持抓住重点、整体推进。军事创新是个系统工程，需要统筹谋划、协调推进，牵住牛鼻子，抓住主要矛盾和矛盾的主要方面，通过抓重点把整体带动起来。

（四）要坚持突出特色、自主创新。军事创新也要走中国特色自主创新之路，致力于巩固和扩大我们的优势。

第三节 机械化战争

机械化战争是人类历史上继冷兵器战争、热兵器战争之后的第三种战争形态。它对近现代世界军事发展的历史和现实影响非常巨大。直到今天，人类战争活动仍然带有一定程度的机械化战争特征。认识机械化战争，对于了解人类战争发展的历史，思考当前战争活动，具有十分重要的意义。

一、机械化战争的基本内涵与形态体现

机械化战争，是指主要使用机械化武器装备及相应作战方法进行的战争。所谓机械化武器装备，是以机械动力为主要驱动力，以火力、机动力、防护力为主要战术技术指标的各种装备的统称，如工业化生产的坦克、自行火炮、水面舰艇、潜艇、战斗机、轰炸机等。主要依托建制内装甲战斗车辆等机械化装备实施机动和作战的部队，以机械化步兵或坦克兵等为主

体的诸兵种合成部队，称之为机械化部队。机械化部队典型的作战方法是大规模集群作战、远距离快速机动作战、大范围纵深攻击作战等。交战双方往往构筑阵地，沿着一定的作战路线，进行密集的火力交锋。为了打击一个目标，具有机械化作战能力的部队通常使用大量飞机、坦克、火炮等武器，投射大量弹药，进行猛烈轰炸，实施大范围的火力覆盖。

机械化战争是随着工业时代来临而产生和发展的。19 世纪末 20 世纪初以后，人类科学技术获得新的进步，以重工业为重点、以大机器生产为特征的新工业革命发展迅速。相应的，军事科技也获得同步的发展，速射机枪、坦克、飞机、潜艇、航空母舰、无线电设备等一大批机械化武器装备相继问世。与此同时，坦克兵、化学兵、潜艇部队等新的兵种出现，空军诞生并逐步发展为新的独立军种，军队编制体制走向大型化、合成化和摩托化，坦克战、化学战、电子战以及空中作战等迅速成为重要的作战方式。所有这些，都使得战争面貌发生重大变化，人类由此步入了机械化战争时代。

在 20 世纪初世界上发生战争中，已经带有较为明显的机械化战争的特征。第一次世界大战中，机械化战争形态获得飞速发展，到第二次世界大战时期，机械化战争已经逐渐发展至成熟阶段。自 20 世纪中叶以后，机械化战争形态仍然继续向前发展演变。

不同的战争形态，在时间上不是截然分开的，而是有一个相互交叉的历史过程。虽然近几十年来，在机械化战争形态的“母体”中，信息化战争形态被孕育出来，并不断趋于成熟，但在许多战争实践中，仍然表现出较强的机械化战争的特征。21 世纪的今天，人类的许多战争活动，仍然受到机械化战争的影响。只有在未来较长的时间，机械化战争形态才会彻底消失，信息化战争形态才能完全取而代之。所以，我们应当认真研究和认识机械化战争这一历史上重要的战争形态。

二、几场代表性的机械化战争

19 世纪末至 20 世纪中期，是世界上战争频繁发生的时期，出现了很多机械化战争的战例。特别是 20 世纪上半叶，在工业革命的推动下，欧洲主要国家的经济迅速发展。与此同时，列强的军事科技水平迅速提高，机械武器装备性能大大增强，军队的规模实力也快速膨胀起来。这促使强国与落后国家的实力进一步拉大，也造成了列强之间力量对比更加不平衡。为了争取更多的市场、原料产地和投资场所，列强展开激烈争夺。在各国政治、经济矛盾激化的不可调和的时候，列强不惜使用武力进行斗争，大规模战争不可避免。20 世纪上半叶，发生两次世界大战，成为最典型的机械化战争。

（一）第一次世界大战

第一次世界大战，简称“一战”，是在 19 世纪末 20 世纪初，资本主义国家向帝国主义过渡时产生的广泛的不可调和矛盾，亚洲、非洲、拉丁美洲殖民地和半殖民地基本上被列强瓜分完毕，新旧殖民主义矛盾激化、各帝国主义经济发展不平衡，秩序划分不对等的背景下，为重新瓜分世界和争夺全球霸权而爆发的一场世界范围的帝国主义战争。

对交战的各列强来说，都是非正义的战争。尽管塞尔维亚等国是为了保卫自己的主权和独立而战，具有正义的民族解放的性质，但这并没有从根本上改变整个战争的非正义性。

中国政府于 1914 年 8 月 6 日宣布中立，1917 年 8 月 14 日在协约国敦促下对德奥宣战，17.5 万华工被派往英国、法国和俄国，从事各种后勤保障工作，以弥补协约国劳力之不足。但战后英、法、美等列强迁就日本、出卖中国，加上北洋军政府软弱无能，中国虽是战胜国，却未能收回德国在山东半岛的各种权益。中国在巴黎和会上的屈辱遭遇,激发爱国民众的愤怒,引发了“五四”爱国运动。中国由此走上轰轰烈烈的民族解放道路。

第一次世界大战是一场典型的机械化战争。为了取得胜利,参战各国加紧研制新式武器并投入战场,飞机、毒气、坦克、远程大炮相继投入战争,使得机械化武器装备和军事技术飞速发展。飞机、飞艇、潜艇、坦克、高射炮、反坦克炮、迫击炮、远程火炮、毒气弹、烟幕弹、高爆弹、无线电通信和光学测量等武器与技术开始大量装备部队或得到广泛运用,并由此产生了坦克兵、航空兵、防化兵等新兵种。军队的火力、突击力、机动力以及作战指挥能力得到加强和提高。作战空间从陆地、海洋扩大到空中,在沿海区域出现了陆海空三军配合作战。战役规模扩大,组织协同更加复杂,出现了集团军群(方面军)战役。

(二) 第二次世界大战

第一次世界大战结束后,帝国主义时代所固有的各种基本矛盾一个也未解决,而又增加了战胜国与战败国的矛盾,以及帝国主义战胜国相互之间的矛盾。于是第二次世界大战不可避免地爆发了。

第二次世界大战(简称二战),是一场典型的机械化战争,交战双方大量使用坦克、装甲车、飞机、火炮、军舰等武器装备,并首次使用雷达、火箭炮、导弹、原子弹等新式武器和技术,引起作战形式和方法的重大变革,出现了闪击战、大纵深作战、登陆与抗登陆作战、潜艇战与反潜战、航母编队作战、战略轰炸与防空作战、空降与反空降作战等新的作战形式和方法。德国军队组建大规模装甲部队,实施快速突击的“闪电战”,在战争初期获得重大胜利,令世人印象深刻。在斯大林格勒保卫战中,苏联各方面军和集团军之间密切协同,并以坦克军和机械化军组成快速集群,迅速构成合围的对内、对外正面,并在对外正面发展反攻;首次充分运用了炮兵进攻中单层徐进弹幕射击支援步兵和坦克冲击的方法;航空兵第一次采取进攻样式,并协同高射炮兵成功地实施了对被围德军集团的空中封锁等,从而保证了苏军的胜利。还有其他众多战例都充分体现了机械化部队的作战特点。

两次世界大战是机械化战争形态发展进程中的重要实践,同时也促进了机械化战争形态的发展成熟。在战争中,新型的机械化武器装备层出不穷,技术不断进步,作战性能得到迅速提升;军队构成发生重要变化,体制编制合成化程度不断提高,尤为突出的是战场范围空前扩大,破坏和消耗是以往任何战争都不能比拟的。

20世纪上半叶,中国处于半殖民地半封建社会之中,科技和经济非常落后。虽然国民党军队在美国等西方国家的援助下,建立了具有一定程度的机械化部队。但与日本等国家比较起来,差距非常巨大。因此,在面临日本帝国主义入侵时,中国军队受到巨大损失,几乎陷入亡国灭种的边缘。中国共产党缔造和领导人民军队,武器装备非常落后,长期处于“小米加步枪”的状态。但是,毛泽东等革命前辈,坚定依靠广大人民群众,采取有效的人民战争战略战术,夺取敌人武器壮大自己,最终在抗日战争中打败日本帝国主义,在解放战争中打败配装美式装备的国民党军队。这一方面告诉我们,在武器装备落后的情况下,要充分发挥人的主观能动性,弥补自身不足;另一方面也说明,要充分认识军事科技的重要性,尽力提高武器装备的水平。机械化战争形态是信息化战争形态发展的基础。时至今日,很多机械化武器装备仍然在使用,军队合成化仍然是非常必要的,陆、海、空仍然是重要的战场,战争消耗仍然非常之大。因而,我们仍然不能忽视机械化建设。相反,更要打好机械化的基础,为建设信息化军队奠定坚实基础。

第四节　信息化战争

信息化战争是人类社会由工业社会步入信息社会的产物。世界新军事革命深入发展，促使战争形态由机械化战争向信息化战争加速演变。信息化战争将逐步取代工业时代的机械化战争，成为信息时代战争的基本形态。对于我们国家和军队来说，必须深入研究信息化战争，适应战争形态发展，加快新时代国防和军队建设步伐，以实现遏制和打赢战争的根本战略目标。

一、信息化战争的基本内涵、动因与发展

(一) 信息化战争定义与内涵

关于信息化战争的定义，2011 年版《中国人民解放军军语》的释文为："信息化战争，是依托网络化信息系统，使用信息化武器装备及相应作战方法，在陆、海、空、天和网络电磁等空间及认知领域进行的以体系对抗为主要形式的战争，是信息时代战争的基本形态。"

《中国人民解放军军语》关于信息化战争的定义，结束了 20 多年以来我军对信息化战争没有较一致的定义的状态。可以从以下八个方面进一步把握信息化战争的科学内涵。

第一，当代高技术战争中出现了信息化战争的一些端倪，但高技术战争还不是信息化战争，信息化战争是信息化时代的主要战争形态。这个定义回答了信息化战争究竟是什么样的战争形态的问题，或者说是回答了信息化时代的战争的形态定位问题。以往我们把 1991 年的海湾战争，以及之后的科索沃战争、阿富汗战争、伊拉克战争、利比亚战争五场现代战争统称为高技术局部战争，用高技术局部战争这个概念来描述当代战争形态并不准确，因为高技术是一个动态的概念，机械化战争是工业时代的高技术战争，信息化战争是信息时代的高技术战争，信息化战争形态之后，还会有更高级形态的战争形态，我们也可以称之为高技术战争。而随着我军信息化战争理论研究的逐步深入，我军新时期军事战略方针强调指出："高技术战争本质就是信息化，信息化战争将取代机械化战争，成为 21 世纪的主要战争形态。"因此，在现阶段和未来相当长时期内，人类的战争形态将以信息化战争为主。

第二，没有信息化军队参与的战争当然不是信息化战争，信息化战争的主体和骨干力量是信息化军队。这个定义，回答了信息化战争时代战争的主体问题。任何时代任何形态的战争，进行战争的主体都是与战争形态相适应的军队。机械化战争的主体是机械化军队，信息化战争的主体则是信息化军队。虽然有的国家还没有真正建立起与信息化战争相适应的军队，但战争双方只要有一方是信息化军队，双方进行的战争就是信息化战争。

第三，信息化战争是以信息化武器装备为物质基础的战争，在信息化战争中，信息化武器装备大量使用。这个定义回答了战争主体运用什么样的武器装备从事战争的问题。信息化战争武器装备种类繁多。从功能上看，可区分为信息系统、信息化装备平台、信息弹药和信息战装备等。这些武器装备是信息化战争的工具，信息化军队打信息化战争，离不开信息化武器装备这个物质基础。

第四，信息化军队使用信息化武器装备作战的空间是陆、海、空、天、网络电磁等空间，还包括我们的认知领域。这个定义，回答了信息化军队从事信息化战争的战争空间问题。信息化战争的作战空间，我们可以称之为"五维"空间，如果加上认知领域，也可以称之为"六

维"战争空间,信息化战争与多维战争空间紧密相联,认知和网络电磁空间占有相当大的比例。

第五,信息化战争是在信息化战场上展开的战争。这个定义,回答了信息化军队作战的战场问题。任何战争,都是在一定的战争空间中进行,是在特定的战场环境中进行的。机械化战争是在机械化战场上进行的,但由于网络化信息系统的无限延伸,"数字地球""数字化战场"和远程精确打击兵器的出现,打破了传统的陆地、海洋、天空、太空以及信息和认知等实体空间和虚拟空间的界限,彻底改变了传统战场空间相对狭小、相对分割的面貌,形成了多维一体的信息化战场,参战部队的作战、指挥实现了网络化、一体化,信息化战争的基本特征是信息化战场上的信息对抗和知识对抗,因而信息化战争的战场是信息化战场。

第六,信息成为能量和物质的调节器,信息在战争中起主导作用。这个定义,回答了信息化战争的主导因素问题,尽管任何时候,战争胜负的主导因素是人而不是物或武器装备,这是永恒不变的真理,但在物质要素发挥作用过程中,我们必须正视越来越重要的信息的主导作用、核心作用。机械化战争中,能量释放难以控制,但信息化战争是信息主导能量释放的战争,通过信息流主导物质流和能量流,实现了指挥控制灵敏实时、作战行动整体联动、保障能力聚焦高效、"软打击"与"硬毁伤"能量的精确释放。

第七,信息化战争是在核威慑条件下进行的常规战争,但却是附带损伤降到最小程度的战争。这个定义,回答了信息化战争的基本属性问题,即信息化战争首先是常规战争,但却是核威慑条件下的常规战争。另外,信息化战争虽然暴力程度和毁伤越来越小,但本质上依然是暴力行为。一方面,信息化战争是常规战争而不是核战争,但却是核威慑条件下的常规战争。当今世界,不但美国、俄罗斯、英国、法国和中国是《核不扩散条约》承认的有核武器的国家,还有许多国家已经拥有了核武器或正在拥有核武器,所以未来相当长的时期内,人类的战争始终都是核威慑条件下的战争。另一方面,信息化战争依然是暴力冲突,战争仍然具有暴力性质,但却是战争的附带损伤和破坏性将不断下降的战争,与以往的战争相比,信息化战争是附带杀伤破坏减到最低限度的战争。信息化战争时代,由于科技进步,精确作战得以实现,战争控制能力极大提高,所以战争伤亡越来越小。20 世纪 90 年代,曾经一度出现了各国军界广泛讨论战争是否软化了、暴力性是否还是战争的基本属性的问题。通过当代战争实践和各国军事理论界的研究,人们普遍认为暴力性仍然是战争的本质属性,但信息化战争的确也是附带损伤降低到最低限度的战争。

第八,信息时代依然是多种战争形态并存,但信息化战争是信息时代的主要战争形态。这个定义,回答了信息化战争时代是否还有其他形式的战争形态存在的问题。信息化时代里信息化战争是主要战争形态,并不是说冷兵器战争、热兵器战争和机械化战争等战争形态不存在了,这些战争形态依然是存在的,但不占主导地位了,主导战争形态是信息化战争,如同机械化战争时代中,机械化战争是主导战争形态,但其他战争形态同时并存。

(二) 信息化战争的发展动因

信息化战争的产生并非一蹴而就,而是人类社会发展、新军事革命、战争实践和理论探索等诸多因素综合作用的结果。

1. 人类社会形态发展演变的必然结果

战争形态与人类的社会形态历来有着十分密切的关系。著名未来学家托夫勒认为:"人类以怎样的方式从事生产,也就以怎样的方式从事战争。"战争形态是对一定时代里的战争运动进行客观描述的一个概念，是战争内容的表现形式与状态的统一。古代的战争，不管是车战、水战、步战、骑战，它都是使用冷兵器，都只有刀光剑影而没有火药味；第一次世界大战前，还没有坦克、飞机等武器装备，打的是热兵器战争；第二次世界大战期间，飞机、航母、坦克成了战争中的主要武器，战争的外在表现形式与以往都不一样，它是机械化战争。

当今时代，在信息技术革命的推动下，人类社会正在由工业社会向信息社会过渡，全面的信息时代即将到来。这次社会形态的转型已经并必然会导致战争形态新的一次演变：由机械化战争形态向信息化战争形态跃升。

2. 高新技术发展直接推动的结果

战争形态的重大变革，通常发生在技术革命之后，而技术革命又往往是在科学技术迅猛发展情况下出现的。20 世纪 50 年代以来，世界上陆续出现了以微电子技术、电子计算机技术、人工智能技术、新能源技术、航天技术等为代表的高新技术群，新的科学技术成果往往是最先运用于军事领域，战争和军事领域也向科学技术不断提出新的需求，因而，高技术的发展，成为战争形态发展演变的直接动因。

我国著名科学家钱学森在 1995 年国防科工委首届科学技术交流大会上首次提出了“信息化战争”概念，并对战争形态演变问题做了精辟的分析：“从人类历史的过程看，最初出现的战争是徒手战，然后有了冶炼技术，才出现了冷兵器战争。继之，是由于火药的发明，才出现热兵器战争。科学技术的进一步发展，又导致内燃机的制造和其他机械兵器的制造，于是战争又演化为机械化战争。到了 20 世纪 50 年代，更因核技术和火箭技术的发展，出现了远程核武器。远程核武器的巨大破坏力，再加上现在高度发展的信息技术和电子计算机技术，就形成现阶段和即将到来的 21 世纪的战争形式：在核威慑下的信息化战争。”由此可见，信息化战争是不同于冷兵器战争、热兵器战争、机械化战争的全新的战争形态，未来的战争，将主要是信息化战争，而当代高技术尤其是信息技术的发展和运用，正是信息化战争产生的直接动因。

3. 现代局部战争实践加速催化的结果

20 世纪 90 年代以来先后发生的几场现代战争，每一场战争都给人们以耳目一新的感觉：高技术及高技术武器装备在战争中运用越来越广泛；战争空间越来越向陆、海、空、天、电磁、网络等多维度拓展；信息攻击、远程精确打击、陆海空天电一体化作战成为主要的作战样式；传统的线式作战、梯次攻击、层层剥皮的作战方式已经被摒弃；每一场战争都运用着新的军事理论，同时又深刻地改变着以往的军事观念和思维方式。总之，现代多场高技术局部战争实践，不但已经深刻地改变了战争的面貌，而且使战争形态的内涵发生了深刻的变化，使人们的战争观念和战争方式也发生了巨大的转变。它促使人们不但更加自觉地接受信息化战争形态所带来的一切变化，而且促使人们更加主动地认识和设计信息化战争，主动地迎接信息化战争的挑战。可以说，当代一系列局部战争实践，是信息化战争形成和发展的催化剂，它加速了人类战争形态由机械化战争向信息化战争的转型。

4. 新军事革命强力推动的结果

20 世纪以来，人类社会已经经历了两次信息技术革命。第一次是以电报、电话的发明为主要标志的信息技术革命。第二次是以微电子技术为基础，以计算机技术为核心，以探测器技术、通信技术的发展为主要标志的信息技术革命。在两次信息技术革命的推动下，人类社会正由工业社会向信息社会发展。由于信息技术革命的迅猛发展，人类的军事领域也发生了深刻的新军事革命，这场新军事革命，是一场对工业时代的军事形态进行脱胎换骨的改造，“实质上是一场军事信息化革命”，它不仅是军事技术的革命，更是军队的编制体制、军事理论甚至军事思维的革命。正是这场新军事革命，导致了机械化战争向信息化战争的加速转型。在人类历史上，冷兵器战争向热兵器战争转型，用了几千年；冷兵器战争与热兵器战争共存了几百年。热兵器战争至少也有200多年的历史，至今也没有退出历史舞台；机械化战争从20世纪初的第一次世界大战至20世纪90年代，只有短短几十年。而机械化战争形态向信息化战争形态转型，如果从1946年第一台电子计算机问世算起的话，也才70年，如果从1991年的海湾战争算起的话，至今也仅仅20余年。可以说，信息化战争的出现，不但是人类社会形态发展的必然结果，是战争实践的孕育，更是当代新军事革命强力推动的结果。

5. 军事理论探索设计牵引的结果

被誉为“最先按响信息战警铃的人”，是我国的有从军经历的自学成才学者沈伟光先生。他1985年提出“信息战”，比美国著名未来学家托夫勒提出“信息战”还要早至少两年。由于学者们提出了“信息战”概念和理论，加上当代高技术局部战争实践，美国、俄罗斯、中国和其他主要军事强国，纷纷加强了“信息战”理论研究，如美国提出了“信息战”“21世纪战场”“系统之系统”“网络中心战”“快速决定性作战理论”等新概念和新理论，俄罗斯提出了“第六代战争理论”，中国也提出了中国特色的“信息化战争理论”。理论是行动的先导，没有信息化战争理论研究及信息化战争理论的牵引，信息化战争并不会因为军事技术变革而自发地实现和完成，正是当代各国的信息化战争理论研究，不但加速推动了信息化战争形态在实践上的成熟，而且也使信息化战争形态在理论上日益趋于完善。

（三）信息化战争的发展阶段

从信息因素的作用角度，可以把人类全部战争划分为“信息自发时期”和“信息自觉时期”两个阶段。从原始战争到冷兵器战争、火药化战争、机械化战争，直到1946年第一台电子计算机问世前，都可归入信息自发期。从此之后，人类战争进入了信息自觉期。进入信息自觉期，意味着信息化战争开始萌生。它又经历了信息化战争的萌生期、信息化战争与机械化战争并生期和信息化战争的独立发展期三个基本阶段。

信息化战争萌生期始于1946年第一台电子计算机问世，终于20世纪60年代数字化装备正式装备部队之前；从数字化装备列装到海湾战争结束，为信息化战争与机械化战争并生期；从海湾战争之后战争进入信息化战争主导期，经过近10年的发展，1999年的科索沃战争成为信息化战争开始走向成熟的标志。

信息化战争主导期，也就是信息化战争的独立发展期。这一时期，又将经历数字化阶段、网络化阶段和智能化阶段。信息化战争在其独立发展期，必然是从低级到高级逐步推进，逐步发展。作为一种标志，它最终要形成以数字化作战单元和数字通信、网络链接和智能支持于一体的战争形态，这是信息化战争的最终形态。

而按信息要素的发展阶段，信息化战争战场作战将经历作战单元和信息传输的数字化、作战体系的网络化和作战体系及战争过程的智能化三个不同的阶段，在每个阶段有其不同的技术形态和作战方法。第一阶段是以数字化技术为核心，作战中主要借助数字化技术，谋求计划、机动、能量释放和作战保障等的精确性；第二阶段以网络集成为核心，主要谋求作战的精确性和一体化；第三阶段以智能化为核心，主要是智能一体化作战。到智能化战争阶段，精确作战能力、网络一体化作战能力将得到进一步发展，战争的智能化水平、战争效率将得到前所未有的提高。战争指导者的谋略与知识创新、知识对抗对战争胜败将具有更关键的影响。在智能化技术支持下，拥有优势的一方，能在任何时间，从任意空间，使用最便捷、最有效的手段，向已经确定的任何攻击目标实施高精度的可控的打击，同时能有效保护自己的安全。

按战争发展的规律不难设想，即使到了智能化阶段，仍然不是战争形态的终结，它还将沿着人类社会发展所提供的技术条件，向更高水平的战争形态发展。因此，我们不但要科学认识信息化战争的发展阶段问题，更要超前研究信息化战争之后的主要战争形态是什么的问题。只有科学认识信息化战争和预测信息化战争的未来发展趋势，才能以先进的军事理论牵引我国的国防和军队现代化建设，为实现“中国梦”和打赢未来战争及维护国家安全奠定坚实的基础。

二、信息化战争的基本特征

信息化战争是信息时代的主要战争形态，有其产生的特定历史背景和技术条件，呈现出与其他战争形态不同的基本特征，也有与时代特征相融合的发展趋势。正确认识信息化战争的特征与发展趋势，是科学地进行战争准备和正确地指导战争的前提。

任何战争形态，都有区别于其他战争形态的典型特征。信息化战争与机械化战争相比，主要有以下基本特征。

1. 武器装备信息化

武器装备是进行战争的武器系统，是进行战争的重要物质基础，也是不同的战争形态相区别的首要标志。工业时代的机械化战争，是以机械化武器装备为物质基础所进行的战争，使用坦克、飞机、枪炮之类的机械化兵器。信息化战争作为一种新型的战争形态，是运用以计算机技术为核心、以信息技术为基础的信息化武器装备系统所进行的战争，运用的武器装备具有高度信息化的特征。信息化战争时代武器装备的高度信息化，主要体现在攻防武器系统、单兵装备和指挥控制（C^4KISR）系统的信息化方面。

2. 军事力量信息化

不同的战争需要不同的军队。有什么样的军队，打什么样的仗，或者说打什么样的仗就要建设什么样的军队。信息化战争的本质特征不仅体现在武器装备的信息化方面，也体现在军事力量的信息化方面。只有信息化军队才有资格打信息化战争。军事力量信息化主要体现在：一是部队各类多元化；二是军队总体规模精干化；三是军队指挥体制扁平化；四是内容比例结构科学化；五是部队编组小型、一体、多能和模块化。

3. 战争空间多维化

任何战争都在一定的战争空间中展开，由于科学技术和战争手段的限制，不同形态的战争，其战争空间构成是不同的。当代多场局部战争表明，信息化战争的战争空间形态已经出现多维化趋势，由以陆、海、空、天、电磁等为主体的实体空间，向以网络、人的认知领域等为主体的虚拟空间扩展，实体空间与虚拟空间相结合，成为信息化战争时代战争空间的基本特点。信息化战争的作战行动，不但在传统的陆、海、空、天、电磁等领域展开，而且还将在网络、人的认知领域等虚拟空间进行激烈的争夺。

4. 战场形态网状化

信息化战争的战场形态与过去的战争有着本质的区别，这也是信息化战争的标志性特征。信息技术革命的成果应用于军事领域，引起军事领域的巨大变革，战争形态正由机械化战争向信息化战争跃升，战场形态也相应地由线状向立体网状化转变。

5. 战场对抗远程化

战场对抗方式由近距离对抗向远距离对抗转变，即战场对抗方式的远程化，也是信息化战争区别于传统机械化战争的基本特征。

6. 打击手段精确化

到20世纪末和21世纪初，世界上虽然只有20多个国家具备生产精确制导武器的能力，但近100多个国家和地区的军队装备了精确制导武器。精确制导武器装备军队和应用于作战，使得当代战争日益呈现出打击手段精确化的特征。1973年第四次中东战争，埃及和以色列双方使用精确制导武器约20种，开战头3天，以军损失了300辆坦克，被反坦克导弹击毁的约占77%；1982年马岛战争中，英军用空空导弹击落阿根廷军队飞机66架，占阿军全部被击落飞机的83%；到2003年的伊拉克战争时，作战中使用的精确制导武器，比例已经达到了68%。由于精确制导武器大量装备各国军队并运用于实战，使得当代战争成为了真正意义上的精确点穴战，打击手段精确化成为与机械化战争相区别的典型特征。

7. 打击目标重点化

自古以来，打击敌人的军队，消灭敌人的有生力量是战争中打击的基本目标，大量消灭了敌人的军队就能够赢得战争的胜利。但是1999年科索沃战争中，美国为首的北约空袭南联盟的打击顺序是：军政指挥中心、国家防空体系、关键经济目标、交通能源设施和武装部队。2003年的伊拉克战争中，美军空袭打击的顺序是：萨达姆及国家指挥中心、伊军四个战区指控中心、生产导弹火炮及可疑生化武器的工厂、共和国卫队、电力和广播电视设施、对外关系目标，通过“斩首”和“震慑”行动迅速摧毁了伊拉克的战争抵抗意志。从近期局部战争实践来看，信息化战争中的打击目标日益呈现出了重点化的特征。

8. 作战能力体系化

不同时代的战争，不同的战争形态，具有不同的战斗力形态。战斗力的基本形态，也是一种战争形态区别于另一种战争形态的基本特点。关于战斗力或作战能力，1997年版《中国人民解放军军语》解释为：“战斗力，亦称作战能力。武装力量遂行作战任务的能力。”所谓战斗力基本形态，是指在特定的战争形态下，在一定的社会经济基础和科学技术基础上，作战能力所体现出来的基本状态。从人类战争发展历程来看，战斗力基本形态的发展已经经历了四个阶段，基于信息系统的体系作战能力已经成为信息化战争战斗力的基本形态，使得信息化战争时代军队作战能力的体系化成为信息化战争区别于机械化战争的重要特征。

9. 作战方式一体化

每一个战争形态，都对应着一定的基本作战方式。当代信息化技术的发展，逐步使作战方式由协同性联合作战向一体化联合作战发生了革命性的转变，这已经是不争的事实。20世纪50年代后，科学技术的突飞猛进，各军兵种之间逐步实现了信息共享、信息互联互通，统一的作战指挥体制正式形成，各军兵种的界限逐渐淡化。战场上整合各军兵种的力量，优化整体力量的使用，实现“1+1>2”的效应，成为战场作战发展的趋势，一体化联合作战的雏形开始出现。

10. 战争制权多样化

在信息化战争时代,制天权高于制空权,但能否取得制天权又在很大程度上取决于能否拥有制信息权,而制信息权的核心是人的智力对抗,关键在于是否拥有制心理权。因此在信息化战争时代,战争制权不仅由制陆权、制海权、制空权、制交通权向制信息权、制心理权及"制虚拟领土权"扩展,而且制信息权、"制虚拟领土权"是新的军事制高点,未来谁控制了更多的制信息权和"制虚拟领土权",谁就拥有更多的战争主动权,更容易获得战争优势从而赢得战争的胜利。

三、几场代表性的信息化战争简析

自冷战结束后,由于美国成了唯一的超级大国,所以世界范围相继爆发了多场以美国为主导的、信息化程度较高的局部战争,战争形态加快了由机械化战争向信息化战争的转变。其中,比较具有典型性、代表性的有以下几场战争。

(一) 海湾战争

海湾战争是发生于 1991 年 1 月 17 日至 2 月 28 日的美国带领约 20 个国家组成的多国部队对伊拉克的战争。这场战争的起因是 1990 年 8 月 2 日的伊拉克入侵科威特战争,后联合国通过若干决议,要求伊拉克撤军,到最后期限伊拉克仍然没有撤军,从而导致多国部队出动约 70 万大军,将伊拉克军队从科威特赶回伊拉克。由于这场战争是美军在越南战争之后十几年才发动的并且是一场规模巨大的局部战争,同时战场上使用了众多首次公开的现代化兵器,向世人展示出了前所未有的战争景观,并被称为信息化战争的一个开端。

1990 年 8 月 2 日,中东海湾地区国家伊拉克的总统萨达姆意图吞并另一个国家科威特,大举派兵入侵。以美国为首的西方军事大国,为了维护本国在中东地区的利益,对伊拉克进行制裁。经过五个半月的全方位战争准备,美国和英国等组成多国部队,于 1991 年 1 月 17 日凌晨开始了长达 38 天的,代号为"沙漠风暴"的空袭行动。多国部队出动电子战飞机、预警机、侦察机、攻击机、轰炸机、空中加油机等各型飞机共进行了约 11 万架次的突袭行动。

多国部队的高技术兵器科学编组,密切协同,集中优势,对伊军实施猛烈的攻击。多国部队参加空袭的飞机达 40 多种,其中既有 50 年代服役的 B-52,也有 80 年代的新型战机。为了搞好协同动作,通常把各种用途与性能不同的飞机编成若干战斗编队。具体攻击时采用的是小编队、多批次、多方向、快速、迂回的空袭战术。特别引起我们注意的是,在每一个战斗编队中,担任侦察、警戒、加油、空中指挥控制等支援保障任务的飞机约占 50%,担任电子干扰和护航等战斗保障任务的飞机约占 20%,而直接执行轰炸任务的飞机仅占 30%。

在多国部队的强大空袭中,伊军损失惨重,彻底丧失了制空权,指挥控制系统遭严重破坏,100 多个机场中 2/3 以上遭到攻击,2/3 以上桥梁被毁,10 多个城市遭到空袭,前线伊军的后勤补给线被切断。一线地面部队的 14 个师战斗力被削弱 50%以上,2 万余人丧生,6 万余人受伤,坦克 1 685 辆、装甲车 925 辆、火炮 1 485 门、飞机 77 架、舰艇 57 艘被毁。各种经济损失超过 2 000 亿美元,伊拉克政府和军队从此一贫如洗。在这次大规模空袭中,多国部队仅损失战斗机 45 架,直升机 15 架,美军伤 246 人、亡 51 人。

2 月 24 日凌晨 4 时地面进攻开始,美、英、法、沙特、阿联酋、巴林、卡塔尔、阿曼、叙利亚、埃及、科威特、加拿大和意大利 13 个国家组成的多国地面部队以雷霆万钧之力的炮火和排山倒海之势的坦克装甲部队冲进了被占领的科威特和伊拉克南部地区，一场自二战以来规模最大的代号为“沙漠军刀”的地面进攻战就此拉开帷幕。

在整个地面作战中，多国部队始终对地面部队实施强大的火力支援，共出动飞机1.2万架次，继续空袭伊、科境内伊的军事目标，并配合地面部队作战。与此同时，美军还大量使用直升机。在伊军防线后方实施战役战术机降和空降作战。

在伊拉克宣布从科威特撤军后，12架F-15E战斗轰炸机成功地截住了北撤伊军的先头部队，将其各种车辆炸毁后，又飞回南部袭击后面的撤退伊军。士气丧尽的伊军士兵，乘坐各种车辆沿着被美誉为“死亡之路”的6号公路，拼命地向北逃跑。然而在光秃秃毫无遮掩的沙漠公路上，这一眼望不到头的溃退大军，犹如受伤的“巨蟒”，成了“沙漠军刀”下的“俎上之肉”。多国部队的海空军战斗轰炸机毫不客气地将几乎全部车辆炸得稀巴烂。

地面进攻前后仅100小时，多国部队歼灭或重创伊军42个师，俘获伊军17.5万人，摧毁和缴获伊军武器装备不计其数。到此，海湾战争宣告结束。留给人们的思考却从此开始，战争进入到了一个可以通过电脑等精确控制的时代，信息从幕后进入前台，信息战在战争这个舞台上粉墨登场了。

海湾战争所表现出来的一些特点，在今天看来更加让我们认识到其里程碑式的意义。

1. 海湾战争确立了信息化战争的雏形，一是电子战成为战争中与物质摧毁和反摧毁同等重要的较量内容，直接关系战争的胜负。二是具有战场信息处理功能的精确制导武器，成为战场火力摧毁的主要手段。三是具有很强数据处理功能的军队。C4I系统有效地将陆、海、空、天、电五维战场空间的作战行动凝聚为一体，开创了多维空间力量进行一体化联合作战的成功先例。

2. 空袭成为独立的作战阶段。

3. 电子战成为战争先导，并贯穿战争始终。

4. 建立“空、天、地”一体的侦察预警系统，战场趋向单向透明。

5. 发挥高技术兵器的优势，实施远距离、精确打击。

6. 谋略斗争的作用十分突出。

（二）科索沃战争

科索沃战争是20世纪末继海湾战争之后发生的又一场大规模局部战争。这是一场典型的信息化“不对称战争”。从1999年3月24日至6月10日，拥有高技术信息化兵器的北约军队实施了78天高精度、远毁伤、非接触的空袭战，而处于弱势的南联盟（南斯拉夫）军民，虽然凭借非凡的勇气与灵活的战术使北约集团付出了巨大的代价，但终因力量悬殊而未能避免败局。

北约空袭进程大体可分为四个阶段。

第一阶段（1999年3月24日至3月27日），北约夺取制空权，重点对南军防空系统、空军基地、指挥控制中心和通信中心进行打击，以夺取制空权，削弱整个南军指挥控制系统。南军实施全国紧急动员，奋起抗战。

空袭开始前，美军出动了数架EA-6B和EC-130等电子战飞机，对预定空域进行了强大的电磁干扰，使南军无法对所属各部队实施有效的指挥与控制，对外联系一度中断。空袭开始当天，北约出动了包括B-2A、B-52战略轰炸机，F-16、F-15、F-117A、F/A-18战斗轰炸机及巡航导弹百余枚，对科索沃省和首都贝尔格莱德附近的南军防空导弹阵地、雷达站、机场、指挥控制中心和通信系统等军事目标实施了重点打击，企图迅速瘫痪南军的防空体系，全面夺取作战地域的制空权，以确保北约飞机在南联盟上空的安全，为后续阶段的大规模空袭创造条件。

第二阶段(1999年3月28至4月4日)，该阶段，北约重点打击南军防空系统和其他军事目标，特别是科索沃及其附近地区的南军警部队，削弱南军作战能力，同时开始打击南联盟各类基础设施。南军适时调整作战方针，坚持持久作战。

第二阶段北约使用了法国幻影2000战斗机、美国A-10对地攻击机、集束式炸弹等武器，对南联盟实施大规模空袭。从29日开始，北约打击重点转向部署在科索沃的南军地面部队。同时，南联盟的工业基础也成为北约打击的重点目标。

第三阶段(4月5日至5月27日)，此阶段，北约采取“添油”战术，进一步加大了空袭的规模和强度，全面打击南联盟各类目标，力争最大限度地削弱其维持战争的能力。南联盟继续抗敌，但形势极为严峻。

第四阶段(1999年5月28日至6月10日)，该阶段，北约继续保持强大的空中压力，以配合外交斡旋以及北约与南联盟军事代表团谈判进行，确保在取得科索沃战后事宜主导权的同时，最大限度地削弱南联盟的作战实力和战争潜力。南联盟难以继续抗敌，决定有条件地接受北约和谈条件。

战争结束后没有多久，南斯拉夫解体。

(三) 阿富汗战争

阿富汗战争是2001年10月7日至12月24日，美军对阿富汗塔利班政权和拉登“基地”组织发动的旨在打击恐怖主义的战争，是新世纪初爆发的第一次高技术信息化战争，这是一场颇具特色的非对称战争，是一场全维的联合战争，是一场美军展示和试验新式武器装备的战争，它给军事领域带来了诸多的冲击和思考。

2001年震惊世界的“9·11事件”是阿富汗战争的直接起因，而美国对中亚地区战略地位的觊觎则是其根本的起因。“9·11事件”之后，世界一片哗然，时任美国总统布什宣称“这是一种战争行为”，并认定这场恐怖袭击是以拉登为首的“基地”组织策划并实施的。于是，美国政府要求“基地”组织的庇护者阿富汗塔利班政权将拉登交给美国处置，遭到塔利班的拒绝，于是美国声称，不交出拉登就武力打击塔利班，迫使其就范。而塔利班表示随时准备与美国打一场“圣战”，于是，双方剑拔弩张，战争一触即发。

美对阿军事打击于2001年10月7日开始，至12月24日结束。美国及其盟国在阿的周边部署了近8万人的兵力，其中美军约5万余人，先后出动了5个航母编队、4个两栖戒备大队，以及500多架战机。除了美国之外，英国、澳大利亚、加拿大、捷克、俄罗斯和土耳其等国家都提供了军事支援。整个战争中，美军共出动作战飞机5 000余架次，投射炸弹导弹1.5万多枚。通过军事打击，推翻了塔利班政权，基本上摧毁了“基地”组织在阿富汗的网络。

2021年初，拜登就任总统后，美国面临着经济严重下滑，疫情无法控制等一系列难题，最后不得不在当年8月宣布撤军，并于8月15日上演了一场“大逃亡”，当年的“西贡时刻”再现。塔利班武装人员于当日占领阿富汗总统府，美国忙了20年，死亡了约3 000人，花了至少两万亿美元，却在一天间又回到了当初。美军的遭遇受到了美国国内一大片的批评之声。美国灰溜溜撤出阿富汗这件事，让全世界看清了美国的真相，认识到美国已经不可靠，美国已经失去了掌控世界的能力。

这场战争表现出了明显的信息战新特点。

第一，多种手段并举，力求战场透明。一是利用多颗卫星对阿富汗进行侦察；二是利用各种侦察飞机监视敌方的一举一动；三是利用阿富汗内部人士获得情报；四是利用特种部队搜集和核实情报。

第二，加强心理战攻势，瓦解敌军心理防线。

第三，利用信息优势，实施精确打击。在现代战争中，信息既是战斗力，更是战斗力的“倍增器”。美军还拥有一系列新型探测器，可以穿透黑暗，克服恶劣天气，探知30米厚的岩壁背后的热气、磁场、震动及其他微弱变动。这些新型装备，可由战机运载，或安放于车辆前端，或由士兵携带，可以感应探测到寒冷山脊间逸出的热气、埋在地下的发电机的运转声、或是电线产生的电磁信号。最新的热感设备不仅可以侦测到有温度物体散发出来的红外线，还可以透过目标散出的频谱变动指示，分析出其详细的化学成分。

第四，实行信息封锁，彻底掌握信息优势。美国采取了3项措施，一是加强信息防护，防止内部泄密；二是严格新闻管制，掌握舆论导向；三是轰炸对方传媒设施，防止不利信息外露。

（四）伊拉克战争

伊拉克战争是继阿富汗战争之后，以美国为首的，美英联军在亚洲打的又一场震惊世界的、带有信息化特征的、以反恐为名义的、先发制人的、非对称的、接触与非接触相结合的一场战争。它是美国“先发制人”新军事战略的初次实践，是美国重塑中东战略格局的企图与以伊拉克为代表的反美势力之间的对决，是美国按照其意愿重新规划阿拉伯世界和其他地区政治版图的第一步，伊拉克战争的结局已经成为美国安全战略乃至国际战略格局发展变化的一个重要转折点。这场战争将对世界范围内的新军事变革起到巨大的推动作用。

伊拉克战争仅持续约一个月时间，远不及人们战前所预想的时间长，交战的激烈程度也有限，但它却是现代信息化战争的一个典型缩影，并形成了明显的阶段性作战特征。

第一阶段（3月20日至3月25日）：火力空袭与快速突进。其中，于3月20日当地时间0时25分突然实施的“斩首”作战，主要针对的是萨达姆及其亲信。随后展开的“震慑”作战除进一步打击伊拉克高层领导人的可能藏身地外，还袭击了包括指挥中心、情报中心、通信设施、电力设施、政府办公设施和新闻机构在内的伊拉克重要目标。其他战斗同时全面展开。

第二阶段（3月26日至4月5日）：战场控制与消耗作战阶段，是战争的一个相对胶着阶段，也是美英联军对伊进行战场控制与攻城夺要阶段，作战持续时间10天。本阶段的主要行动包括进一步的“震慑”作战、巴格达外围要地和巴士拉及其附近要地的争夺战，以及开辟北方战线和调整部署等。

第三阶段（4月6日至4月9日）：主要城市进攻与战局转折，是美英联军对以巴格达为代表的伊拉克主要城市进行围攻与占领，并促成战局发生根本转折的阶段，作战持续4天。本阶段的主要作战行动包括以巴格达和巴士拉为中心的城市进攻作战，以及支援地面作战的海空火力战和北方战线的配合作战等。

第四阶段（4月10日至4月15日）：扩展战果与搜剿、稳定。本阶段的主要作战行动包括攻占提克里特、北方战线对摩苏尔和基尔库克的作战、以巴格达为主的清剿与搜捕等。

在这场历时20多天的战争中，联军共出动作战飞机3万余架次，投掷与发射各类精确制导弹药27 200余枚。其中，精确制导炸弹18 200余枚，巡航导弹750余枚。主要作战期间，美英联军伤亡近700人，其中，美军亡134人，英军亡31人，美英受伤及失踪共计500多人。伊军伤亡初步统计达3万多人，其中，亡15 000余人，伤2万人左右，另有9 000余人被俘。

2021年7月，美国政府迫于种种压力，宣布到当年底前，从伊拉克撤出其所有军队。这是不是说明了一点，美国在伊拉克的军事行动彻底失败，18年之多的时间，上万亿美元的付出，全部打了水漂。

这场战争的主要特点是：注重斩首，直接打击要害；空地并举，多种力量协同作战；因情变阵，实施灵活指挥；注重信息化手段的运用与随机作战保障；兵力规模小，技术含量高，作战能力强；试验新的作战思想，全面检验新军事革命成果。

（五）法美英联合空袭利比亚

法美英空袭利比亚之战，是由利比亚的国内战争逐步引发而起的一场外敌插手、以强欺弱的国际战争。法、美、英三国，假借人权、民主之名，武力干预利比亚内战，借此机会拔掉眼中钉，提高自身的国际影响力，输出价值观，抢占石油等重要资源，同时扩大其在非洲影响力，并借此重返非洲大陆而进行的一场由西方人为控制的战争。

2011年3月17日，联合国安理会以10票赞同、5票弃权通过了第1973号决议，同意在利比亚设立禁飞区。这一决议的出台使利比亚问题国际化，也给利比亚人民带来了比内战更加痛苦的灾难。

当地时间19日晚间，成堆的导弹和战机飞向了利比亚！法、美、英三国联军实施代号为“奥德赛黎明”(Operation Odyssey Dawn)的空袭行动开始了！然而，这场空袭却是典型的长达半年之久的虎头蛇尾式的空袭。

自2011年3月19日傍晚空袭开始至3月20日，多国部队战机完成了对利比亚的三轮空袭。利比亚官方20日公布的统计称，西方国家的军事打击已造成64人死亡，150多人受伤。21日，美英法等国对利比亚发动的军事打击进入第三天，美英再向利比亚发射12枚“战斧”巡航导弹，并竭力将禁飞区向第二大城市班加西以南及以西方向推进。22日延续“战斧”攻势，再向利比亚发射24枚“战斧”巡航导弹。当地时间21日深夜，美国空军一架F-15战机在利比亚东北部坠毁，成为19日开战以来美军遭受的首个重大损失。23日美国开始向北约组织移交部分军事行动主导权。

此后，对利比亚的空袭几乎天天夜间都在进行，并且发展到白天也不间断，主要以多国部队的空袭来支持利比亚反对派的地面进攻。8月21日夜间，利比亚“过渡委员会”(反对派)武装开始进攻利比亚首都的黎波里，22日凌晨攻入的黎波里。几天后，卡扎菲在逃亡途中躲到一个公路下排水管里时，被乱枪打死，从而宣告卡扎菲时代的正式结束。

9月13日，中国宣布承认利比亚过渡委员会。

9月15日，时任法国总统萨科齐、英国首相卡梅伦与利比亚全国过渡委员会主席贾利勒、执行委员会主席贾布里勒，共同出席在的黎波里召开的新闻发布会，并商讨利比亚石油开采等一系列问题，由此，人们终于知道了联军空袭利比亚的真正目的。

纵观20世纪中后期以来的局部战争实践，我们可以发现，信息化战争形态从萌生到发展，不断实现新的跃进，正在逐步走向成熟。在新军事革命的发展过程中，世界主要国家战争实践的信息化程度不断提高，战争形态由机械化向信息化的发展进程一刻也没有停止过。以美国、俄罗斯、英国、法国等为代表的西方发达国家在新军事革命中发展迅速，军队信息化程度高，而某些发展中国家发展较慢。这是美国、俄罗斯等国家敢于发动或参与战争，并获得军事胜利的重要因素。当前，虽然人类战争活动还带有一定的机械化战争的特点，但成熟完善的信息化战争形态必将快速地呈现在人们面前。在信息时代大潮中占得先机的国家，将更容易获得战争主动，而落后国家的军队可能会出现新的“被动挨打”的局面。对此，人们必须保持清醒的认识。

四、信息化战争与中国国防建设及国家安全

信息化战争时代的到来，不但加剧了世界各国战略力量对比的不平衡性，而且对世界各国的国防和军队建设提出了严峻的挑战。我国必须正视信息化战争带来的新挑战，全方位加强我国的国防建设，以求在未来信息化战争中立于不败之地。

信息化战争是一种全新的战争形态，从国家安全观念、武器装备发展、武装力量、人才培养、战场建设等方面，对国防建设提出了许多新的要求和挑战。

(一) 信息化战争要求必须确立与之相适应的国家安全观念

信息化战争出现于战争舞台，对传统的国家安全观念产生了巨大的冲击，要打赢未来信息化战争，必须首先确立科学的国家安全观念。

一是当代网络空间领域已经成为和平时期和信息化战争中争夺、冲突的重要领域，网络空间安全已经成为国家安全的重要组成部分，我们必须树立保卫国家网络空间安全的战略意识，在传统的国家安全观中确立起维护国家网络空间安全就是维护国家安全的科学观念，高度重视这一新兴国家安全领域里的安全问题。

二是网络空间安全问题如果解决不好，将全方位地危及我国的政治、军事、经济、外交、文化等方面的安全，如果我们不能捍卫“信息疆域”，也就不能主宰我们的陆、海、空、天地缘边疆安全。因此，我们必须具有世界眼光和未来眼光，要树立“信息边疆”这一崭新的国家安全疆域观，维护国家安全边疆，不仅是要维护传统的地缘战略边疆，更要争夺和维护“信息边疆”，这一新的安全疆域，将直接影响我国的和平、稳定与发展。

三是“信息边疆”产生了“信息主权”的问题。传统的主权问题，是指主权国家在自己的领土所辖范围内，有自主管理国家事务和决定对外事务的权力。主权的重要依托是领土和疆域。在信息时代，由于国家的地缘边疆向“信息边疆”扩展和延伸，形成了一种崭新的信息权力源——“信息主权”，使传统主权观念受到冲击和影响。未来的国家安全，将以“信息疆域”和“信息主权”为核心，信息疆域中维护国家信息主权的斗争将成为维护国家主权斗争的前沿和主要阵地。因此，必须树立“信息主权”是国家主权重要组成部分的科学观念，维护国家“信息疆域”安全和维护国家“信息主权”，必须从大战略层面进行统筹和应对。

四是信息技术不但是当代社会运行的重要支撑，也是国家安全的重要战略支撑，信息疆域和信息主权的出现，以及围绕信息主权在网络空间中展开的一系列激烈竞争与格斗，都以信息技术作为重要的战略支撑。在信息网络时代有效维护国家安全，不仅需要发展信息技术，提升国家信息能力，更需要根据信息技术变革来探索和形成维护国家安全的新的战略战术手段，因此，必须科学确立信息技术是国家安全的重要战略支撑的新型国家安全观念。

五是任何国家在信息网络时代能否维护国家安全，不仅依靠科学家队伍、信息安全专家队伍和信息化军队这些专业力量，更依赖于具有较高信息素质的广大民众。正如战争中广泛动员人民群众打人民战争比其他形式的战争组织方式更有威力一样，在信息网络时代维护国家安全，也需要发挥人民群众的智慧和力量。因此，在信息网络时代维护国家安全，要树立“信息人才”是维护国家安全主体力量的科学观念，首先要解决全民信息素质的问题，把

提高全民信息技术素养和信息安全观念放在第一位。

六是国家安全始终是一个综合安全问题，既有政治安全、经济安全和外交安全，也有军事安全。而在信息网络时代，国家安全不仅包括上述传统安全问题，还包括恐怖主义、网络安全等非传统安全问题，而且信息网络安全是国家总体安全的“基石”。因为政治信息安全关系国家的稳定与命运，经济信息安全关系国家经济的正常运行，军事信息安全关系国家军事力量和战略手段的可靠性，科技信息安全关系国家的发展潜力和竞争力，文化信息安全关系国家的价值观取向。而各种信息安全方面的主战场主要是信息网络空间，因此，必须充分认识信息安全对国家安全的重要影响，科学确立“网络安全体系”是维护国家安全的基础屏障的国家安全观念，从国家战略层面加强构建维护信息网络空间的安全体系，为维护国家安全提供基础性的安全屏障。

（二）信息化战争要求国防建设必须加速武器装备的信息化

先进的武器装备是打赢信息化战争的重要物质基础，也是国防建设的重中之重。信息化战争的飞速发展，要求不断提升武器装备的信息化水平，以适应未来信息化战争的需要。武器装备的信息化，是指以信息技术改造现有武器装备或者发展新型的信息化武器装备，主要包括三个方面。

首先，要努力实现我军武器装备建设的跨越式发展。目前，我军仍然处于机械化尚未完成、信息化挑战又非常严峻的“双重历史任务”时期，即我军在未来数十年中，既要努力实现武器装备的机械化，又要实现信息化，要两步并作一步走。因此，我军要贯彻跨越式发展战略，在大力加强武器装备机械化建设的同时，要以信息化带动机械化发展，努力提升武器装备的信息化水平，为打赢未来信息化战争铸造“撒手锏”。一方面，要树立“信息嵌入”观，跟踪世界军事技术的发展趋势，增强利用计算机、移动通信、生物、纳米材料等先进技术对现有的武器和弹药系统进行信息化改造的能力，进一步提高我军现有主战平台的集成化、精确化、智能化、隐身化和体系化；另一方面，要采取不对称发展战略，发展中国特色的信息化战争“撒手锏”装备，如超高音速飞行器、超高音速导弹，以及激光武器、纳米武器等新概念武器，在继续保持我国强大的战略核威慑条件下，使我国拥有强大的常规战略威慑能力。

其次，要树立信息主导和“系统集成”的观念，在武器装备发展上，要大力发展信息化、智能化的远程精确作战武器系统，以及集作战、侦察、预警、指挥与控制于一体的 C^4KISR 系统；在战场建设上，要建立数字化、网络化战场。

最后，要树立“虚拟实践”观，要充分利用“虚拟现实”技术，创造“人工合成环境”和“战斗实验室”，增强我军武器装备发展的预研能力和预检能力，提高信息化武器装备发展的效益。

（三）信息化战争要求国防建设必须加强武装力量体系化建设

信息化战争中，武装力量是进行战争的主体，要打赢未来信息化战争，必须在国防建设中加强武装力量的体系化建设。

一是必须加强精干的常备军与强大的后备力量相结合的武装力量体系建设。在常备军建设方面，要本着精干、高效和加强军队质量建设原则，大幅度压缩军队规模，优化军队结构，建立灵敏高效的指挥机构，确立科学合理的体制编制，大力提升军队质量，增强武装力量的威慑和实战能力；在后备力量建设方面，要本着寓军于民、平战结合的原则，大力加强民兵和预备役部队建设，提高民兵与预备役部队的作战能力和快速动员能力，一旦战争需要，能够为军队提供源源不断的高素质作战力量补充。

二是要努力加强信息化作战力量体系建设。加强武装力量体系化建设的本质和目的，是要建立科学、完善、够用和管用的信息化作战力量体系。按照军兵种结构区分，我军信息化作战力量主要包括陆上作战力量、海上作战力量、空中作战力量、导弹作战力量、空间作战力量、信息作战力量、特种作战力量等，加强我军的信息化作战力量体系建设，就是要将这些主要作战力量形成基于信息系统的体系化作战能力，使我军各种作战能力能够根据作战任务和维护国家安全的需要，始终形成“能打仗，打胜仗”的能力。而随着我国国家利益的日益拓展，我国国防建设还必须高度重视战略预警力量、军事航天力量、防空反导力量、信息攻防力量、战略投送力量、远海防卫力量的建设，为维护我国的国家利益提供强大的战略支撑。2015 年新一轮国防和军队改革启动后新成立的火箭军和战略支援部队，将揭开我军信息化作战力量体系建设新的历史篇章。

（四）信息化战争要求国防建设必须加强国防信息化人才队伍培养

人才是强国之本，也是兴军之本。信息化人才队伍建设，是强国之急务、强国防的战略性问题。努力培养高素质的国防信息化人才队伍，是信息化战争对加强国防和军队建设的新要求。

首先，必须努力构建我国新型的信息化人才培养体系。国家信息化人才队伍，既是国家发展的宝贵战略资源，也是国防建设的力量源泉。打牢了国家信息化人才队伍的基础，国防信息化人才队伍才能有坚实的依托。因此，我国要按照科学发展观的要求，树立超前意识，系统构建我国信息化人才培养体系，以科学的培养模式、高效的培养机制，大力推进我国的信息化人才队伍建设，迅速缩小我国与发达国家国民素质上的整体差距，缩小我国信息化人才队伍与发达国家信息化人才队伍的“信息技术差”和“知识差”，以适应国防信息化建设及未来信息化战争对人才的需要。

其次，要探索完善信息化军事人才培养机制。军事人才的选拔、培养、成长过程是一个长期的过程。做好长期性工作的根本出路就在于建立必要的规章制度。因为制度具有根本性、长期性、稳定性的特点。有了完善的军事人才培养制度，既可保障军事人才培养工作有法可依、有章可循地稳步进行，又可减少和防止军事人才选拔和培养工作中的某些人为因素的干扰。第一，要革新军事人才培养思路，重视超前培养复合型指挥人才、智能型参谋人才和专家型科技人才。第二，要建立良好的继续教育机制，加大对人才轮训的力度，使其持续不断地掌握新知识、新理论、新技能，保证各类军事人才的知识始终紧跟部队武器装备发展不断更新，确保信息化军事人才队伍建设更好地适应信息化战争需要。第三，要大力改进院校教育模式。信息化军事人才培养，既要依靠军队院校培养教育，也要依托国民教育体系。新型信息化军事人才培养，要以国民教育为主，解决学历教育、知识教育等基础性的问题，提高官兵的知识水平和技术素养，依靠军队院校的任职教育，解决军官和士官的军事技术、谋略水平和专业能力。第四，要大力拓宽军事人才培养的渠道。要加强指挥与技术专业军官间的岗位轮换，尽快实现指技合一。要进一步扩大部队与院校间、军兵种间、机关与部队间交叉任职、换岗锻炼的规模，加快培养复合型军事人才的步伐。要加大国际间军事交流的力度，拓宽军官的战略视野，更新观念，丰富知识。第五，要加大引进地方人才进入军队的渠道。要根据军队信息化建设和未来战争的需要，吸收地方科技素质、政治素质高的人才入伍，改善现有官兵知识结构，扩展战斗力增长点。

(五) 信息化战争要求国防建设必须加强信息化战场建设

任何战争都是在一定的战争空间和特定的战场上进行的。信息化战争的发展,使得战争空间不断拓展,战场也出现了"数字化"和"透明化"的新特征。

战场"数字化",就是对战场上的各种物体、因素、条件、情况,包括交战双方的军队,都进行统一的编码处理,构成以数字方式进行的综合处理的信息源和传递的信息,使上级指挥与下级报告的方式及作战人员和武器装备平台之间的通信联络,都从利用传统的通信工具改为利用指挥信息系统及各种数字化作战平台来进行,实现了战场信息的快速传递、处理和应用。目前,美军等发达国家的军队,正在大力建设数字化战场,其目的就是使战场透明化。实现战场数字化后,可把情报从战区、军、师司令部等单位以数字的形式传输给旅、营、连乃至单个战斗车辆和单兵,使各级指挥官和战斗人员实现信息共享,不但极大提高了军队的作战效能,而且拥有数字化战场优势的一方,战场透明的天平总体上是倒向信息技术优势的一方。

战场透明化,指的是在信息化战争中,战场侦察手段将囊括空间感知技术、空中感知技术、地(海)面感知技术等各个领域,前线的传感器、太空的卫星将不停地把各种情报传输给计算机,并把这些情报信息和图像画面实时地显示在指挥所的显示屏上。所有己方战斗人员均可同时获得这些信息和图像,从而对敌我双方的位置、态势,以及集结、运动等情况都看得一清二楚。当然,战场透明是相对的,只要是战争,战场就不可能绝对透明。但是,由于侦察技术的发展和战场伪装识别能力的提高,信息化战争的战场无疑是越来越透明化了。"战争迷雾"一直是困扰战场指挥官的一大难题,但对实施信息战的数字化部队来说,战场却是透明的。美军前陆军参谋长沙利文说:在信息战场上,将"晴空万里",很少有"战争迷雾"。未来数字化战场的透明度将比"海湾战争中提高一个数量级"。

在未来信息化战争中,我军与强敌作战,将必然面临战场"透明化"的强大挑战,因此加强我国的国防建设,不但要加强交通、阵地、作战物资储备等传统战场建设,还必须努力在和平时期加强我国的"数字化"战场建设,重点是加强通信系统、指挥控制系统、情报侦察监视系统、计算机系统、战场数据库系统及各种用户终端系统建设,加强我国的综合战场网络体系建设,实现数字化战场功能的综合化、一体化,切实为我军打赢未来信息化战争提供良好的战场支撑环境。

(六) 信息化战争要求加强国防建设增强打赢信息化战争的能力

信息化战争不但是国家综合实力与能力的较量,更是战争意志和指挥艺术的比拼。着眼于打赢未来信息化战争,必须加快我国的国防信息化建设进程,大力提高国家的战略能力,并加强先进军事理论建设。

打赢信息化战争的根基,在于国家国防信息化的总体水平,信息化条件下的国防建设,其目标指向也是国防信息化总体水平的提高。我国与发达国家相比,国防信息化水平还较落后,与打赢未来信息化战争的要求还有较大的差距,因此,必须加快国防信息化建设的进程,努力提高我国国防建设的信息化水平。

加快国防信息化建设进程,一方面,要大力加强国家信息基础建设,为国防信息化奠定坚实的基础;另一方面,要大力加强国防信息基础建设,满足国防和军队建设的信息化需求。关键是要走军民融合式发展道路,国家信息化建设和国防及军队信息化建设要高度融合,即必须走出一条中国特色的军民融合式发展道路,提高国防信息化建设的整体效益。

五、后信息化战争发展展望

信息化战争是一种崭新的战争形态，世界各国目前正处于机械化战争向信息化战争加速转型时期，并将继续向更加成熟的阶段发展。中外军事专家和未来学家认为，信息化战争的成熟期大约要到本世纪中叶才能到来。虽然现在要准确把握信息化战争的基本特征还比较困难，但从信息化战争已经显露出来的基本特征及可预期的信息技术和军事理论的发展状况来看，信息化战争未来的发展趋势主要有以下几个方面。

(一) 传统的战争内涵将得到极大的拓展

传统的战争，主要是指阶级、民族、政治集团和国家间为达到一定的政治目的和经济目的，运用武力而进行的暴力斗争。而未来的信息化战争，可能在战争目的、战争主体、战争层次、战争的暴力性等方面都发生重大的变化，从而使传统的战争概念受到巨大的冲击，战争内涵得到极大拓展。

从战争目的来看，工业时代的机械化战争，战争双方主要是针对人力、土地、能源、矿产等对经济发展起主导作用的有形资源的争夺与反争夺，而未来信息化战争，战争目的将从对人力、土地、能源等有形资源的争夺为主，向争夺信息、知识等无形资源为主转变；从战争主体来看，传统的机械化战争，战争的主体是军队，而未来信息化战争，战争的主体既可能是军队，也可能是社会团体，还可能是个人、恐怖组织、犯罪集团和宗教极端分子等，即战争主体日益多元化；从战争的层次界限来看，传统的机械化战争具有战略、战役、战斗的明显层次，而信息化战争战略、战役、战斗层次与界限越来越趋于模糊；从战争的暴力性来看，机械化战争暴力性极强，信息化战争的暴力性将大大降低，但战争是政治的继续，其暴力的本质依然没有改变。

(二) 软杀伤与硬摧毁有机结合将成为作战的普遍法则

在未来信息化战争中，软打击与硬杀伤组合运用将成为信息化作战的鲜明特征。一方面，随着信息化战场的形成，电子领域、网络领域、心理领域的斗争更加激烈，交战双方主要运用信息和信息系统在电子空间和网络空间进行“软”攻防对抗，这种“不流血的战争”蕴含着巨大的破坏和毁伤能力。另一方面，信息化战争并不排斥传统的硬打击方式，传统的硬打击往往有信息化的软杀伤与之配合，使硬打击的效果更佳。软杀伤与硬打击的有效组合，既可以成为强者宰割弱者的利器，也可以成为弱者对抗强者的手段。

未来信息化战争中软杀伤与硬打击有机结合，主要体现在三个方面。一是电子杀伤与物理摧毁并举。近期几场局部战争表明，暴风骤雨般的电子压制通常是战争开始的序幕，然后伴随着强大的火力打击和硬杀伤。在未来信息化战争中，软硬一体化的电子对抗必将成为争夺战场主动权的关键。二是网络攻击与火力攻击并重。在传统战争中，集中兵力与火力对敌实施硬打击是夺取胜利的基本方法，而在信息化战争中，火力打击作为一种硬打击仍然发挥重要作用，但网络攻击等新的软杀伤方法，将成为主要的制胜手段。三是心理战与歼灭战结合。信息化战争中，心理战上升到战略地位，已经超出单纯的军事斗争领域，拓展到政治、经济、外交、文化等各个方面。信息化战争中的心理战将贯穿战争的始终，可以极大地震撼敌方军民的心理，甚至摧毁和剥夺敌方的抵抗意志，从而极大地提高战争效益。

(三) 网络中心战将成为信息化战争的新样式

网络中心战(Network-Centric Warfare),是指利用信息网络系统,把地理上分散部署在陆、海、空、天广阔区域内的各种探测系统、指挥系统和武器系统,集成为一个一体化的作战体系,使各级作战人员能够利用该网络共享战场态势,交流作战信息,指挥与实施作战行动。网络中心战的核心是将力量从过去的以平台为中心根本性转移到以网络为中心。平台中心战强调的是力量的集结,即通过大量集结作战平台,形成相对于敌方更强大的战斗力,夺取最终胜利。网络中心战则强调以网络为基础的作战信息的获取及快速传输,使广泛分布而又紧密联系的传感器、指控中心和武器在各自的位置上做出迅速的反应,合理地决策和实时地采取行动。网络中心战作为未来信息化战争的一种崭新样式,无疑具有巨大的作战潜能和应用前景。但战争史也表明,有矛就有盾,网络中心战依托的庞大网络化系统,必然存在难以克服的技术弱点和易受攻击的死穴,在网络中心战逐步形成的同时,网络瘫痪战也在同步发展,未来信息化战争中以网络为中心的较量将异常艰巨和激烈。

(四) 智能化、无人化将成为未来信息化战争的新景观

由于信息化条件下军队组织的高度智能化,武器装备越来越智能化,未来军队的指挥控制手段也将高度自动化和智能化,因此,信息化军队在战争中将真正实现侦察监视、情报搜集、通信联络、指挥控制及打击的无缝链接,可以高度自动化地确保指挥员近实时地感知战场,定下决心,协调、控制部队和武器平台的作战与打击行动,因此,未来信息化战争将越来越智能化。

另外,由于大量的智能化武器系统和平台将装备军队并投入作战,加之无人化武器技术的发展,在未来信息化战争中,具有发射后不用管和自动寻的功能的智能化弹药将得到更加广泛的应用,无人驾驶的智能化坦克、飞机和舰船也将规模化投入战场。尤其是随着纳米技术的发展,大量微型或超微型机器人可能大量投放于战场,代替人在战场上执行各种作战任务。因此可以预见,未来信息化战争将向越来越智能化、无人化方向发展,高度智能化的无人化武器系统代替人在信息化战争中厮杀,将成为未来信息化战争的崭新景观。

(五) 一体化的信息化作战力量将名副其实地主导战场

信息化作战力量是进行信息化战争的物质基础,是取得信息化战争胜利的重要保证。信息化作战力量,主要包括陆上作战力量、海上作战力量、空中作战力量、导弹作战力量、空间作战力量、信息作战力量、特种作战力量等。由于信息技术的进一步发展,作战力量中无人化作战平台将大量使用,隐身化武器装备的性能将跃上新的台阶,各种作战力量不但信息化水平会越来越高,将越来越小型化、模块化、多功能化,而且军兵种之间的界限将趋于模糊,军队建设不再泾渭分明,各种作战力量融为一体,作战力量根据作战需求"重塑与再造组合",最大限度地发挥各种作战力量的长处和优势。因此,未来信息化战争中,由于各种信息化作战力量能够真正实现一体化,一体化的信息化作战力量,将真正名副其实地主导未来战场。

(六) 新的战争制胜规律将主导信息化战争的胜败

信息技术革命导致的信息化军事革命,不但改变了战争形态、战场形态、军队战斗力形态和作战方式,而且也改变了战争的制胜机理。如果撇开政治因素不论,我们可以说

以往战争的制胜机理大致有两大规律：一是强胜弱败，二是火力和机动力制胜。而信息化战争的制胜规律，除了这两条外，还有新的制胜规律，这些规律将主导未来信息化战争的胜败。

一是信息制胜规律。信息技术被誉为信息时代人类社会的DNA。当这个"基因"注入战争体系后，就出现了"信息优势"问题。信息优势，即在战争中信息获取、处理、利用以及信息对抗等方面所处的有利地位。在信息化战争中，信息优势取代火力、机动力成为衡量双方力量优劣的首要标志，成为整体作战和高效作战的前提和制胜基础，从信息优势中谋求整体对抗优势，成为信息化战争制胜的根本途径。信息优势对作战过程和结局最根本的影响在于强化整体作战能力，即通过形成信息优势—决策优势—竞争优势—全谱优势，使拥有信息优势的一方最终赢得战争胜利。

二是整体制胜规律。信息时代是经济全球化的时代，要打赢信息化战争，不仅需要军事能力，还需要由政治、经济、科技、文化、外交等多种因素结合在一起的国家战略能力。这种能力，是一个国家在需要进行战争或应对危机与突发事件时所能调动的各种力量的总和，包括由经济实力、国防实力和民族凝聚力构成的全部综合国力，以及使其能在短时间内迅速聚合并发挥出来的国家战略组织力。从近几场高技术局部战争看，战争无论规模大小，国家战略能力都是赢得信息化战争胜利的基础。只有把国家的战略能力与军事打击能力相结合，把政治、经济、外交、科技、文化领域的斗争与战场作战相结合，才能赢得信息化战争的胜利。

三是人机融合制胜规律。信息化战争是人机一体的战争，人的智能与武器的性能融为一体，赋予武器以智慧和灵性。信息化武器不再是傻大黑粗的机器组件，而是具有人工智能、会思考、能判断，可以自动发现、识别和打击目标的机器人，"战斧"巡航导弹，JDAM卫星制导炸弹等都是这样的机器人武器。人的高超智慧、指挥艺术等可先期融入到武器系统之中，也可在作战过程中通过对武器的实时控制来提高其作战效能。这样的智能化武器与机械化武器装备最大的不同，就是专属性增强。未来战争需要更高素质的人才，没有知识、没有文化的军队是愚蠢的军队，愚蠢的军队是无法打赢信息化战争的。当前美军等正在努力建设自动控制系统和全球信息栅格，一旦建成之后，在战役战术层面将实现自动化实时指挥，人工干预、边想边干的指挥模式越来越少。指挥艺术和军事谋略在很大程度上表现在战前的作战运筹和战中的战略性交战中，甚至被融入到人机交互系统、专家知识库系统和武器智能制导系统中去，也就是说，人的智能既向战争过程中前伸了，也向战争之前位移了。因此，指挥层次越来越少，指挥效能越来越高，呈现实时化、扁平化、一体化特征。战略指挥员直接指挥到单兵、单舰、单机的现象越来越普遍，战略性战斗将成为信息化战争中的主要作战样式。在这样的信息化战争中，如果人的头脑和电脑不能有效连接和沟通，不能实现有效的人一机融合，那么人就没有办法进行战争思维，更没有办法实施指挥控制。因此，未来信息化战争，将是人机融合共同制胜，谁违背了这一规律，就会失败。

四是体系对抗制胜规律。信息化战争的基本特点，就是信息主导，体系对抗。因此，着眼夺取以制信息权为主的综合制权，实施高度自主灵活的体系破击，是信息化战争制胜的基本机理，也是打赢信息化战争的基本途径。信息化条件下，战争形态和作战方式发生了质变。网络化的信息系统，是支撑信息化战争和现代作战体系最重要的物质技术基础。体系破击的基本着眼点和着力点，就是破坏这一物质技术基础，从根本上瓦解敌人的整体作战能力。尤其是处于信息化劣势地位的军队，要战胜强敌，实现以劣胜优，体系对抗是最基本的手段和途径，是信息化条件下的制胜之道，也是信息化作战的内在要求。战争基本作战思想由以传统的歼灭敌人有生力量为主，转变为以破击敌人作战体系为主，反映了战争形态和作战方式的发展变化，体现了信息化战争与机械化战争的本质区别。但强调以破击敌人作战体系为主，并不排斥在必要时歼灭敌人的有生力量。全局上的体系破击战，有时也包含某一局部、某一阶段的歼灭战。

信息化作战是体系与体系的对抗。不但要求最大限度地融合己方力量，发挥作战体系的整体效能，而且要求最大限度地破坏对方力量的融合，削弱其作战体系的整体效能。为达此目的，必须着力寻找对手网络化信息系统的关键部位，在多维空间和各个领域，打击其要害和弱点，破坏敌作战体系内部结构的完整性和系统运行的有序性，最大限度地震撼敌方心理意志，创造我实施连续突击的有利条件，以最小代价、最短时间、最低风险赢得胜利。实施战略性体系破击作战是信息化条件下实行防御性战略的国家的必然选择，是弱军对付强军的必然选择和有效战法。科索沃战争，南联盟之所以被动挨打，就是缺少远程精确打击武器，无法实施战略性体系破击作战，无法打击北约的战争重心，无法使对方遭到不可忍受的损失，无法降低对手武器装备的作战效能，无法震慑敌人的心理。

（七）战争思维将发生革命性的变化

战争形态由机械化战争向信息化战争的转型，除了具体影响到军队、战争活动方式等方面，更深刻的影响，是对人类的战争思维的冲击，主要表现在战争观念和战争思维方式方面。

首先，信息化战争带来了战争观念的巨大变化。主要表现在信息化军事变革引起了战争时空观、战争能量观、战争效益观、战争体系观、战争控制观、战争胜负观、战争力量观和战争手段观等方面的巨大变化，对信息化战争时代的战争思维已经产生了空前的冲击，这些信息化战争时代逐步确立的战争观念，更新、带动了人类战争思维的彻底转变，并将对信息化战争时代的战争思维产生规范和指导作用。

其次，信息化战争带来了战争思维方式的转型。不同历史时代的战争思维方式具有不同的特点。战争形态由机械化战争向信息化战争的过渡和跃升，使信息化战争思维的基本观念不同于机械化战争思维，人们已经逐步确立了与信息化战争相适应的信息思维观念、知识思维观念、开放思维观念、创新思维观念和系统思维观念，引导和规范着信息化战争思维方式出现了不同于机械化战争思维方式的重要特征，如信息性、系统性、综合性、动态性、超前性和创造性等，因而信息化战争思维方式必然要从封闭走向开放，从静态走向动态，从单维走向多维，从程式化走向非程式化。尤其是信息化战争时代的战争思维，是人—机结合的战争思维，一方面不可能离开计算机智能系统来进行战争思维和决策，同时又不能完全依赖机器智能系统，人的创造性和不循常规的艺术性在这里将起到独特的作用。在信息化战争时代，人类必须学会如何与技术手段相结合来提高战争思维质量与决策艺术的艺术，必须构建起不同于机械化时代的信息化战争思维方式。

（八）“云战争”将登上战争舞台

信息化战争高级阶段是对中级阶段的深度扬弃与颠覆性发展。在高级阶段，作为战争形态主要标志的主战装备体系，无论是概念还是结构均发生新的根本性变化。新一代核武器、空间攻防作战平台、天基战路打击武器、临近空间高超声速武器、跨界飞行器、洲际战略轰炸机、空天防御系统、网络战武器和战略电子战武器等将构成战略威慑与打击的中坚力量，而各新型无人机、无人车辆、无人舰艇、水下自主航行器、纳米仿生机器以及电磁轨道炮、激光武器、高功率微波武器和新一代网络电子战武器等，将取代传统的信息化低级阶段的武器。而且，各类武器通过更加先进的传感器和战场物联网而实现“万物感知”“万物互联”“集网成云”，每个有生力量都能成为战场信息节点，信息触角拓展至微观、延伸至战场各个角落。由此，作战力量结构也将发生重大变化，战略战役层面将呈现出动态的无尺度网络结构，关键性节点的数量大幅减少且相互支撑、备份、接替，指挥关系动态变化，“死穴”越来越少。在战术层面，则可能更多是无中心网络结构，作战组织因需即时建构、即时解构，组织形态呈现出高度流动的“云态化”特征。如果未来交战双方作战体系都发展成为“云态化”，就会出现“云态化”体系与“云态化”体系之间自主对抗的“云战争”。“云战争”将成为主导性形态。

信息化战争形态将来发展的具体情况，还难以完全准确地进行论断，但可以肯定的是，将来必然还会出现新的重大的军事科技突破，信息化战争形态必将向更高的阶段演变。学术界普遍认为，信息化战争形态将在 21 世纪中叶完全发展成熟。在此过程中，哪个国家能够更好地把握时代脉搏，前瞻性地做好国防和军队建设，哪个国家就能赢得先机占得主动，为遏制或打赢信息化战争创造出更好的条件。

思考题

1. 战争的根源和性质是什么？大学生对待战争应当树立什么样的态度？
2. 在机械化战争形态形成与发展的历程中，体现出什么样的规律？
3. 世界新军事革命对中国国防和军队建设有什么样的影响？
4. 在信息化战争形态形成与发展的历程中，体现出怎样的规律？

深度阅读

1. 董子峰. 信息化战争形态论. 北京：解放军出版社，2004.
2. 吕登明. 信息化战争与信息化军队. 北京：解放军出版社，2004.
3. 伍仁和. 信息化战争论. 北京：军事科学出版社，2004.
4. 柯春桥. 世界军事简史. 北京：解放军出版社，2015.

拓展阅读

1. 姚有志. 战争战略论. 北京：军事科学出版社，2005.
2. 全军军事学术委员会，军事科学院. 中国人民解放军军语. 北京：军事科学出版社，2011.

附录　军事技能训练

附录一　队 列 训 练

一、单个军人队列动作训练

（一）立正、跨立、稍息

1. 立正。立正是军人的基本姿势，是队列动作的基础。听到"立正"的口令，两脚跟迅速靠拢并齐，两脚尖向外分开约60度；两腿挺直，小腹微收，自然挺胸；上体正直，微向前倾；两肩要平，稍向后张；两臂下垂自然伸直，手指并拢自然微曲，拇指尖贴于食指第二节，中指贴于裤缝；头要正，颈要直，口要闭，下颌微收，两眼向前平视。

2. 跨立。跨立主要用于军体操、执勤和舰艇上分区列队等场合。可以与立正互换。听到"跨立"的口令，左脚向左跨出一脚之长，两腿挺直，上体保持立正姿势，身体重心落于两脚之间。两手后背，左手握右手腕，拇指根部与外腰带下沿（内腰带上沿）同高；右手手指并拢自然弯曲，手心向后。

3. 稍息。稍息是队列动作中一种休息和调整姿势的动作，可与立正互换。听到"稍息"的口令，左脚顺脚尖方向伸出约全脚的三分之二，两腿自然伸直，上体保持立正姿势，身体重心大部分落于右脚。稍息过久，可以自行换脚。

（二）停止间转法

停止间转法是停止间（原地）变换方向的方法。分向左转、向右转、向后转，需要时也可半面向右（左）转。

1. 向右（左）转。听到"向右（左）转"的口令，以右（左）脚跟为轴，右（左）脚和左（右）脚掌前部同时用力，使身体和脚向右（左）转90度，体重落在左（右）脚，左（右）脚取捷径迅速靠拢右（左）脚，成立正姿势。转动和靠脚时，两腿挺直，上体保持立正姿势。

2. 向后转。听到"向后转"的口令，按照向右转的要领向后转180度。转动和靠脚时，两腿挺直，上体保持立正姿势。

（三）行进与立定

1. 齐步与立定。齐步主要用于部队的整齐行进。听到"齐步走"的口令，左脚向正前方迈出约75厘米，按照先脚跟后脚掌的顺序着地，同时身体重心前移，右脚照此法动作；上体正直，微向前倾；手指轻轻握拢，拇指贴于食指第二节；两臂前后自然摆动，向前摆臂时，肘部弯曲，小臂自然向里合，手心向内稍向下，拇指根部对正衣扣线，并高于春秋常服最下方衣扣约5厘米（着夏常服、水兵服时，高于内腰带扣中央约5厘米；着作训服时，与外腰带扣中央同高），离身体约30厘米；向后摆臂时，手臂自然伸直，手腕前侧距裤缝线约30厘米。行进速度每分钟116～122步。

听到"立定"的口令，左脚再向前迈大半步着地（脚尖向外约30度），两腿挺直，右脚取捷径迅速靠拢左脚，成立正姿势。

2. 正步与立定。正步主要用于分列式和其他礼节性场合。口令是：正步——走。听到口令后，左脚向正前方踢出约 75 厘米（腿要绷直，脚尖下压，脚掌与地面平行，离地面约 25 厘米），适当用力使全脚掌着地，同时身体重心前移，右脚照此法动作；上体正直，微向前倾；手指轻轻握拢，拇指伸直贴于食指第二节；向前摆臂时，肘部弯曲，小臂略成水平，手心向内稍向下，手腕下沿摆到高于春秋常服最下方衣扣约 15 厘米处（着夏常服、水兵服时，高于内腰带扣中央约 15 厘米处；着作训服时，高于外腰带扣中央约 10 厘米处），离身体约 10 厘米；向后摆臂时（左手心向右，右手心向左），手腕前侧距裤缝线约 30 厘米。行进速度每分钟 110～116 步。

3. 跑步与立定。跑步主要用于快速行进。听到预令时，两手迅速握拳（四指蜷曲，拇指贴于食指第一关节和中指第二节），提到腰际，约与腰带同高，拳心向内，肘部稍向里合。听到动令，上体微向前倾，两腿微弯，同时，左脚利用右脚掌的蹬力跃出约 85 厘米，前脚掌先着地，身体重心前移，右脚照此法动作，两臂前后自然摆动，向前摆臂时，大臂略直，肘部贴于腰际，小臂略平，稍向里合，两拳内侧各距衣扣线约 5 厘米；向后摆臂时，拳贴于腰际。听到“立定”的口令，再跑两步，然后左脚向前大半步（两拳收于腰际，停止摆动）着地，右脚靠拢左脚，同时将手放下，成立正姿势。行进速度每分钟 170～180 步。

4. 踏步与立定。踏步分齐步踏步和跑步踏步两种，主要用于调整步伐和整齐度。

听到“踏步”的口令，两脚在原地上下起落（抬起时，脚尖自然下垂，离地面约 15 厘米；落下时前脚掌先着地），上体保持正直，两臂按照齐步或者跑步摆臂的要领摆动。踏步是原地的动作，应注意不要移动位置；上体要保持正直。

听到“立定”的口令，左脚踏 1 步，右脚靠拢左脚，原地成立正姿势。

(四) 步法变换

步法变换，均从左脚开始。

齐步换跑步，听到预令，两手迅速握拳提到腰际，两臂前后自然摆动；听到动令，即换跑步行进。

跑步换齐步，听到口令，继续跑 2 步，然后，换齐步行进。

齐步换踏步，听到口令，即换踏步。

跑步换踏步，听到口令，继续跑 2 步，然后换踏步。

踏步换齐步或跑步，听到“前进”的口令，继续踏 2 步，再换齐步或跑步行进。

(五) 行进间转法

行进间转法是行进间变换方向的方法，分别向右转走、向左转走和向后转走。

听到“向左(右)转走”的口令，左(右)脚向前半步（跑步时，继续跑 2 步，再向前半步），脚尖向右(左)约 45°，身体向右(左)转 90°时，左(右)脚不转动，同时出右(左)脚按照原步法向新方向行进。

向后转走时，左脚向右脚迈出约半步，脚尖向右约 45°，以两脚的前脚掌为轴，向后转 180°，出右脚，按照原步法向新的方向行进。

(六) 脱帽、戴帽

脱、戴帽时，双手取捷径，上体保持正直，不得晃动。

1. 脱帽。口令:脱帽。要领:双手捏帽檐或者帽前端两侧,将帽取下,取捷径置于左小臂,帽徽朝前,掌心向上,四指扶帽檐或者帽前端中央处,小臂略成水平,右手放下。

2. 戴帽。口令:戴帽。要领:双手捏帽檐或者帽前端两侧,取捷径将帽迅速戴正。

(七) 敬礼

1. 举手礼。口令:敬礼。要领:上体正直,右手取捷径迅速抬起,五指并拢自然伸直,中指微接帽檐右角前约 2 厘米处(戴卷檐帽、无檐帽或者不戴军帽时微接太阳穴,约与眉同高),手心向下,微向外张(约 20 度),手腕不得弯曲,右大臂略平,与两肩略成一线,同时注视受礼者。

2. 注目礼。要领:面向受礼者成立正姿势,同时注视受礼者,并目迎目送(右、左转头角度不超过 45 度)。

3. 举枪礼(用于阅兵式或者执行仪仗任务)。口令:向右看——敬礼。要领:右手将枪提到胸前,枪身垂直并对正衣扣线,枪面向后,离身体约 10 厘米,枪口与眼同高,大臂轻贴右肋;同时左手接握表尺上方,小臂略平,大臂轻贴左肋;同时转头向右注视受礼者,并目迎目送(右、左转头角度不超过 45 度)。

二、分队队列动作训练

(一) 班的队形

班的基本队形,分为横队和纵队,需要时,可以成二列横队或者二路纵队。队列人员之间的间隔约 10 厘米,距离(前一名脚跟至后一名脚尖)约 75 厘米,需要时可以调整队列人员的间隔和距离。

(二) 整齐、报数

1. 整齐。这是使队列人员按照规定的间隔和距离保持行列齐整的一种队列动作。整齐分为向右、向左和向中看齐。

听到"向右(左)看齐"的口令,基准兵不动,其他军人迅速向右(左)转头,眼睛看右(左)邻军人的腮部,以小碎步取齐,前四名能通视基准兵,自第五名起,以能通视到本人以右(左)第三人为度。

2. 报数。听到"报数"的口令,横队从右至左(纵队由前向后)依次以短促洪亮的声音转头(纵队向左转头)报数,最后一名不转头。

(三) 集合、离散

1. 集合。这是使单个军人、分队、部队按照规范队形聚集起来的一种队列动作。

集合时,班长应当先发出预告或者信号,全班听到预告或者信号后,原地面向班长成立正姿势。听到"集合"口令,军人跑步到指定位置面向班长集合,自行对正、看齐,成立正姿势。

2. 离散。这是使列队的单个军人、分队、部队各自离开原队列位置的一种队列动作。

离散分离开和解散,班长通常只进行解散。队列人员听到"解散"的口令后,应当迅速离开原列队位置。

(四) 出列、入列

单个军人和分队出、入列。通常用跑步(5 步以内用齐步,1 步用正步)或者按照指挥员指定的步法执行;然后,进到指挥员右前侧适当位置或者指定位置,面向指挥员成立正姿势。

1. 出列。听到“×××(或者第×名),出列”口令后,被呼点者应当答“到”,听到“出列”的口令后,应当答“是”。

2. 入列。听到“入列”口令后,出列者应当答“是”,然后,按照出列的相反程序入列。

(五) 行进与停止

1. 行进。横队行进以右翼为基准,纵队行进以先头为基准。

2. 停止。当听到指挥员下达“立定”,按照立定的要领实施。停止后,听到“稍息”的口令后,先自行对正、看齐,再稍息。

附录二　单兵战术动作基础

单兵在攻防战斗中,通常是在班(组)内行动,以手中武器和爆破器材,打、炸敌人的坦克、战车,消灭敌人。战斗时所采取的各种不同动作,是保存自己、消灭敌人的重要手段,是不被敌人发现和敌火力杀伤的最有效的方法。以下七种动作是单兵战术的基本动作。

一、卧倒

左脚向右脚尖前迈出一大步,左腿弯曲,上体前倾,两眼注视前方,左手顺左脚方向伸出,掌心向下,手指稍向右,以左膝、左手、左肘的顺序着地,迅速卧倒,左小臂横贴于地面上,右手腕压在左手腕上;两手握拢,手心向下,两腿伸直,两脚分开与肩同宽,脚尖向外。卧倒时,也可右脚向前一大步,左手撑地迅速卧倒。

携枪卧倒时,右手提枪并握背带,其余要领同徒手;卧倒后,右手将枪轻贴身体右侧,枪面向右,枪管放在左小臂上。

二、起立

转身向右,两眼注视前方,左腿自然微弯,左小臂稍向里合,以左手、左膝、左肘的支撑力将身体支起,同时右脚向前迈出一大步,左脚再迈出一步,右脚靠拢左脚,成立正姿势。携枪时,在转身向右的同时,右手提枪并握背带,然后按徒手要领起立,成持枪立正姿势。

三、直身前进

直身前进是在距敌较远,地形隐蔽,敌观察、射击不到时采用的运动方法。要领:目视前方,右手持枪(筒),大步或快步前进。

四、屈身前进

屈身前进是在遮蔽物略低于人体时采用的运动方法。要领:目视前方,右手持枪,上体前倾,头部不要高出遮蔽物,两腿弯曲(屈身程度视遮蔽物高低而定),大步或快步前进。

五、跃进

跃进是在敌人火力下迅速通过开阔地时采用的运动方法。跃进时要做到跃起快、前进快、卧倒快。跃进前,应先观察前方地形,选择好前进路线和暂停位置,而后,迅速、突然地前进。

六、滚进

滚进是在卧姿时，为避开敌人观察、射击而左右移动或通过棱线时采用的运动方法。要领：将枪关上保险，左手握枪于表尺上方，右手握枪颈附近或两手握上护木，枪面向右，顺置于胸、腹前抱紧，两臂尽量向里合，两脚腕交叉或紧紧并拢，全身用力向移动方向滚进。运动中，也可在卧倒的同时向移动方向滚进。其要领：左(右)脚向前一大步，左手在左(右)脚前着地，身体尽量下塌，右手将枪置于小臂内，身体向右(左)侧，枪面向右，在右(左)臂、肩着地同时，向右(左)滚进。滚进时，右(左)腿伸直，左(右)腿微曲，滚进距离长时可两腿夹紧。

七、匍匐前进

匍匐前进是在通过敌方步枪、机枪火力封锁较短地段或利用较低的遮蔽物前进时采用的运动方法。根据遮蔽物的高低，匍匐可分为低姿匍匐、高姿匍匐、侧身匍匐和高姿侧身匍匐四种动作。

(一) 低姿匍匐

低姿匍匐是在遮蔽物高约 40 厘米时采用的动作方法。要领：腹部贴于地面，屈回右腿，伸出左手，用右脚内侧的蹬力和左手的扒力使身体前移，在移动的同时，屈回左腿，伸出右手，用左腿内侧的蹬力和右手的扒力使身体继续前移，依次交替前进。携冲锋(步)枪时，右手掌心向上，枪面向右，虎口卡住机柄，并握住背带，枪身靠紧右臂内侧，也可右手虎口向上，握枪的长背带环处，食指卡住枪管，将枪置于右小臂上。

(二) 高姿匍匐

高姿匍匐是在遮蔽物高约 60 厘米时采用的运动方法。要领：用两小臂和两膝支撑身体前进。携枪方法同低姿匍匐前进，可将枪托向右，两手托握枪前进。

(三) 侧身匍匐

侧身匍匐是在遮蔽物高约 60 厘米时采用的运动方法。要领：身体左侧及左小臂着地，左大臂向前倾斜支撑上体，左腿弯曲，右腿收回，右脚靠近臀部着地，右手握枪，用左臂支撑力和右脚跟的蹬力使身体前移前进。

(四) 高姿侧身匍匐

高姿侧身匍匐通常是在遮蔽物高约 80～100 厘米时采用的运动方法。要领：左手和左小腿外侧着地，右手提枪，以左手的支撑力和右脚的蹬力使身体前移。

附录三　野 外 生 存

野外生存，是指在食宿无着的特殊环境中生存与自救的活动。野外生存所包括的知识非常广泛，主要包括野外判定方位与行进、寻找水源与改善水质、捕食动物与采集植物、野炊和露营以及自救等内容，概括起来，就是“走”“吃”“住”和“自救”四项。“走”的问题，在附录五“地形与地形图使用”中进行阐述，此处主要介绍“吃”“住”和“自救”。

一、寻找水源与改善水质

水是野外生存的重要条件。俗话说：“饥能挡、渴难挨。”水在某种程度上比食物更重要。

因此，觅水是野外生存的重要内容之一。

(一) 寻找水源

寻找水源，通常采取观察草木的生长位置和动物的活动范围的方法来判定。

在干旱的沙漠、戈壁地区，生长着怪柳、铃铛刺等灌木丛的地表下6～7米深就有地下水；有胡杨生长的地方，地下水位距地表不超过5～10米；芨芨草生长的地方，地下水位只有2米左右；生长茂盛芦苇的地方，地下水只有1米左右；如果发现金戴戴、马兰花等植物，便可判定下挖0.5米或1米左右就能找到地下水。

在南方，叶茂的竹丛不仅生长在河流岸边，也常生长在与地下河有关的岸溶大裂隙、落水洞口的地方。例如在广西许多岩溶谷地、洼地，成串的或独立的竹丛地，常常就是有大落水洞的标志。这些落水洞有的在洞口能直接看到水，有的在洞口看不到水，但只要深入下去，往往就能找到地下水。

在地下水埋藏浅的地方，泥土潮湿，蚂蚁、蜗牛、螃蟹等喜欢在此做窝聚居；冬天青蛙、蛇类动物喜欢在此冬眠；夏天的傍晚，因其潮湿凉爽，蚊虫通常在此成柱状盘旋飞绕。

另外，还可以从特殊植物的生长地点，来判定地下水的水质情况，如见到马兰花、拂子茅等植物群，就可断定那里不太深的地方有淡水。

此外，还可以采取搜集雨露、凝结水、冰雪化水、植物取水、动物取水、海水淡化等方法采集水进行饮用。

(二) 改善水质

饮用水，必须经过洁治、消毒改善水质，使水里的悬浮物和胶质物质越少越好。

1. 煮沸消毒。主要是将水煮沸消毒，这是一种既容易又简单，而且比较可靠的消毒方法。

2. 饮水消毒片消毒。利用饮水消毒片等也可以改善水质。以饮水消毒片处理浊水为例，将净水药片放入水容器中，搅拌摇晃，静置几分钟，即可饮用，也可灌入水壶中存储备用。一般情况下，一片净水药片可对1升的水进行消毒，如果遇到水质较混浊可用2片净水药片进行消毒。目前，军队大多采用此法在野外对水进行消毒。

3. 碘酒净水。如果没有净水药片，可以用随身携带的医用碘酒代替净水药片对水进行消毒。每1升水滴入3～4滴碘酒，如果水质混浊，则在每升水中的碘酒要加倍。搅拌摇晃后，静置的时间也应长一些，20～30分钟后，即可饮用或备用。

4. 漂白剂净水。利用亚氯酸盐，即漂白剂，也可以起到消毒的作用。每升水滴入漂白剂3～4滴，水质混浊则加倍，摇匀后，静置30分钟，即可饮用或备用。注意不要把沉淀的浊物一同喝下去。

5. 食醋(白醋)净水。如果以上的消毒药物均没有，正巧随身携带有野炊时用的食醋(白醋也行)，也可以对水进行消毒。在水中倒入一些醋汁，搅匀后，静置30分钟后便可饮用。只是水中有些醋的酸味。

6. 石头烧水净水。石头烧水是一种简便有效的净水方法。石头的大小和重量要合适，而且必须是干燥的。河床底或潮湿的石头加热后会膨胀，甚至会爆炸。另外，燧石等矿石也不能用。把石头放在火上加热，尔后用自制的夹子把烫石头夹到水里去。放入水中之前别忘了掸去石头上的烟灰。

7. 植物净水。将一些含有粘液汁的植物如仙人掌、霸王鞭、榆树皮等捣烂成糊加入浊水中，使用时在一桶水内放 4 克左右植物糊，搅拌 3 分钟后再静置 10 分钟，浊水即能澄清。植物净水，虽然絮状物沉淀时能除去部分细菌和微生物，但是没有消毒作用。因此，饮用水最好再加少许漂白粉消毒。如无漂白粉，用稀盐酸或碘酒滴入水中几滴，也能起到消毒的作用。

8. 简易过滤净化器净水。将竹节一端堵节去掉，在另一端堵节上钻一个小孔，竹节内从下向上依次放较干净的石子、沙、土、木炭碎块做成过滤器，将浊水缓缓倒入竹节，小孔就能流出经过过滤的水。

使用消毒片、漂白粉净化的水可以直接饮用。

特别指出的是：在水源紧缺的情况下，要合理安排饮用水，不要为一时口渴而狂饮。最初可以不喝水，或者仅湿润口腔、咽喉。当然，也不要勉强忍耐干渴，以致使身体出现失水症状。喝水时，应该采取"少量多次"的方法。在喝水时，一次只喝一两口，然后含在口中慢慢咽下，过一会儿感觉到口渴时再喝一口，慢慢地咽下，这样重复饮水，既可使身体将喝下的水充分吸收，又可解决口舌咽喉的干燥。一标准水壶的水量，运用正确的饮水方法，可使一个单兵在运动中坚持 6～8 小时，甚至更长些。

二、捕食动物与采集植物

我国具有丰富的野生植(动)物资源，熟练掌握采集植物与捕食动物的方法，对于提高生存能力有着重要的意义。

(一) 常见的野生植(动)物

1. 常见的可食野生植物。常见的可食野生植物，包括野果、野菜、藻类、蘑菇等。此外，树皮也可应急食用。如柳树、松树、白杨树新生的树皮或内皮(在硬树皮与树木之间的软皮)都可以吃。

2. 常见的野生动物。各种野生动物都生长在广阔的大自然中，都有自己的栖息地和生活规律，常见的动物有野猪、鹿、羊、野鸡、野兔、蛇、鱼、贝类和海上浮游生物、昆虫等，可根据季节、地域等条件予以捕捉食用。

(二) 野生植(动)物的识别

1. 野生植物的识别。识别野生植物是否有毒，比较可靠的方法是根据上级下发的可食野生植物的图谱进行鉴别；其次，是向有经验的官兵或当地居民了解可食植物的种类和识别方法；再次，是通过仔细观察和鉴别。

有毒植物通常有以下几个特点：①形态和色彩特殊；②分泌带色的液体；③具有不良的味觉或嗅觉。但上述这些特点并不能包括所有有毒植物的特点。

鉴别野生植物是否有毒的方法：①用手仔细触摸，无毒的植物通常不会使手上皮肤产生发痒、发红、起风疹块等刺激症状；②无毒的植物折断枝、叶不会有牛奶样汁液流出，闻之亦无腐败及其他使人感到怪异的气味；③将少量食物放入嘴里咀嚼几分钟，无毒植物一般不会有烧灼感，也无辛辣、苦味或滑腻味；④将植物割开一个口子，放进一小撮盐，仔细观察口子是否改变原来的颜色，通常变色的植物不能食用。

经过以上鉴别后，可以将此类植物采集少量食用。如果食用 8 小时后没有什么特殊感觉,就可适当加大食用量。另外,还可以通过观察哺乳类动物所食用的植物种类。像老鼠、兔子、猴子、熊等吃过的植物一般可以食用。但鸟类可以食用的植物,人不一定能够食用。

2. 野生动物的识别。世界上可食动物很多,如蜥蜴、毒蛇、狼、袋鼠、猫头鹰甚至蝙蝠等。一般来说,各种长有皮毛的动物、各种禽类和蛇类都可以食用,但必须保证猎获的动物是新鲜、无病菌的。外形奇特的鱼、贝壳、野生动物的肝和卵等内脏通常有毒,一般不能食用。

(三) 野生植物的采集与动物的捕食

1. 野生植物的采集与食用。

野生植物的采集:① 野果。我国地大物博,南北方的灌木丛中都生长有许多可食的野果。如无识别野果的经验,可观察鸟和猴子都选择哪些野果、干果为食,一般来说这些野果都可以食用。②海藻。常见的海藻有:海带、紫菜、红毛菜、角叉栗、鸡冠菜、刺海松、裙带菜、海紫面、鹅掌菜等。

野生植物的食用:①生食。无毒并具有美味的野菜,例如苦菜、蒲公英、小根蒜等可以生食。②炒食或蒸食。无毒或无不良苦味的野菜,例如荠菜和野苋菜等,将嫩茎叶摘洗干净,切碎后即可炒食做菜,或加入主食中作粥、馒头、包子馅。③煮浸。对于一些有苦涩味并可能有轻微毒性的野菜都可采用这一方法,如败酱、胭脂麻、水芹、珍珠菜、堇菜、龙芽草、水杨梅等。

2. 野生动物的猎获与食用。

(1) 野生动物的猎获。

① 压猎。压猎是较为原始的狩猎方法,但是捕获率却很高。其中压拍子是压猎法中最简便易行的一种方法,可以捕捉各种小毛皮兽。压拍子是用一块石板或木板,或冻土板、冰板,用木棍(或绳子)支(或吊)起来,板上可加压重物,板下放置诱饵,当动物取食时,即可被捕获。

② 套猎。套猎是用各种绳索(棉、麻、棕绳或降落伞绳)、马尾、钢丝制作套子猎捕动物。套子的大小、距地面的高低,由所猎动物的大小决定。例如,套捕野兔的简易套,可选取长1.5 米、直径 1 毫米左右的钢丝,做成套子。套子的直径约 13～14 厘米,套的一端拴在小树上,套子底边距地面约为 11 厘米。套子要布设在疏林和林中空地或兔子通道中间,不要偏斜和歪扭。此外,还可就地取材用树木、竹子和绳索做吊套和翻身套猎捕动物。吊套的主要优点是简便易行,既可套捕大动物,也可套捕小动物,动物一经套住,由杠杆将其吊起,使其没有挣扎逃跑的可能。

③ 捕兽卡和竹筒。捕兽卡主要用于捕猎小动物,如田鼠、旱獭、黄鼬等。捕兽卡用一根细钢丝弯曲而成,两端有向外弯曲的尖,中间有供设置用的细铁丝小圈。设置时,将钢丝两臂压紧,两臂上的铁丝小圈重叠,用大头针通过后面小圈穿入重叠小圈即可。钢丝尖端设置诱饵,当动物取食时,铁丝圈即从大头针脱落,钢丝弹向两侧,因钢丝尖端支撑动物嘴部而捕获;竹筒主要用以猎捕黄鼬等小动物。选择内径为 6～7 厘米,长 65 厘米左右的一节竹筒埋入地中,竹筒上口与地面持平,竹筒里面必须光滑,将诱饵投入筒底(北方冬季也可在地上打上斜洞,洞壁用水浇上凝成薄冰),当动物进入筒中取食时,就再无法退出来而被捕获。此外,冬季山林地捕捉野兔最容易。深雪时,辨识出新鲜足迹,徒手就可以捉到。在海岛礁岩边,可在夜晚抓海鸟,因为鸟类在夜里是不会动的。

④ 捕蛇。捕蛇可采用木叉法、泥压法、索套法等方法。木叉法用于捕捉较大的蛇，其方法是用树枝做一木叉，木叉柄的长短，必须以捕蛇者俯身后两手能够提到蛇颈部为准。叉口的大小以能叉紧蛇的颈部为宜。捕捉时，先叉住蛇的颈部，然后立即俯身用胸部抵住木叉柄，一只手抓住蛇的颈部，另一只手握住蛇的尾部，即可捉住或将其弄死。泥压法用于捕捉在地面或石头上活动的一些不大的蛇。可拿一大块粘泥，用力向蛇摔去，把蛇粘压在地上或石上，使蛇一时不能逃走，立即动手捕捉。索套法用于捕捉在乱石上、草丛间或地上翘起头的蛇或者盘绕在竹子或树上的蛇。在竹竿的一端打通一个洞，穿过一条具有一定硬度和弹性的细尼龙绳或细塑料绳，做成一个活动圈套，用手拿着竹竿和绳索，用另一端从蛇的背后将活套对准蛇的头部迅速套住，随即拉紧活套，缚住蛇颈。

⑤ 捕鱼。捕鱼应有钓线、鱼钩、钗坠、浮子等。鱼钩可用针制作，或在海边寻找被丢弃的鱼骨和小硬木刺来制作临时的鱼钩。加工时，若无小刀可将贝壳打破，用贝壳的锐角，细心刮制。钓线则可寻找韧性较强的蔓草制作。先将蔓草晾干，再用石块捶击使其柔软，捻成强韧的钓线，长度最好在 2～3 米左右。钩坠、浮子(鱼漂)可用子弹壳或小石子等重物代替钩坠(安放在距离鱼钩 10～15 厘米处)，鸭、鹅、雁等禽鸟的羽毛管、松树和杨树的树皮以及玉米秆、圆球笔芯都可以制成浮子。钓竿则可用任何一种柔韧的竹竿或树木的枝条代替。鱼饵通常用蚯蚓，实际上各种昆虫，如蜻蜓、蝗虫、牛虻等都可以做鱼饵。还可以用刺刀、削尖的鱼骨绑缚在木棍、竹竿上面，做成一柄“鱼叉”，在岸上俯瞰鱼类往来的位置，用鱼叉来叉大鱼。

(2) 野生动物的食用。

① 猎获物的处理。猎获的动物首先要将皮剥去。剥皮时，将动物侧放或仰置，从头到尾沿腹部剖开。再由腿部绕膝关节割开，并沿腿内侧把这些切口与纵切口连接。先剥腿部皮，然后再剥躯体上的皮。剥皮时一面用刀子割，一面把拳头伸入肌肉和皮之间撑开。剥皮后取出内脏，将肉体肢解成块。猎获的禽类应先拔除羽毛，可用手拔掉大羽毛，再用火烧去残存的绒毛，然后取出内脏。鱼类要把内脏和鳃取出，开鱼腹时，应注意不要将胆囊弄破。蛇的处理要先用左手将蛇头紧紧抓住，再用脚踩住蛇尾，右手拿刀，从头开始剖。剖到蛇腹时(凸出部)，用刀尖将蛇胆挑出来(可用冷开水饮服，能去风湿)。把蛇腹全部剖开后，取出五脏，然后剁去蛇头，在尾部割一圈，在割的部位掀起蛇皮，一直撕到头，将其放在冷水中洗净备用。

② 猎获物的食用。火烧烤：削几支长约 50 厘米的短棍，把肉切成片穿在上面；鱼从嘴部穿入，整条穿在棍上；蛇缠绕在木棍上。然后把肉(鱼)拿到火上烤一分钟左右，使其表面结成焦皮，以免肉汁流出；再把短棍移到距火稍远处烧烤，也可斜插在火旁。烧烤时，肉要勤翻转，大约 5～15 分钟即可烤熟。最后加入少许盐即可食用。泥包裹肉(鱼)烧烤：将肉块、鱼或禽鸟用和好的泥包裹起来，泥厚约 3～5 厘米，放在火中盖上一层木炭。鱼或禽鸟约需 4～5 分钟即可烤熟，肉需要的时间稍长。烤熟之后，将粘土外壳剥掉即可食用。石头烤肉：用两块扁平的大石头放入火中，两块叠在一起，中间用小石块隔开。待石头烧热后，撤去木柴，扫除灰烬，把肉搁在两块石头中间烧烤。贝类：用火一烤就会开口，出泡沫后，肉质变硬时就熟了，若没有盐，可以在烤熟之前加点海水即可食用。昆虫的食用：可以食用的昆虫有蜗牛、蚯蚓、蚂蚁、知了、蟑螂、蟋蟀、蝴蝶、飞蛾、蝗虫、蚱蜢、蜘蛛、螳螂、刺蛄、师蛄等。对昆虫可用油炸(动物油)、烧烤、烹煮等方法处理后食用。食用昆虫一定要煮熟或烤透，以免昆虫体内的寄生虫进入人体，导致中毒或得病。

三、野炊

野炊，是指在野外利用制式炊具或就便器材制作热食和熟食的炊事活动。

(一) 选择野炊位置

野炊位置，通常应选择在隐蔽条件好、附近有良好的水源，如背敌的山坡、沟坎、水渠、森林、居民地等；应注意避开独立明显的物体；卫生状况良好，避开厕所、粪坑和化学沾染地区；有一定的地幅，便于展开和减小敌火杀伤的地区。

(二) 取火

煮烤食物需要火，露营取暖需要火，发求救信号也需要火。因而，野外生存的能力，在某种程度上说，取决于取火的能力。

在特殊条件下取火的方法如下。

① 枪弹取火法。取一枚子弹，将弹丸拔出，倒出三分之二的发射药，撒在干燥易燃的枯草或纸上，把弹壳空出的地方塞上纸和干草，然后推弹壳入膛，用枪口贴近撒了发射药的引火物射击，引火物即可燃烧。

② 透镜取火法。用放大镜，如果没有放大镜，可用望远镜或瞄准镜、照相机上的凸透镜代替。冬季可用透明的冰块磨制。透过阳光聚焦照射易燃的引火物(腐木、布中抽出的线、撕成薄片的干树皮、干木屑等)取火。利用放大镜取火最为迅速的是照射汽油、酒精和枪弹的发射药或导火索，可在1～2秒内点燃引火物。

③ 发电机、电池取火法。用手摇发电机，电台照明用的一号“甲电”，将正、负两极接在削了木皮的铅笔芯的两端。顷刻间，铅笔芯就会烧得通红。用手电筒内电池和电珠也可做成引火工具：用电珠在细石上小心磨破，注意不能伤及钨丝，然后把火药填入电珠内，通电后即能发火。

④ 击石取火法。取一块坚硬的石头(黄铁矿石最好)做“火石”，用小刀的背或小片钢铁向下敲击“火石”，使火花落到引火物上燃烧。

⑤ 钻木取火法。用强韧的树枝或竹片绑上鞋带、绳子或皮带，做成一个弓子。在弓上缠一根干燥的木棍，用它在一小块硬木上迅速地旋转。最后钻出黑粉末，这些黑粉末冒烟而生出火花，点燃引火物；用一根干的树干，一头劈开，并将裂缝撑开，塞上引火物，用一根藤条穿在引火物后面，迅速抽动藤条，使之磨擦发热而引燃引火物；还可以用两块软质的木头或竹片用力相互磨擦取火，下面垫以棕榈皮或易燃物也可引燃取火。

(三) 准备野炊灶

组织野炊可采取自备野炊灶野炊、就地挖灶野炊和就地垒灶野炊三种方法。

① 自备野炊灶。使用自备野炊灶，具有展开快、做饭快、撤收快的特点，但容易暴露目标，炊事人员行军负荷大。

② 就地挖灶。根据不同要求，可分为散烟灶和蔽光灶，均由灶膛、烧火槽、灶门和烟道四大部分组成。下面以散烟灶为例，介绍一下就地挖灶的方法。

灶膛。大小以行军锅口径、深度和所使用的燃料而定，肚大底小，以灶膛底距行军锅底36～40厘米为宜。过低，火力不旺，影响做饭时间；过高过大，影响锅的受热程度。烧木柴时，膛底可呈船底形，烧草时可呈碗形。挖灶时，先垂直向下，下层土质坚硬难挖时，可将锅沿适当垫高，以保持灶膛必须的深度，灶膛挖好后，还应在灶膛底部挖一个十字形（或碗口形）的坑，以容柴灰和通风助燃。

烧火槽。挖灶时如有沟、坡、坎可利用，不必挖烧火槽。如需挖烧火槽，烧火槽应与灶门连接，距灶膛约 20～30 厘米，其大小以便于烧火、隐蔽人员和存放木柴为原则。为便于烧火人员操作，可在一端筑一座位。座位长约为 50 厘米高，以便于两腿伸展为原则。烧火槽应选在顺风方向，通常先简单挖掘，待点火后，根据需要再加修。

灶门。位置应在灶膛和烧火槽相对的中央部位，方向应根据风向、风力而定，风小时应迎风。灶门大小应根据所使用的燃料和风力来确定，烧柴草时宜稍大，烧煤时宜小，风力小时宜大，风力大时宜小。就一般情况来说，灶门上端距地面 30～40 厘米，下端距灶膛底 20 厘米、门高 30 厘米、宽 27 厘米左右。

烟道。分主烟道和支烟道。烟道的多少以便于散烟为原则。如果所使用的燃料不发烟或发烟很少，则可以不挖或少挖烟道。构筑散烟灶，还应根据敌情，搞好伪装，注意安全。

③ 就地垒灶。在冻土地等挖灶困难或来不及挖灶的情况下，可利用土、石块等就地垒灶。垒灶野炊时，容易暴露目标，因此，应加强观察、警戒，随时做好战斗和转移位置的准备。

（四）热食制作

热食制作是非常重要的一项工作。下面主要介绍一下做米饭的方法。

一要熟悉行军锅的性能。严禁超量下米和下米后再加米添冷水，以防夹生。

二加水量要适当。加水过少，易夹生，过多则饭太软。一般 500 克米要加 1.5～2 升水。测定水量多少的方法通常是下米后直接观察，即将米抹平，米上浮水三指为宜。

三要掌握下米的方法。下米的方法：一是撒米法，即锅内水大开后，用瓢将米均匀地撒入锅内，撒完后再将锅盖严，焖 15 分钟即可；二是开水搅米法，即锅水大开后，将米一次倒入锅内，然后用锅铲搅拌均匀，盖上锅盖，焖 15 分钟即可；三是冷水搅米法，即水米同时下锅盖严，待水开后用锅铲搅拌一下，焖 15 分钟即可。

四要掌握火候。下米时火力要大，而且均匀，火力中心要在锅底中央，并包住锅底。听到锅内“丝丝”声或闻到饭香味，即可撤出大火，留小火或余炭火再焖 10 分钟左右，即可食用。

五要处理好夹生和串烟。如发生夹生或串烟，可用饭铲倒翻一层。再焖几分钟即熟，如因下米过急，火力不均匀而造成一团一团的夹生，应在夹生部分用筷子插些小孔，洒水再焖。因水太少而造成严重夹生时则应倒锅，分层洒水重焖。当闻到饭有糊味时，应立即撤火，把锅盖打开，放一碗冷水，并在水中放些木炭，或在饭面上放几片青菜叶。再继续用小火焖几分钟，大部焦烟味可被吸收。

四、露营

露营是指在房舍外露宿或利用帐篷的住宿。通常在不具备舍营条件时采用。

（一）露营的要求

1. 山地露营。山地露营时，应把露营地选择在避风、防洪、避开崩塌方的山坡地段或者谷地、峡谷的高坡上，并且要考虑到靠近水源，冬季要避开有雪崩危险地段。因山区水源不足，应特别注意保持环境卫生和防止水源污染。

2. 沙漠、戈壁、草原地露营。沙漠、戈壁、草原地露营时，应尽量选择在绿洲或具有水源的地区，以制式器材和就便器材架设帐篷和搭草棚为主，结合垒石墙，挖土壕(坑)设置露营地点。搭设帐蓬时，应避开风口，避开沙丘或雪，尽量将帐篷布脚埋设压紧，以防被风吹拔。根据不同的地形和季节，注意防洪水、防暴风沙(雪)、防泥石流等，并注意节约燃料和用水。

3. 酷暑条件下露营。酷暑条件下露营时，可采用搭遮棚或吊床的方法进行。搭遮棚时，位置应选择在干燥、通风的缓坡上，要避大树、陡崖峭壁，以防雷击塌方。遮棚周围要挖排水沟，铲除杂草，必要时，撒些草木灰，以防毒蛇、毒虫。就地取材时，应注意不要成片砍伐草、木。

4. 严寒条件下露营。高寒地区露营时，人员应减少在外停留时间，防止冻伤。通常采用搭帐篷、草棚、挖雪洞、堆雪墙、堆雪房等方法。有条件时还可在棚舍中燃火取暖，但必须时刻有防火员值勤，以防火灾和一氧化碳中毒。宿营时，应尽量吃热食，喝热汤以增加热量。睡觉前应多用雨布(衣)、干草等隔潮材料铺设地铺。睡觉时，应注意避风和保暖，可采取两人合睡的方法，同盖大衣棉被，相互依靠取暖。

(二) 露营的方法

野外露营的方式分为利用制式器材露营和利用就便器材露营。利用制式器材露营，通常是指利用帐篷、装配工事等制式器材进行的露营。利用就便器材露营，通常是指利用篷布、雨衣、草木等进行的露营。

1. 利用制式帐篷露营。露营时，可利用部队配发或采购的制式帐篷露营。利用制式帐篷露营，按帐篷架设、撤收方法和要求实施。寒区冬季使用帐篷露营时，可在植桩后泼水使之冻结，帐篷的下端要以重物压牢，防止漏风。

2. 搭设简易帐篷露营。架设简易帐篷可使用雨衣、军毯、帆布、降落伞等就便器材。夏季，有树林、蒿草、高棵农作物杆的地方，应充分利用自然条件，搭设各种树枝(草)棚。如利用木杆为支架搭设屋脊型草棚；利用断崖、断面用木杆搭设斜坡型草棚；利用蒿草、树枝搭设偏厦等。在冬季，棚围应用雨衣、篷布、柴草等围盖，棚顶和周围空隙用草堵实，再加盖一层积雪或草皮，以便保暖和伪装。

① 屋顶形帐篷。将绳子拴在两棵树之间，或用随身携带的步兵锹，十字镐作两个支柱，用背包带连接，两端固定在地上。然后将方块雨布搭在绳子或背包带上，底边用石块压牢即成。也可将数块雨布连接，构成4～8人用的大帐篷。这种屋顶形帐篷适合各种地形(如附图3-1)。

附图3-1 屋顶型帐篷示意图

② 单面坡形帐篷。这种帐篷适于在断墙、棱坎等处架设。架设时，将雨布一头固定在墙壁或棱坎上，另一头固定在地面上，两边用树枝野草堵塞挡风。在森林地架设时，也可用树木固定。冬季架设帐篷应在雪层较薄的地点先将积雪扫尽。在积雪较深的地区，如果是暂时驻留，可不必清扫，但应将雪压实、压平，在冻结的地面上形成一道隔热层。如果驻留时间稍长，则应在雪地中挖坑埋设帐篷。于开阔地上架设帐篷时，可在帐篷迎风面筑一道雪墙，既可挡风又便于生火(如附图3-2)。

附图 3-2　单面坡形帐篷示意图

3. 利用吊床露营。夏季可将雨衣、床单、苫布和伪装网等用绳系住两头，并系在树干上，人员即可躺在上面休息。还可在上面架设蚊帐，防蚊虫叮咬。下雨时可在上面再拉一根绳子，搭上方块雨布，四角用绳子系牢，便形成防水帐篷(如附图 3-3)。

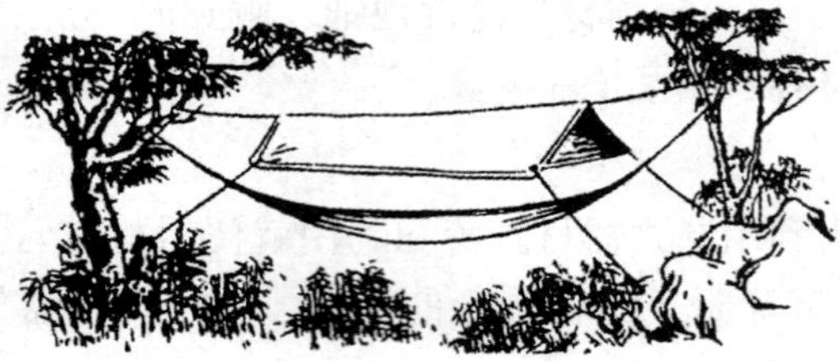

附图 3-3　吊床示意图

其他还有构筑猫耳洞(掩体)露营、构筑雪洞露营、构筑雪屋露营等。

五、自救

野外生存不能只等他人或组织救援，而是要靠自身的力量主动走出恶劣而危险的地带。

出发前，首先要判断好方向，仔细研究附近的地形，选好行进路线。而后根据行进路线准备必要的物资装备。如果穿越无水区，就应当准备好饮水；准备通过丛林地，就要准备好刀具；同时，还应准备好楔子、衣物和食品，以及携带装备的包裹。如果道路比较艰难，还应当准备木棍、绳索等以备用。

另外，出发前还应当对原露营地留下明显的记号，并在前进道路的沿途做好记号，一旦救援者发现了自己已经放弃的露营地，就可以沿途跟随救援。

在野外孤立无援时，则需要掌握一些简单的自救和求救方法，为获得救援创造条件。

如果发生中暑现象，应立即在阴凉通风处平躺，解开衣带裤带，使全身放松，再服用十滴水、仁丹等药。发烧时，可用凉水洗头，或冷敷散热，如有人昏迷不醒，可掐人中穴、合谷穴使其苏醒。

如果发生中毒现象，首先要洗胃，快速喝大量的水，并用手指触咽部引起呕吐，然后吃蓖麻油等泻药清肠，再吃活性碳等解毒药及其他镇静药，多喝水，以加速排泄。

发生外伤出血时，则应立即采取果断措施进行止血。首先应准确判断出血种类，然后主要是利用指压止血法和包扎止血法进行止血。

当无力自救时，必须想方设法发出信号让人知道自己的处境和位置。白天可以施放烟雾、向邻近人员喊叫、吹哨子、用信号反光镜或在开阔地面上写字等;夜间可以发出灯光、火光、音响等。国际上通用的求救信号是“SOS”,可写在地上,也可以用移动电话发出,还可用旗语表示。另外,只要是重复 3 次的行动都象征着求救,如三堆火、三股浓烟、三声音响、三次闪光等。在用音响或发出光亮信号时,每组发三次后,应间隔 1 分钟再重复发出。

附录四 轻武器射击

在当今世界众多武器中,品种和数量最多的应该是步兵轻武器。现代轻武器经历了漫长的岁月,历经几百年不断发展改进,才逐步形成了今日的轻武器大家族。学习和了解轻武器知识,学会轻武器射击方法,对于增强国防意识,打赢信息化条件下的人民战争,有着十分重要的意义。

轻武器是指枪械及其他各种由单兵或班组携行战斗的武器,又称“轻兵器”。主要装备对象是步兵,也广泛装备于其他军种和兵种。轻武器的主要作战用途是杀伤有生力量,毁伤轻型装甲车辆,破坏其他武器装备和军事设施。

轻武器主要包括枪械和手榴弹、枪榴弹、榴弹发射器、火箭发射器和无坐力发射器,此外还有轻型燃烧武器和单兵导弹等。枪械又称枪,是指利用火药燃气能量或其他能量发射弹头,口径通常小于 20 毫米的身管武器。枪及其使用的枪弹合称为枪械系统。轻武器的主体是枪械。

轻武器是构成步兵战斗力的重要因素,在信息化战争中仍具有十分重要的地位和作用。随着科学技术的发展和轻武器新概念、新原理的深入探索和研究,一大批新概念轻武器,如无壳弹步枪、激光枪、粒子束武器、电磁动能武器等将出现在战场上,不仅对敌方士兵产生致命效果,还可摧毁现有装甲车甚至主战坦克。配上先进计算机和热成像组成的火控系统,能在各种环境下有效攻击各种距离的多种目标。

一、轻武器分类

轻武器的分类是多种多样的,按武器的口径,可将轻武器分为大口径武器和小口径武器;按武器的自动方式,可分为半自动武器和全自动武器。在很多情况下,轻武器是按用途分类的。现装备的轻武器按用途可分为手枪、步枪、冲锋枪、机枪、火箭筒和榴弹发射器等。

(一) 手枪

手枪是以单手射击为主要射击方式,主要用于自卫的短枪管枪械的总称。有半自动手枪、自动手枪、冲锋手枪、转轮手枪、微声手枪等。主要装备指挥员和特种兵,用以杀伤近距离的有生目标。手枪有单发和连发之分,具有突然、及时、可靠、准确和隐蔽等特点。

(二) 步枪

步枪是单兵使用的长枪管抵肩射击的枪械。有半自动步枪、自动步枪、突击步枪、狙击步枪等各种型号。它以火力、枪刺和枪托杀伤敌人有生力量。很多现代步枪还可发射枪榴弹,用以杀伤敌人的集团有生力量,使用穿甲榴弹、穿甲燃烧榴弹,还可以对敌人的轻型装甲目标射击。

步枪由于枪管和瞄准基线较长,精度相对较好,战场上主要遂行精确射击的任务,对敌单个、点状目标进行射击,其有效射程通常为 400 米。步枪具有精度好、弹道低伸、足够的杀伤力、良好的可靠性和勤务性等特点。

(三) 冲锋枪

冲锋枪是双手握持、近距离火力猛烈的全自动枪械的总称。主要装备于步兵和其他诸兵种,以其较强的火力杀伤近距离的有生目标。

冲锋枪身管短小,重量较轻,能够进行单、连发射击,火力猛烈,并能在狭窄地形上灵活使用,战场上可以遂行多种战斗任务。

(四) 机枪

机枪是配有枪架、枪座或两脚架并能实施连发射击的自动枪械的总称。机枪可分为班用轻机枪、重机枪和通用机枪。

(五) 火箭筒

火箭筒是单人使用、发射火箭弹的轻型反坦克武器。它具有良好的机动性、隐蔽性和一定的射程,它能伴随步兵在各种条件下作战,是步兵中近距离反坦克的主要武器,其有效射程多为 300 米,破甲威力随火箭筒口径的不同而不同。

(六) 榴弹发射器

榴弹发射器,是一种发射小型榴弹的多用途武器(如附图 4-1)。威力大,火力强,主要用来杀伤有生力量,也可用来打击轻装甲目标,能填补手榴弹最大投掷距离和迫击炮射程之间的火力空白,具有点面杀伤作用。

附图 4-1　我军 35 毫米轻型榴弹发射器

二、我军几种常用枪械的构造、工作原理与性能

我军列装的轻武器包括:81 式、95 式自动步枪;85 式、88 式狙击步枪;81 式、95 式班用轻机枪;79 式冲锋枪、85 式轻型冲锋枪;54 式、59 式、64 式、77 式手枪;91 式匕首枪、67 式、89 式重机枪;69 式 40 火箭筒以及 87 式自动榴弹发射器等。现介绍几种常用枪械的构造、工作原理与战斗性能。

(一) 95 式自动步枪

95 式自动步枪于 1995 年设计定型,命名为 QBZ95 式 5.8 毫米口径自动步枪(简称 95 式自动步枪)。该枪于 1997 年作为中国人民解放军驻港部队的配用武器首次露面。现已陆续装备部队,成为中国新一代的制式自动步枪,是中国人民解放军第一种大规模列装部队的小口径自动步枪。

1. 战斗性能

95 式自动步枪与 95 式班用轻机枪组成班用枪族,活动机件和弹匣、弹鼓可以互换,并能用实弹直接从枪管发射 40 毫米枪榴弹,使射手具有全面杀伤和反装甲的能力,是近战中消灭敌人有生力量的自动武器和步兵分队反装甲目标的辅助武器。对单个目标在 400 米内射击效果最好,集中火力可射击 500 米内的敌人飞机、伞兵以及集团目标。

供弹方式:弹匣供弹,每支枪配有 5 个弹匣。必要时也可使用弹鼓供弹。

射击方法：可实施短点射（2～5 发），还可实施长点射（6～10 发）和单发射。

战斗射速：点射每分钟 100 发，单发射每分钟 40 发。

枪管寿命：10 000 发。

2. 主要诸元

口径……………………………………………………5.8 毫米
初速……………………………………………………920 米/秒
表尺射程………………………………………………500 米
瞄准基线长……………………………………………325 毫米
枪全重（含一个弹匣）…………………………………3.5 千克
枪全长（不装刺刀）……………………………………764 毫米
刺刀长（不含刀鞘）……………………………………320 毫米
刺刀宽…………………………………………………35 毫米
刺刀重（不含刀鞘）……………………………………360 克
弹匣容弹量……………………………………………30 发

3. 各部机件的名称

95 式自动步枪由刺刀、枪管、导气装置、瞄准装置、护盖、枪机、复进簧、击发机、枪托、机匣和弹匣 11 大部组成（如附图 4-2）。另有一套附品。

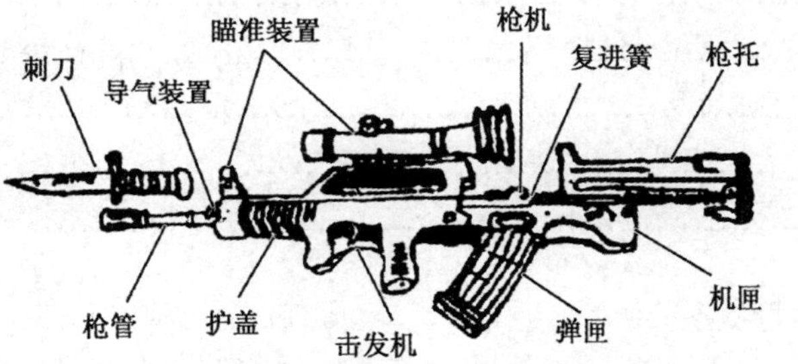

附图 4-2　95 式自动步枪的组成示意图

4. 子弹、枪榴弹

（1）子弹。子弹由弹头、弹壳、底火和发射药组成（如附图4-3）。

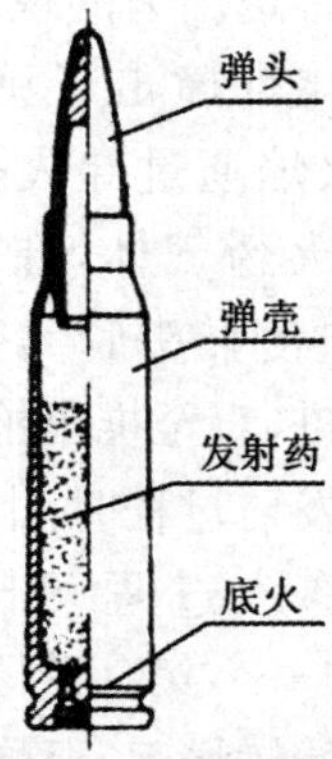

附图 4-3　子弹的组成示意图

弹头用以杀伤敌人的有生力量；弹壳用以容纳发射药，安装弹头和底火；底火用以点燃发射药；发射药用以燃烧后产生火药气体，推送弹头前进。

自动步枪主要使用 5.8 毫米普通弹，用以杀伤敌人的有生力量。必要时可使用 5.8 毫米机枪弹和曳光弹。曳光弹主要用以试射、指示目标和作信号用，命中干草能起火。曳光距离可达 800 米，弹头头部为绿色。

（2）枪榴弹。95 式自动步枪可以使用 40 毫米破甲枪榴弹。其战斗性能：主要用于近战中击毁敌轻型装甲目标及土木、水泥工事。表尺射程：120 米。对敌轻型装甲目标直射距离：大于 70 米。最大破甲厚度为 250 毫米。发射时不产生任何后喷物。

(二) 63 式自动步枪

63 式自动步枪是中国第一支自行研制的自动步枪。当时一改仿制苏联轻武器的传统，得到国际轻武器权威专家的较高评价，开创出独立自行研制自动步枪的新局面。1963 年完成了设计定型。1969 年投入大量生产和装备部队，至 1978 年停产、撤装。目前，63 式自动步枪已作为普通高校大学生军训的主要用枪(如附图 4-4)。

附图 4-4　63 式自动步枪

1. 战斗性能

63 式自动步枪，具有射击精度、机构动作可靠性、枪刺的强度刚度高等特点。

100 米单发弹着点散布：约 4.5 厘米，点射 70%密集界：方向×高低为 20 厘米×20 厘米。首创了三棱刮刀式枪刺，提高了枪刺的强度、刚度和刺入深度。可用专用弹夹向装在自动步枪上的空弹匣压装 20 发枪弹，方便了空弹匣补充装。

2. 主要诸元

口径 ………… 7.62 毫米
全长 ………… 1 342 毫米(枪刺打开)、1 033 毫米(枪刺折叠)
全重 ………… 3.8 千克
初速 ………… 735 米/秒
射速 ………… 40 发/分(单发)、60 发/分(点射)
有效射程 ………… 400 米
弹匣容量 ………… 20 发
枪弹 ………… 56 式步枪弹

三、简易射击学理

(一) 发射

火药气体压力将弹头(火箭弹)从膛内推送出去的现象，叫发射。

击针撞击子弹底火，使起爆药发火，火焰通过导火孔引燃发射药，产生大量火药气体，在膛内形成很大的压力，迫使弹头脱离弹壳，沿膛线旋转加速前进，直至推出枪口。

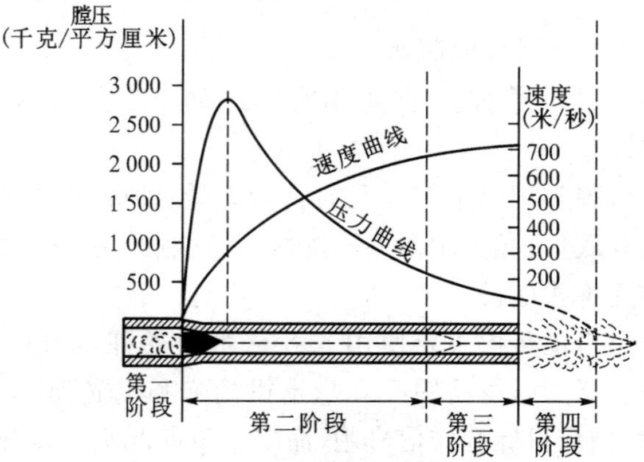

附图 4-5　发射的四个阶段示意图

发射过程时间极短促，现象却很复杂，整个过程可分为四个阶段(如附图4-5)：第一阶段(准备阶段)由发射药开始燃烧起，至弹头开始运动时止。第二阶段(基本阶段)自弹头开始运动，到发射药燃烧完为止。第三阶段(气体膨胀阶段)自发射药燃烧完，到弹头底部脱离枪口前切面时止。第四阶段(火药气体作用的最后阶段)自弹头底部脱离枪口前切面时起，到火药气体停止对弹头作用时止。

从发射的四个阶段可知，膛压的变化规律是：从小急剧增大，而后逐渐下降。弹头速度的变化规律是：由静止到运动，由慢到快，始终是加速运动。

(二) 后坐

发射时，武器向后运动的现象，叫后坐。

后坐的形成：发射药燃烧时，产生的气体同时作用于各个方向，作用于膛壁周围的压力为膛壁所抵消；向前作用于弹头后部的压力推送弹头前进；向后作用于弹壳底部的压力经过枪机传给整个武器，使武器向后运动，形成后坐（如附图 4-6）。

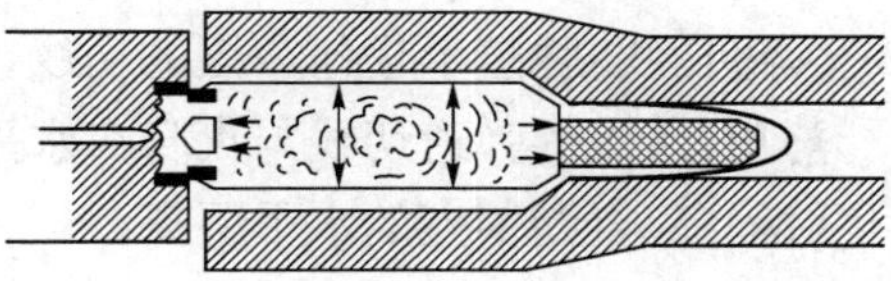

附图 4-6　火药气体作用的方向和后坐的形成示意图

武器的后坐和弹头的运动是同时进行的。在弹头脱离枪口瞬间，大量的火药气体随弹头后部从膛内向外喷出，形成了反作用力，使武器后坐更加明显。

后坐对命中的影响：后坐对单发（连发首发）射击的命中影响极小。

后坐对连发射击的命中有一定的影响。因为连发射击时，第一发子弹发射后，由于枪的明显后坐变动了原来的瞄准线，所以对第二发以后的射弹命中有一定的影响。但只要射手据枪要领正确，适应连发武器射击时的后坐规律，就能减小后坐对连发命中的影响，提高射击精度。

(三) 弹道

弹道：弹头运动中，其重心所经过的路线，叫弹道。

1. 弹道的形成

弹头脱离枪口后，如果没有地心吸引力和空气阻力的作用，它将保持其所获得的速度，沿着发射线无止境地成匀速直线飞行。实际上，弹头脱离枪口在空气中飞行时，同时受到地心引力和空气阻力的作用，使弹道不能成为一条直线（如附图 4-7）。

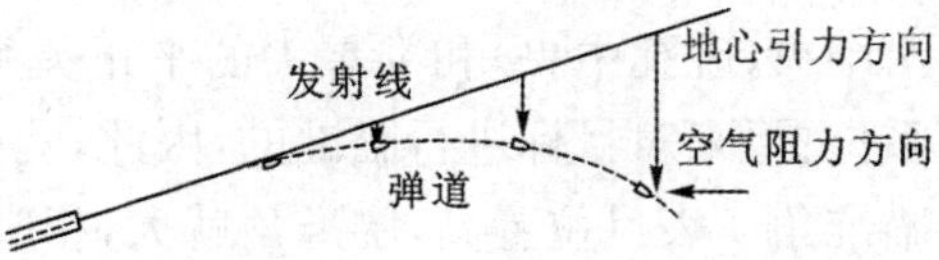

附图 4-7　弹道的形成示意图

由于上述两个原因，弹头在空气中飞行时，一面受到地心引力的作用，逐渐下降；一面受到空气阻力的作用，越飞越慢。因此，形成了一条不均等的弧线。升弧较长较直，降弧较短较弯曲。

2. 弹道要素（如附图 4-8）

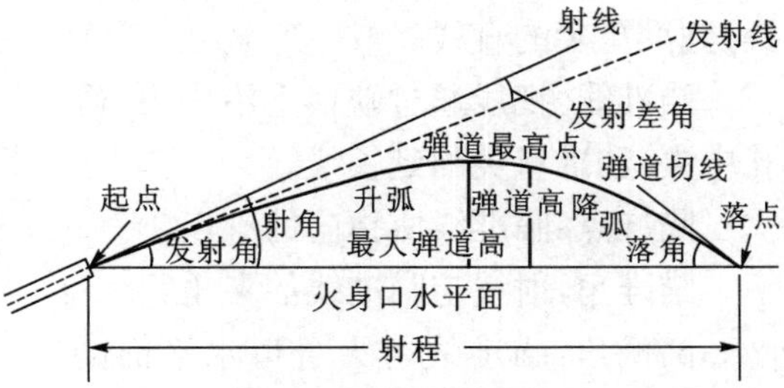

附图 4-8　弹道要素示意图

起点：火身口中心点（外弹道开始点）。

火身口水平面：通过起点的水平面。

射线：发射前火身轴线的延长线。

射角：射线与火身口水平面所夹的角。

发射线：发射瞬间火身轴线的延长线。

发射角：发射线与火身口水平面所夹的角。

发射差角：发射线与射线所夹的角。发射线高于射线时，发射差角为正，发射线低于射线时，发射差角为负；相重合时，发射差角为零。

落点：弹道降弧与火身口水平面的交点（射表落点）。

弹道最高点：火身口水平面上弹道最高的一点。

升弧：由起点到弹道最高点的弹道。

降弧：由弹道最高点到落点的弹道。

弹道高：弹道上任何一点到火身口水平面的垂直距离。

最大弹道高：弹道最高点到火身口水平面的垂直距离。

弹道切线：弹道上任何一点的切线。

落角：落点的弹道切线与火身口水平面的夹角（射表内的）。

射程：起点到落点的水平距离。

（四）选定表尺分划和瞄准点

1. 瞄准具的作用

由于地心吸力和空气阻力的作用，如果用枪管（筒身）直接瞄向目标射击，射弹就会打低打近。

瞄准角的大小，是根据射弹在不同距离上的降落量来确定的。距离越远，降落量越大，所需要的瞄准角也就越大；距离越近，降落量越小，所需要的瞄准角也就越小（如附图 4-9）。

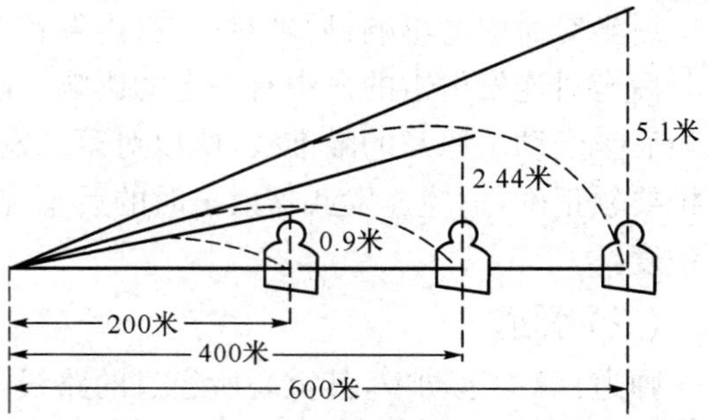

附图 4-9　射击距离与瞄准角的关系示意图

瞄准具就是根据上述原理设计的。由于缺口上沿到火射轴线的高度大于准星尖到火射轴线的高度，射击时，是通过缺口上沿中央（觇孔中央）和准星尖的平正关系（关系位置）来对目标进行瞄准的，因此，就抬高了枪口，使火射轴线与瞄准线之间构成了一定的瞄准角。表尺位置高，瞄准角就大，相应的射击距离就远；表尺位置低，瞄准角就小，相应的射击距离就近。

各种枪的表尺钣上都刻有不同的表尺分划，选定表尺分划，就是改变表尺的高低位置，实际上也就是选定瞄准角。

2. 瞄准要素（如附图 4-10）

瞄准基线：缺口的上沿中央（觇孔中央）到准星尖的直线。

瞄准线：视线通过缺口上沿中央（觇孔中央）和准星尖的延长线。

瞄准点：瞄准线所指向的一点。

瞄准角：射线与瞄准线的夹角。

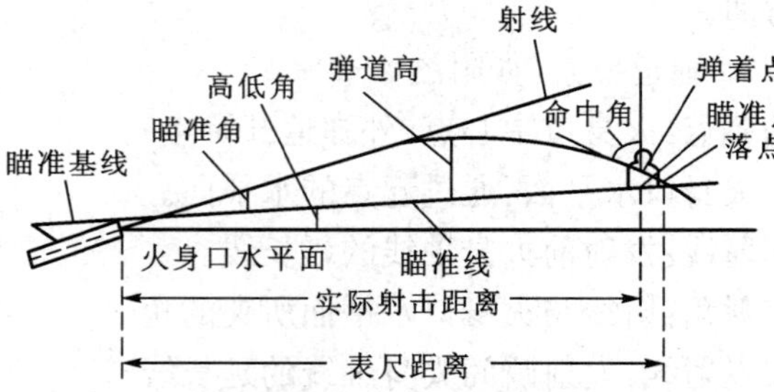

附图 4-10　瞄准要素示意图

高低角：瞄准线与火身口水平面的夹角（目标高于火身口水平面时，高低角为“＋”；目标低于火身口水平面时，高低角为“－”）。

瞄准线上的弹道高：弹道上任何一点到瞄准线的垂直距离。

落点：弹道降弧与瞄准线的交点。

弹着点：弹道与目标表面或地面的交点。

命中角：弹着点的弹道切线与目标表面或地面所夹的角。命中角通常以小于90°的角计算。

表尺距离：起点到落点的距离。

实际射击距离：起点到弹着点的距离。

3. 选定表尺分划和瞄准点

为了使射弹准确地命中目标，射击时，射手应根据目标的距离、大小和武器的弹道高低，正确地选定表尺分划和瞄准点。

(1) 定实距离表尺分划，瞄目标中央。目标距离为百米整数时，可根据目标的距离选定相应的表尺分划，瞄准点选在目标中央。

(2) 定大于或小于实距离表尺分划，适当降低或提高瞄准。目标距离不是百米整数时，通常选定大于实距离的表尺分划，根据武器在该距离上的弹道高，相应降低瞄准点射击。

在战场上，目标出现突然，大小暴露不一，且距离不断变化。用此种方法，对300米以内的目标不需要变更表尺分划即可实施射击，以争取时间，提高战斗射速，增大射击效果。

四、射击动作及方法

(一) 验枪

验枪是一项保证安全的重要措施。使用武器前后及必要时，均应验枪，认真检查弹膛、弹匣和教练弹中有无实弹。验枪时，严禁枪口对人。

口令："验枪""验枪完毕"。

动作要领：听到"验枪"的口令后，以右脚掌为轴，身体半面向右转，左脚顺势向前迈出一步(两脚约与肩同宽)，同时右手移握护木，将枪向前送出(背带从肩上脱下)，左手接握下护木，左大臂紧靠左肋，枪托贴于右胯，准星约与肩同高，右手掌心向下，虎口向前，拇指打开保险卸下弹匣交给左手握于护木右侧，移握机柄。

当指挥员检查时，拉枪机向后，验过后，自行送回枪机，装上弹匣，扣扳机，关保险，移握枪颈。

听到"验枪完毕"的口令后，左手反握护木，将枪倒置于胸前，上背带环约与肩同高，右手挑起背带，身体半面向左转，在右脚靠拢左脚的同时，两手协力将枪送上右肩，恢复肩枪姿势。

(二) 装退子弹及定复表尺

1. 向弹匣内装子弹

左手握弹匣，使弹匣口向上，挂耳向前，右手将子弹放于受弹口，两手协力将子弹压入弹匣内。

2. 卧姿装退子弹及定复表尺

口令："卧姿—装子弹""退子弹—起立"。

动作要领：听到"卧姿—装子弹"的口令后，右手移握上护木，使枪口向前(背带从肩上脱下)，左脚向右脚尖前迈出一大步(也可右脚顺脚尖方向迈出一大步)，左臂伸出，掌心向下，手指稍向右，按照膝、手、肘顺序顺势卧倒。以身体左侧、左肘支持全身。右手将枪向目标方向送出，左手接握下护木，枪面稍向左，枪托着地，右手卸下空弹匣（弹匣口朝后，弯曲部朝上）交给左手握于护木右侧，解开弹袋扣取出并换上实弹匣，将空弹匣装入弹袋内并扣好，拇指打开保险，拉枪机送子弹上膛，关上保险（如附图 4-11）。右手拇指和食指转动表尺转轮，使所需分划对正表尺座一侧定位点。然后，右手移握握把，全身伏地，两脚分开约与肩同宽，身体右侧与枪身略成一线，目视前方，准备射击。

附图 4-11　卧姿装子弹示意图

听到“退子弹—起立”的口令后，稍向左侧身，右手卸下实弹匣交给左手，打开保险，拇指慢拉枪机向后，余指接住从膛内退出的子弹，送回枪机，将子弹压入弹匣内，解开弹袋扣，取出并换上空弹匣，将实弹匣装入弹袋内并扣好。扣扳机，关保险，表尺转轮分划归“3”，移握上护木，将枪收回，同时左小臂向里合，屈左腿于右腿下。以左手和两脚撑起身体，右脚向前一大步，左脚再向前一步，左手反握护木，将枪倒置于胸前，右手挑起背带，在右脚靠拢左脚的同时，两手协力将枪送上右肩，恢复肩枪姿势。

其他还有跪姿、立姿装退子弹及定复表尺。

(三) 据枪、瞄准、击发

据枪、瞄准、击发是相互联系和相互影响的动作，稳固持久地据枪，正确一致地瞄准，均匀正直地击发，三者正确地结合，是准确射击的关键，也是射击训练的基础。因此，必须刻苦练习，熟练掌握。这里主要介绍有依托据枪、瞄准、击发。

为了获得更好的射击效果，应力求利用地物和构筑依托物实施射击。依托物的高低应以射手的身体而定，一般为 25～30 厘米，依托物内侧应陡些。在紧急情况下，还应善于利用不同高度的依托物实施射击。

1. 据枪

卧姿有依托据枪时，下护木前端放在依托物上，身体右侧与枪身略成一线。左手握弹匣（也可托握下护木），左肘着地外撑。右手拇指将保险机扳到所需的位置，虎口向前紧握握把，食指第一节靠在扳机上，右大臂略成垂直，右肘着地外撑（肘皮控制在内前侧）。两肘保持稳固。胸部挺起，身体稍前跟（右肘不离地），上体自然下塌，两手用力保持不变，使枪托确实抵于肩窝。头稍前倾，自然贴腮（如附图 4-12）。

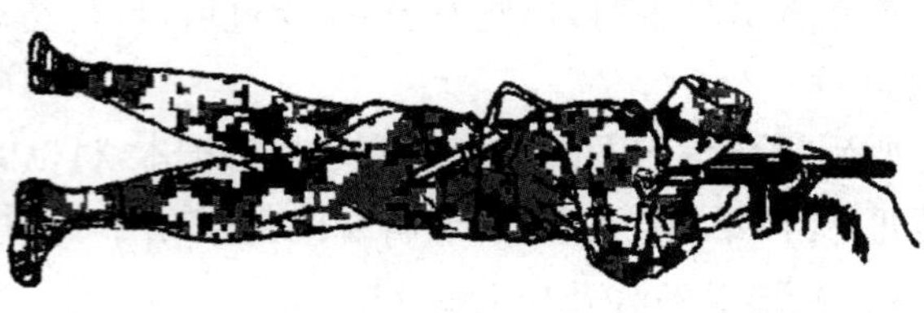

附图 4-12　卧姿有依托据枪示意图

2. 瞄准

首先使瞄准线自然指向目标（如附图 4-13）。若未指向目标，不可迁就而强扭枪身，必须调整姿势。需要修正方向时，可左右移动身体或两肘。需要修正高低时，可前后移动整个身体或两肘里合、外张（连发射击时，右肘不宜外张），也可适当调整依托物。

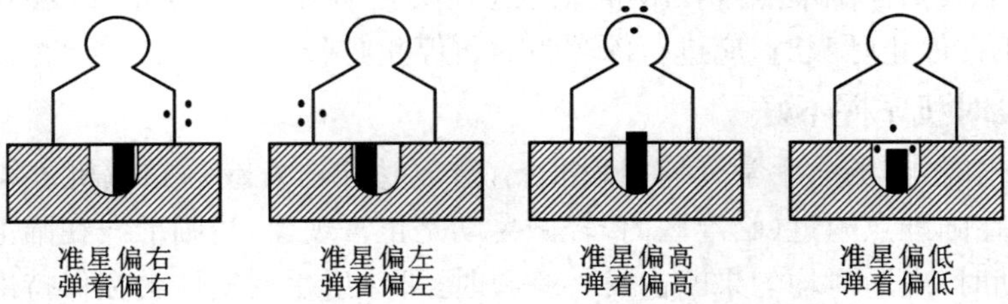

附图 4-13　准星与缺口关系不正确对命中的影响示意图

3. 击发

用右手食指第一节均匀正直地向后扣压扳机(食指内侧与枪应有不大的空隙),余指力量不变。当瞄准线接近瞄准点时,开始预压扳机,并减缓呼吸。当瞄准线指向瞄准点时,应停止呼吸,继续增加对扳机的压力,直至击发。击发瞬间应保持正确一致的瞄准。若瞄准线偏离瞄准点或不能继续停止呼吸时,应既不增加也不放松对扳机的压力,待修正或换气后,再继续扣压扳机。

操纵点射时,应稳扣快松,扣到底松开为 2～3 发,在扣扳机的过程中,应始终保持姿势稳固,据枪力量不变,以提高连发射击命中精度。

(四) 对固定目标射击

1. 对固定目标射击的特点

对固定目标射击的特点是:目标位置不变;目标的大小、方向不变;射击距离不变;表尺、瞄准点和瞄准景况不变;射击时间比较充裕。

2. 对固定目标射击的方法

对固定目标射击,通常为精度射击。

射击时,射手首先应选择好射击位置,调整好依托的高低、软硬,迅速做好射击准备。然后,按照动作要领进行稳固的据枪,正确一致地瞄准,均匀正直地击发。

在射击过程中,射手应注意观察弹着和修正偏差,以提高射击精度。

五、据枪、瞄准、击发常犯的毛病及纠正方法

(一) 抵肩位置不正确

射击时,射手若不能正确地抵肩,会使射弹产生偏差。在通常情况下,抵肩过低易打低;抵肩过高易打高。纠正时,射手正确体会正确的抵肩位置,并通过他人摸、推的方法检查抵肩位置是否正确。

(二) 两手用力不当

射击时,射手为了命中目标,往往以强力控制枪的晃动,造成肌肉紧张,用力方向不正,姿势不稳,使枪产生角度摆动,增大射弹散布。纠正时,应强调据枪时正直向后适当用力,使用力方向和后坐方向一致。练习时,可在据枪后由协助者向后推枪、拉枪机或射手两手向后引枪等方法,检查用力方向是否正确。发现偏差,及时纠正。

(三) 停止呼吸过早

射击时,停止呼吸过早易造成憋气,使肌肉颤动、据枪不稳或猛扣扳机。纠正时,应使射

手反复体会瞄准线指向瞄准点或在瞄准点附近轻微晃动时，自然停止呼吸的要领。在剧烈运动后，无法正常停止呼吸时，应进行深呼吸后再停止呼吸。

(四) 击发时机掌握不好

无依托射击时，有的射手常为捕捉瞄准点，造成勉强击发或猛扣扳机。纠正时，应指出瞄准线的指向在瞄准点附近(瞄准区内)轻微晃动是正常现象，当瞄准线在瞄准点附近(瞄准区内)轻微晃动时，应适时均匀果断击发。练习时，可让射手反复体会在保持准星与砚孔(缺口)正确平正关系的基础上，自然指向瞄准点(区)的景况。也可加强臂力锻炼和采取逐步缩小瞄准区的辅助练习方法，摸索枪的晃动规律，掌握击发时机。

(五) 耸肩、眨眼和猛扣扳机

射击时，由于射手过多考虑枪响时机、点射弹数、射击成绩等原因，造成心理紧张，产生耸肩、眨眼和猛扣扳机等错误动作，影响射弹命中。纠正时，应强调按要领操作，把主要精力、视力集中在准星与砚孔(缺口)的正确关系上，达到自然击发。

(六) 枪面倾斜

瞄准时，如枪面偏左(右)，射角减小，枪身轴线指向瞄准点左(右)边，射击时，弹着偏左(右)下。纠正时，强调射手据枪应保持枪面平正。

(七) 贴腮位置不正确

使用瞄准镜瞄准时，如果射手贴腮位置不在眼罩正中间，过高、过低或是离眼罩过远，就不能观察全视场，影响瞄准效果。纠正时，强调射手眼睛贴近眼罩，并位于眼罩中间部位。

六、射击成绩评定

实弹射击成绩评定分为四个等级，即：优等、良好、及格、不及格。

(一) 个人实弹射击成绩评定(针对学生军训部分)

课目：自动步枪或冲锋枪对固定目标射击。

条件：自动步枪对固定目标胸环靶射击，距离 100 米，卧姿有依托，5 发子弹，单发射击，计环数，不报靶。

成绩评定：40 环以上为优秀，30 环以上为良好，25 环以上为及格。

实施方法：瞄准点自选。

(二) 单位实弹射击成绩评定

优等：80%以上射手的成绩在合格以上，并有 50%以上射手的成绩为优秀。

良好：70%以上射手的成绩在合格以上，并有 50%以上射手的成绩为良好和优秀。

及格：50%以上射手的成绩在合格以上。

附录五　地形与地形图使用

地形在战争中的作用，历来为兵家所重视，它作为战场的自然结构、战争的依托和舞台所提供的利蔽条件，是人为力量所难以比拟的。信息化战争，不仅没有降低对地形的研究和利用，而且更为广泛深刻。地形图的制作、研究地形的方法等都发生了根本性的变化。我们可以从海湾战争、科索沃战争、伊拉克战争、多国空袭利比亚及乌克兰危机中领会到这点。

一、地形及其对作战行动的影响

(一) 地形的概念及分类

1. 什么是地形

地形是地球表面自然起伏的形态和固定性物体的总和。地球表面自然起伏的形态称为地貌,如山地、丘陵、平原;地球表面固定性物体称为地物,如道路、房屋、河流和森林等。所以,地形是地貌和地物的总称。

2. 地形要素

任何一定范围的地形都是由地貌和土质、居民地、交通网、水系、植被及其他独立的地物所构成的。如果将地貌和土质、居民地、交通网等称作地形要素,那么地形就是诸地形要素不等量的自然组合。

3. 地形分类

在大范围内,以地貌所决定的总的起伏形态,可将地形分为山地地形、丘陵地形和平原地形。

在实际应用中,在较小的范围内,依地形所表现的某一些突出要素的特征,可将地形分为山林地形、石灰岩地形、水网稻田地形、黄土地形、沙漠戈壁地形、城市居民地形、海岸岛屿地形、草原地形、沼泽地形等。外军也有按地形对军队通告及侦察的影响来对地形进行分类的。

(二) 不同地形对作战行动的影响

1. 平原地形对作战行动的影响

平原地形平坦开阔,道路较宽而多,江河较少,交通方便,人烟稠密,农产丰富,多为大面积耕地,适于机械化部队行动和大兵团作战;冬春季节视野和射界开阔,但大部队行动容易暴露目标。夏季树木繁茂,青纱帐起,便于荫蔽和伪装,但视界和射界受到一定的限制。平原一旦遭受核武器、化学武器袭击,危害范围较大,利用土堆、小丘、凸道、土坑、凹道和沟渠等,可起到一定的防护作用。

2. 山地地形对作战行动的影响

山地的斜面坡度较陡峻,死角荫蔽地多,地形复杂,江河阻隔。人烟稀少,交通不便,越野困难。便于凭险固守,设置埋伏,迂回包围,隐蔽行动。不便于联络和指挥,容易迷失方向,协同动作、部队展开和技术兵器的使用受到一定的限制。山地对核武器、化学武器的袭击有良好的天然防护作用。

3. 丘陵地形对作战行动的影响

丘陵地对军队的机动和各种兵器器材的使用一般限制较小,因地形的起伏而具有一定的隐蔽条件;通行条件好,便于诸兵种组织指挥、通信联络、协同作战;展望良好,射界开阔,便于选择良好的制高点、指挥所、观察所和各种火器射击阵地;土层较厚,材料丰富,便于构筑作战工事;物产丰富,便于军队后勤补给;由于地形起伏,对核武器、化学武器袭击有较好的天然防护作用,但山谷和凹地容易滞留毒剂;峡谷和冲沟,是天然的防坦克障碍。

二、地物符号

在地形图上,地物是根据《地形图图式》规定的符号结合注记表示的。这些规定的图形符号叫地物符号。根据符号和注记,可以识别地物的分布、形状和大小,了解江河的河宽、水深和流速,桥梁的长、宽、载重量和性质,森林的种类、平均高度和粗度等。

(一) 符号的图形

符号的图形,多数是按地物的平面形状制定的,如居民地、桥梁与江河等;有些是按地物的侧面形状制定的,如亭、塔、烟囱等;也有少数是按有关意义制定的,如矿井、气象台(站)和变电所等。如果我们掌握了制定地物符号的一般规律,联想实地地物的形状,就易于识别和记忆。

(二) 符号的分类

1. 依比例尺表示的符号

实地上面积较大的地物,如居民地、森林、较大的江河与湖泊等,其外部轮廓是按比例尺缩绘的,在图上可了解其分布和形状,量取相应实地的长、宽和面积。

2. 半依比例尺表示的符号

实地上的线状地物,如道路、垣栅、土堤、小的河流等,其长度是依比例尺表示的,而宽度则不能依比例尺表示。在图上只能量取相应实地的长度,而不能量取宽度和面积。其准确位置,在符号的中心线或底线上。

3. 不依比例尺表示的符号

实地上面积很小,但对军事行动有影响或有方位意义的独立地物,如亭、塔、突出树、独立房屋等,无法依比例尺缩绘在地形图上,只能以规定的符号表示,在图上可了解实地地物的性质和准确位置,不能量取大小。其准确位置,在符号的定位点上。

4. 说明和配置符号

说明符号只用来说明某些符号所不能表示的内容,如潮流、江河流向的箭头等。配置符号主要用来表示某些区域的植被和土质分布特征,如草地、露岩地和路旁行树等。说明和配置符号,只表示实地某些地物的情况和分布,不表示地物、地貌的真实位置(如附图5-1)。

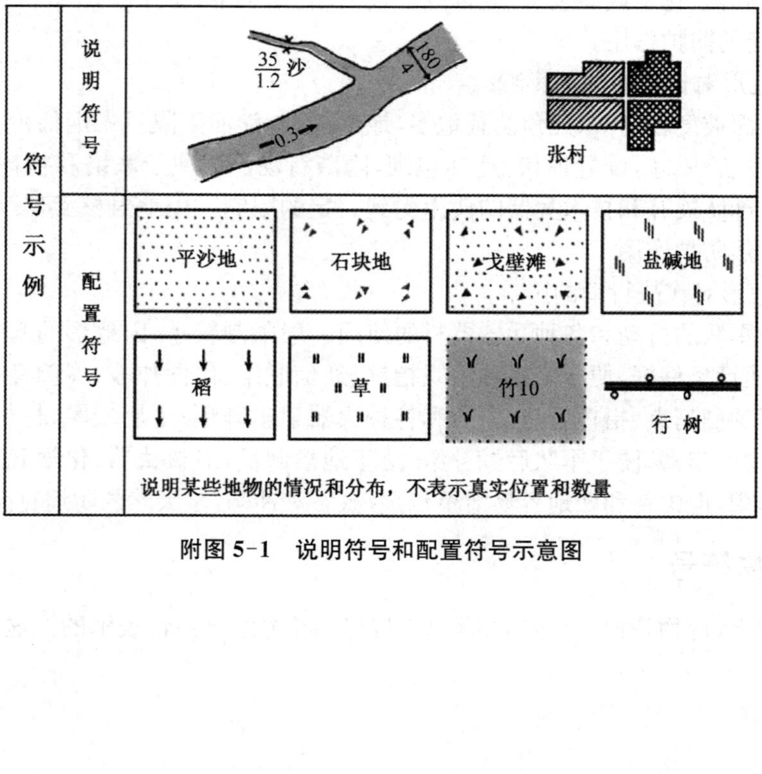

附图 5-1　说明符号和配置符号示意图

(三) 注记

1. 城市、集镇、村庄、高地、江河、水库等的地理名称,分别用不同的颜色、字体和大小的文字来表示。

2. 公路路面的质量,渡口、徒涉场和桥梁的性质,森林的种类,井水的咸淡,塔形建筑物的性质等,均用不同颜色的文字注在符号的一旁。

3. 山的高程,土堆、冲沟、陡崖的比高,森林的平均树高、树粗,公路的宽度,江河的宽、深和流速等,均用不同颜色的数字表示。

(四) 符号的颜色

我军地形图采用四色套印,使地形图内容层次分明,清晰易读,且便于标绘战术情况。地形图符号颜色的规定见附表 5-1。

附表 5-1 地形图符号颜色规定

符号颜色	黑色	绿色	棕色	蓝色
用于地形	居民地、道路、独立地物等	森林、果园的普染等	地貌、等高线的高程注记及公路的普染等	水系符号、注记及普染等

(五) 注意事项

测绘地形图时,由于实地地物繁多,不可能全部测绘到图纸上,因而对某些地物进行了综合取舍或移位处理;另外,测绘后,实地又会有新增或变化。因此,在识别和使用地物符号时,应注意下列情况。

1. 综合取舍表示的地物。如成片的房屋,在地形图上综合成街区符号;林立的烟囱、平原的道路、水网稻田地的沟渠等,在地形图上只表示大的、主要的,舍去小的、次要的。

2. 移位表示的地物。当两个以上地物符号相距很近,不能同时表示其真实位置时,一般将主要地物位置精确表示,次要地物移位表示。在公路、沟渠、城墙等线状地物旁边的地物,如独立房屋等,有些是移位表示的,位置不够准确。

3. 容易变化和新增的地物。如城镇周围的地物、江河的岸线、生长和砍伐的树木等,测图以后,现地可能因扩建或改造而变化或增加新的地物。

三、地貌判读

在地形图上,地貌主要是用等高线来表示的。要从图上了解和研究地貌的起伏状况,地面点的高程、高差,斜面的坡度等,应首先懂得等高线表示地貌的原理、特点和规定,才能掌握判读的要领。

(一) 等高线表示地貌

1. 等高线表示地貌的原理

设想把一个山地模型,从底到顶按相等的高度,一层一层地水平截开,模型的表面便出现许多闭合的截口线,再把这些截口线垂直投影到一个平面上,便呈现出一圈套一圈的曲线图形。因同一条曲线上各点的高度都相等,所以这种曲线叫等高线(如附图5-2)。相邻两等高线水平截面间的垂直距离叫等高距。地形图就是根据这个原理来表示地貌的。

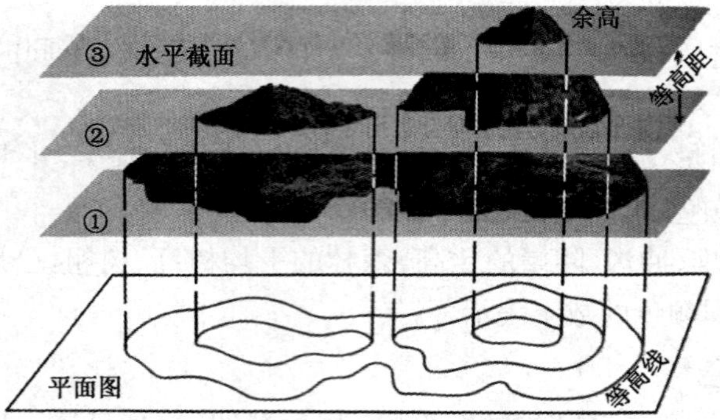

附图 5-2 等高线表示地貌原理示意图

2. 等高线表示地貌的特点

(1) 在同一等高线上,各点的高程相等,并各自闭合。

(2) 在同一幅地形图上,等高线多的山就高,等高线少的就低。

(3) 在同一幅地形图上,等高线间隔大的坡度缓,间隔小的坡度陡。

(4) 等高线的弯曲形状与相应实地地貌的形状相似。

3. 等高线的种类

等高线按其作用不同,分为以下四种:

(1) 基本等高线(首曲线)。在地图上按规定等高距测绘的细实线。用以表示地貌的基本形态。

(2) 加粗等高线(计曲线)。从高程起算面起,在地形图上每隔 4 条首曲线描绘的粗实线。便利在图上查算高程。

(3) 半距等高线(间曲线)。在地形图上按二分之一等高距测绘的长虚线,用来表示基本等高线不能表示的局部地貌。

(4) 辅助等高线(助曲线)。在地形图上按四分之一等高距测绘的短虚线,用来补助半距等高线还不能表示的局部地貌。

4. 高程起算和注记

我国地面的高程,规定采用 1956 年依据青岛验潮站多年的观测数据,计算黄海的平均海水面为基准起算面,称为 1956 年黄海高程系。自 1988 年起正式启用 1985 年国家高程系,在新版的军用地形图中采用的就是 1985 年国家高程系。从这个基准面起算的高程叫真高(也叫海拔);从某一个假定基准面起算的高程,叫标高,也叫假定高程。两点间高度之差叫高差。地形图上的高程注记,如控制点、山顶和某些地物的高程,用棕色当数字注记,字头朝向上坡方向。

(二)山的各部形态

1. 山的各部名称

山的各部名称有山顶、山背、山谷、凹地、鞍部、山脊等(如附图 5-3)。

附图 5-3 山的各部名称示意图

山顶:山的最高部分叫山顶。图上表示山顶的等高线是一个小环圈,有时在环圈外绘有垂直于等高线的短线,叫示坡线。

山背:从山顶到山脚间的凸起部分,叫山背。图上表示山背的等高线从山顶起。逐渐向外凸出。各等高线凸出部分顶点的连线,叫分水线。

山谷:两个山背或山脊间的低凹部分,叫山谷。图上表示山谷的等高线,逐渐向山顶或鞍部方向凹入。各等高线凹入部分顶点的连线,叫合水线。

凹地:比周围地势凹陷,且经常无水的地方叫凹地。在地形图上表示凹地的等高线是一个或数个小环圈,在环圈内测绘有示坡线。

鞍部:相连两个山顶间形如马鞍状的低凹部分,叫鞍部。图上鞍部是由表示山谷和山背的两对称的等高线表示。

山脊:由若干山顶、鞍部相连所形成的凸棱部分,叫山脊。山脊的最高棱线,叫山脊线。图上山脊是由若干表示山顶和鞍部的等高线连贯起来表示的。

山的其他形态,均用相对应的等高线表示(如附图 5-4)。

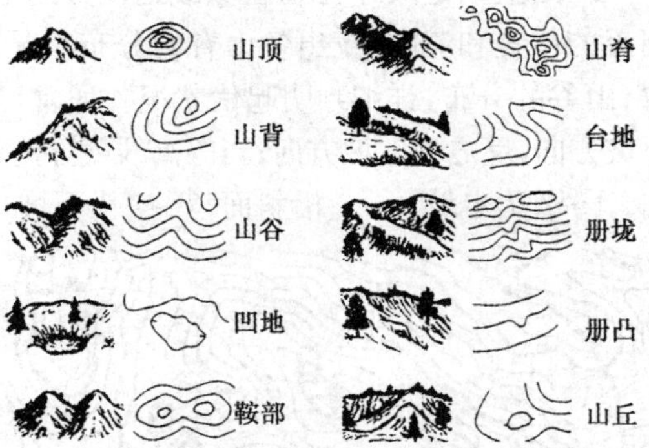

附图 5-4 山的基本形态表示方法示意图

2. 变形地

地表面因受地壳变动,流水、风力作用或其他的影响,局部地貌改变形状的部分,叫变形地。因面积较小或较陡,图上不便于用等高线表示,而以专用符号表示。变形地明显突出,具有良好的方位作用。

冲沟:地面因雨水冲蚀而形成的大小深沟,叫冲沟,也叫雨裂。冲沟的沟壁一般比较陡峻,图上根据其宽度分别用单线或双线表示。冲沟一般注记深度,有的以分式注记,分子为宽度,分母为深度。

陡崖:高地斜面坡度近乎垂直(坡度在 70°以上),难于攀登的陡峭崖壁,叫陡崖,也叫断崖。符号的实线表示崖壁的上沿部分,注记数字为陡崖高度。

陡石山:岩石裸露的陡峭(坡度一般 70°以上)山脊、山背及独立石山等。

崩崖:沙质或石质山坡,受风化作用,向山坡崩落的沙土或石屑地段。

滑坡:斜面表层因雨水或其他外力影响而下滑的地段。

3. 斜面和防界线

斜面是从山顶到山脚的倾斜部分。高地朝向敌方的斜面叫正斜面，背向敌方的斜面叫反斜面。按形状可分为五种。

等齐斜面：坡度近乎一致，斜面上均能通视。图上等高线的间隔基本相等。

凸形斜面：坡度上缓下陡，斜面上部分地段不能通视，形成观察和射击的死角。图上等高线的间隔上疏下密。

凹形斜面：坡度上陡下缓，斜面上均可通视。图上等高线的间隔上密下疏。

波状斜面：坡度陡缓不一，斜面的若干地段不能通视，形成观察、射击的死角较多。图上等高线的间隔疏密不一。

防界线：斜面凸起的倾斜变换线。在防界线上，能展望其下方的部分或全部斜面，适于设置观察所和步兵火器射击阵地等。图上防界线是等高线由疏变密的地方。

(三) 地貌判定

1. 高程、高差判定

判定点的高程，应先在判定的点附近找到高程注记，然后根据等高距推算。判定两点间的高差时，首先要判明两点的高程，将两点的高程相减，即得两点间的高差(如附图 5-5)。

2. 起伏判定

在图上判定战斗行动区域或运动方向上的起伏状况时，首先应根据等高线的疏密概况、河流的位置和流向，找出各山脊的分布状况和地形总的下降方向，再具体明确山顶、鞍部、山脊、山谷的分布，详细判明起伏状况。通常，当等高线在河流一侧时，靠近河流的等高线表示下坡方向，反之为上坡方向；当等高线横穿河流时，上游的等高线表示上坡方向，反之为下坡方向。1～2 为上坡，2～3 沿斜面，3～4 为下坡，4～5 为上坡，5～6 先上坡，后下坡(如附图 5-6)。

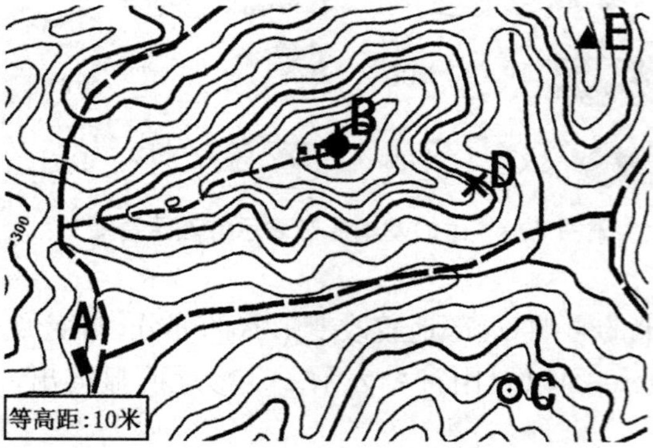

附图 5-5　利用等高线判定高差示意图

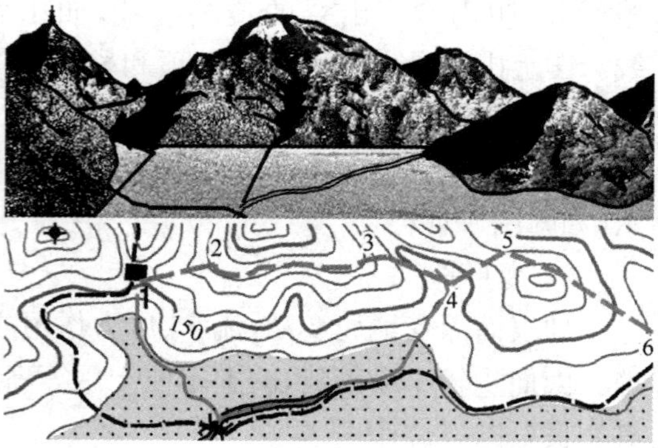

附图 5-6　地形起伏判定方法示意图

3. 坡度判定

坡度，是斜面对水平面的倾斜程度。坡度大到一定程度，人员、骡马、车辆等就难于通行或不能通行。坡度判定对军队能否正常通过具有重要作用。

判定坡度通常用坡度尺比量的方法进行。地形图南图廓的下方绘有坡度尺，其下方注记1°至 30°的坡度数值和3.5%～58%的百分数，从下至上有 6 条线，可以分别比量 2～6 条等高线间的坡度。当量某段道路的坡度时，先用两脚规(或纸条)量取图上两条等高线间隔的宽度，然后移到坡度尺第一条曲线与底线间的纵方向比量，在等高线间隔的宽度与坡度尺间隔相等的位置下面，读出相应的坡度，即为该段道路的实际坡度。

四、现地判定方位

现地判定方位是指在现地辨明站立点的东、西、南、北方向，明确站立点与周围地形的位置关系，从而确定站立点和目标点在图上的位置。现地判定方位的方法很多，主要有利用指北针判定方位、利用天体判定方位、利用自然特征判定方位等。

(一) 利用指北针判定方位

利用指北针判定方位时，将指北针平放，待磁针完全静止后，磁针北端所指的方向就是北方。如果测定者的面朝向北方，则他的背后是南，右边是东，左边是西。

由于指北针的磁针有吸铁的特性，所以利用指北针判定方位时应注意：使用前应检查磁针是否灵敏；使用时必须持平；不要太靠近高压线、汽车、坦克、火炮等物体。在遇雷雨时和在含有磁铁矿地区都不能使用。

(二) 利用天体判定方位

利用天体判定方位，白天可以利用太阳，而夜间则只能利用北极星来判定。

1. 利用太阳与时表判定，是晴天在野外常用的一种能较快地辨别出概略方向的方法。其判定要领就是："时数折半对太阳，12 指的是北方。" 为提高判定的准确性，通常适用在上午 9 时至下午 4 时之间，时间是按 24 小时制(如附图 5-7)。并要注意的是我国不同的地区和不同的季节，用时表与太阳来判定方位所指的方向是略有不同的。

2. 利用北极星判定方位。北极星位于正北天空。在夜间观察时，其距离地平面的高度约相当于当地的纬度。寻找时，通常要根据北斗七星(即大熊星座)或 w 星(即仙后星座)确定。北斗七星是七颗比较亮的星，形状像一把勺子，将勺头甲乙两星连一直线向勺口方向延长，约为甲乙两星间隔的五倍处，有一颗略暗的星，即北极星(如附图 5-8)。

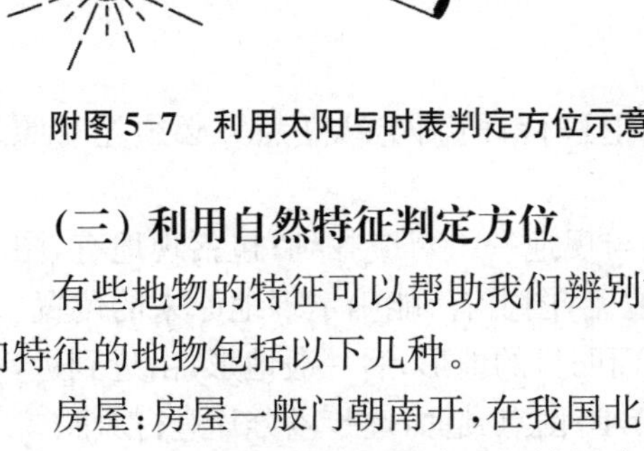

附图 5-7　利用太阳与时表判定方位示意图

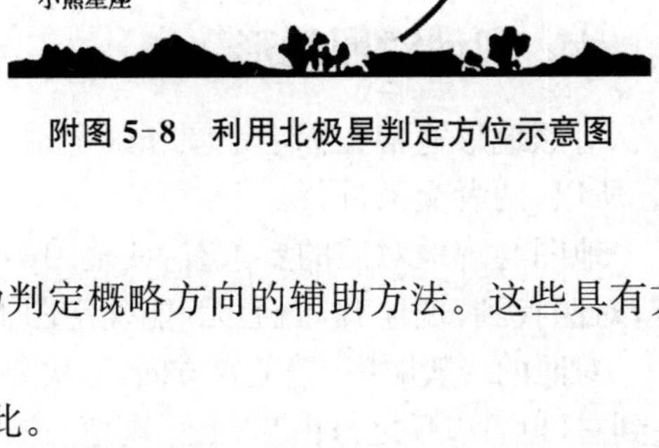

附图 5-8　利用北极星判定方位示意图

(三) 利用自然特征判定方位

有些地物的特征可以帮助我们辨别方向，作为判定概略方向的辅助方法。这些具有方向特征的地物包括以下几种。

房屋：房屋一般门朝南开，在我国北方尤其如此。

庙宇：庙宇通常坐北朝南，尤其是庙宇群中的主要殿堂。

树木：树木通常朝南的一侧枝叶茂盛，色泽鲜艳，树皮光滑，向北的一侧则相反。同时，朝北一侧的树干上可能生有青苔。

凸出地物：例如墙、地埂、石块等，其向北一侧的基部较潮湿，并可能生长苔类植物。

凹入地物：例如河流、水塘、坑等，其向北一侧的边缘（岸、边）的情况与凸出地物相同。

需要注意两点：一是利用地物的特征来判定方向不一定很准确，有的地物本身并不是按这种规律的；二是所利用的地物通常不一定是非常容易辨认方法的。所以，不主张用此种方法来判定方向。

五、现地标定地图

标定地图是现地对照地图的首要步骤。标定地图就是将地图的方向与现地方向一致起来。

（一）利用指北针标定

用指北针标定地图，一般是按磁北线标定。

标定时，先以指北针的直尺边与磁北方向线（磁北方向线的位置可在图上找到，磁北线注有“磁北”和“磁南”）密合，然后转动地图，使磁针的北端对准“北”字，此地图与现地的方位就一致了。

用指北针标定地图，也可以按纵坐标线或真子午线标定。纵坐标线，在图上很容易找到。真子午线位置在哪儿？东西内图廓线，就是真子午线。按纵坐标线、真子午线标定地图的方法与按磁北方向线的标定方法一样，但是，要注意按照偏角图修正偏角。

（二）依据直长地物标定

所谓直长地物，就是又直又长的地物。如公路、铁路、水渠、土堤、通信线、输电线等，都是直长地物。

标定时，顺着直长地物的方向站好，先从图上找到这个直长地物符号，再转动地图，对照两侧地形，使图上和现地地物的方向一致，地图就标定了。但要注意图上方位与实地一致，不要搞反了。

（三）依据明显地形点标定

哪些算明显地形点呢？凡是有突出特征的物体，都是明显地形点，像山顶、鞍部、烟囱、水塔、桥梁、叉路口、土堆、独立树等都算是明显地形点。

标定时，先确定站立点在图上的准确位置；再选定一个远方明显的地形点，并将直尺边切于站立点和远方地形符号的中心；然后转动地图，使远处地形符号在前，通过直尺，向远方实地相应地形点瞄准，地图方位就标定了。

六、现地对照地形

对照地形通常在标定地图和确定站立点的基础上进行，而确定站立点又必须先对照地形，所以，两者交叉进行。

地图与现地对照的要求有：使地图的地物、地貌与现地一一对应找到；包括现地有，图上有，对照找到；现地有，图上无，能确定图上位置；现地无，图上有，能确定现地原来的位置。

对照的一般顺序：先主要方向，后次要方向；先大而明显的地形，后一般地形；由近到远，从左到右（也可以反之）；由“图上—现地—图上”；由大带小、由点到面，逐步段分片进行对照。

七、现地判定站立点

确立站立点，就是把自己的实地位置在图上找到。通常有以下几种方法：

（1）利用明显地形点确定。当站立点在明显地形点上时，从图上找到该地形点的符号，即是站立点在图上的位置。当站立点在明显地形点附近时，先标定地图，然后根据站立点与明显地物的相互位置关系，判定出站立点在图上的位置（如附图5-9）。

附图5-9　利用明显地形点确定站立点示意图

（2）利用截线法确定。当站立点位于道路、河渠等线状物上时，先标定地图，在线状物的一侧选择图上和现地都有的明显地形点，然后将直尺边切于图上该地形点上，转动直尺，瞄准现地地形点，并瞄画方向线，方向线与线状地物符号的交点，就是站立点在图上的位置。

（3）利用后方交会法确定。首先标定地图，在远方选择两个图上和现地都有的明显地形点，将直尺分别切于图上两个明显地形点符号的定位点上，再依次瞄准现地的相应地形点，并向后画出方向线，两方向线的交点就是站立点在图上的位置。

（4）利用磁方位角交会法确定。先攀上便于通视远方的树上，在远方选定现地和图上都有的两个明显地形点，分别测出到这两个点的磁方位角。然后在树下近旁标定地图，用指北针直尺边依次切于图上的两相应地形点的定位点上，转动指北针，使磁针北端指向所测得的相应的磁方位角度数，并沿尺边分别画方向线，两方向线的交点就是站立点在图上的位置。

八、按地形图行进

按图行进，就是利用地图选定行进路线，并在行进中不断与现地对照，以保证沿选定的路线到达预定地点的行进方法。

（一）行进前的准备

在行进前必须要事先选准好行进路线。选择路线时，应充分考虑和研究行进路线上可能对行进造成影响的地形因素，如地貌起伏、沿线居民地、桥梁等。部队行进时，通常要选择多条路线，以便分路行进。选择线路时应注意把握以下原则：一是“有路不越野”；二是“选近不选远”；三是“遇障提前绕”。

路线选定后，应将路线及沿线选定的较明显的地物、地貌作为方位物，如转弯点、桥梁、居民地等，并用彩笔在图上作出标记，以便行进时快速查找。

路线和方位选定后，应按行进的顺序，把每段的里程、时间，经过方位物的顺序、数量、名称、关系位置和地形特征记熟，力求做到“心中有图，未到先知”。

（二）行进的方法步骤

行进途中，应边走边对照地形，预知前方要通过的方位物。在经过每个岔口、转弯点、居民地进出口等，应仔细对照地形，随时了解自己在图上的位置，做到“人在实地走，心在图上移”。具体的行进方法步骤如下。

1. 靠记忆特征地形行进

按行进的顺序，采取分段或连续或一次记忆的方法，记住路线的方向、距离、经过的地形点。通过记忆，使现地的情景能够不断地与记忆内容"迭影"、印证。通常情况下，对初学者，易采用分段行进法，即在最佳线路上能通视的地段，不对照地形，而选择在辅助目标点上对照，这样一段一段对照前进；对有一定基础者可用连续行进法，即把各辅助目标点要做的工作提前。在将要到达一个辅助目标点之前，边行进边分析下段能通视地段的地形，在图上找到下一个辅助目标点，然后不作停留，连续行进；对于经验丰富者可用一次记忆行进法，即在出发点，把在地图上选择的从出发点到第一目标点的最佳线路一次性记住，不再选择辅助目标点，在将要到达第一目标前，又一次性记住到下一个目标点的最佳线路，直至终点。

2. 依点、线地物行进

当目标点位于高大、明显的点和线状地物或其附近时，在明确站立点后，可利用这些易于辨认的地物，作为行进的引导。

3. 按方位角行进

按方位角行进是按图行进的辅助方法。在地形起伏不大，无道路，有一定植被（观察不便，但能通行）或夜间、浓雾、风雪等不良气象条件下的地区行进，可在图上测出站立点到目标点的磁方位角，然后量出两点之间的实地距离并换算成复步数或时间（复步数＝实地距离的米数/复步长，复步长一般为 1.5 米）。出发时，首先平持指北针，转动身体，使磁针北端指向下一点的方位角密位数，这时沿照门至准星的方向就是前进的方向，然后按照方位物的方向，照直前进。行进中，随时用指北针检查前进方向，记清复步数或时间。到达目标点后，再按上述要领逐段前进，直到终点。

4. 错了怎么办

行进中，如果感到有走错路线时（没有按时到达目标点，或在沿途应该出现的明显地形而没有出现），应立即对照地形，确立站立点在图上的位置，回忆走过的路线，判定是否走错了。当已经明确走错了时，应选择迂回路或原路返回，待回到正确的线路或地点时，再继续前进。如果条件允许，也可选择新的行进路线，向预定目标前进。

附录六 定向运动

一、定向运动简介

定向运动是一项有益于健康的智力与体力并重的智慧型运动项目。参与者可以从运动中强身健体，培养自己独立思考和解决问题的能力，具有群众性、竞技性、趣味性、经济性及知识性等特点。

（一）定向运动定义和分类

定向运动是一项借助地图和指北针，参与者按规定寻找预设在地面上的检查点标志，以最短时间完成全程的运动项目。

定向运动是一项野外运动项目。组织者在专用的定向地图上将预设在地面上检查点标志（简称点标）标绘在图上，并规定寻找检查点的顺序。而指北针是用以给参与者指明方向。参与者必须在野外利用地图和指北针，选择合适路线、寻找目标，争取以最短时间完成任务。

定向运动通常以是否全部按顺序完成寻找检查点和整个过程耗时多少来决定优胜。定向运动的类型很多，依运动方式可分为徒步定向和工具定向两大类。按国际定向运动联合会（International Orienteering Federation，IOF）的分类标准，定向运动（Orienteering）包括了徒步定向（定向越野）（Foot Orienteering）、滑雪定向（Ski Orienteering）、山地车定向（Bike Orienteering）、轮椅定向（Trail Orienteering）等（如附图 6-1）。

附图 6-1　国际通用的定向运动标识示意图

徒步定向比赛的项目通常有一般定向越野赛、夜间定向赛、积分定向赛、接力定向赛、五日定向赛、公园（校园）定向赛等；工具定向则指利用一定交通工具进行的定向比赛。工具定向比赛基本上通常有水上赛（如独木舟定向赛等）、滑雪定向赛、摩托车定向赛、山地自行车定向赛、轮椅定向赛等。

国际定向运动联合会认可的正式比赛项目分类有多种（如附图 6-2）。

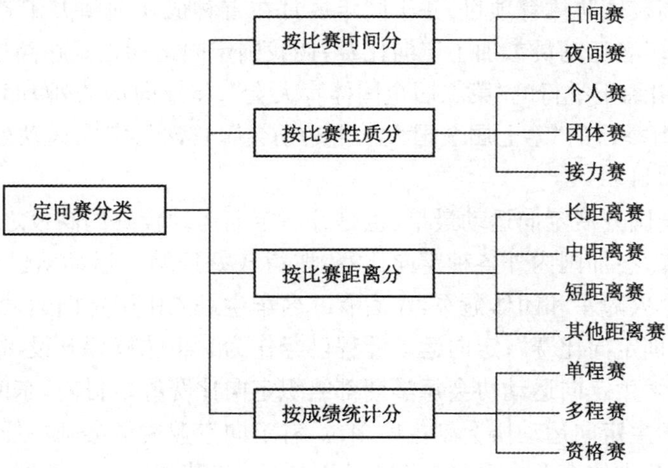

附图 6-2　定向赛的分类示意图

（二）定向运动的发展

1. 定向运动的起源

定向运动起源于瑞典。19 世纪出现在斯堪的纳维亚半岛森林中的独特的军事训练成为定向运动的雏形。由于欧洲北部独特的地理、地貌环境，参加训练的军人常常必须在地图和指北针的帮助下，越过不被人所知的地带，以提高在森林中辨别方向、选择路线的能力，来完成保卫国家的重任。

“定向”二个字在 1886 年被首次使用。1888 年和 1895 年分别在瑞典斯德哥尔摩和挪威奥斯陆的军营中出现了最早的定向比赛。之后，瑞典和挪威分别进行了一些小规模的定向比赛。

1919 年，在瑞典斯德哥尔摩南部奈卡（Nacka）举行的定向运动比赛被视为一种正式体育比赛项目诞生的标志，时任瑞典斯德哥尔摩体育联合会主席吉兰特（Ernst Killander）被誉为现代“定向运动之父”。

1932 年举行了第一次世界定向运动比赛。1961 年 5 月，国际定向运动联合会在丹麦首都哥本哈根成立，有十多个国家参加。联合会制定了一系列的比赛规则和技术规范，确定了主要比赛项目，为定向运动的科学化、规范化、标准化发展奠定了基础。之后，每两年举行世界定向锦标赛。1977 年 IOF 得到国际奥林匹克委员会的承认。目前 IOF 成员国已发展到六十多个。1994 年定向运动列入“世界大学生运动会”正式比赛项目。2001 年，定向运动成为“世界体育大会”（The World Game）的正式比赛项目。

2. 定向运动在中国

在我国，开展定向运动最早的是香港地区。1979 年 3 月，香港成立了“香港野外定向会”。之后开展了一些小规模的定向比赛。1982 年成立了“野外定向总会”，该会规定在每年的 12 月举办香港野外定向锦标赛。

1983 年 3 月由中国人民解放军体育学院在广州白云山组织了“定向越野实验比赛”，这标志着定向运动在我国开始起步。1987 年后，我国不少地方在测绘系统内举行定向越野比赛。1992 年我国以中国定向运动委员会的名义加入国际定向运动联合会，1995 年正式更名为中国定向运动协会。1994 年我国举行了第一届全国定向锦标赛。1995 年国家教委下文将定向运动作为高校国防体育项目，并于同年 8 月在吉林成功地举办了首届中国大学生国防体育节，有 400 多名运动员参加了定向比赛，使我国定向运动正式在高校开展。

2002 年在四川绵阳举行的“第二届全国体育大会”，将定向运动列为正式比赛项目。

2004 年在上海举行的“第七届全国大学生运动会”，首次将定向运动列为全国大学生运动会的正式比赛项目。

东南大学是全国开展定向运动最早、也是开展定向运动较好的高校之一。自 1994 年成立定向运动队以来，参加国内外各种定向比赛，取得较好成绩。运动队已经取得了 60 多人次全国定向比赛个人冠军和团体冠军，先后有 6 名学生进入中国定向运动国家队；每年举行一次“东南大学军训定向比赛”；定向运动课程已经作为学生选修课开设，每年有大量学生选修定向课程；学校学生定向运动协会每学期都组织定向比赛等。目前，东南大学是中国定向运动协会和中国学生定向运动协会副主席单位，有定向专业委员会副主任 3 人，国家级裁判 3 人。2009 年，江苏省体育总会已经在东南大学成立“江苏省定向运动训练基地”，并与学校共建“江苏省定向运动队”。

二、定向运动地图

定向地图是地形图的一种，适合于定向选手在野外奔跑状态下阅读和使用。定向地图与其他地形图相比，更清晰、易读。定向地图是根据国际定向联合会（IOF）制定的《国际定向运动图制图规范》绘制成的专用地图。定向地图的特点有以下几个方面。

1. 地图的内容与定向相关。标有一条非常醒目的连接起终点和各检查点的路线，即定向路线，并根据需要确定地图范围，该范围一般就是竞赛区域实地的范围（如附图 6-3）。

比例尺　1:10 000
等高距　5米

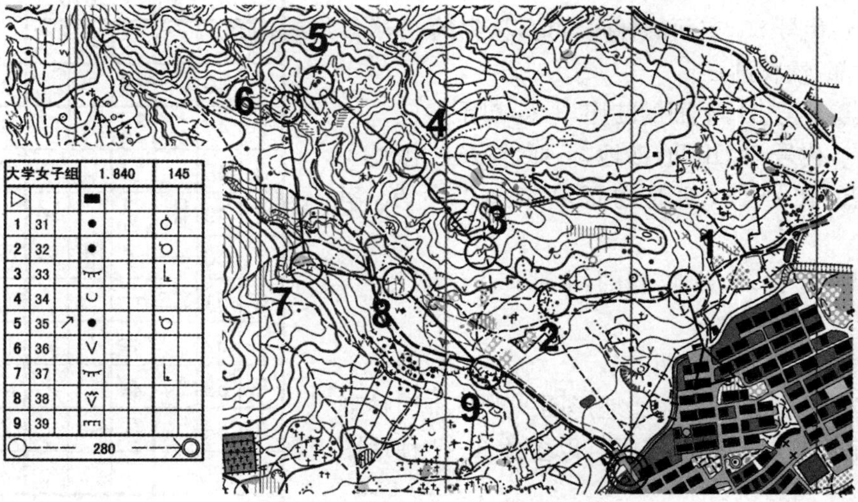

附图 6-3　2012 第三届亚洲定向锦标赛用图(中距离赛)

2. 地图符号国际通用。采用 IOF 制定的《国际定向运动图制图规范》规定的地图符号；一般情况下，无诸如地名等内容的图内注记；标有检查点说明表。

检查点说明符号是定向地图特有的一种信息表示形式。它以特有的方法告诉运动员可以更便捷地找点。利用检查点说明表使定向越野变得更加简单。

检查点说明表的作用有：说明该图上路线的组别、长度及爬高量等；指明所找检查点的顺序及找哪个检查点(检查点代号)和详细说明检查点的主要特征，运动员可以利用说明快速找到检查点。

检查点说明表构成(如附图 6-4)：

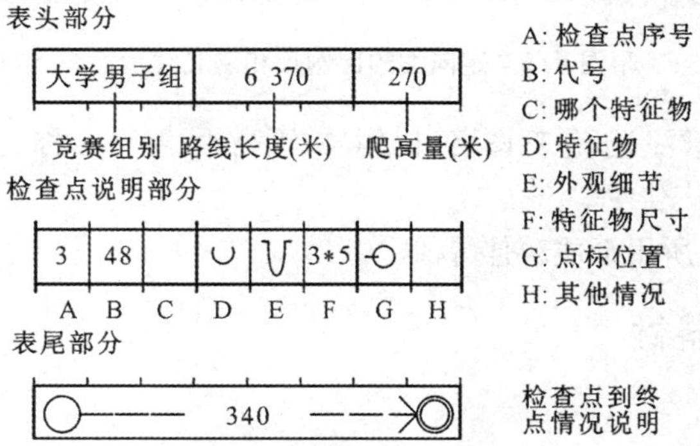

附图 6-4　检查点说明表构成

一条完整路线检查点说明表见附表 6-1：

大学男子组别，路线总长 2 870 米，爬高量为 370 米；

起点在小路的交叉点；

1 号点：代号 46，淤泥地，岩石，东拐角；

2 号点：代号 47，在两丘之间，检查员；

3 号点：代号 48，小洼地，深的，3 米×5 米，西侧；

4 号点：代号 49，中间的坑，2 米×2 米；

5 号点：代号 50，东面的林间空地，丛生的，9 米×6 米，西北部，饮料站；

6 号点：代号 51，上面的陡崖，3 米，脚下；

7 号点：代号 52，山凸，沙地，下部，检查点电台；

8 号点：代号 53，西北的石块，0.5/2.0 米，南脚下；

9 号点：代号 54，谷地，浅的，上部；

10 号点：代号 100；

从分岔标志到终点 340 米。

附表 6-1　一条完整路线检查点说明表

大学男子组			2 870			370	
▷				×			
1	46						
2	47						
3	48		∪		3*5		
4	49		V		2*2		
5	50	→			9*6		
6	51				3.0		
7	52						
8	53	↖	▲		0.5/2		
9	54		∩				
10	100						
340							

3. 多种地图颜色。普通地形图一般只有四种颜色印刷，而定向地图根据需要可以多达 6～7 种地图颜色。

4. 较大比例尺和特定磁北线。普通地形图有 1∶50 000、1∶100 000、1∶500 000 等甚至更小的地图比例尺，而标准定向地图的地图比例尺为 1∶15 000 和1∶10 000，有的地图比例尺为 1∶5 000甚至更大；地图上的磁北线是由南至北贯通的平行线，间隔通常实地距离为 500 米或250 米、100 米等，并标有磁北线间隔刻度尺等（如附图 6-5）。

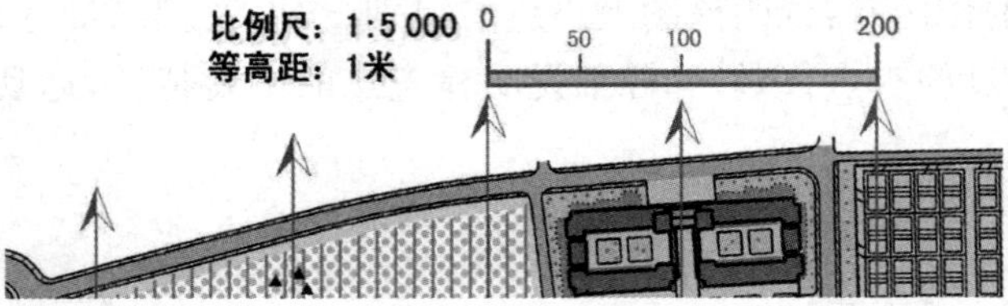

附图 6-5　定向图的比例尺和磁北线示意图

5. 有一定特色图廓注记，包括图名、比例尺、等高距，赛会名称、会标等，修测时间、公益性广告、赞助商要求的广告等。

6. 印刷质量较好，所用纸质较佳等。

三、定向运动器材

（一）定向指北针

定向指北针的作用是为运动员指示方位和标定地图。它与定向图配合能起到辨别和保持运动方向、确定检查点的位置的作用。定向指北针通常有基板式和拇指式两种（如附图 6-6）。

定向指北针的特点是灵敏度高、快速稳定（指北针盘内充有阻尼液体）、透明（用有机玻璃制成，能透过指北针看地图上的信息）和使用方便等。

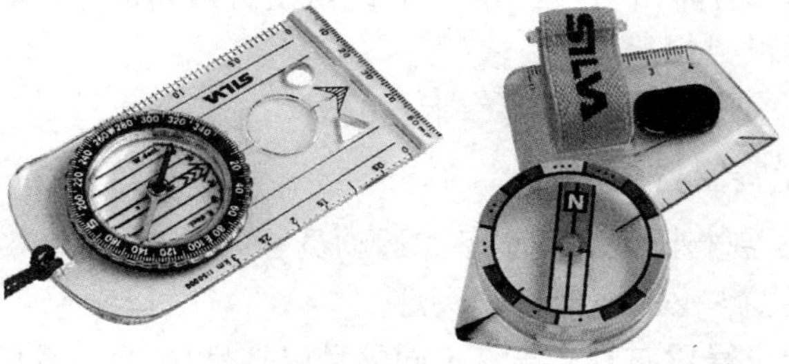

附图 6-6 定向指北针

(二) 检查点标志

检查点标志简称点标，是定向比赛必须的场地器材之一。点标是设在现场各检查点上的小标志旗，它是运动员寻找和辨别检查点的依据。检查点标志的大小、醒目程度将直接影响运动员水平的发挥，所以 IOF 对点标的尺寸和颜色等都作了规定。

标准点标由三面红、白两色旗组成，每面旗高、宽均为 30 厘米，对角红分成白、红色(一般为橙红色)的两半，用布制作，上沿或上下沿用铁丝作框架，以撑成三角形状，上沿有绳子以便悬挂设置。传统的点标上半部白色处印有该点标的代号，通常用 2 位或 3 位数字表示。字高为 7 厘米左右，清晰醒目，便于识别。近年来，在国际定向比赛中由于电子打卡系统的使用，点标代号改设在相应点标的卡座或制式悬架上。原来白色处可印公益广告或赛会名称或赞助商标等内容。

夜间定向点标，还必须涂有强反光涂层，以便选手在头灯照明下很快地找到目标。

(三) 点签和检查卡片

点签通常指机械打卡器，是给运动员卡片打印记的工具。点签与点标相互配合，不同的检查点所打印出的印记是不一样的。常见的钳式点签是一种电木或硬塑料作钳架，用钢针打印记的钳子，有若干钢针。由于钢针的排列和个数(一般不少于 5 个钢针，最多 9 个)不同，可在卡片上打印出不同图案。

检查卡片是运动员用来打印检查点标记的纸质卡片，是运动员表明已经通过检查点的依据，也是判定成绩的依据。现定向比赛中，已经不下发专门的检查卡片了，通常将印记直接打在规定的定向图边缘空格处。

(四) 电子打卡系统

电子打卡系统是一种目前定向比赛中用的打卡计时系统，是目前最流行和最公正的定向打卡计时系统。电子打卡系统由指卡、检查点卡座、起终点卡座和打印机等设备组成(如附图 6-7)。

附图 6-7 检查点卡座和指卡

电子打卡系统的特点：

1. 使用方便快捷，指卡是个小巧的塑料小牌子，可以方便地系在手指上，使用时只要对准检查点卡座的正面一按就完成打点。

2. 检卡快速准确，由于使用计算机检卡，还能将各点之间的用时情况和总耗时很快的显示出来，无需终点专门计时员。

3. 能及时地将结果打印出来，运动员一到终点便可得到自己各点耗时的结果的打印纸条，便于运动员回顾总结点情况。

4. 不用担心雨水或露水、树丛等导致卡片的损坏。

（五）其他定向竞赛器材和设备

定向比赛，除上述器材外，还必须准备如运动员号码布、起点与终点设备及途中用品等器材。如果夜间定向比赛，必须备有定向头灯。

定向接力赛，则要求号码布具有与众不同的号码编号，编号位数则可视比赛规模和比赛实际情况而定。

定向比赛起点、终点和途中的设备、用品较多，一般有：出发点、终点横幅，时间显示器，发音器，图箱，通道绳，计时器，扩音器，成绩公布栏，急救药品，桌椅等，使用电子打卡器的还必须有笔记本电脑、打印机等。

四、几种常见的定向比赛

（一）定向越野赛

定向越野赛是一种按比赛性质划分的个人赛，是目前诸多定向运动比赛项目中最为广泛的一种，适合不同人群的参与。定向越野赛可将赛场设在野外，也可以设在公园或校园。目前，许多省和全国级比赛，将赛场设在大学校园（如附图 6-8），有利于运动的普及推广。定向越野赛的组织方法较便捷，通过对参赛者的识图、野外路线选择、决断和奔跑等能力的综合检验，角逐出优胜者。

附图 6-8　江苏省首届大学生校园定向锦标赛用图（短距离赛）

根据《定向运动竞赛规则》，定向越野赛在竞赛分组、参赛资格、技术规则、竞赛距离、完成时间、出发、计时、名次排定、犯规及处罚等方面有相应规定和要求。

（二）定向接力赛

接力定向赛是一项团体比赛项目，类似于田径中的接力比赛。组织者把赛程分为若干段，每位选手完成各自的一段。全队成绩即各段选手成绩之和，即按最后一名选手到达终点时的成绩为该队成绩。竞争非常激烈，具有较强的观赏性（如附图 6-9）。

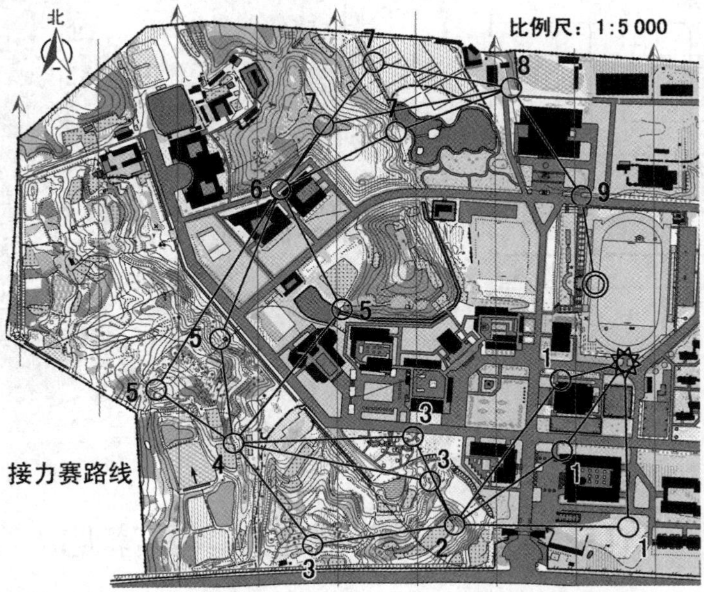

附图 6-9　定向接力赛示例图

（三）定向团队赛

定向团队赛通常全队一起出发，按赛前规定部分检查点为所有选手都要到达的点叫“必打点”、部分检查点只需该队某个选手到达的点叫“自由点”，按该队选手中最后一名到达终点成绩作为该队的成绩（如附图 6-10）。这种团体赛可以全队一起研究定向战术，在一定程度上体现团队精神。目前“全国学生定向锦标赛”将团队赛列为正式比赛项目。

（四）百米定向赛

“百米定向赛”是近年发展起来的新型的定向比赛项目。可利用田径场、足球场、停车场、广场等作为比赛场地，让观众可以看到每个参赛选手的比赛过程，在伴有激烈的音乐声中，展示选手的快速反应能力和奔跑速度。这种定向比赛具有观赏性强、技术性高、易参与、易组织等特点。

“百米定向赛”经全国定向冠军赛和全国定向锦标赛的检验，具有很大的可行性。适合中小学生参与和在定向场地缺乏的地区开展。目前“百米定向赛”已纳入正式定向比赛项目。

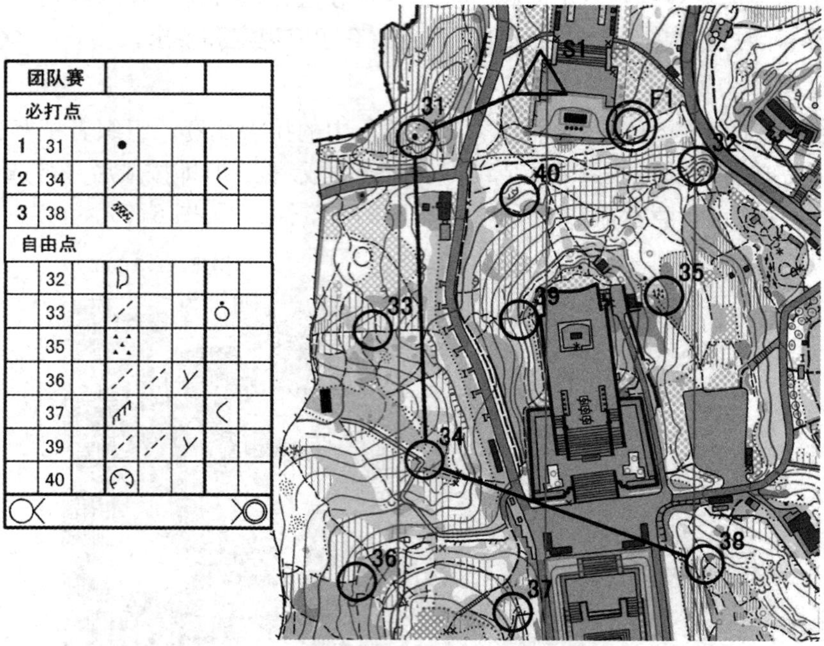

附图 6-10　定向团队赛路线示例图

附录七　格斗常识与格斗基本功

格斗(搏击),即“打斗、战斗”,通常分为徒手格斗(没有武器)和器械格斗(使用武器)。从古到今,人类发明了各种各样的格斗技,如今世界上有着许许多多不同的格斗技,如拳击、摔跤、跆拳道、泰拳、散打、相扑、综合格斗等。了解格斗常识和格斗基本功,重点掌握军体拳,有助于提高大学生军训热情和掌握必备的格斗技能。

一、格斗常识

掌握格斗基础知识,是搞好格斗训练的基础。主要掌握人体要害部位、手形、步形和制敌方法,准确打击敌易伤部位,达到一招制敌和防护自己的目的。

(一) 人体要害部位

人体要害部位,是指最易受打击和因挤压而致伤的部位,主要包括头、颈部、躯干、四肢。

1. 头和颈部要害部位

头和颈部要害部位主要有耳、眼睛、鼻梁、上唇、下巴、喉结、颈侧、颈背等。

2. 躯干要害部位

主要有锁骨、腋窝、神经丛、腹部、裆部、肋部、腰部、脊椎等。

3. 四肢要害部位

主要有手指关节、肩关节、膝关节、脚腕关节、脚背等。

(二) 手形

格斗中的手形主要有四种,即拳、掌、爪、勾。

1. 拳

分为实拳、小拳和尖拳。实拳的动作是:四指并拢,从第二关节处弯曲紧握,然后再从大关节处卷曲紧握,拇指扣在食指和中指的第二关节处上。小拳的动作是:四指并拢,从第二关节处弯曲紧握,拇指贴于食指第二关节的外侧。尖拳的动作是:四指并拢,从第二关节处弯曲紧握,然后再从大关节处卷曲紧握,拇指扣在食指和中指无名指的第一关节上,利用中指、食指、无名指和关节部位攻击对方。

2. 掌

五指紧紧并拢伸直,外侧尽量紧硬。掌有掌心、掌背、虎口、掌外侧、掌根、掌指。掌的形状分为立掌、横掌、插掌和八字掌。立掌、横掌、插掌的用途是用推、切、砍、插等动作来攻击对方。八字掌用卡、压、抓、拉等动作来攻击对方。

3. 爪

爪是指五指向掌心方向弯曲用力张开。爪可分为龙爪、虎爪、鹰爪,主要用抓、卡、拧、拉等动作来攻击对方。龙爪是指五指向掌心方向弯曲用力张开,掌心向前。虎爪是指五指向掌心方向弯曲用力张开,掌心向下。鹰爪是指五指向掌心方向弯曲用力张开,扣手腕。

4. 勾

五指前尖撮拢捏紧并屈腕。勾分为勾顶、勾尖,用于向后攻击对方腹部、肋部、裆部。

(三) 步形

步形主要分为弓步、马步、虚步、仆步、骑龙步。熟练掌握步形,是打牢下盘稳固性、培养下肢力量和灵活性的基础。

1. 弓步

要领:向前一大步,前膝屈膝,脚尖前方,膝盖与脚尖在一条垂直线上,后腿绷直,脚尖对向前方,脚跟不离地,上体稍向前倾,体重大部分落于前脚。左脚在前为左弓步,右脚在前为右弓步。

2. 马步

要领:两脚分开略比肩宽,脚尖向前,两腿屈膝半蹲,膝盖与脚尖约在一条垂直线上。两手握拳提至腰际,拳心向上。上体正直,重心落于两脚。

3. 虚步

分为前虚步与后虚步。前虚步要领:后退一步,后腿屈膝半蹲,脚尖外展。前腿膝盖微屈,脚面绷直,脚尖着地并内扣,重心落于后脚。两手握拳提至腰际,拳心向上。左脚在前为左前虚步,右脚在前为右前虚步。

后虚步要领:向前一步,前腿屈膝半蹲,后腿屈膝里合,脚尖着地,重心落于前脚,两手握拳提至腰际,拳心向上。左脚在后为左后虚步,右脚在后为右后虚步。

4. 仆步

要领:一腿横跨一步屈膝下蹲,臂部接近小腿,脚跟不离地,脚尖外展。另一腿伸直,脚掌内侧着地,脚尖向里扣,重心落于蹲腿上。两手握拳提至腰际,拳心向上。蹲左腿为左仆步,蹲右腿为右仆步。

5. 骑龙步

要领:一脚向右后或左后撤一小步(约两脚长),前腿屈膝下蹲,膝盖与脚尖在一条直线上,大腿略成水平,后腿前脚掌着地下跪接近地面。

(四) 致伤方法

致伤方法主要包括头部、颈部、躯干、腿部、关节部致伤方法。

1. 头部致伤方法

主要有:揪头发、戳眼睛、击打太阳穴、击鼻梁、击下颌、撕击耳朵、击上唇等。

2. 颈部致伤方法

主要有:击咽喉、击颈部、击颈背、击锁骨。

用拳外侧、拳头击打咽喉,或以扼勒的方法,可使其昏厥甚至毙命;用掌外侧猛击对方颈部,可使其昏厥。用扼勒的方法能将其置死;用掌外侧或实拳猛击对手颈背部,能将对手置死;挤压或用刀刺锁骨处,可使对手毙命。

3. 躯干致伤方法

主要有:击肋骨、击肾部、击腰部、击腹部、击裆部。

用拳头击打、用掌外侧砍击、用肘关节顶撞、用脚踢踹的方法击打肋骨处,可使对手神志昏迷;用拳击、用掌外侧砍击或用脚踢踹肾部,可使对手内脏重伤;用掌外侧猛击、或用脚踢踹腰部,可使对手内伤;用脚踢踹或以拳猛击腹部,可使对手重伤;用踢或打击的方法击裆部,可使对手重伤,用力挤压睾丸可将对手致死。

4. 腿部致伤方法

主要有:击大腿、击小腿、击脚背。

用脚踢踹击打大腿、小腿,可使对手重伤;用脚跺踹击打脚背,可使对手重伤。

5. 关节部致伤方法

主要有:击打膝关节、踝关节、肩关节、肘关节、腕关节、指关节、脊背、趾关节。

用脚踢踹或以腕关节顶压腕关节,可使对手重伤;用脚踢踹踝关节,可使对手重伤;用拳猛击或双手抓拧肩关节,可使对手重伤;用双手别压腕关节,可使对手骨折或脱臼;用单手或双手反压腕关节,可将对手制服;用手抓住对手手指反压指关节,可将手指折断;用脚踢踹或拳击脊骨,可使对手重伤;用脚后跟猛跺趾关节,可使其伤裂。

二、格斗基本功

格斗基本功是由拳打、脚踢、摔打、夺刀等搏击、散打的基本动作组成。练习格斗基本功,能使全身各部位得到比较全面的活动,增强各关节的灵活性和柔韧性,提高快速反应能力,还有制敌的作用。仅介绍以下六方面的军警格斗基本功。

(一) 抓腕扫肘

敌我双方以左前格斗式对峙,突然敌方出左直拳攻击我的头部,我微向左侧身,同时右手外翻抓住敌方左腕,右臂用力向回拉,左脚向前一小步,同时左手屈肘,用肘尖向右平扫敌方头颈部。

要点:抓腕要准,扫肘时应加上蹬地拧腰的力量,击打要快而准。

(二) 抓腕砸肘

敌我双方以左前格斗式对峙,突然敌方出左直拳攻击我的头部,我微侧身,躲过敌方拳头,同时用左手抓住敌方左手,我向后退一小步,右脚用力蹬地,向左拧身并下潜,屈右肘猛力下砸敌方后脑或颈部后侧,将其击倒。

要点:我方保持冷静,待敌方出拳后再有所动作,尽量减少预动,方能出其不意,增加攻击效果。向下砸肘时,身体重心要随之下移,以增强攻击力。

(三) 拉颈顶膝

敌我双方以左前格斗式对峙,突然敌方出左直拳攻击我的头部,我微向左侧身,同时右手抓住敌方左手腕向回拉,左手向前穿出,绕过敌方左肩,反勾住其后颈,左手用力下压,同时左膝由下向上顶敌方腹部。

要点:保持冷静,不能在敌方出拳时后闪,只要微闪身避过对方的拳头就可以。下拉敌颈与顶膝同步进行,且同时呼气,以增强攻击力,以求一击成功。

(四) 折腰锁喉

敌我双方以左前格斗式对峙,突然敌方出左直拳攻击我的头部,我右手下压敌方左腕,使其偏离攻击线,左脚向前跨一小步,插于对方左脚后侧,同时右手向前穿出,绕住敌方脖子向后下压,同时右膝向上用力顶敌方腰部,使其受伤倒地。

要点:在上步的时候,必须手脚同步,有手勾住敌方脖子后,提膝与下压应同步进行,以膝盖顶住敌方腰部,增加攻击效果。

(五) 抱腿踢裆

敌我双方以左前格斗式对峙,突然敌方出左侧腿踢向我右肋部,我用右手抓住敌方的左小腿较细处,左手抱住敌方左膝盖窝,同时我起左边腿攻击对方裆部,将其击倒在地。

要点:不能在敌方攻击时后退,要勇敢地向前,抱腿部位要准确,起腿的时机要选择在抱住对方的腿向后拉的时候,此时敌方的重心已经被我破坏,降低了敌方的攻防能力,就能起到一击而中的效果。

(六) 撮喉击胸

敌我双方以左前格斗式对峙,我方以左直拳攻击敌方头部,待敌方防守时,我迅速左拳收回,同时右手五指并拢,以指尖刺击敌方喉咙部位,紧接着上右脚,以右肘尖撞击敌方胸部,迅速将敌方击倒在地。

要点:此式为主动攻击,左拳一般为虚张声势,右手的攻击才是真正的攻击,以手指击敌方喉部时,一定要聚力于指尖,以形成致命一击,接下来的肘击一定要配合上步,以增加攻击力量。

附录八 几种常用拳术

一、军体拳第一套

预备姿势:当听到"军体拳第一套,预备"的口令后,在立正基础上,身体稍向左转,同时右脚向右后撤一步,两脚略成"八字形"屈膝,体重大部落于右脚。两手握拳,前后拉开,左肘微屈,拳与肩同高,拳眼向内上,右拳置于小腹前约10厘米处,拳眼向上,自然挺胸,收腹,目视前方。

(一) 弓步冲拳

动作要领:右拳从腰间猛力向前旋转冲出,拳心向下,同时左拳收于腰际,成左弓步。用途:击面、胸、腹部。

(二) 穿喉弹踢

动作要领:左拳变掌并向前上猛插,掌心向上,右拳收于腰间,右脚蹬直同时抬右腿,大腿略平,脚尖向下蹦直,猛力向前弹踢,并迅速收回。用途:插喉、弹踢裆或小腿。

(三) 马步横打

动作要领:右脚向前落地成右弓步,同时左手前伸变八字掌,右拳自然后摆;左转身成马步的同时,左手抓拉收于腰间,右拳由后向前猛力横击,臂微屈,拳与肩同高,拳心向下。用途:击头、肋、腰部。

(四) 内拨下勾

动作要领;右转身成弓步,同时右臂内拨,左臂后摆并由后向前上方猛击,拳与下颌同高,拳心向里,左脚自然向左移动。用途:击喉、下颌、腹、裆部。

(五) 交错侧踹

动作要领:右转身,右脚尖外摆,抬左腿,大腿略平,脚尖里勾,两臂在胸前交错;左脚向左侧猛踹,并迅速收回,同时两臂上下外搭屈右肘,拳与头同高。拳眼向后,左臂自然后摆,拳心向后。用途:踹膝关节。

(六) 外格横勾

动作要领:左脚向前落地,左转身成弓步,同时左臂上裆、外格、后摆,右拳以扭腰送胯之合力由后向前猛击,拳与眼同高,拳心向下。用途:击头、面部。

(七) 反击勾踢

动作要领:左脚尖外摆,起右脚,脚尖里勾,两手在胸前交错;右脚由后向左猛力勾踢,同时两臂猛力外格,左臂屈肘,拳与头同高,拳眼向后,左臂自然后摆,拳心向下。用途:勾踢脚跟、脚腕部,将对方摔倒。

(八) 转身别臂

动作要领:右转身,右脚尖外摆并猛力下踏,上左脚成弓步,同时右手向前上挑,左手抓握右小臂;右后转体成右弓步的同时右拳变掌屈肘下压,两小臂略平置于腹前。用途:别臂压肘。

(九) 虚步砍肋

动作要领:收右脚成右虚步,同时两手变掌,由外稍向里猛砍,大臂夹紧,小臂略平,掌心向上,两掌约距 20 厘米。用途:砍肋、腰部。

(十) 弹裆顶肘

动作要领;两掌变拳收于腰间。掌心向上,左脚蹬直同时抬右脚,脚尖向下蹦直,猛力向前弹踢并迅速收回;右脚落地成弓步,同时右臂置于左胸前,两手合力将右肘向前推顶,右大小臂夹紧略平,掌心向下。用途:脚踢裆、腹部,肘顶心窝、头部。

(十一) 反弹侧击

动作要领:右掌向前反弹,掌心向内上,左掌沿右臂下向前猛挑成立掌,同时收右拳于腰间成右虚步,右脚向前滑动,左转身成马步,同时左手抓拉变掌收抱于腰间,右拳向右侧冲击,拳眼向上,拳与肩同高,目视右拳。用途:反弹面部。左手挑掌解脱,右拳击肋或腹部。

（十二）弓步靠掌

动作要领：上体左移，体重大部分落于左脚，两拳变掌交叉于裆前，右脚微收成后虚步；右转身，起右脚猛力下踏的同时，起左脚自然屈膝，两掌上下反拔，收于右肋前，掌心向前，左脚向前落地成左弓步，同时两掌合力向前推出，左手在上，右手在下，掌心向前，两手腕自然靠拢，目视前方。用途：推腰、肋，将对方摔倒。

（十三）上步砸肘

动作要领：右脚向前上步成右弓步的同时右拳后摆、左手成抓拉姿势，虎口向右；左转身成左弓步的同时，左手抓拉收于腰间，挥动右臂屈肘向左下猛砸，大臂夹紧，小臂略平，拳心向上。用途：砸、压肘关节。

（十四）仆步撩裆

动作要领：左膝深屈，右腿伸直，右拳变立掌置于左胸前，左拳抱于腰间，上体倾成左仆步，右手变勾，经右脚面向后搂手外拨后摆转身成右弓步，同时左手变掌由后向前猛撩，掌心向上，目视前方。用途：勾手搂腿，撩掌打裆。

（十五）挡击绊腿

动作要领：左脚向前上步，左手变拳上挡护头，拳高于头，拳眼向下，身体稍下蹲的同时，右拳向前下猛力冲出，拳心向下，右腿自然跟上屈膝；左拳变掌砍切右手腕的同时，右脚前扫，右拳收于腰间，拳心向上；右腿后绊成左弓步，同时右拳变掌下按，掌心向下，虎口向里，同时左掌变拳收于腰间。用途：击档、腹部，推胸弹腿。

（十六）击腰锁喉

动作要领：右掌变拳屈臂上挡外搭，右脚向前上步，同时左拳向前猛力冲出，拳心向下，右拳变掌前插，左手抓握右手腕的同时，右掌变拳，两手合力回拉下压，右肩前顶，成右弓步，目视前下方。用途：由后击腰锁喉。

结束姿势——左转身，右脚靠拢，成立正姿势。

二、捕俘拳

预备姿势：在听到“捕俘拳——预备”的口令后，在立正的基础上，两脚迅速并拢，同时两手握拳，两臂微屈，拳眼向里，距胯约十厘米，头向左甩，目视左方。

（一）挡击冲拳

起右脚原地猛力下踏，左脚向左侧跨出一步，在左转身的同时，左臂上挡，拳心向前，右拳从腰际旋转冲出，拳心向下，成左弓步。

要求：踏脚时要全脚掌着地，有爆发力。

（二）拧臂绊腿

左拳变掌向前击右拳背，右拳收回腰际，右脚前扫，左手挡、抓、拧、拉于腰际，同时右脚后绊，右拳猛力旋转冲出。

要求：前扫、后绊要协调有力，重心要稳。

（三）叉掌踢裆

上右脚步成右弓步，同时两拳变掌，沿小腹向上叉掌护头，两拳变钩猛力向后击，同时起左脚，大腿抬平，脚尖绷直，猛力向前弹踢，迅速收回。

要求：两大臂挟紧，猛力后钩击，猛踢快收，重心要稳。

（四）下砸上挑

两手变拳，左拳由上猛力下砸，与膝同高，同时左脚向前跨步，成左弓步，右拳由前上挑护头，拳心向前，起右脚大腿抬平，脚绷直，头向左甩。

要求：起身要快，重心要稳。

（五）下蹲侧踹

上体正直下蹲，右脚猛力下踏，两小臂上下置于胸前，左臂在上拳心向下，右臂在下拳心向上，迅速起身，两拳交错外格，起左脚大腿抬平，脚尖里勾，向左猛踹，迅速收回。

要求：踏脚要有爆发力，下蹲起身要快。

（六）顺手牵羊

左脚向前落地屈膝，两拳变掌起在左前方，成抓拉姿势，两手向右后猛拉，同时右脚前扫。

要求：后拉前扫要协调有力，重心要稳。

（七）上步抱膝

右脚向前落地同时，左手变拳，小臂上挡，左转身屈膝下蹲，两手合力后抱，两掌相对，掌心向内，略低于膝，右肩前顶成右弓步。

要求：转体合抱要协调一致。

（八）插裆扛摔

左手向上挡抓，右手插前裆，掌心向上，左手向右下拧拉，大臂贴肋，小臂略平，拳心向上同时右臂上挑，右肩上扛，身体大部分落于右脚，成右弓步。

要求：下拉、上挑、转体要协调一致。

（九）下拨勾拳

左拳下拨后摆，左转身同时，右拳由后向前猛力上击，拳心向内，与下颌同高，同时右脚向右自然移动，成左弓步。

要求：转身要快，勾拳要猛。

（十）卡脖掼耳

向左踮步，在左脚落地同时，右脚上步，左拳变掌，置于胸前，右拳后摆，向左转体，左手下按，右拳向下猛力横击，成左弓步。要求：踮步有力，转体、卡脖、拳击要协调一致。

（十一）内外挂腿

在起身的同时，左脚向右踮步，右脚前扫，两手合掌于右肩前，两手猛力向左肩前拧拉，上体稍向左转，同时右脚后绊，成左弓步。

要求：踮步、合掌、前扫要协调一致，重心要稳。

（十二）踹腿锁喉

右脚向右前方踮步，左脚向右跃步，然后起右脚，大腿抬平，脚尖里勾，两臂弯曲，置于胸前，掌心向下，右脚侧踹，在落地同时，右手前插，左手抓握右手腕，右手变拳，猛力后拉下压，成右弓步。

要求:踹、锁要协调一致,重心要稳。

(十三) 内拨冲拳

上左脚右转身成右弓步,左臂顺势内拨护于胸前,右拳收于腰际,拳心向上,左拳向左后,右拳向前以蹬腿、扭腰送胯之合力同时冲出,成左弓步。

要求:双拳冲出要有爆发力。

(十四) 抓手缠腕

两手变掌,左手抓握右手腕,右掌上挑外拨,身体稍向右转,两臂用力后拉,猛扣压于腰际,成右弓步。

要求:抓握要快而有力。

(十五) 卡脖提裆

左手抬起,臂弯曲,掌心向前,右手下插,后拉上提,置于肋前,屈指、掌心向上,同时左手猛力向前下推压与膝同高,掌心向下,成左弓步。

要求:上提、推压要协调一致。

(十六) 别臂下压

右转身成右弓步,同时两手变拳,右小臂上挡,上左脚成弓步,左手立掌插向前上方,臂稍屈,右手抓握左手腕,左手变拳,向右转体,两手下拉别压,成右弓步。

要求:拉、压、转体要协调一致。

结束姿势——左脚靠拢右脚,恢复立正姿势。

附录九　电磁频谱监测

电磁频谱监测,也叫无线电测向。它是人们根据无线电波在均匀介质(如空气)中沿直线传播的特点,利用特制无线电接收设备(测向机或测向仪)测定远方隐蔽电台(无线电发射机或信号源)的方向、距离、坐标和具体位置的一项先进的科学技术,也是现代物理学的一个专业学科。地面无线电测向、雷达探测、卫星定位都属于无线电测向的技术领域。无线电测向也是现代信息战的重要组成部分。

通过训练使学生了解 80 米波段无线电测向的基本理论知识,学会正确操作和使用无线电测向设备,初步掌握无线电测向的基本训练方法,学会测出准确的电台示向度,标画准确的坐标方向线,快速找到隐蔽电台,了解无线电测向考核的基本规则,是大学生军训的重要内容。

20 世纪初,无线电测向开始应用于航海。现代战争中,无线电测向被成功应用于现代的军事信息战。许多国家的军队中都设有专门的无线电测向部队。随着社会的发展,无线电测向在人们的生活、生产,公安、消防,无线电监测、野生动物保护和科学研究等领域都有广泛的用途。无线电测向为人类的生活和生产发挥出越来越重要的作用。

1. 80 米波段无线电测向的基本原理

无线电测向机或无线电测向仪基本由测向天线、无线电信号放大器和指示器三部分组成。我国 80 米波段无线电测向机采用了两种天线,一种是磁性天线(见附图 9-1,附图 9-2),另一种是直立拉杆天线(见附图 9-3)。

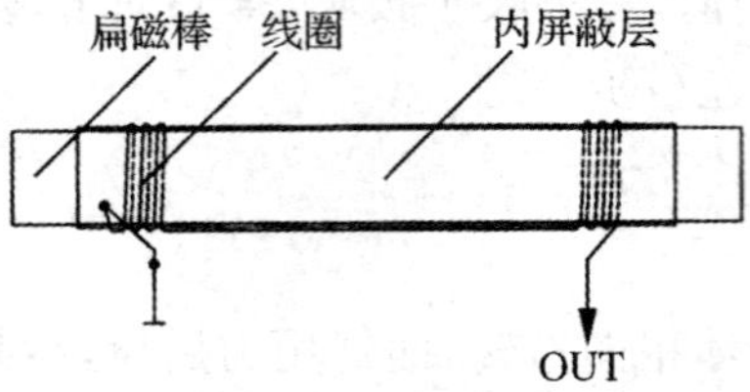

附图 9-1　磁性天线外形

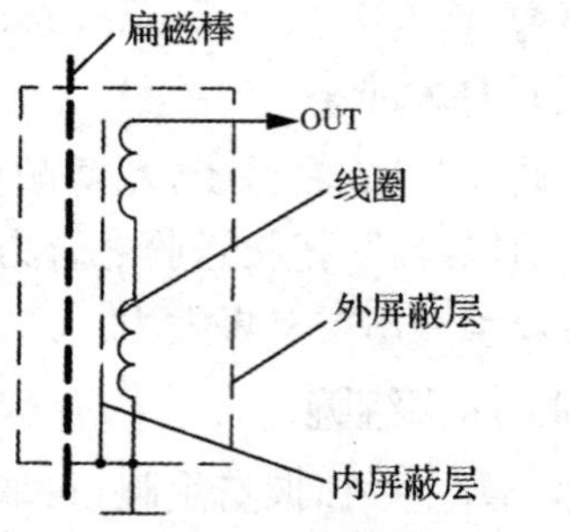

附图 9-2　磁性天线结构示意图

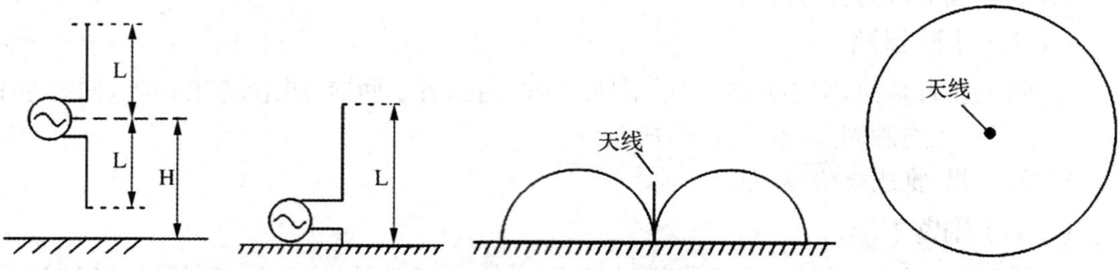

(a) 对称直立天线　(b) 不对称直立天线　(c) 垂直平面方向图　(d) 水平平面方向图

附图 9-3　直立天线及方向图

磁性天线具有很强大的聚集磁力线的物理能力，通过绕在磁棒上的线圈感应出电信号，经过放大器和耳机听到电台发射来的电波声音信号。但是磁性天线对来自不同方向的电磁波，其感应电势的变化却非常大。当磁性天线水平放置，磁性天线的垂直正面或负面对着电台时接收能力最强（见附图 9-4），测向机发出的声音最响，即收到信号的正值幅度和负值幅度是相同的，叫做两个大音面，但是相位则相反。当磁性天线的轴线两端对准电台时，耳机声音最小，甚至完全没有声音，叫做哑点。由于测向时哑点的指向精度很高，我们通常采用哑点的指向判定方向线，这就是哑点测向。利用磁性天线可以确定电台所在的直线，可见磁性天线转动一周得到了一个“8”字形方向图（见附图 9-5），但是不能确定电台在直线的哪一边，这叫做测“双向”，说明磁性天线具有双值性（两个大音面和两个哑点）。仅有双值性的接收机是不能用来测向的。

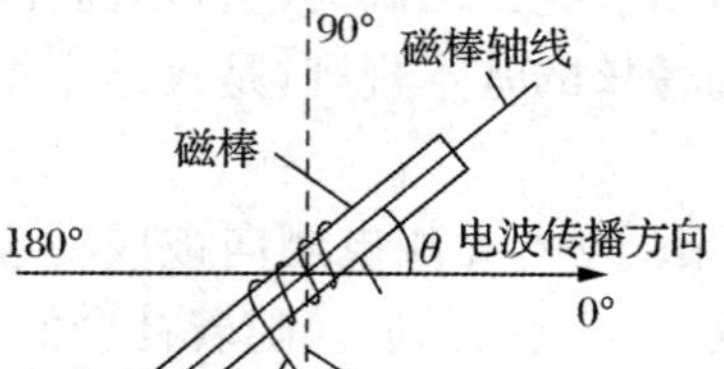

附图 9-4　磁性天线与电波传播方向的关系

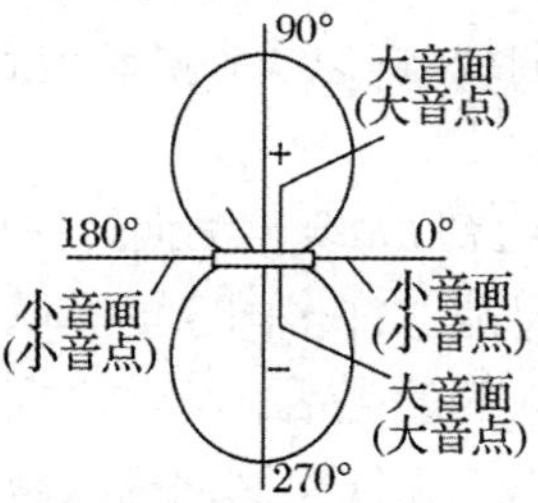

附图 9-5　磁性天线方向图

直立天线则完全没有方向性，当使用与地面垂直的直立天线做接收天线时，无论如何转动天线，它从四面八方接收无线电信号的能力都是一样的（见附图 9-3d）。因此，单独使用直立天线也是不能测定接收方向的。当磁性天线和直立天线组成复合天线，并且磁性天线的最大方向感应电势为正值1，直立天线感应电势也为1时，将两天线方向图叠加可以得到一个复合天线合成电势，获得一个心脏型方向图(见附图9-6)。

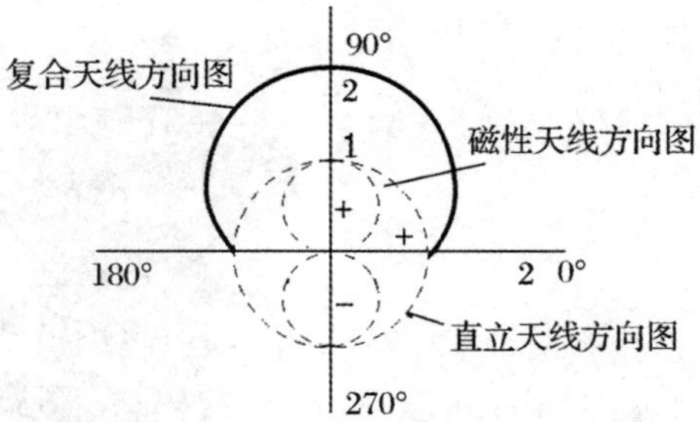

附图9-6 复合天线心脏形方向图

这时磁性天线一边的“两”电势极性相同，振幅则为两电势之和，理论上音量是原来的2倍。而磁性天线另一面的电势是负值，与直立天线的电势极性相反，两个电势相互抵消，理论上音量输出为0。结论是磁性天线转动一周只有一个方向信号最强，克服了磁性天线的双值性，获得了单值性的单方向性能。我们把信号强的这个面叫做单向大音面，简称大音面。应用大音面就可以确定出电台在直线哪一边了，这叫做定边。不过在测向中，大音面角度范围很宽，方向指示不明显，只作为单向识别用。因此确定电台的单向后，必须去掉直立天线电势(松开单向开关按钮)，再用磁性天线的哑点来测定隐蔽电台的方向线。

无线电波在空间传播的能量是有限的，传播距离越远扩散面积越大、损耗也越大，信号强度也越弱。无线电测向机对于电磁波的接收能力同样有局限性。距离电台越近接收到的无线电信号越强，离电台越远接收到的无线电信号越弱。距离与反映在测向机耳机中的声音大小有很重要的关系。

学习和掌握无线电测向原理不但可以测出准确的电台方向线，还可以判断电台的远、近距离和具体坐标位置，完成无线电测向的考核任务。

2. 80米波段无线电测向设备的操作和使用方法

无线电测向是一项技术性较强的活动，对器材的熟练操作在训练和考核中具有至关重要的地位。

(1) 80米波段无线电测向机

用于体育比赛中的80米波段无线电测向机品种，主要有简易直放式PJ-80和改进型的PJ80-A；超外差式长方块型的RF80-E和立式的RF80-C、RF80-G，手枪型的RF80-F和频率合成数字显示的RF80-H等。但目前具有代表性、适合军训的机型是RF80-C，该机体积很小，重量不足200克。RF80-H测向仪性能最好，但是价格昂贵。

(2) RF80-C型80米波段无线电测向机

RF80-C经国内和美国、俄罗斯、德国、保加利亚、蒙古等无线电测向技术发达国家和国内外大型比赛测试应用，无论在灵敏度、方向性、选择性、单向大音面、增益控制、坚固抗摔、音质、外观、手感、体积重量等各方面指标都超过了老牌的环形天线测向机，性能卓著，得到了多方面的肯定和赞扬。整机示意图如附图9-7。

RF80-C型测向机主要技术指标如下。

① 频率范围：不窄于3 500～3 600 MHz，天线回路和高放级采用双调谐回路进行参差调谐，高放增益均匀；频率范围内无辐射。

② 灵敏度：不劣于1 μV；可收测距离：使用TX80-D短距离信号源，收测距离不小于4公里；标准距离大于6公里；频段内无辐射；有衰减开关，动态范围非常宽广。

③ 信噪比：＞3。

④ 中频频率：455 KHz。

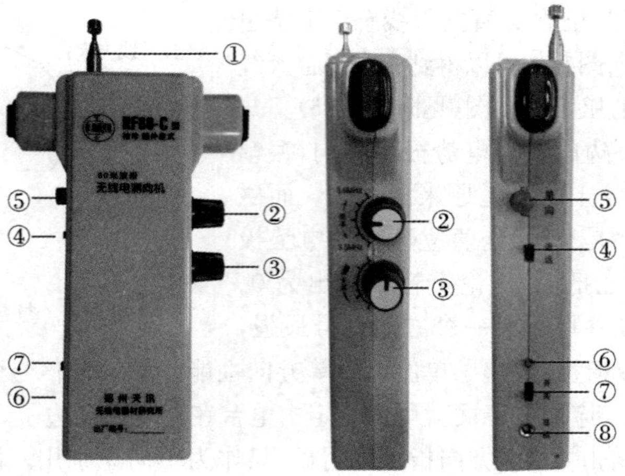

① 拉杆天线　② 频率调谐旋钮　③ 音量控制旋钮　④ 远近开关

⑤ 单、双向按钮　⑥ 耳机插孔　⑦ 电源开关　⑧ 电源指示灯

附图 9-7　RF80-C 型测向机整机示意图(以实物为准)

⑤ 方向性:磁性天线为 5×12×100 mm 扁形磁棒,线圈为双段对称绕制,采用大面积内屏蔽层和紧贴型外屏蔽,指向精确度高;直立天线为直径 6 mm,6 节,长 51 cm 的不锈钢拉杆天线;距离信号源天线 0.3 m 能明显、准确分辨双向,单向可听辨距离<2 米。

⑥ 电源电压:7.4 V,使用 2 节 14500 型 3.7 V 可充锂电池,一次充电可连续工作大于 10 小时;可反复拆卸充电,能量大、节能环保。

⑦ 整机耗电:静态≤20 mA,动态≥65 mA。

⑧ 输出功率:负载阻抗为 8 Ω,最大输出功率≥150 mW,音质清晰、优美宏亮。

3. 使用方法和注意事项

① 本机电池仓在测向机的下部,打开后盖装上 2 节 14500 型 3.7V 可充锂电池。严禁使用其他类型的电池,确保测向机的正常工作。

② 打开电源开关,红色指示灯亮,测向机即可正常工作。由于 3.5 MHz 无线电测向信号源发射的是垂直极化波,手持测向机时,必须使测向机的直立天线与地面保持垂直,同时磁性天线与地面保持水平,才能测出准确的方向线。

③ RF80-C 型测向机的侧面板上有两个旋钮,上边的是频率旋钮,用于收测隐蔽电台信号;下面的是音量旋钮,用于调节音量大小和控制测向机的增益。

④ 本机的单、双向开关设在测向机的右侧面上方。测单向时按下红色按钮开关即可;测双向时则必须松开红色按钮。

⑤ 本机衰减开关为二挡,设在测向机左侧面上方,由食指操作。开关置于下边"远"位置时,测向机灵敏度最高;开关打向上边"近"位置时,衰减很重,在近台区使用。学员可根据感知和需要,合理操作衰减开关和音量旋钮的位置,用来大致判断测向机与隐蔽电台之间的距离。

⑥ 本机型灵敏度高、动态范围非常强大,经测定,在近台区最高声响可达 119 分贝。请务必以适当音量进行测向,以免损伤听觉。

参考资料

1.《习近平新时代中国特色社会主义思想学习纲要》.北京:学习出版社,人民出版社,2019 年 6 月。

2.《新时代的中国国防》白皮书,国务院新闻办公室,2019 年 7 月 24 日发表。

3.《中国人民解放军军语(全本)》.北京:解放军出版社,2011 年 12 月版。

4.《习近平国防和军队建设重要论述选编》.北京:解放军出版社,2016 年 6 月版。

5.《中华人民共和国兵役法》,中华人民共和国国防部官网,2016-02-19。

6.《中华人民共和国国防动员法》,中华人民共和国国防部官网,2016-02-19。

7.《中华人民共和国国防教育法》,中华人民共和国国防部官网,2016-02-19。

8.《中华人民共和国国防交通法》,中华人民共和国国防部官网,2016-09-03。

9.《中华人民共和国反间谍法》,中华人民共和国国防部官网,2017-12-07。

10.《中华人民共和国反间谍实施细则》,中华人民共和国国防部官网,2017-12-06。

11. 全国人民代表大会常务委员会关于修改《中华人民共和国军事设施保护法》的决定,中华人民共和国国防部官网,2016-02-19。

12.《中华人民共和国国家情报法》,中华人民共和国国防部官网,2017-06-28。

13.《中华人民共和国保守国家秘密法》,中华人民共和国国防部官网,2016-02-19。

14. 习近平:《在中国科学院第十九次院士大会、中国工程院第十四次院士大会上的讲话》,人民日报,2018-05-29(002)。

15. 荆象源:《国民经济动员物流系统应变能力研究》.北京:中国轻工业出版社,2014 年版。

16. 陈茜:《军事融合内涵及机制浅析》,《基层建设》,2018 年第 24 期。

17. 张万年:《当代世界军事与中国国防》.北京:中共中央党校出版社,2003 年版。

18. 徐祥:《确保光荣传统和优良作风薪火相传》,《解放军报》,2016-05-02(03)。

29. 国防大学大学生军训教研室:《普通高等学校军事理论课讲义》,国防大学出版社,2009 年版。

20. 国家国防教育办公室:《国防教育学》.北京:国防大学出版社,2012 年版。

21. 陶春等:《改革开放四十年国防科技工业发展回顾》,《国防科技工业》,2018 年第 11 期。

22. 李卫海:《中国国防制度》.北京:中国民主法制出版社,2017 年版。

23. 宋华文,耿艳栋:《信息化武器装备及其运用》.北京:国防工业出版社,2010 年版。

24. 谭东风等:《武器装备系统概论》.北京:科学出版社,2015 年版。

25. 谭凯家:《信息化武器装备发展研究》.北京:国防大学出版社,2003 年版。

26. 宋华文,耿艳栋:《信息化武器装备及其运用》.北京:国防工业出版社,2010 年版。

27. 匡兴华:《高技术武器装备与应用》.北京:解放军出版社,2011 年版。

28. 柯春桥:《世界军事简史》.北京:解放军出版社,2015 年版。

29. 中国青年报军事部:《大国争锋——中国军事专家透视世界军情》.北京:中国青年出版社,2015 年版。

30. 李晓鸽:《我是军事科技知识大王》.北京:中国水利水电出版社,2013 年版。

31. 邱蜀林:《当代美国军队武器装备》.北京:国防大学出版社,2013 年版。

32. 中国人民解放军总参谋部军训和兵种部:《信息化武器装备基础知识问答》.北京:解放军出版社,2006 年版。

33. 柯春桥:《世界军事简史》.北京:解放军出版社,2015 年版。

34. 李有祥:《军事高技术与信息化战争》.南京:东南大学出版社,2010 年版。

35. 姜洪涛,周军:《电磁轨道炮让战争进入"秒杀新时代》,《飞航导弹》,2017 年第 8 期。

36. 国务院新闻办公室.新时代的中国国防.国防部网站.

37. 军委政治工作部.习近平强军思想学习纲要.北京:解放军出版社,2019.